亚历克斯·弗格森
自传 统驭人生

[英]亚历克斯·弗格森 著

虎扑翻译团 译

北京出版集团公司

北京出版社

著作权合同登记号

图字：01–2016–8760

MANAGING MY LIFE: MY AUTOBIOGRAPHY BY ALEX FERGUSON WITH HUGH MCILVANNEY

Copyright© 2000 Alex Ferguson

This edition arranged with HODDER&STOUGHTON PUBLISHERS through Big Apple Agency, Inc., Labuan, Malaysia.

2017 年中文版专有出版权属于北京出版集团公司，未经书面许可，不得翻印或以任何形式和方法使用本书中的任何内容和图片。

图书在版编目（CIP）数据

亚历克斯·弗格森自传：统驭人生 / （英）亚历克斯·弗格森著；虎扑翻译团译. — 北京：北京出版社，2017. 4

书名原文：Managing My Life: My Autobiography

ISBN 978 – 7 – 200 – 12852 – 9

I. ①亚… II. ①亚… ②虎… III. ①亚历克斯·弗格森—自传 IV. ①K835. 615. 47

中国版本图书馆 CIP 数据核字（2017）第 032356 号

亚历克斯·弗格森自传

统驭人生

YALIKESI · FUGESEN ZIZHUAN

［英］亚历克斯·弗格森　著

虎扑翻译团　译

*

北 京 出 版 集 团 公 司
北 京 出 版 社　出版
（北京北三环中路 6 号）

邮政编码：100120

网　　址：www. bph. com. cn

北 京 出 版 集 团 公 司 总 发 行
新 华 书 店 经 销
北 京 嘉 业 印 刷 厂 印 刷

*

710 毫米 × 1000 毫米　16 开本　24 印张　405 千字
2017 年 4 月第 1 版　2017 年 4 月第 1 次印刷
ISBN 978 – 7 – 200 – 12852 – 9

定价：59.80 元

如有印装质量问题，由本社负责调换
质量监督电话：010 – 58572393
责任编辑电话：010 – 58572346

献　词

在人生的每个阶段，你总能想起一些提携过你、引导过你、爱过你的人。感谢上帝让我拥有一个如此幸福的童年，至今我仍能感受到来自父亲、母亲的温暖和两边大家庭的支持。基本上，父母是什么样的人，孩子就是什么样的人；阅历能打磨人的性格，但一个人的本性总是来自父母的塑造，对我来说，尤其如此。

我的弟弟马丁和我走上了相同的道路（球员、教练员），虽然性格上有差异，但毫无疑问，他也是弗格森夫妇的产物。他这个兄弟，没人能比他当得更好。

我的妻子凯西是我们家的主心骨。是她担起了养育3个儿子马克、杰森和达伦的重担。对此我已经不能要求更多，何况他们3个都出落成了出色的孩子、出色的人。这些都得感谢凯西这个伟大的妻子和母亲。凯西总是喜欢隐藏在幕后，但现在是时候让她在聚光灯下接受掌声了。我的任何成功都有她的一半，我深切感激她在其中扮演的角色。没有她脚踏实地的人生态度和坚持不懈的支持，任何成绩都是幻想。

1995年的夏天，我终生难忘。我和凯西决定到加拿大去探望我的姑姑伊索贝尔和她的丈夫桑尼。在此前的一个电话中，我感觉到桑尼的身体正在恶化。马丁和我欠桑尼许多情，桑尼是个教师，在我们的学生时代，他总是用私人时间辅导我们的学习，所以我不能对他坐视不理。在那一次我和他的长时间谈话中，我曾提到有可能会写一本自传。我问过他，能不能引用一首他的诗，向他致敬，他当下就同意了。遗憾的是，4个月后，桑尼还是过世了。以下就是他诗中的三段；这首诗作于我的母亲莉兹辞世后，纪念她乐观体贴的天性，对我来说有特别的意义：

三十年代生人／时运不济

口袋里铜板叮当／人人垂头丧气

黑暗的日子充满绝望

多亏莉兹的帮助和关心

知足吧 / 莉兹总说

人死后一切成空 / 别计较一个两个铜板

想想那些一无所有的人

我心中仍能清晰地看见莉兹

她带来的欢乐回忆永不消逝

感谢上苍带来这一切

带来她这样的人与我们的相逢相知

　　同样在那个假期，我的外甥斯蒂芬也发生了不幸，19 岁就英年早逝。甚至在我庆祝 1999 年三冠王的时候，或者说正是在这种时候，我无法不想起这些艰难的日子。

亚历克斯·弗格森

目录
CONTENTS

致 谢

一旦决定启动这本自传，后面的事就很简单了——找到我们这个时代最好的体育记者之———休·麦吉尔温尼先生帮我共同完成。我知道他在《星期日泰晤士报》（*The Sunday Times*）有多么繁忙，于是我让我的好友麦克·狄龙去打探这位大神的意思。幸运的是，回应是积极的。那是1998年的1月份，而接下来的3个月，我们一起去了格拉斯哥，寻找那些早年给我带来影响的人的踪迹。1998年的夏天，当我开始把自己生命中的一点一滴手写下来的时候，我和休也保持着定期的会面。这些工夫一共攒出了25万字——这工作量真是不小。接下来就是休的任务，去整理、组织这些文稿，用他的话来说应该是"快刀斩乱麻"。但事实上，我的天啊，他完成了一件多么不可思议的事！只有他能将我的这些絮语穿针引线，把我的这些故事在文章里穿插得井井有条。干得好，休——你真是个天才！我半夜三更接到他的电话："麦克莱恩（McLean）的'麦'应该是一个小写的c和一个大写的L，还是'mac'（注：两者发音一样）？"这种专业精神让我感到荣幸。

休的外甥女帕特里夏·墨菲也在本书的出版中起了重要作用。每当我攒出一堆狂草时，就拿给帕特里夏去"解码"、打出来，然后迅速传给休。我代表休向她致以我们共同的感谢。

同样的，我必须感谢我的秘书琳，她保证了我的手写稿安全抵达各方，不断与出版商保持联络，并且总是一个电话就来。

在阿伯丁和曼彻斯特的职业生涯中，我非常有幸能和一群优秀的球员、办公室同事和球场同事一起工作。我愿向他们的恩情致以感激。

其他我想感谢的还有我的出版人罗迪·布卢姆菲尔德和他的助手妮古拉·林特恩。罗迪定期到克里夫球场来对我提供帮助和鼓励。他和休紧密合作，还组织了一个专家组（一共11人），他们对本书的出版产生了深远的影响。我的老朋友格伦·吉本斯帮我核对了手稿的苏格兰部分，另一位老朋友和同事大卫·米克核对了曼联的部分。我还要感谢团队中的其他人，负责数据搜集的阿拉斯泰尔·麦克唐纳和克利夫·布德尔，图片研究者加布丽埃勒·艾伦，文字编辑马利昂·波尔，地图设计者罗德尼·波尔，图书设计者鲍勃·维克斯，检索编辑吉尔·福特，霍德＆斯托顿的出版总监桑迪·斯图尔德；最后感谢《独立报》（*Independent*）的足球作家菲尔·肖，他为本书做了出版前的最后通读，并提出了几个关键问题。

前　言

在 1998 年，亚历克斯·弗格森签下本书的出版合同之前，他的人生故事已经精彩绝伦了。他在阿伯丁的八年半和在曼彻斯特的 11 年，已经足以让他跻身英国足球史上最成功教练的行列了。然而，他的故事似乎还需要一个水到渠成的巅峰，需要一个激扬时刻，来实现所有长久的渴望。于是，雷厉风行的弗格森，在 1999 年带领曼联取得了空前的成就，以这样的方式走上了他人生的巅峰。他将渴望已久的欧洲冠军杯带回了老特拉福德，又连夺英超联赛冠军、足总杯冠军，三冠王的壮举即使在最狂野的梦中也看起来有些不真实。而这就是弗格森，当他承诺要让自己的自传值得出版的时候，他给出了这样一个梦幻般的答案。

我加入本书的撰写，正是因为我知道亚历克斯必定言无不尽。他清楚地告诉我，他有义务诚实而全面地讲述他的故事，避免那种人们常常看到的情况：一个仍在圈子里的人，写出的自传往往带着伪善和乏味的春秋笔法。我还发现，他的记忆力如同他的活力一般令人惊奇。他一天的工作安排，与通常人们所说的工作狂一周的艰苦工作相当，然而他却能够在任何间隙里，废寝忘食地亲手组织材料，分解那些 50 年来如同雪崩一般袭来的细碎回忆。在他拿下两个冠军，正向第三个冠军进发的那紧张的半个月时间里，这种情况更是明显，他飞速留下了约 1.5 万字意识流般的语句，连整理成文的时间都没有。

亚历克斯不知疲倦地留下这些珍贵的涂写，到我的外甥女帕特里夏·墨菲手上，就变成了堆积成山的书稿。除了这英雄般的努力，她还花费了数周时间煞费苦心地帮助我将亚历克斯这壮观的大部头初稿（25 万字的确可以称作大部头了），以及我们无数次谈话的果实，最终集结成册。为了这些艰辛的劳动和她在过程中所带来的温暖，我将永远感激帕特里夏。

为了帮助亚历克斯精准地表达自己，我也被他那种不喜极简的语言作风深深影响了。他欣然面对自己和他人的复杂性，他对语言的热情激励着他去追求表达到位，但又绝不本末倒置。他喜欢给出深思熟虑的答案，而非套话空话，他使用大白话，不使用行话黑话。如果你发现本书的行文中出现了零星的抒情，那么这些都来自亚历克斯本人的所说所写。说到做到，亚历克斯对于他的家庭和克莱德河畔的成长经历，它们是怎样塑造了他的价值观，敞开了胸怀。从我的角度来看，我很高兴这本书不仅是一本足球书，更是一本展现一项伟大运动的从业者热情而迷人的人生历程的书。

尽管工作繁重，但其中还是充满了乐趣。对于那些通过电视认识他的人来说，他们熟悉的弗格森形象往往和他取胜的欲望相关：他在场边总是紧皱眉头，血脉偾张。事实上，他的身边从不缺少欢笑，但凡偷闲片刻，气氛总是无与伦比，特别是他的妻子凯西和3个儿子都在的时候。但是，话说回来，如果涉及恶作剧的话，你们将会从圣雄甘地身上唤出恶魔。

在本书成型的每个阶段，我都收到了来自各方的无价的支持。作为出版人，罗迪·布卢姆菲尔德总是那么和蔼、睿智，必要的时候能够宽容。罗迪的助手妮古拉·林特恩是个机灵而有安全感的存在，就像我一样，花费了大量的时间与快递公司打交道。还有亚历克斯在老特拉福德了不起的秘书琳·拉芬，她和妮古拉之间保持着频繁的快递联系。我们和霍德&斯托顿出版公司总是保持着高度的一致性，对书中某些涉及法律问题的篇章，也处理得令人愉快。公司的顾问，杰出的出庭律师简·菲利普斯，总是那么积极、务实和友好。

菲尔·肖、大卫·米克和我在格拉斯哥的老搭档格伦·吉本斯对本书做了深入的核对，他们的奉献是无价的。另一个保证我不会出错的坚定掌舵人是约翰·瓦特，当40年前我们的友谊生根发芽的时候，他可不知道现在竟然会变成我的档案管理员。肯·琼斯也是，不时被我们拉了进来，如果你像他一样，作为《独立报》的足球作家，对于足球又有着广博的知识，朋友们是不会放过你的。我和亚历克斯非常荣幸地拥有迈克·狄龙这个朋友，可想而知，他也是逃不了的。迈克帮了我们不计其数的忙。对我来说，还有亚历克斯·布尔特，《星期日泰晤士报》的体育编辑。作为老板，没人比得上他对我的帮助。还有在整个过程中，我持续地受到我的经纪人兼朋友杰弗里·埃尔文的影响。难怪我的母亲总说杰夫是我职业生涯的依靠。

偶尔，当我无法应对弗格森自传带来的压力时，杰·摩尔宽容地忍受了我的低落，我愿用最温暖的感谢来回应。

我家庭的所有成员，一直以来，对我长时间的发烧行为，例如撰写这么大部头的书，表达了巨大的支持。除了帕特里夏，我的团队中还有两位巨星：我的儿子和女儿：康恩和伊丽莎白。没有一位父亲像我一样有如此多的理由感谢孩子。

当然，值得最多感谢的，还是新授的爵士阁下亚历克斯·弗格森。他是完完全全的一个奇迹。就算亚历克斯·弗格森不曾在足球上做出任何出色成就，能够认识他依然是我一生的荣耀。

休·麦吉尔温尼

诺坎普奇迹

对我来说，这个结果意味着职业生涯的巅峰，而在过去，它看起来还是那么遥不可及。

在那场欧洲冠军杯决赛所能带来的最璀璨的回忆中，除了戏剧化到极点的巅峰体验，在诺坎普体育场陷入狂欢前的几个小时，还有一小段安静的时间，在我的回忆中始终鲜活。在曼联下榻的锡切斯海滨酒店，当我正要走上球队大巴的时候，我的孩子杰森过来对我说，"爸爸，不论你今天晚上赢不赢，你都是一个伟大的教练，我们爱你"。听到这样的话之后，我变得无所畏惧。30 多年来，我有幸能拥有凯西这样完美的妻子，还拥有三个最好的儿子：马克、达伦和杰森。凯西告诉我，孩子们和我的弟弟、凯西的姐姐和其他家庭成员都来到了巴塞罗那，这对我来说意义重大。1999 年 5 月 26 日星期三，在这狂喜和悲痛都可能发生的一天，我得到了如此之多的温暖支持。

尽管罗伊·基恩和保罗·斯科尔斯的停赛使我们阵容不整，但我来到西班牙就带着这样的信念：我们能够击败拜仁慕尼黑，拿下俱乐部和我个人最梦寐以求的一座奖杯。此前，我们刚刚拿下英甲改制英超 7 年以来的第五座英超冠军奖杯，又拿下了足总杯冠军，为前无古人的三冠王霸业奠定了基础。但是，欧冠赛场是如此残酷，我不得不让自己冷静下来，不去想再次落败的可能性。在之前的两个赛季里，我们已经做得够好了，但由于伤病问题，也因为我们自身缺乏一举击溃对手的魄力，我们在欧冠淘汰赛阶段被无情地踢出局了。

1999 年欧冠决赛的那个周三，我在午餐时间给球员做了备战讲话。然后，我坐在锡切斯海滨酒店房间的走廊里，遥望眼前的大海，心想，这座银杯是否于我永远都不可触及？如果真是这样，我对自己说，我还是有理由对自己的执教生涯感到满意。25 年前在东斯特林郡，我学会了怎样从捉襟见肘的阵容里挑出一支公园球队。后来，我在苏格兰赢下了 10 座奖杯，在曼联又赢下 11 座奖杯，将欧洲优胜者杯分别带到了皮特德里球场和老特拉福德球场（我可没算慈善盾杯、欧洲超级杯这种一场定胜负的奖杯）。然而我知道，如果我无法拿下欧洲冠军杯，在顶级教练的分野中，我始终是落后的。这是我第八次冲击这座奖杯，阿伯丁 3 次，曼联 5 次，而 57 岁的我还没有自负到认定自己能再次走到决赛。

看到一些球迷在酒店泳池旁嬉戏，我有些希望自己的心情也能如此无忧无虑。他们信任我，我的球员，我的同事，能把快乐带给他们。但是，要说是忌妒这样的轻松，那也有些不诚实。长期以来，我就背负着这样的责任，要在足球赛场做出一番成就。我所有的工作无非是为了今天，为了几英里[①]以外，为了伟大的诺坎普球场里会发生的一切。我的精神高度集中于晚上的比赛，以至星期一那天，我可能对聚在酒店大堂里的球迷略有些无礼了。他们团团围住了我和球员们，因为害怕对两天后的比赛产生负面影响，我叫了保安来清场。我始终珍视着我和曼联球迷之间的羁绊，是他们成就了这家世界上最伟大的俱乐部。我希望那些被我从酒店大堂请走的球迷能够理解，我一心求胜，任何事情都不能影响我的球员。

漫长的等待终于结束，在我们来到球场，进入更衣室之后，我一如既往地四下环顾，看看球员们迎战的状态如何。我发现他们极为安静，不过，那是种健康的沉默，一种精神集中的静默。这间屋子里有种坚决的氛围，不过到了这一步，除了希望大家梦想成真，也真的不能做什么了。比赛一开始，拜仁的球员就像我预想到的，极度依赖长传，找前锋卡斯滕·扬克尔和亚历山大·齐克勒。但我没能预想到的是，这种笨拙的进攻竟然能在比赛第 6 分钟就让我们遭受重创。拜仁赢得了一个禁区边缘的任意球，他们的马库斯·巴贝尔成功阻挡了尼基·巴特的视线，而尼基·巴特是我们人墙的最后一道防线。马里奥·巴斯勒主罚任意球直入球网死角，我们被拖入了漫长的追逐比分的噩梦，而我们的对手则采取了扬长避短的保守踢法。这个进球的一刻钟之后，我们的军心才稳定下来，而我们的流畅度和集中度也远远比不上在联赛中的最佳表现。但至少，我们是场上唯一积极进攻的球队。如果是我们领先的话，我们会继续杀死

---

① 1 英里≈1.6093 千米。

对手，而德国人只是在想着如何让比赛结束。这样消极的策略，我认为他们不配得到胜利。然而，随着时间推移，被扼杀的越来越可能是我们。我总是希望能让泰迪·谢林汉姆有机会上场，在比赛结束前24分钟，我用他替下了杰斯普·布隆姆奎斯特，此后，我们在拜仁的防线上撕开了更多的口子。当然，这种急切的进攻欲望反过来也可能拉长自己的战线，增加防线的压力，而如果德国人的防守反击能够拿下第二个进球，而不是两次击中门柱的话，我们就将死无葬身之地。这种死里逃生的遭遇极大地鼓舞了球员的士气，没有人垂头丧气。当把奥莱·冈纳尔·索尔斯克亚换上，替下安迪·科尔的时候，我意在给拜仁一记迟来的重击。但是，当球场时钟走向下半场第45分钟的时候，我已经开始准备体面地接受失败了。

那时，代表拜仁的红蓝色飘带已经被装饰在了奖杯之上，欧足联（UEFA）主席伦纳特·约翰松已经从看台上走下，准备主持颁奖仪式。后来的事大家都知道了，奇迹发生了。简单地说，是大卫·贝克汉姆从左侧发出两个角球，谢林汉姆和索尔斯克亚取得了两个进球。 但是，如果这么描述这两个进球，就如同说黑斯廷斯战役是拍拍脑袋想出来的一样 [①]。两分钟之内发生的奇迹逆转暂停了诺坎普的时间，其中的故事值得细细道来。我会尽量还原我们在巴塞罗那的经历，讲给大家听。足球这项运动，过去从来没有发生过如此看来不可能实现而又令人振奋的逆转。当谢林汉姆踢进第一个球的时候，拜仁看来就大势已去，连进入加时赛的精气神都没有了。而后，索尔斯克亚以令人叫绝的反应速度在球门前伸腿，球直奔球网顶部，这时，拜仁的球员看起来就像行尸走肉了。而我们则疯狂地庆祝着，我们的球迷也是。时隔30年，在马特·巴斯比爵士90岁冥诞之际，欧洲冠军杯奖杯第二次来到了老特拉福德。对我来说，这个结果意味着职业生涯的巅峰，而在过去，它看起来还是那么遥不可及。在一片狂欢的混乱中，我的脑海中有一个秘密的角落，正在回放着我们能走到今天的每一个关键的脚步。我还记得……也许，我应该从最开始讲起。

_____

① 1066年10月14日，哈罗德二世（Harold Ⅱ）的盎格鲁·撒克逊军队和诺曼底公爵威廉一世（William of Normandy）的军队在黑斯廷斯（Hastings）（英国东萨塞克斯郡濒临加来海峡的城市）地域进行的一场交战，这场战役以利用联合作战理论而著称。

第一章　在克莱德启航

不论我们生命的航程如何展开，开始的地方总是让人难以忘怀。

不论我们生命的航程如何展开，开始的地方总是让人难以忘怀。人世中我们能拥有的最伟大的财富，是诞生在一个充满爱意的家庭中，更幸福的是，周遭的街坊邻居也给我们带来了温暖和归属感。就如同我对父母无尽的感激一般，我对高湾的感情也是一样。高湾位于格拉斯哥西南面，属于克莱德河畔的一个区，这里是我们的故乡。

把高湾称为一个地区是一种冒犯。高湾是一个独特的实体，它拥有自己独立的灵魂和清晰的个性。高湾曾是苏格兰第五大城市，直到1912年，尽管本地居民强烈反对，高湾还是被并入了格拉斯哥。但那种身为高湾人的独特感受，来自比历史记载更加深刻的地方。它来自高湾作为世界上最有影响力的船舶制造基地之一的事实，来自它所孕育的工人阶级的骄傲和活力。当我在1941年12月31日出生的时候，由于第二次世界大战的关系，舰船的生产变得前所未有的重要，但在此之前的100多年，造船业和东克莱德已经紧密相连了。20世纪70年代，当吉米·里德和吉米·艾尔利这样杰出的工会主义者都无法挽救这项产业的凋零时，有些无法替代的东西，永远地从高湾的生命中消失了。任何在河岸边零乱的废弃堆场旁长大的人，都可能无法想象这里往日的喧嚣和活力，以及挤在这块场地进行的各种机械工作，而这样的景象就是我小时候对街道的认识。在街道的拐角处，会塞满几千名忙碌的工人，几乎每个人都戴着苏格兰软帽。我记得我总在父亲工作的堆场门外等着，急切地想要从一堆衣服满是污渍、穿着大头鞋的喧闹的工人中间认出他来。或者，我会从我们的公寓后窗望向高湾路的主干道，从人流中认出他独特的走路姿态，这时，母亲就可以把晚饭端上桌了。我从没在堆场中干过活，但是我的弟弟马丁加入了父亲的行列。但是就像这里的其他人，在我的记忆中，造船业已经融入了他们的骨血。在一个严重依赖单一产业的社区里，总是有一股力量让人们团结起来，互相支持。有人说，那些伟大的足球教练，例如乔克·斯坦、马特·巴斯比爵士、比尔·香克利和鲍勃·佩斯利，他们为足球注入的价值观，离不开煤炭工人的背景。对我而言无疑也是同一回事。任何我在管理方面取得的成功，特别是在球队中创立的忠诚、重诺的文化，都多亏了带着我成长起来的克莱德工人。我们在威姆斯洛的房子叫作"费尔菲尔德"，有人以为这是要在柴郡近郊给人留下乡土气息的印象。但实际上，费尔菲尔德是爸爸和马丁过去的船厂所在的地方。当我注册自己的第一匹赛马的时候，我把它命名为"昆士兰之星"，这也是同样的原因：因为我父亲曾经制造的一艘船就叫这个名字。我喜欢被高湾的回忆围绕着。

我不是很懂那些忘掉自己出身的人。在我小时候形成的友谊到今天还是同样坚固。我的两个最亲密的朋友，邓肯·彼得森和吉姆·麦克米伦，都是在我们4岁还在保育院的时候就认识了。邓肯还记得，下午时间，保育院把孩子们放下小睡一会儿的时候，他就睡在我隔壁的小床上。我们三个至今还和其他的朋友保持着联系，其中包括一起在"生活男孩"踢球的汤米·亨德里。汤米在我们中算是来得晚的，直到他5岁半我们才认识他。对我们来说，将友谊维持50多年仿佛也是件很自然的事。

我的童年回忆多数以家里租住的小公寓为中心。地址是高湾路667号，在与海王星街的交界处。因为爱尔兰海湾的缘故，海王星街是一条更加生机勃勃的大路。格拉斯哥像块磁铁一样，吸引着爱尔兰人跨越海峡前来找工作，海王星街就是一个见证。移民大潮使新教和天主教信徒混合在一起，给高湾带来了不安定。但是，只要看一眼弗格森家的家谱，就会知道为什么偏见从没有在这个家庭生根发芽。不管在家谱哪个支系，或是追溯到最早的先人，都能发现通婚的存在。这在苏格兰西部地区非常普遍。可能在年轻一代中，宗教的门户偏见已经不太常见了，但在我们那一代却并非如此。我是一个新教徒，娶了天主教徒，我父亲也一样，而爷爷则是一个天主教徒，娶了新教徒。三个家庭的孩子们都被当作新教徒来抚养，也自然都带着对宗教纷争的痛恨。我和弟弟马丁都是狂热的流浪者球迷，父亲对此也接受了，虽然他是凯尔特人的球迷（这两者的区别好比宗教信仰的不同）。不过，爸爸非常反对在家里出现挑衅性的球衣颜色，马丁不得不把他的流浪者队围巾藏在厕所水箱里。我母亲是一个坚定的天主教徒，而父亲对宗教并没有太深的执念，所以为什么他们会选择让两个孩子浸礼为新教徒（我是在圣玛丽教堂洗礼的，在高湾路口旁的那一间），就是个有趣的问题了。当然，这种考虑还是为了我们以后的工作。在那个年代，求职时普遍会被问："上的什么学校？"如果回答是所天主教学校，录用的机会就很渺茫了，很多时候就被拒绝了。这种偏见在克莱德造船业中更是流行，直到这项产业繁荣的最后 20 年。

我的祖父弗格森，他信仰天主教，结果只能去建造小船，而不是大型船舶。在邓巴顿郡，这种歧视比在格拉斯哥还要严重。爷爷当然也很了解如此紧张的宗教局势。爷爷和奶奶珍妮特（简尼）·比顿结婚，但他的岳父不仅是一个坚定的新教徒，而且还活跃在共济会组织中，是地区的总导师。于是，爷爷和奶奶在苏格兰大教堂举行了婚礼，并让 3 个孩子：我父亲、他的弟弟约翰和妹妹伊索贝尔都成了新教徒。虽然老比顿的性格有些让人生畏，但两夫妻这样的举动还是明显缓和了家庭的气氛。在我父亲 4 岁的时候，奶奶曾发现性格安静的爷爷竟带着孩子去了天主教教堂。于是麻烦来了。奶奶立刻对此喊停，父亲被带去了苏格兰大教堂，此后也只能去苏格兰大教堂。但是，在我父亲后来的生命中，几乎没有把时间花在任何形式的宗教上，而是以投身人道博爱的社会主义来表达他个人的强烈主张。当外曾祖父老比顿逝世时，他将共济会的权章遗赠给了父亲。但是，出于道德原因，父亲并没有接受，也没有变成共济会会员，前会长的礼服也转赠给了我的叔叔约翰。这件事可以证明父亲在信仰上的独立性。我常常为父亲的这种正直而感到骄傲。

我的父亲，亚历山大·比顿·弗格森，1912 年在邓巴顿郡的伦顿出生。当我的爷爷在第一次世界大战中被毒气所伤之后，他被军队安排在贝拉赫斯顿公园附近的一座临时医院，离埃布罗克斯①很近。为了照顾日渐衰弱的爷爷，全家人都搬到了格拉斯哥。他们在玛丽岭区和珀西公园区交界的汉米顿岭安顿下来，当时 14 岁的父亲辍学去各个工厂工作，维持生计，抚养弟妹。奶奶常跟我说，父亲有一次差点被机器绞去了手臂。他的左腕上布满了可怖的伤疤，右手大拇指则在另一次工厂事故中失去了。因此在第二次世界大战降临的时候，他也就不符合为国效力的要求。

---

① 格拉斯哥流浪者队的主场。

父亲十几岁的时候对足球产生了兴趣，他说服格拉斯哥市议会为他所在的格拉斯哥北部的青少年成立了一个社会性的俱乐部。后来，汉米顿岭赢得了苏格兰少年俱乐部杯的奖杯。他们的左边锋吉米·卡斯基后来则在流浪者队和苏格兰队发光发热，享有盛名。爸爸总是带着骄傲提到那些日子。他自己的职业生涯最高峰则是在贝尔法斯特的格伦杜兰俱乐部，与彼得·多尔蒂共事的那段时间。父亲说那是他所见过的最出色的球员，伟大的彼得·多尔蒂。那时，爷爷已经过世了，奶奶与一个叫约翰尼·米勒的人再婚，全家搬去了北爱尔兰，父亲在哈兰 & 沃尔夫船厂工作。在他二十四五岁的时候，他又回到了不列颠，在伯明翰的 BSA 工厂工作，很快，整个米勒家族也都重新在苏格兰扎下根来。

那时家里的公租房位于德拉莫因，地址是盾厅路 357 号，实际上是在高湾的开发区里。那儿对我来说是个重要的地方，我就在那里出生。当然，我的出生，首先还得让父亲和母亲相遇。爸爸的妹妹，我的姑姑伊索贝尔当时在布伦劳恩路的克里斯蒂线缆厂工作，埃布罗克斯公园就在工厂的转角处。那个地方现在已经被命名为弗格森之家，提供给高湾扶助中心运营的一个再就业项目。而 20 世纪 40 年代的时候，他们把那儿当作一个婚介所。当时，两个充满魅力的女工，我的姑姑伊索贝尔和她最好的朋友伊丽莎白·哈迪正在讨论男人，伊索贝尔建议莉兹（伊丽莎白的昵称）应该去会一会她"高大帅气的哥哥"。爸爸比当时还不到双十年华的莉兹大了 10 岁，但他们还是坠入了爱河，很快就结婚了。只是，究竟有多快，一直以来都是个谜。作为一个好奇宝宝，我决定要弄个清楚。在最近一次去加拿大奥沙瓦探望姑姑伊索贝尔的时候，我当面向她询问了当时他们结婚的情况，但却只得到一个事先准备好的恼怒的回答。她不允许任何人轻慢她的哥哥，就算那个人是我。"你爸爸是个好人。"这就是她简短的声明。我当然同意这一点，即使了解到，当我父母正在交往的时候，妈妈就已经怀孕了。他们在 1941 年 6 月结婚，而我在 12 月的最后一天降生。在这一天出生对一个苏格兰人来说可是一大幸事，因为全国上下都会使出吃奶的力气来庆贺新年。但是，对一个小男孩来说，出生在这一天实在不是什么好事。这一天是如此接近圣诞节，也就是说，家里人总会用一个礼物把两个节日糊弄过去。在我出生的 11 个月又 21 天之后，我们家又迎来了马丁的降生，所以，在收礼物方面，他也没比我好多少。不过说真心话，我们的父母从未让我们两兄弟缺衣少食过。

我们真正意义上的第一个家在布伦劳恩路，在此之前，我们租住在高湾路

667 号的一套两卧室带厨房的公寓里，关于童年的回忆都发生在那里。我们的公寓非常幸运地拥有一个独立厕所。在高湾，租这种公寓的多数居民都不得不共用楼梯间的厕所，如果我们家也是这样的话，马丁也就没有地方可以藏匿他的流浪者队围巾了。不过我们家的条件也没能好到拥有一个浴缸，充其量也就是一个放在厨房壁床（爸爸妈妈就睡在那儿）下面的镀锌水槽。"厨房"这两个字可能会产生一定的误导，实际上，这里是厨房，也是起居室，是我们主要进行家庭活动的地方，格拉斯哥的大多数家庭都是这样。那时候，我们还是生火做饭，家里存了很多煤。空间很狭小，但是够用。我和马丁同住一间卧室，我们可以从房间里望向高湾路，晚上，矿车和工人锤打的喧闹声从哈兰＆沃尔夫船厂传来，想要睡着可不那么容易。家族里有一个传闻，据说被哈兰＆沃尔夫占据的那块土地曾是我们弗格森家族的，但我所知道的不过是这家工厂实在是让我的耳朵受了不少苦。在我们小的时候，另一间卧室出租给了一对爱尔兰夫妇，弗兰克和玛齐·麦基弗，他们在这里待了很多年，直到他们自己买了房子。

普通的出租房一般来说是三层高，从一个小巷进去后，穿过入口通道，你会看到从上到下的三套，偶尔是 4 套公寓房。我们这一幢通常能住下 9 个家庭，有些家庭能在这样的小房子里塞下令人震惊的人数。在我们的邻居中，劳家曾经把 16 个人塞进一个厨房和一个卧室。当他们的一个儿子乔从朝鲜战场归来的时候，他们全族的人都拥到街角去欢迎他。包括奶奶、姑姑、外甥、表哥、表姐和其他的人，加起来接近 100 人。如果朝鲜人当时能意识到他有这么多后援，没准会撤退得早一些。

那时的高湾是一个生机勃勃的地方，到第二次世界大战末期，人口突破了 10 万人。除了费尔菲尔德和哈兰＆沃尔夫这两大船厂之外，还有第三大船厂亚历山大·斯蒂芬父子船厂，他们为高湾提供了许多就业岗位。那些巨大的干船坞里也有许多工作机会，船舶的大规模修理都在那里完成。对于我这个小孩而言，出租房的生活总是充满着嘈杂，就像电影［比如教父 2（*Godfather 2*）］中拍摄的 20 世纪初的纽约贫民区一样。到了周六上午，我的邻居们就会活跃起来，开展各种例如街头手风琴、水果摊贩、后院歌手、赌坊贩子一般的活动，争抢着人们口袋里的最后几先令。在我们的一楼① 公寓下面有一家名叫

---

① 英国一般将汉语中的"一楼"称为 ground floor，他们的一楼一般为中国的二楼。

迪克·韦尔什的酒馆，每当他们有啤酒进货的时候，我和马丁都会看得入迷：那些酒桶是如何从卡车上被扔到装满锯末的麻袋上，然后又是怎样从仓口骨碌碌滚到储藏室去的。还有煤炭商人弗莱彻，每次当他吆喝的时候，你在几条街之外就能听到。他有一辆马车，每当他把一袋袋煤扛到楼上的住户家的时候，他可怜的马就得忍受各种各样的恶作剧。可能我是一个容易着迷的人，但有时候，我真的觉得自己身处一场狂欢之中。

但这从来不是最温厚的一个地方。我的第一所学校——布伦劳恩路小学，也不是什么名门望族的学校。伊丽莎白·汤姆森——一位我将终身感激的老师，我和她始终保持着通信，偶尔还会见面——她说，在她刚走马上任的时候，这所学校被评为格拉斯哥最差的小学，有着最高的青少年犯罪率。这并不是说这儿的大人就很温良守法。整个苏格兰最后一个被绞死的罪犯就是在海王星街犯下了杀人罪行，受害者还是和我一起在和谐巷男孩俱乐部踢球的小伙伴的叔叔。但是，我的童年从未生活在恐吓和威胁之下。通常来说，我还是无忧无虑的，除非去探望朋友，我总是守着自己的根据地从不离开，否则便有危险。邓肯·彼得森、吉姆·麦克米伦、汤米·亨德里就住在离我家 300 码[①] 的地方，紧挨着埃布罗克斯公园，但我还是不敢冒险跑去他们的地方，除非约好要去探望他们。在移民加拿大之前，我的姑姑伊索贝尔和叔叔桑尼住在术士街的转角处，那儿可真有点乱。有一次，我那患有小儿麻痹症的表兄克里斯托弗被一群孩子有组织地欺负了，姑姑叫我过来对付他们，我当然做了自己应该做的，但你能想到，从此我可不会在术士街附近转悠了。

照顾好自己，别讲究什么解放全人类，这是我们这儿的规矩。在我 10 岁或是 11 岁的一个周六——那时的我无疑还是个幼稚的小鬼，当我正往布伦劳恩路的多彻蒂台球厅望去的时候，几个不到 20 岁的大孩子给了我一瓶装在柠檬汽水瓶子里的饮料，我还以为自己撞了大运。使劲吸了一口之后，我几乎呕吐了出来。那些被我喷出来，溅在嘴巴周围的绿色液体，实际上是尿。当始作俑者大笑着跑开的时候，我已经着手准备复仇了。从那时起，我就是个有谋略的人。我首先找到了一根木棍，正好能塞进台球厅大门的两个金属把手里，我把它放在一边。接着我回到台球厅，悄悄地从没人的球桌上拿了两个台球。一直等到我的仇人们出现在他们那一桌的远端，我抄起球，用全身所有的力气向

---

① 1 码 =0.9144 米。

他们扔去。两个球中，有一个击中了对方某个人下巴周围的部位。然后，我飞奔出门，用刚才找到的木棍卡住门，逃之夭夭。几个星期后，我在高湾路看到了那个被我砸坏下巴的人。他正和女朋友在一起，脸的一边还绑着一块巨大的石膏。我马上拐进了一条小巷以免被他认出来。也许他下次再想用尿来欺负别人之前，他会想清楚。

这个恶作剧对我并没有产生什么影响，但紧接着发生的另外一件事却改变了我后来的人生。起初这事只不过是学校操场上的一点小争执，当然我也动手了。在这场争斗中，我占了上风，不过，多年来我不怎么提到这场少年时期的胜利。因为当时输给我的人已经成了高湾最臭名昭著的暴力分子，他可以轻易毁掉一个普通市民的饭碗。他就是威利·本内特，别号"魔鬼"，在一次庭审中，他曾被指控"几拳就打掉了对方的脸"。他的死法也和他本人活着的时候一样残忍。在我为圣约翰斯通队踢球的时候，我第一次在从学校毕业后见到他。当时我正走在去彼得希尔青年队球场的路上，他突然从高湾路口的一个书报亭向我大喊。这是一种传唤。

"嘿！弗格森！"

他和他的弟弟马尔奇一起，这家伙也绝非善类，不是那种你在鸡尾酒晚会上想共饮的伙伴。他们一伙人中，还有一个臭名昭著的流氓帕特里克。我迅速地发现了自己内心的颤抖，做出友好的样子，但威利没理会我。

"听说你现在在为圣约翰斯通队踢球，"他对我咆哮道，"我想跟你较量较量。"

接下来不是一句和善的"你能和我比赛吗？"而是"你特么来干吗！"我嘟囔了几句那天晚上要和教练谈话的废话，然后飞奔着跑过了那个路口，从他眼皮底下逃走了。

幸运的是，他没有像他说的那样，跟到圣约翰斯通来，下一次我们再有交集已经是20多年以后的事了。那是20世纪80年代初，我已经是阿伯丁队的主帅了。我同意了来自彼得黑德监狱长的请求：给服刑人员做一次演讲。那是在一个冷得可怕的脏兮兮的晚上，又是在彼得黑德最萧瑟的时候，光是天气就已经很不祥了。当监狱长告诉我，他整天都被一个问题所困扰的时候，我知道我无处可逃了。这种天气之下，逃到周围的废墟里，还不如被抓回自己的牢房。而监狱长真正的那个问题让我有些震惊。

"我这儿有一个你学校时期的小伙伴，整天给我找各种麻烦。"他说。

他告诉我，威利·本内特是只彻头彻尾的害虫。

"他对所有的人说，你是个多么好的人，他还说他是你最好的朋友。"实际上，"魔鬼"本人并不是我们布伦劳恩路小学的学生，他在高湾的另一所小学上学（那所学校，如同伊丽莎白·汤姆森所说，可能比我们的学校还糟糕），他和他的同学有时会占用我们学校的设施。无论如何，他说我是他的朋友，总比说我打过他要好。

监狱长把这次盘问安排在一个大房间里，根据这里一排排的折叠椅子来看，我想应该是个饭厅。在我们开始之前，他让我从一扇小窗户看进去，在一片空荡荡的座位当中坐着威利·本内特。他一动不动地坐在前排中间的椅子上，交叉着双臂，脸上的神情显得相当专心。饭厅里没有第三个人在。我很肯定，那时候他已经有些神经错乱，被关得发疯了。当其他犯人集中之后，我走进去，很直接地问候了威利。

"嘿，威利。"他马上反应过来。

"亚历克斯！"他大喊，"告诉他们！你是我的好伙伴，对不对？我们在高湾的时候一起上学，告诉他们！"

"对，"我说，"而且，顺便说，他还为格拉斯哥学童队踢球。"

这确实是真的，而他听到我这么说之后就像孔雀般扬扬自得了。他并没有开始找麻烦，倒是做出了相反的举动，就像仪式的指挥一般，他开始接管整个流程："嘿，嘿，乱了！乱了！闭嘴闭嘴，一个一个来。"监狱的管理人员倒是很乐意让他继续这样。通常来说，他可一刻都不会让这个地方安宁。也许，我演讲的这一天，是本内特余生中最快乐的一天。他的谋杀罪让他在监狱中度过了成年后的大部分时光，当他终于出狱的时候，已经年过50。1991年，他在高湾一家酒馆的争吵中被一刀毙命。

在高湾，许多和我一起长大的孩子不是进了监狱，就是成了酒鬼。这些致命的诱惑始终围绕在我们周围，庆幸的是，多数家庭有着工人阶级的本性，父母的决心往往会再给孩子们一次机会。我的很多朋友尽管能对这样的鼓励做出反应，但是，不可避免的，他们又会被那些自己不能抵御的力量拽向深渊。当然，如果连他们的父母都放弃的话，这些孩子是一点振作的机会都没有了。伊丽莎白·汤姆森老师说，她能从班上的学生身上读出一个个家庭的悲剧。但是，没有人拥有比我更好的家庭。我和马丁总是那么的安心，我们知道，爸爸妈妈总是把我们的兴趣放在他们自己的兴趣前面，他们不吝于给我们最好的东西。而且，两边大家庭的支持也让我们获益不少。

不像爸爸，妈妈来自一个宗教背景没那么复杂的家庭。她家是百分之百纯正的爱尔兰天主教家庭。她的母亲苏茜·曼塞尔来自北爱尔兰的纽里，当苏茜嫁给托马斯·哈迪的时候，也就意味着两大天主教家庭的结合。出于某些原因，哈迪外公后来失踪了，外婆也和一个叫萨姆·埃尔文的人再婚了。但是，哈迪家的亲人们在我的生命中仍然有很深的影响，在我的成长中，他们总是保护着我的利益。我的母亲热爱唱歌跳舞，她和姑姑伊索贝尔在十几岁的时候，每周总要出去跳个两三次，总是拿攒着果酱的罐子去换回入场券的钱。当我出生之后，这项娱乐活动就落幕了，不过，等我能够蹒跚学步之后，她又捡起了这项爱好。她有着不可思议的精神力量和静水流深的勇气。

我的父亲有一项优点是非常明显的。伊索贝尔姑姑把他介绍给妈妈的原话是"高大"，那是因为，5英尺10英寸①的身高，比当时大多数他那个年岁的苏格兰人都要高。满头深色头发下，一副固执的表情，这刻画了他的容貌，也让他的强势不言而喻。他远远不是一个外向的人，在我对他延绵不断的回忆中，有一幕便是他坐在火边好几个小时，沉默地读着书。但是，当发脾气的时候，他也会像火山一样喷发。我常常有意撇下后知后觉的马丁，让他去承受爸爸的怒气。当他发怒的先兆信号出现之后，我就会跑到壁床下，躲在镀锌的浴缸后面，偷看马丁挨骂。至于是不是我的恶作剧导致了这场火山喷发，我可不管。如果我需要到外面去避难，例如有一次我们在后院拿肉桂棒当烟抽，结果被父亲抓住，我就会立刻跑去埃尔文外婆家。她最疼我，绝不会让我挨上爸爸一指头。马丁的后知后觉酿成的最大的一次祸，是我们私下决定，不管爸爸的禁令，去看了流浪者队对凯尔特人队的比赛。那是20世纪50年代早期，当我们看的那场比赛双方球迷开始互相扔瓶子的时候，我已经迅速翻过墙逃到公园里去了。马丁还在梦游般地四处转悠。结果第二天，《星期日快讯》（Sunday Express）在头版刊出了一幅照片，拍的是马丁傻站着，头顶上瓶子横飞。他的脸还在照片上被圈了出来，报纸文字写着"站在后面的男孩"。那个周日早晨，爸爸给全家人做好了早饭，当他把早饭端进我们的卧室的时候，他的另一只手上拿着《星期日快讯》。马丁恨不得那些瓶子当时砸中了他。当爸爸转向我的时候，我从牙缝儿里撒谎："我去踢球了。"我说服了他。幸运的

---

① 约177.8厘米。

是，他就那么相信了我。

尽管我和马丁年龄只差不到一岁，但我在家可是更有活力，更具有统治性的哥哥。老实说，我可没有欺负他。我宁死也不会让别人伤害到他。不过，男孩子们就是这样，我总觉得，身为哥哥，我有权利考验考验他。母亲总是警告我，总有一天，弟弟会报复回来的，这种想法简直让我发笑。不过，我错了，最后我发现我做得有些过分了。在我们的壁炉格栅上，总是挂着一根拨火棍，用来让煤炭烧得更旺。暴怒中的马丁抽出烧得通红的拨火棍，对着我的左大腿刺去。在我被送去南部综合医院救治之后，至今那道伤疤还留在我身上。

小时候，我总觉得自己一直在住院。我动过两次疝气手术，然后又因为尿血被诊断出了肾的问题。然后又加上各种奇怪的事故，例如我曾打破学校体操房的玻璃网格窗户，试图从那儿"借"一个足球出来，结果导致手臂被划伤。因为住院导致的缺课拖了我学习的后腿，我没能通过从布伦劳恩路小学升至高湾中学的入学考试。那个时候伊丽莎白·汤姆森老师，在我父母的恳求之下，开始为我补课，结果，她成了我童年的英雄。她是位极有魅力的年轻女性，就像几乎所有的同学一样，我也暗暗地喜欢上了她。在她结婚的那一天，我和马丁坐摆渡船穿过克莱德河，然后又跋涉了好几英里来到格拉斯哥最西端的希尔黑德，就为了在教堂门外的台阶上第一时间向她表示祝贺。这一幕被一张照片记录了下来，我们俩穿着校服小西装，看起来就是两个小脏孩。

为了让我发挥出自己的实力，在我小学期间，伊丽莎白做了无尽的工作来帮助我。后来我和她的友谊也成为我童年最美妙、最温暖的珍藏。当我以极为优秀的分数通过入学考试的时候，我以尖子生的身份进入了高湾中学。我本该一年前就来到这里的，结果，我只好又等了 6 个月，直到下一学年的开始，我才被安插在一个班里。这意味着，我已经 13 岁半了，却被放在一个同学都比我小很多的班里，这对我几乎造成了创伤。我所感受到的那种尴尬，尤其是和女生的关系，是我在整个中学时期都没能克服的，余下的学生时光也成了对我的一种折磨。而当流浪者队拒绝录用我的时候，我的信心再一次惨遭重击。这两段经历是如此的悲惨，甚至对我造成了永久性的伤害。许多年后的我终于还是把这些经历化悲痛为力量，然而对当时经历着不幸的我来说，可没有那么轻松。有时候，这种脆弱的感觉现在还会袭来，提醒着我，没有人能够完全摆脱不安感的侵袭。但是，我总算有了 57 年的人生经验来击败这种不安感。在高湾中学，我的积极性总是会先被失败的恐惧打回去。我身处一群尖子生当中，而他们还比我小上好几岁，这令人消沉的事实总是在瓦解我赶超他们的能量。我在学习上很吃力，法语和德语都是主要的课程，而我找到的捷径就是抄班上最聪明的同学的作业。有些同学很乐意帮忙，和我自己的自卑感不同，我在他们心中还是个小英雄，因为我的加入，高湾中学足球队也变得厉害起来。在那些日子里，足球持续带给我安慰，但是我发现，它给我的影响也是一把双刃剑。如果不是能够逃进足球的世界，我在功课上也许会被迫好好地应对。显然，我抄来的那些功课只不过是华丽的外表，我的真实能力只要一场考试就会暴露。在我 16 岁，本该准备结业考试（相当于现在的 A-levels）的时候，校长对我说了一些我早就心知肚明的话——在此前 4 年的学习中，我表现得不够好，连考试的机会都没有。明智的选择，是去当一个技术劳工的学徒。我的父母一定对我失望透顶，但他们还是像往常一样支持着我，没有对我另眼相待。我开始学习工具制造，但是在我心底，我确信我的未来会在足球上。长久以来在我的梦里，就已经这么决定了。

我第一次有组织地参与足球运动，是在我们的一个邻居博伊德先生组织了我们这个街区的租户足球队的时候。这支球队覆盖了周围 4 条巷子的人。球队名字倒是挺大气，叫作高湾巡游者，还选择了阿森纳队的球衣颜色。我的面前有两个障碍：首先，我才 7 岁，但高湾巡游者是踢 12 岁以下的联赛；其次，我还没有一双球鞋。我发育得早，所以年龄的问题不如球鞋那么让我烦恼。这时我的另一个邻居汤米·戈梅尔送给了我一双穿过的旧球鞋，我从心底感激他，这双球鞋也成了我球员时期的幸运鞋。那段时间里，我最失望的，是布伦劳恩路小学没有一个老师愿意接管学校的足球队。我们这些男生只好组织一些和附近学校的友谊赛，例如圣萨维尔小学和科普兰路小学。天主教学校圣萨维尔小学一直有着在高湾地区称霸联赛和杯赛的传统，他们的两个最好的球员也是我的朋友：德斯·赫伦和伯纳德·麦克纳利。德斯住在海王星街的尽头处，伯纳德则住在一个叫作酒巷的地方，听起来就很乱。伯纳德后来移民去了美国，还成了一位作家。德斯进入阿伯丁队，成了一名职业球员，我们现在也还是朋友。我和凯西是他女儿的教父教母。我现在还会拿当年布伦劳恩路小学对圣萨维尔小学一边倒的胜利来取笑他。在我们队中有很多优秀的成员，奇怪的是我们却不能在联赛里踢球。"生活男孩"赞助了我们的球衣。当家里决定让我和马丁成为新教徒后，母亲希望我们从小受到基督教义的熏陶，六七岁的时候，我们就去了本地的圣经学校"希洛厅"学习。我至今还保存着在那儿得到的第一本《圣经》，现在还是崭新的。在圣经学校，我们组成了第129期"生活男孩"。作为一名"生活男孩"，意味着周日要去两次教堂，也意味着足球。布伦劳恩路小学绝大多数的好球员都加入了第129期"生活男孩"。

我在"生活男孩"踢球的高光时刻，是在格拉斯哥地区杯的比赛中，两回合击败波尔马迪赢得了奖杯。我们在自己的领土上赢下了第一回合的比赛，在"五十球场"，一块毗邻高湾，位于卡尔多诺德区域的著名场地。就像它的名字说到的，那儿曾有许多球场。但是，在我长大的时候，很多场地都被希林顿工业不动产拿下了。这一趟横跨格拉斯哥南部的波尔马迪之旅实际上只有六七英里的距离，但这却是我们出征过的最遥远的一场客场比赛，以至我们感觉就像是到了国外。只有球场的条件对我们来说是熟悉的：土灰的地面对于城里的公共球场来说相当于标配，在夏天干燥的天气下，灰尘永远会飘到你的脸上。把灰尘擦掉的话，会在你的眼睛、嘴巴周围留下几个大圈，一场比赛踢到最后，大家都会看起来有些滑稽。不过，这并不是我们在乎的东西。我们最终以4：2取胜，大家都感到无比快乐。我们的球队经理约翰尼·博兰给我们每个人都买了双层牛轧糖威化的冰激凌，我们叼着冰激凌走在波尔马迪的路上，两只球鞋用鞋带系在一起挂在脖子上，这是我少年时期最开心的一段经历。

对我和我的小伙伴来说，球是怎么踢都踢不够的。当本地的和谐巷男孩俱乐部开始招新的时候，4个火枪手——邓肯·彼得森、汤米·亨德里、吉姆·麦克米伦和我——马上前去排队报名了。俱乐部的负责人是个叫鲍勃·英尼斯的人，从许多方面来说，鲍勃本人就是和谐巷男孩俱乐部。他创立了这家俱乐部，在其中倾注了自己的生命。我们这个年龄组的球队归一个对足球非常痴迷的人管，他叫米克·麦高恩。在我的成长历程中，我已经习惯了那些和我一样对足球狂热的大人。我在"生活男孩"的导师约翰尼·博兰，从过去到现在都对足球痴迷着。不久前我去探望他的时候，我发现在他家的后院有一个迷你球门。尽管他在第二次世界大战的集中营里受尽了苦难，耄耋之年的他还是让我知道了，那个小球门不是用来装饰院子的。

当我第一次遇到米克·麦高恩的时候，他30多岁，少了一只眼睛。他不但对足球抱有极大的热情，而且对和谐巷这家俱乐部更是全身心地投入着。没有什么人、什么事物比俱乐部的利益更重要。他是个不可思议的人。我们都爱米克，只是偶尔也会和他争吵一两次。在我的记忆中，第一次有"教练"这种概念，就是因为米克。他把我们一群人从和谐巷，也就是高湾的中心，带到附近一个叫作"极地机车公园"的球场。因为那里毗邻通往船厂的货运铁路干线，我们都把那儿叫作"哈巴狗"①。当我们集合绕成一圈的时候，米克就会向我们灌输团队协作的理念。在10岁、11岁的时候，我们对这种启蒙还不是太上心。我们只想抢到球，开始踢球。但他坚持强调传球和移动。然后他转向我，说："亚历克斯，你自己带球跑得太远了，你得学会分球。"我在学校里算是聪明的，但是我承认，我连分球是什么意思都不知道。我迫不及待地奔回家，问爸爸到底是什么意思。爸爸知道字典里每一个词的意思，或者说我是这么认为的。爸爸的词汇量的确很丰富，不过，对于那天我需要理解的那个词，他却提供不了什么帮助。长大后，如果我用一个他不太熟的词来考他，特别是技术上的术语，他的结论会相当武断。"拼出来。"他会说。等我拼了出来，他接下来就说："没这个词。"然后我会坚持，把手中的书或者报纸拿给他看证明有这个词。一阵端详之后，他会下达最终判定："没这个词，从没听过这个词。"他对英语语言有他自己的界定方法。

和谐巷足球队是格拉斯哥少年俱乐部联赛的一支球队，我们的对手散布在一块相当广大的区域内。与我们竞争最激烈的球队是布里奇顿少年俱乐部，造访他们的主场可从来不是什么轻松的旅程。他们的主场位于格拉斯哥绿地，这是一座位于城市中心、克莱德河南岸的一座重新修整过的公园。与往常一样，所谓球场不过是黑色的灰土地，这种赛程必不可少的纪念品之一就是砾石皮疹。然而，真正的冒险可比这些激烈多了。在一场与布里奇顿的杯赛比赛中，气氛比往常更紧张，球场完全被他们的球迷包围住。到中场时间，我们已经3：0领先了，我的叔叔安德鲁走到我身边，建议我们比赛一结束就迅速逃跑。安德鲁叔叔住在奥特兰兹，和格拉斯哥绿地在克莱德河的同一侧，他听见三十几个成群结伙的年轻人说，要给我们点颜色看看。危险的气息迅速传遍了全队，米克·麦高恩对我们说，裁判一吹哨，他就会收拾好我们的衣服，我们一起向巴拉特街猛冲，这条大路上有前往高湾的电车。尽管心里紧张得不得了，我们还是以4：1的比分结束了下半场的比赛。事实上，我们狂热地冲向了巴拉特街。我一直在想，如果电车没来会怎么样。幸运的是，电车来了，一场可能发生的暴动被落在了车轮的30码之后。关于足球杯赛里的这些惊险故事，我想我可以说，我在早年就已经见识不少了。

---

① 在英国也有机车的意思。

我在和谐巷俱乐部成长了不少，就像这个时期我的大多数朋友一样。他们中的许多人和在俱乐部遇见的女孩结婚了。邓肯·彼得森遇到了珍妮特，他们是携手走入教堂圣坛的第一对。鲍勃·英尼斯那时总是会组织舞会之夜，他坚持让我们所有人都下场跳舞。而我们在场上敢打敢拼的劲头在舞场上就像蒸发了一样，好多人害羞得手脚都不协调了。为了让我们少一些尴尬，例如踩了舞伴的脚趾被同伴看见，鲍勃总是会把灯光调暗。在那些美好的日子里，每当五黑宝乐队的声音飘扬在头顶时，我们总会在和谐巷那间小小的舞厅里旋转起来。

　　在为和谐巷踢球的同时，我还在为学校球队踢球，也在基督少年军踢球。当我从"生活男孩"转为"基督少年军"之后，照顾我的人也从约翰尼·博兰变成了他的兄弟吉姆。到13岁的时候，我已经在第129期基督少年军得到了一个主力位置，尽管这支球队是支18岁以下球队。在那个年代，格拉斯哥的校园足球水平可谓上佳。在高湾中学队，我们有麦金农双胞胎、罗尼和唐尼。唐尼在帕特里克西斯尔的前场位置取得了令人瞩目的成绩，当然，更被人记住的是唐尼后来在流浪者队和苏格兰队的表现。事实上，唐尼一开始是个右边锋，他讨厌穿球鞋，总是光穿着球袜就能踢出让我们惊艳的表现。那时高湾中学的其他球员还有许多，克雷格·沃森在去福尔柯克和莫顿之前在流浪者队待了些年头，吉米·莫里森为克莱德队和邓巴顿队效力过，我的弟弟马丁也在帕特里克西斯尔队、邓弗姆林队和莫顿队待过一段时间。之后马丁在爱尔兰的沃特福德队当上了球员教练，他带领球队赢得了联赛冠军，杀入了爱尔兰杯的决赛。

　　高湾中学队的主要对手圣杰拉德队则拥有乔·麦克布莱德这样的球员。他就住在我们隔壁，比我们略大一些，却始终是我心中的英雄。乔拥有一个伟大的职业生涯，他先后效力于马瑟韦尔队、狼队、基尔马诺克队、凯尔特人队和苏格兰队。他的进球纪录本来可以创造历史，然而，1966年凯尔特人赢得欧洲杯的那一年，膝伤阻止了他的脚步。在那个赛季，他令人难以置信地在圣诞节伤病之前就射入了35粒进球。当时吉姆·克雷格也在圣杰拉德队，而他本可以跟随凯尔特人队举起欧洲冠军的奖杯。

　　那些年从格拉斯哥大区域（尤其是邓巴顿郡这块人才济济的土地）涌现的学生球员都各自拥有令人瞩目的职业生涯，与英格兰的职业球员相比毫不逊色，他们也为苏格兰队立下了赫赫战功：埃迪·麦克格雷迪、安迪·洛克黑德、博比·霍普和阿萨·哈特福德都是其中的佼佼者。如此普遍的高水平意味着，在主要的足球强校中，球队的位置竞争激烈、炙手可热。当然高湾中学就是其中之一。令我惊讶的是，在我入校之后，立刻就看见公告栏上要求我去13岁以下球队试训。显然，是我在布伦劳恩路小学的好朋友，汤米·亨德里向球队负责老师推荐了我。这位老师就是乔治·赛明顿。他的面相令人生畏，事实上也确实如此。没人敢在赛明顿先生眼皮底下耍把戏。他带领球队取得了巨大的成功，在超过一年的时间里，我们保持着全胜的战绩。

我入队第一年的高潮是在怀特菲尔德杯的比赛中与圣杰拉德队的遭遇战。当时，我们致力在所有年龄段都击败这所天主教学校的球队。我并不记得学校之间有什么因宗教信仰不同而产生的怨恨，然而我们在足球上的信仰分歧却是相当明显的。我们这边的孩子拥戴着我们本地的英雄流浪者队，而圣杰拉德队的球员却是凯尔特人队的支持者。这更为我们双方的相遇增添了火药味。两支队伍在怀特菲尔德杯的第一回合比赛1：1打平了，比赛在皮里公园的一块大灰地球场上进行，那是我们和圣杰拉德队共享的一块球场。那天狂风大作，灰土卷到球员的脸上，让比赛看起来都有点滑稽。那天我们能取得平局其实已经有些幸运，尽管当我被圣杰拉德队的一群球员和家长针对的时候，可称不上幸运。在这之前我的表现吸引了不少本地媒体的注意，比如《高湾新闻》（Govan Press），所以那天我糟糕的表现也给了那些大人纠缠我的理由。我被这些来自大人的敌意有些吓怕了，而爸爸却完全不为所动，他只是说，唯一正确的回应，就是在下一回合里表现出色，最好是来个帽子戏法。第二回合的比赛在一个完美的周六上午举行，我的表现无懈可击，真的上演了帽子戏法，我们以6：3拿下比赛。我在距球门20码处踢入一粒钻入球网右上角的球，那之后我忍不住跑到了圣杰拉德队球迷的面前去庆祝。这是让他们闭嘴的最佳办法，爸爸是对的。

那个赛季我们夺得了联赛冠军，举起了怀特菲尔德杯（在决赛中7：1大胜贝拉赫斯顿学院队）和城堡杯。在城堡杯决赛中，我们的手下败将是高伯地区的阿德尔菲中学，我们以6：0的比分碾压了他们。我们将状态保持到了接下来这个赛季，再一次夺得了联赛冠军，还进入了在汉普顿举办的苏格兰盾比赛的决赛。我们的对手是强大的圣帕特队。他们来自邓巴顿，队里有多达6名球员入选了苏格兰学生代表队。那场比赛的比分显示为我们0：4惨败，但场面上的情况不是这样。在我们的守门员安格斯·伯尼手指骨折因伤退场之前，场上还没有进球，那时距离比赛结束仅有 10 分钟。但他的下场使得我们分崩离析，丢了 4 个球，从比分上来看，就像一场屠杀。赛明顿先生崩溃了。他不敢相信我们竟然输了。尽管我们常常觉得他很可怕，但我们的家长都觉得他是个极好的人，这说明他除了极强的好胜心之外，还有许多其他的优秀品质。连我爸爸，一个绝不会谬赞他人的人，都说赛明顿先生是"一个好人"，对我来说这比皇家认证还要可靠。

在这个赛季中，格拉斯哥学生代表队的试训正在斯高顿展览中心举行，汤米·亨德里和我被选上参加试训。我们约在高湾路口碰面，然后一起去，但就在启程的时候，汤米的继父过来说，汤米并不想去。他太紧张了，对自己太没自信了。吉布森先生花费了所有的时间去劝说，但仍然没法填补他信心的黑洞。每一个在足球界功成名就的人都知道，至少有一个与他们同时代的人本可以成为伟大的球员，但却因为自身性格的原因，铸成了不可逾越的障碍。在我的职业生涯中，作为球员或作为教练，都看到过这样的例子。汤米的问题就在于自信心。他本是一名极有天分的右边锋，但遗憾的是，他的志向并未超越高湾中学队和和谐巷队。直到现在，他还和过去一样谦逊，甚至 40 年过去，我都不敢再跟他提起有关试训的话题。

关于试训，我自己的经历一言难尽，不过最后结果是好的。格拉斯哥学生代表队的主要负责人是大卫·雷特汉姆，他在女王公园俱乐部曾有过一段不错的经历，在我加盟这家伟大的业余俱乐部之后，也和我产生了交集。在我们进行试训的时候，他要我去踢左外锋。我从 8 岁起就没有踢过这个位置，我的生疏从上半场的表现就能看出来。我几乎触不到球。就像前面提过的，我父亲那安静的天性有时候也会变成暴脾气，在看到儿子入选的希望被位置抹杀的时候，他绕过球场，直奔大卫·雷特汉姆。交涉的结果是我在下半场换回了左边靠内中场的位置，我的场上表现改善了。而一个意想不到的传球使得右边锋得分，则更是给我增光添彩。我锁定了格拉斯哥对阵拉纳克郡的场上位置。

我的事业蒸蒸日上的另一个证据，是我收到了加盟德鲁姆扎佩尔业余队的邀请，这是当时同一等级苏格兰最成功的一支球队。一开始我对他们并不感兴趣，满足于继续在和谐巷踢下去，但是，在拜访了不知放弃的道格拉斯·史密斯后——他是德鲁姆扎佩尔的经营者，我动摇了。之后，我爸爸和我们的邻居乔·麦克布莱德进行了一番决定性的谈话。当时麦克布莱德正为德鲁姆扎佩尔在业余足球界的对手基尔马诺克少年俱乐部效力。

"他一定得去德鲁姆扎佩尔。"乔毫不含糊地说。这番话从一个爸爸一直尊敬的人口里说出，不仅打消了他的疑问，也让他很快说服了有所保留的我。这是我能有的最好的去处，这支球队驱使着我挑战自我，一定程度上说，如果我一直待在和谐巷，这些是不会发生的。

德鲁姆扎佩尔运营着 5 支梯队：14 岁以下、15 岁以下、16 岁以下、17 岁以下和 18 岁以下球队。一年里，共有 30 名球员顺利升往高一级别的球队，这足以证明他们的成功是规模性的。这一点即使是在苏格兰青年足球强大的年代也是非常了不起的。道格拉斯·史密斯最伟大的主张便是让我们大胆去想。如果你周六上午在为学校踢球，下午又要为德鲁姆扎佩尔比赛，他会让你免去中午面红耳赤奔回家吃饭的烦恼，相反，道格拉斯会让你去戈登街的里德餐厅，午饭钱记在他账上。和对手的球员相比，这会让你感受到一种优越感，尽管看起来很愚蠢，但至少这对你在球场上的信心没有坏处。我在高湾中学与和谐巷的队友对我享受了如此奢华的待遇都感到不可思议。有些人可能觉得我说这些是在炫耀，但我知道，他们的第一反应其实是忌妒。在早期的一场比赛中，我们以 35 : 0 的悬殊比分战胜了摩斯公园业余队，我当时所在的就是这样一支有实力的球队。我们队的一名球员取得了 9 粒进球，而我们队的中锋博比·斯塔克更是射入了 12 粒进球，而就是这样一名球员，在第二周还不得不为主力中锋大卫·麦克贝斯让位，没有进入主力阵容。这样的竞争程度你觉得怎么样？

如果说业余足球队为当时的我提供了最好的条件，但我也从未放弃为学校踢球。在 1956—1957 赛季，高湾中学队再一次有实力角逐那个赛季所有的冠军，只是在苏格兰杯半决赛的重赛中，我们以 1 : 2 输给了西考尔德中学队，才结束了这项赛事的征程。当年 12 月，我被选中为格拉斯哥中学联队在对爱丁堡联队的传统德比中登场，比赛在卡斯金公园举行，那里也是现在已经不再运转的第三拉纳克队的主场。在我此前短暂的足球生涯中，还没经历过如此重大的比赛，以至我紧张得像一只幼猫。在足球界，一个人声名鹊起的速度是让人惊异的。在那场比赛之前的日子里，每个人都在谈论着爱丁堡中学联队的右内锋——约翰·克雷格。在那个时期我一直是一名左中场，所以，我就被安置在和这位奇才对位的位置上。当我们走上覆盖有三英寸① 积雪的球场时，我惊

---

① 1 英寸≈2.54 厘米。

讶于克雷格是多么的矮小，我对自己说："在这块球场上他得表现得好点才能做点什么。"幸运的是，90分钟下来，在雪地里跋涉对他来说的确非常困难，他的能力也几乎没能体现，格拉斯哥队以一个安逸的4：0横扫了他们。我表现出色，还射中一粒点球。对约翰来说，他此后的足球生涯更加优秀，在那些日子里，他总是不忘怒骂我当时是怎样欺负了一个来自爱丁堡的小个子男孩。一个小天使面孔的男孩怎么会变成这样！

我学生时期最后一年的足球生涯是在高湾中学18岁以下球队度过的，尽管加入他们的时候我只有15岁。我们在年长的球员中没有发现好的边锋，那一年，我们的争冠之路一直持续到最后一场比赛，当时我们必须在皮里公园击败荷里路德队，但最后却只取得了平局。不过，和这些失望相比，我个人却得到了充足的补偿。我被选中代表苏格兰中学联队，前往杜维治哈姆雷特的球场对阵英格兰联队。尽管我没能入选主力，但能够以替补身份穿上苏格兰球衣就够我高兴的了，虽然我们3：4输了。

在德鲁姆扎佩尔，我们15岁以下队以进入16岁以下联赛证明了自己的实力。这意味着俱乐部在同一级联赛有两支球队在竞争，当我们紧随16岁以下队取得第二名的时候，道格拉斯·史密斯高兴极了。我们从未被年长组的队友吓倒，尽管他们拥有几名后来职业生涯发展得很好的球员，我们的每次碰面都充满了火药味，但我们还是丝毫没有畏惧。在联赛杯决赛中，我们15岁以下队击败了16岁以下队，这开创了一个先例。能感觉到，道格拉斯对此并不太开心，他曾认为16岁以下队应该能在联赛中取得压制性的优势，将各项奖杯都收入囊中。在苏格兰业余者杯半决赛中，我们在克莱德河岸的基尔鲍威公园以一场真正的战斗1：0再次击败了16岁以下队，这让道格拉斯对他们的期望又落空了。决赛来临的时候，我们已经不再需要在校队、郡队和国际赛场多线作战，我们终于形成了最强的阵容。在这种情况下，我只能把左内锋的位置让给队里的第一选择大卫·汤姆森，自己来到左中场。在这个苏格兰学生球员扎堆出彩的时期，大卫·汤姆森、博比·霍普、比利·布雷姆纳和威利·亨德森是其中的佼佼者。他们的实力惊人，但就像多数校队球员一样，他们没有意识到自己有成为职业球员的潜力。在克莱德队待过一段时间后，大卫放弃了足球，移民去了加拿大，成了一名作词人。在苏格兰业余者杯决赛中，我们在邓迪以3：2战胜了邓迪巴特本队，这场戏剧性的比赛所给予我深深的满足感，使得这场比赛至今仍是我青年时期最难忘的比赛。

到了下一年，熟悉的定律再次上演，我们冲入了 17 岁以下联赛。我们的表现相当不错，但是，在苏格兰业余者杯决赛中 0：1 输给了考尔德队后，我们感受到了巨大的失落。在比赛的最后时刻，我罚丢了一粒点球，道格拉斯·史密斯要求知道为什么是我去罚点球。这惹怒了我，我本来就是队里的常任点球手。事实上，在半决赛对阵埃尔阿尔比恩的最后一刻，我的进球将比分扭转成 2：2 平，我们才有了重赛 1：0 胜利的机会，那场比赛就在阿洛韦罗伯特·伯恩斯 ① 旧居后面的一块糟糕的球场上进行。道格拉斯生气的真正原因，是我打算离开德鲁姆扎佩尔，前往当时最有名的业余俱乐部——女王公园俱乐部。他试图说服我，但我去意已决。自从我展现出足球上的天赋，爸爸就抱着这样的希望，希望我能走到这一步。

我和德鲁姆扎佩尔的牵扯自然也改变了和谐巷米克·麦高恩对我的态度。他逐渐把我排除在了球队之外，在某种程度上他这么做有他的理由，但我仍然很生气。俱乐部里没有一个人比我加盟的时间更长，我依然每周都参加训练。当和谐巷在摩尔公园圣安东尼少年队的球场上举办的杯赛决赛中碰到可怕的布里奇顿少年队时，球队此前的状况给米克造成了困扰。上一周，球队在杯赛的另一场决赛中，曾以 1：6 输给了布里奇顿少年队。在那场比赛中，米克拒绝起用我，但在摩尔公园这一幕似乎又要上演的时候，他决定召回我。我们以 7：0 赢得了比赛，我进了 4 个球。真正的刺激发生在比赛结束，我们赶回和谐巷的时候。为了早点回到俱乐部，我们走下海伦街，经过极地机车公园，那也是和谐巷平时踢球的地方。当时公园里正在组织游园会，正当我们朝着小贩的货摊车走去的时候，欢庆的气氛突然烟消云散了。一个叫"宾果"的本地帮会袭击了汤米·麦克唐纳德，那是我们的球员休·麦克唐纳德的兄弟。这个帮会在那块儿声名狼藉，什么武器都用。剃刀、车链、刀子在他们的军械库里都很常见，所以，当他们袭击汤米的时候，我们真的遇上了麻烦。这个时候，所有家长，包括我爸爸，都朝着对方冲去，一场战斗一触即发。和谐巷的多数球员都逃了出来。在俱乐部，所有街坊都在等待我们的凯旋，当他们听说了我们的遭遇后，他们狂奔 300 码，也加入了战斗。一个有名的麦克唐纳德家族（跟原始受害者没有亲戚关系）停下了他们的街球比赛赶来救援，我可以告诉你，

---

① 罗伯特·伯恩斯（1759—1796），苏格兰民族诗人。

当他们行动起来的时候，战斗力可以和"红军"媲美。第二天，《每日纪事报》（*Daily Record*）的头版刊登了这个帮会破坏和谐巷球队胜利之夜的新闻。这就是我加盟女王公园前那个夏天的最后一场比赛。伟大的业余足球体制以及它优雅的传统，和这一场群架，两者之间是多么的遥远，而这就是我对和谐巷俱乐部的挥别。

第二章　学徒生涯

　　我在他后面喘着粗气，肺部抗议着，但却更明白了为什么汉普顿球场的上座率能高达 14.9 万人。

　　在我 16 岁的时候，并非所有的事都那般甜蜜，但绝大多数还是令我兴奋的，我有一种感觉，生活的大门正在向我敞开。在我离开学校的这几个月时间里，崭新的、有时是令人畏惧的体验总是急急忙忙就向我袭来。我开始了作为工具匠的学徒生涯，又在足球上朝着更高的境界有了重大的突破，我加盟了女王公园队——最伟大的业余足球俱乐部之一。

　　现在，大多数人意识不到在 19 世纪足球成为一项重要的体育运动的过程中，女王公园起了多么重要的作用。对他们来说，这个俱乐部只是一个每周电视或广播在播报低等级球赛结果时听到的名字。我并不是说女王公园的历史地位对我青春期的思想有多大的影响，但一想到他们的主场是汉普顿公园球场，就足以让我感到敬畏了。在我的学生生涯中，我不知道有多少次从蜂拥的人潮中挤出一条路，在高湾十字路口登上前往格拉斯哥南部的汽车，去汉普顿公园参加国际比赛、苏格兰杯的半决赛、决赛和其他在这个古老庞大的球场里举办的重大赛事。现在，我带着我的训练装备乘坐从希林顿工业不动产出发的 25 路汽车——我在这里为专做碳尖端工具的威克曼公司工作——然后在卡尔多诺德换 4A 前往汉普顿，这样的旅程比那些重大比赛前的旅程安静得多。

　　赛前训练就在"神殿"里进行，一旦参与其中，我总是疲于消除那种对周遭环境的敬畏。4 圈轻松的慢跑只是一段前奏，然后是上气不接下气地跑楼梯。我想，主球场内应该是有 42 级台阶。如果他们想让我们碰不了球的话，这倒是个好办法。这种训练痛苦极了，不过，我还是很好地跟上了第一集团的步伐，只是没能跟上一个叫凯利的小伙子，他就像是只在此定居的兔子，在每个俱乐部你都会遇到这样的物种。他在这样无止境的阶梯上蹦上蹦下，宛若安享在受虐者的天堂里。我在他后面喘着粗气，肺部抗议着，但却更明白了为什么汉普顿球场的上座率能高达 14.9 万人。

女王公园在那时一共运营着 4 级球队。一队的 11 人就叫 11 人，大写的 XI①；预备队叫作流浪者；第三级队伍叫作汉普顿 11 人；而第四级队伍的名字就普通些，叫作女王公园青年队。正如球员名单所体现的，俱乐部里不乏同袍之情，对球员的亲人和朋友敞开着大门。但是，亲友关系从来都不能帮助任何人取得一线队的位置。你得自己去争取，而在你身边，总有些活跃分子让竞争变得更激烈。即便只是业余队，负责的工作人员对待比赛却没有一丝不认真，我很快就发现，就算球场上的节奏演变为体力上的拉锯战，大家也认为女王公园的球员能够撑得下去。俱乐部里的氛围极好，战友间的深厚情谊从高级队向低级的青少年队传送。当我回想起在那儿的时光时，我心怀愉悦，但我更意识到，比起实际上在那里度过的时光，我应该停留得更久一些。

我和两个来自高湾的最亲密的朋友邓肯·彼得森、约翰·格兰特基本上在同一时间来到女王公园。他们也决定离开和谐巷，尝试更好的机会（米克·麦高恩对此的反应一定是强烈的里氏震级）。我们三个很快就成为青年队的主力，和其他一些有前途的小伙子一起踢球。我认识守门员吉姆·克鲁克山，他比我大一岁，和我一样，来自德鲁姆扎佩尔业余队。吉姆很快就让我深信，成为一个守门员的先决条件之一就是要有点疯狂。在刚到汉普顿的某一个晚上，我看见他在我前面，趴在球场旁的一个斜坡上，引人注目地对着一个不存在的皮球练习着俯冲、扑倒。他的勤奋使得他在哈茨队和苏格兰队开始了杰出的职业生涯。

女王公园青年队的比赛在临近主场的小汉普顿举行，那里的球场棒极了，当然也不能说我们是依靠这样优秀的条件才坚持了下来。一定场次的比赛之后，我被提升到了第三级队伍汉普顿 11 人队，这支球队在一个年龄开放的联赛中征战，"男孩 vs 男人"这句话成为现实。一次比赛，我们客场出征伊戈尔沙姆。那是格拉斯哥南部一个极为迷人的小村庄，但我对它的记忆全都是关于通往球场的一片稻田，以及看起来像 11 个铁匠组成的对手球队。伊戈尔沙姆

---

① 罗马数字。

是全苏格兰在这个区域最强的业余球队之一，他们是在汉普顿举行的业余者杯决赛的常客，但真正震撼我的是他们球员的身材。尽管我在那个年纪已经算是高的了，但仍然是皮包骨头，何况，胶水般的地面溶解了我的速度，我备受摧残。在返回高湾的三趟转车的旅程中，我犯了个错误，就是把比赛的艰苦程度向我爸爸吐了苦水。"这对你有好处，"我爸爸说，"受不了的话，就不要踢球。"这样的说教持续了一路。幸运的是，伊戈尔沙姆队和他们的巨人球员只是我生活中的一段小插曲。我在俱乐部迅速地被提拔，到了10月中旬，我已经是预备队流浪者队的一名预备队员了。我很高兴能在预备队拥有一席之地，即使每在重大赛事时被召回青年队，我也乐意至极。青年队的球员们与我年纪相仿，我和他们中的大多数都结下了坚固的友谊。青年队对我来说另一个有吸引力的地方，是我喜欢球队的负责人威利·伯吉斯。他有一套对待年轻球员的好办法，能让你有种特别的感觉。后来我一直谨记这样的态度对我有过多么大的影响，因此在我担任主教练时，也总是努力向年轻球员传达这样的温暖和信心。

当我想起大卫·尼莫时，这些温暖的回忆可不会袭上心头。他是我在威克曼公司第一年当学徒工时的工头。常见的对学徒工的那些老掉牙的恶作剧并不让我感到困扰——被派去拿蓝水煤气，一直站着什么的——尼莫先生的手段可不是这一级别的。我不是怕他，我是被他吓惨了。他最喜欢的戏法便是从他灰扑扑的外套口袋中掏出几个小的螺母，打在你的后脑勺儿上。如果他发现你在操作机床的时候讲话，一个螺母就会前来粉碎你的脑壳。就算在工厂大门外的时候，我都会感到来自他的危险。一天晚上，我在舞会上遇到了一个不错的姑娘，有幸能够送她回家。我问起了她的工作。

"我在希林顿不动产的办公室里工作，"她说，"你呢？"我告诉他我也在希林顿工作，是一个工具制造的学徒。

"希林顿哪里？"

"威克曼。"

"威克曼！我爸爸是那里的工头。"她对这样的巧合感到高兴。我可没那么高兴，我紧张地问她姓什么，当我最深的恐惧得到证实的时候，我几乎吓坏了。我向她告辞，飞一般地逃走了，庆幸着自己甚至没有尝试去亲吻大卫·尼莫的女儿。接下来一周，当他走向我的时候，我的清白并不能让我免于四肢瘫软的恐惧。如果他想到我在门口讨论如何受他压迫的话，他可能会请出比他口袋里的军械库更厉害的家伙。

作为一个学徒工，我开始学习各种不同的技能，自食其力的第一年也过得飞快。我会在板条上学习使用不同的机床一个月，接下来就会在刀具刃磨部，再接下来就在碾磨部。给我带来最多麻烦的是电机部。我在那儿根本没用，很高兴在电死自己之前就离开了那儿。我更深的忧虑来自对工厂未来的怀疑。最近的一次招聘导致工厂人员普遍冗余，我的沮丧更有了理由。然后，我被要求向总经理办公室报告。这件事本来是难不倒我的，因为吉米·马尔科姆经理是我爸爸那边的一个远房亲戚，他总是对我家和善有加。但是，面对环境中如此多的不确定性，我带着一种不祥的预感赴约了。坐在他办公室外面等待的时候，我开始反思，自己为什么会拒绝"恒温箱"和"极地机车"的工作机会，它们都是可靠的发动机公司，而让自己来到这家没用的跛脚鸭子公司。我还有一个成为海关与消费税局职员的机会，但因为这份工作要求在周六上班，我放弃了这个机会，因为我在周六可有不少事情要做。带着脑袋里这么多的可怕念头，当我坐在吉米·马尔科姆面前时，我真的在微微发抖。但是，他却成为我生命中对我帮助非常大的人之一。当时，我有一个调往考文垂威克曼工厂总部的机会，但考虑到我在足球上的天分，他直接否决了这个选择，认为这对我和我父母都不合适。他全力帮我转到雷明顿兰德去继续我第二年的学徒工，并且已经和那家公司的人事部门谈过了。吉米是个极好的人，几个星期后，我就在雷明顿兰德开始了工作。这家公司也坐落在希林顿不动产，距离格拉斯哥机场大约3英里。也就是说，它在格拉斯哥的西边，用更明白的地标来说的话，是靠近高湾的这一边。

我无法想象如果我真的去了考文垂会发生些什么。我不能想象离开足球的生活，就算我肯定能在中部地区为这项爱好找到挥洒热情的地方，我也不可能把在足球上刚刚发展出来的人脉关系迁移过去。我的多数时间已经被有关足球的光荣梦想所占据，而这些梦想都植根在苏格兰的背景下。当我被允许带球到汉普顿公园另一边的荒地上的时候（女王公园的一个退休老职员对我总是心软），这种感觉更具象化了。当我从本方禁区长途奔袭到对方禁区，将球射入空空的网窝的时候，与其说是在练习，不如说是在幻想。汉普顿的球网特别深，你得蹲下去才能把球重新捞出来，重复这个仪式的过程让我无比激动。每当我在空旷的场地上往返冲刺时，我的耳边都萦绕着10万多个怒吼的声音，为我在杯赛决赛或是对阵英格兰的比赛中射入制胜球而加油助威。然而不得不承认的是，我真正在汉普顿拥有的体验却是这些：比如上个赛季对考尔德的比赛中我射失的点球，又比如在苏格兰盾决赛中，比赛结束前 10 分钟，高湾中学还与邓巴顿圣帕特校队 0：0 打平，最后的结果却是 0：4 惨败。幸好，痛苦的回忆还是敌不过梦想的力量。

我当然没有理由在女王公园逃避现实，在这里我过得越来越愉快。大家从不吝于对我的帮助和鼓励，而其中一个特别支持我的人便是威利·奥曼德（小奥曼德），一名高级别球员，同时也是一个在俱乐部上下备受尊重的人。威利在晚上常常会陪我、邓肯·彼得森和约翰·格兰特走到汽车站，给我们好的建议，直到看到我们坐上车离去了，他才往相反的方向出发。这件小事足以说明他这个人是多么体贴，也足以说明女王公园的气氛。到了 11 月下旬，我对俱乐部的感情又极大地加深了，那时距离我 17 岁的生日还有一个月，我惊喜地收到了一队的征召。整个弗格森家都为这事激动万分，直到爸爸指出，如果我在一线队上场比赛，我从此就跟次级足球划清界限了。这两者的区别足以搞混任何苏格兰以外的人，在苏格兰，"次级足球"拥有自己完整的体系。这是一个覆盖全苏格兰的巨大的联赛体系，它能够为各种类型的球员提供一席之地（年轻的、年长的，无偿的、有报酬的，技术粗糙的和技术细腻的），有时比赛的激烈碰撞程度堪比中国香港的黑社会。如果一名球员在一家次级俱乐部注册，尝试前往高级别球队但又没成功的话，他的身份将"恢复"成次级球员，这对他的足球生涯来说也算有条后路。爸爸坚持我应该先在我们本地的次级俱乐部本伯布注册，然后再转会去女王公园。我不同意，我们之间分歧严重，两人几个月都没有说话。我不可能会进入次级足球，我已经在一家高级别俱乐部踢球了，我义无反顾，决意要取得成功。

我在一线队的首场比赛是对阵斯特兰拉尔的客场比赛，我们从中央火车站出发，一路南下到达这个苏格兰西南的海港。我静静地坐在火车上，试着消化我的前辈队友所说的全部话语——他们是威利·黑斯蒂、伯特·克罗马、伊恩·哈尼特、威利·奥曼德，以及绝对独一无二的查理·丘奇。他们是女王公园真正的战士，是从传统俱乐部中培养出来的，愿意一生都穿着黑白条纹的球衣。还有其他两名球员后来继续为国家队效力：大卫·霍尔特，他是个吃苦耐劳的左后卫，拥有工人阶级的背景和一个良好的职业生涯，主要为哈茨队效力，现在在格拉斯哥当出租车司机。威利·贝尔，在利兹联队过得不错，后来在美国当起了传教士。多年以来，我曾想知道，为什么女王公园的球员没能取得更高的成就，因为在我看来，他们都是那么的优秀，但也许当时的我一直在梦中。不管怎么说，我的揭幕战近乎一场噩梦。麻烦源自把我放在外右锋的位置上，一个我完全不适合的位置——我对对方的左后卫也不适应，那是个名叫麦克奈特的小坦克。一次相撞后，我们俩双双倒地，这浑蛋咬了我。半场休息的时候，队里的负责人杰基·加德纳批评我战斗力不够强。

"在这家俱乐部你不能躲着对手，"他大喊，"你得从他们中间冲过去。你进队的时候名声挺大，现在是怎么回事？"

"他们的左后卫咬我。"我可怜兮兮地说。

"咬你？"加德纳大叫，"给我咬回去。"

苏格兰顶级的业余球队会不会太过科林斯式的优雅了？这样的疑问很快从斯特兰拉尔队的脑海中烟消云散了，下半场就是一场战争。我们的队员猛烈地冲击着他们，威利·黑斯蒂横穿到右后方，踢了麦克奈特一脚。队里无疑有一种"人人为我、我为人人"的气氛，考虑到这些努力完全是无报酬的，他们的投入程度可以说是我所有曾经的队友中最高的。其中，查理·丘奇的投入程度超出了裁判的容忍限度，他和对方的中卫辛普森双双被罚下场。通过球员通道时，斯特兰拉尔队的那名球员和一名女王公园的球迷吵了起来。这名中卫也是个真正的战士。这次他的对手成了比赛的第四官员。总之，这是通往高年级的一堂好课。下一周，我在汉普顿对阵艾洛亚的比赛中进了一个头球，我们以4：2取得了胜利。后来，那个赛季我又在一线队踢了好多场比赛。

在球场以外的世界，我的视野也更宽了。我有了第一个稳定的女朋友：多琳·卡林。和安·尼莫一样，她也来自卡尔多诺德——毗邻高湾的一个住宅区，不同的是，幸好她不是工头的女儿。和多琳的这段感情维持了大约一年半，就像多数初恋的命运一般，我们的感情也渐行渐远。在联系完全割断之前，我们还时不时重聚在一起，直到后来她移民去了美国嫁作人妇。我不但记得多琳有多漂亮，我还能记得她母亲对我是多么好，她是个坚定的爱尔兰天主教徒。这位女士的慷慨和热情好客让我拥有了许多愉快的回忆。

1959年夏天，我从基督少年军得到了第一个假期。我和两个好朋友约翰·多纳基、吉姆·康奈尔待在吉姆的叔叔阿姨在都柏林沃克因兹敦的房子里。我们三个度过了一个不可思议的假期，我享受到了这趟旅程给我的自由的感觉。都柏林这座大城市给我最早的印象之一，就是这里的自行车数量，那之后都柏林也成了我喜爱的城市之一。这里每个人似乎都有一辆自行车，在奥康奈尔桥附近过马路就像是一场历险。当然，格拉斯哥来的小伙子们可是很机敏的。直到我们碰到了一个即拍即洗的街头摄影师。我们三个每人给了他一英镑①，欢乐大头贴开动了。他拍下我们的照片，然后将底片放到一种液体里手工处理，很快我们就拿到了照片。我们跨过利菲河，惊讶于照片原来是这样冲洗出来的。然而，等我们到达河的另一边的时候，照片已经褪成了一片模糊的褐色。再走上 50 码，照片上已经什么都看不出了。我们冲回桥那边去殴打那个摄影师，但是我们早该知道的，褪色就是那人的专长。当怒气平息下去的时候，我们爆发出了一阵大笑。这次假期充满了欢笑，直到现在，我和约翰相聚的时候，另一个关于都柏林的故事也必定会浮现。

我们最喜欢去找姑娘的一个猎场是哈考特街一个叫"四省"的舞厅。我们多数晚上都会去那儿，有一次，我们碰上了一个从高湾来的小伙子拉布·唐纳基，他和我同时为高湾中学校队效力。他独自一人，我们毫不犹豫地邀请他加入我们，我一直觉得他是个不错的人。然而，那天晚上最后当爱尔兰国歌响起的时候，拉布拒绝起立，还挑衅服务员。当他被请出去的时候，我们三个安静地让路了。后来，几乎每个晚上我们都会遇到他，而他每次都会把这套不起立的愚蠢程序走上一遍。他是个奇怪的人，传说他在费尔菲尔德船厂的时候名声就不太好，因为他古怪的性格，人们都叫他"巴拉巴"②。当我数年后知道他早逝的时候，某种程度来说我并不是非常震惊。我在拉布身上感觉到了一种深深的自毁倾向。

相反，当吉姆·康奈尔在 40 岁出头去世的时候，我受到了严重的打击。在都柏林的假期之后，我和吉姆走上了不同的道路，但在足球赛场上，我还是不时遇到他。他是个友好、安静的小伙子，我总是很高兴见到他。显然，在妻子突然去世之后，他无力承受这样巨大的悲伤，他失去了生活下去的信心。当我和约翰·多纳基回忆起久远前在爱尔兰这段无忧无虑的日子的时候，总有些阴影笼罩在这些回忆之上。

那个夏天从都柏林远征回到格拉斯哥之后，我和朋友们总是去佩斯利路西的卡尔多诺德一带闲逛。我们最喜欢去的是比尔咖啡馆，在那里我们可以听到最新出版的唱片，还可以在喝可乐的时候和姑娘们攀谈。然后我们会沿着佩斯

---

① 英国国家货币和货币单位名称。

②《圣经·新约》记载的一名强盗。

利路西遛马路，手里拎着几样便携行李，仿佛以此证明这群荒唐引人发笑的年轻人是怎么找到自己的幽默感的。通常来说，这些没品的笑话嘲笑的都是彼此。不过，在一个周六的下午，我们意外发现了一个外部目标。那是我们碰巧经过的一场婚礼。那可不是什么随便的婚礼。那位满脸通红的新郎正是麦克奈特——斯特兰拉尔的食人怪。我把咬人事件告诉其他人之后，我们的惩罚是无情的，而他只能和新娘一起站在教堂的通道上，咧开嘴傻笑，什么都不能做。"走开，你这蠢货，谁会嫁给你？"这已经是我们对他最接近祝福的话语了。直到一位老妇人过来责骂并赶走了我们。做一个嘲弄的复仇者感觉棒极了，但我不得不祈祷以后再也不要遇到这位新郎了，球场上下都不要。

　　我在女王公园的第二年得到了更多的一线队出场机会，但我并不满足，我开始想要成为一名职业球员，尤其是当我已经有一两个选择的时候。一场在圣詹姆斯公园举行的国际青年队比赛之后，纽卡斯尔联队和我取得了联系。由于我还是学徒工，搬去英格兰是不可能的，但他们对我的兴趣让我感到非常荣幸。和纽卡斯尔的反应相比，有趣的是，我并不认为那场比赛我踢得很好。我对自己代表苏格兰在其他 5 场国际青年比赛中的表现更满意一些，那 5 场我们一场都没输。那场在圣詹姆斯公园举行的平局比赛中，英格兰队中包含了一些值得铭记的球员，不仅仅是那个叫作维纳布尔斯[1]的中场球员。当我提醒特里的时候——他那时还留着鲍比·达林[2]的发型，只是短的那边在前头，他总是会大笑。那时他就已经十分抢眼，就像他后来一样。马丁·彼得斯踢中路，中卫则是阿兰·布卢尔，后来他在斯托克城队踢上了主力。守门员是埃弗顿的戈登·韦斯特和热刺的弗兰克·索尔。我们很幸运，不用面对杰夫·赫斯特，诺比·斯泰尔斯和阿兰·波尔，他们在那个时期的英格兰青年足球界都是很突出的。苏格兰这边也不差。我们在纽卡斯尔的右边锋是威利·亨德森，他在流浪者队开始了杰出的职业生涯，其他球员也都踢到了高级别的球队。有些球员有着不错的前程，像马瑟韦尔和阿伯丁的乔治·穆雷，希伯尼安的埃里克·史蒂文森。这一时期，苏格兰持续地产出着优秀的足球运动员。不需要太长的名单，比利·布雷姆纳、博比·蒙克尔和安迪·彭曼都是同一时期从中学校队或青年足球中脱颖而出的。这样人才济济的阵容和近几年大不列颠贫瘠的产量相

---

　　① 特伦斯（特里）·维纳布尔斯，后来成为著名教练，执教水晶宫（Crystal Palace）、热刺（Hotspur）、巴塞罗那等俱乐部及英格兰国家队。

　　② 美国著名歌手。

比，哪一边胜算更大些呢？

　　或许正是因为我与日俱增想要离开的念头，妨碍着我做出正确的选择。威利·尼尔——圣约翰斯通队的球探，一直在缠着我，不给我一个清净的空间。他总是滔滔不绝地念叨着去缪尔顿公园的好处。他核心的推销说辞就是，等着，承诺给你甲级联赛一队的主力位置。年轻球员为什么要听到这样的话？无论何时，当我试图签下一名年轻球员的时候，我都会强调根本的事实。除了你自己，没有人能向你保证一队的位置。你在场上的表现决定了你是否能成为主力。球探或主教练给出的不负责任的许诺都应该被忽略。事实上，如果我是一名年轻球员，我就不会去签一个给出主力保证的俱乐部。然而，没有如果，我很快就发现，离开女王公园是个巨大的错误，而更大的错误是没有信任威利·奥曼德。许多年过去了，在与威利的谈话中，我能感受到我的不信任给他留下了多么大的失望。学无止境，只怕学到已经太晚。我将会很想念女王公园绝佳的团队气氛。但是，像大多数年轻人一样，我急匆匆地决定以业余球员的身份加盟圣约翰斯通。我不知道在珀斯等待我的是好事还是坏事，但是，甲级联赛的诱惑难以抗拒。

第三章　职业开端

　　圣约翰斯通的升级给美丽之城珀斯带来了巨大的欢乐，但这对我来说却是运势不济的征兆。

　　我与圣约翰斯通签约只是单纯地因为愚蠢占据了我的头脑，选错了效忠的对象。球队在格拉斯哥的球探威利·尼尔是我们当地次级俱乐部本伯布的一名教练员，当我还是个学生时，曾在那里受训。我对本伯布的感激使我产生了一种错觉，让我对威利的阿谀奉承毫无抵抗之力。选择圣约翰斯通（开始是以一年协议的业余球员身份）是个从错误变成噩梦的决定。我不能直截了当地说我陷入了绝望，但每当我想起在珀斯的时光时，我总禁不住发抖，这种感觉也算是接近绝望了。显然，威利的保证哪怕是信一半就已经是傻瓜了，就算是我自己太天真，也有权为他的承诺和现实之间的鸿沟而感到震撼。球员不得不去争夺主力位置很正常，但是连基本的差旅费都要球员自己争取就不正常了。

　　我被要求每周有两个晚上坐火车从格拉斯哥赶到珀斯，这笔现金支出（还不算耗费的时间和精力）就是很难忽略的。对我来说，这样的一个火车之夜要从下午4点我离开希林顿不动产的雷明顿兰德工厂开始。我坐公交车赶到郊区车站，坐火车到格拉斯哥中央车站，然后打出租车到另一个主线车站——布坎南站，然后下午5点之前从那里出发，两小时后到达珀斯，到了珀斯，又要打另外一辆出租车去缪尔顿公园，晚上7点半开始训练。回来的旅程也好不到哪儿去。我在珀斯乘坐的火车是从伦敦出发的，比起来时的火车，这趟车跑得相当快，可惜并不直达格拉斯哥。对我来说最方便的转车车站是科特布里治。我会在午夜前的一个小时到达科特布里治，赶上一辆前往格拉斯哥的汽车或者火车，然后再从格拉斯哥市中心坐汽车回高湾。午夜1点我散架地躺到床上，第二天一早还得 6 点起来去工厂。把这整个流程写下来就足以让我筋疲力尽了。然而在我面前等着的还有关于报销的挣扎。根据一项既定程序，每周六，兼职球员需要把他们的费用票据交给秘书，但我们知道，这只是一套复杂的游戏的开端。接下来一周并不能拿到钱，也就是说你得直接去找主教练——博比·布朗，他后来成了苏格兰队的主教练。当然，博比·布朗从不对我们撒谎，他只是能想出五花八门的借口来拖欠我们的报销款。不是秘书出了问题，就是银行出了问题，或者是会计出了问题，形形色色的当地商人也会被拉进他的故事里。想要布朗先生立即付款？在采石场输血的可能性更大一些。

可能他是对的，我应该自己负担这些火车来回的费用，考虑到这些旅程总是被那群年长的球员弄得多么搞笑。约翰·多彻蒂，一个结实的小个子翼卫，从格拉斯哥来，他通常是这些娱乐活动的煽动者。虽然从他的外貌上看不出来，但他此前在次级足球界乱作一团的表现就已经是一桶笑料了。约翰作为一个在彼得希尔赢得过苏格兰次级足球杯奖牌的球员，有着一张饱经沧桑或者说看起来像被许多对手的脑壳锤过的脸。他在火车上与马特·麦克维迪固定搭档演双簧，后者是从凯尔特人队来的边锋，当他们进行格拉斯哥式的嘲讽的时候，想要置身事外是会付出代价的。查理·麦克费迪恩、罗恩·麦金文、吉姆·弗格森（跟我没有血缘关系）、吉姆·沃克和吉姆·利特尔这些老手职业球员也在这个群体中，他们混迹过的俱乐部遍布苏格兰，能将爆发成名者生吞活剥，因此，我这个 18 岁的年轻人不得不如履薄冰。如果他们中的任何人找你麻烦，你要么就地投降，要么跟他们对着干。我选择跟他们对着干。

我对前辈们在火车旅程中创造出的火花谨表感激，但是，我自然而然地会跟和自己年龄相近的球员更亲近。他们中的两人和我成了好朋友：乔·亨德森，他是左外锋位置上的一架飞行机器；还有约翰·贝尔，一个聪明伶俐的中场球员。约翰后来移民去了澳大利亚，他回国的那一天，是我生命中一个非常重大的日子。当然，这是数年后的故事了。在那个时候，我们只是享受着互相陪伴的日子，分享着年轻的愉悦，做着自己热爱的事。在我的记忆中，1960 年夏天季前训练的每一天都充满了阳光，而缪尔顿公园盛产的有可能是苏格兰最好的球场，对任何有志向的球员来说，这里都是梦想的场地。

我们很快就迎来了赛季的开端，也迎来了新的队友。"从没听过这个人，"我对自己说，"吉米·高尔德，他都为哪家俱乐部踢过球？"不管怎么说，这对我来说都是一个坏消息。这意味着，主教练会轻轻拍着我的背说："总会轮到你的。"等到这名新球员在第一场比赛中登场亮相的时候，我已经从爸爸那儿听说了许多关于他的事迹。原来，高尔德曾是埃弗顿的一名优秀球员。只需一眼就能看出，对我们来说，吉米将非常难以超越。他超重了约14磅（约6.35千克），这对于30多岁的人来说，已经算是很多了。在赛季初期，高尔德展现了他突出的能力，但是一旦进入秋季，他的状态就一落千丈。很快，他为了准时迎接一项新的挑战，回到了南边——在法院里。他和几个著名球员都被控告踢假球：托尼·凯、彼得·斯旺，他们二人都曾为英格兰队出战，还包括布隆科·莱恩。高尔德被认定为假球案的主犯，这意味着有罪判决下来后，他面临的监狱刑罚是最重的。我们与这样一个声名狼藉的阴谋者的擦肩而过，成了持续几周里缪尔顿更衣室里的主要话题，每个人都尝试着去应对这样一个丑闻。我从没有这样确定过，20世纪60年代初的一些苏格兰足球比赛场次是值得怀疑的，这让我有种不舒服的感觉。没人能替高尔德案揭露的足球腐败辩护，无疑，那些贪婪、冷漠的主流足球运营者已经酝酿出了一个允许不诚实风气生根发芽的环境。在第二次世界大战后的10~50年，当许多球场（特别是在英格兰）扩容的时候，如潮水般涌入的巨大利润丝毫没有用在提高球员的奖励上，也没有用在改善几代球迷们无法忍受的肮脏的观众席条件上。钱都去了哪里？相比一些不知廉耻的球员的诡计，钱财的滥用反映出了更致命的丑闻。

　　考虑到我在圣约翰斯通的第一个赛季只在一线队踢了大约10分钟，你也能想到我不是太满意。我迅速地说服自己，到了赛季末，我可以利用我业余球员的身份滚出这个该死的地方。尽管我是如此沮丧，我还是很享受为预备队踢球的那段时间。你得承认，有的时候，没有什么比遇到那个时代的凯尔特人预备队更心惊胆战的事了。他们拥有一条令人胆寒的前卫线：三个可怕的约翰——卡什利、麦克纳米和库里拉。三个人中最具传奇色彩的是麦克纳米。我曾在一场比赛中挑衅他，这也许是不明智的。后来队友不得不把我们拽开。这位约翰的习惯是从鼻腔中讲话，这多少又加深了他可怕的程度，他说："比赛结束后我会把你杀了。"也许是因为身边有那么多球员和裁判的撑腰，我用自己的话咒骂了他一两句，告诉他比赛后我会等他。比赛没有太大波澜地结束了，我的思绪很快转到了别的事情上，就在我淋浴后梳头的时候，一个场地管理员过来说，有人在等着我。我以为是我的朋友或亲戚，就把头伸出门外，向缪尔顿公园更衣室外的长廊望去。当我看到麦克纳米站在那儿的时候，我几乎要昏过去了。我绝不是一个懦夫，我能够看管好自己，但我要应对的可是个怪兽。终于，我恢复了一些理智。我继续回去梳头，等待着凯尔特人大巴离开球场的声音。几周过去，当我在格拉斯哥的乔·麦吉奇裁缝店里的时候，让我大吃一惊的是，大约翰进来了。万幸的是，他带着他的妻子，这让他的举止处于最文明的状态，他甚至对我说"你好"。天啊，我松了口气。

在1960—1961赛季，我们的二线队取得了好成绩，凭借在预备队杯两回合击败福尔柯克的表现登顶成功。第一回合在福尔柯克队3：3的平局让我们第二周在珀斯的比赛处于极好的局势中。决定胜负的比赛是在周六，所以我父亲能来，我们一起坐着火车从格拉斯哥北上。在火车上，父亲一直说胃疼，还去了好几次厕所，他的脸色令人担忧地透着灰白。他打消了我的疑虑，最终让我相信他不过是拉肚子了。我们成功赢下了奖杯，以2：0击败了福尔柯克队，对这个赛季来说，这是个不错的结尾，我很确信自己能去一家新的俱乐部，顺利改善自己的处境。然而关于父亲病情的真相却改变了一切。他的胃疼被证实是大肠癌的症状，父亲匆忙住进格拉斯哥南部综合医院，接受紧急手术。这个叫结肠造口术的手术在1961年还没有像今天这样普及，高湾路667号弥漫着恐惧，母亲一天又一天地祈祷着。手术前夜，我去看望父亲的时候，父亲非常不安，他说，如果自己没熬过去的话，要我保证照顾好母亲。说实话，我被吓坏了，不知道该说些什么，但我答应了父亲，就像人们常做的那样，对他说一切都会好的。第二天午餐时间，我从自己工作的雷明顿兰德工厂冲向电话亭，打给医院。我收到的唯一的信息是，弗格森先生已经从手术室出来了，感觉良好。那天下午，我无法将注意力集中在工作上，在食堂办公室消磨了一下午时间。那里是我一直以来的避难港。工厂里最好的人克莱尔·帕克管着那个地方，她就像对待亲儿子一样照顾着我。消息终于来了，总的来说是好消息，手术成功了。当然，父亲的余生从此不得不携带着排泄袋。由于我们的小公寓连浴室都没有，洗浴和换袋的工作极大地伤害着他的尊严，但我从未听父亲抱怨过。

我意识到，父亲再也不能做船厂的重活了，他的经济能力将会急剧下降，我觉得，成为一名职业球员的时候到了。所以，当博比·布朗给我开出职业球员的条件时，我急不可待地接受了。当爸爸听到我干了什么的时候，他气炸了，尽管我的动机是好的，但爸爸还是说对了。我的签字费是税后300英镑。我真是个大傻瓜。然而决定一旦做了，我不得不继续前进。

在接下来的这个赛季，我在一线队的出场更多了，也成功踢进了很多重要的进球。说实话，任何一个进球对圣约翰斯通来说都同样重要，因为球队已经深陷降级泥潭。随着赛季最后几周的到来，斯特林阿尔比恩已经确定降级，而我们和其他4支球队——福尔柯克、雷斯流浪者、艾尔德里以及圣米伦还在为了生存大混战。这场大戏一直持续到赛季的最后一天，我们主场对邓迪的比赛不仅对我们自身的保级至关重要，对我们的对手来说，则决定了他们能不能夺冠。邓迪仅需一分就能拿下冠军，他们的追赶者流浪者队则在主场迎战基尔马诺克队，所以领先的邓迪显然不会只追求一个平局。在那个年代，保级与降级的计算将会来到小数点以后的数字，因为球队的成绩不仅取决于进球数，还取决于得失球率[1]，也就是进球和失球的比例。让我们相当乐观的是，我们最后不至于要去计算小数点，因为我们的4个竞争对手全都处于非赢不可的危险境地，他们的对手则全部来自积分榜上半区，艾尔德里对阵帕特里克西斯尔、福尔柯克对阵第三拉纳克、雷斯流浪者对阵希伯尼安、圣米伦对阵邓弗姆林。我们对阵邓迪，取胜的机会本来就微乎其微，当博比·布朗以一种自杀式的怪癖把我们的中锋洛里·汤姆森调往左后卫的位置去面对伟大的戈登·史密斯时，我们的机会几乎为零。戈登，一个有着令人目眩的优雅技术的右边锋，在希伯尼安和哈茨经过一段时间困难的服役后，正处于他职业生涯的暮年，但是，当时他的身体状况极佳，我们极为惧怕。那时候的邓迪是一支没有明显弱点的球队，全队上下一心想要赢得冠军。直到现在，40年后，这支队伍仍然值得仰慕：斯特拉尔、汉密尔顿、考克斯、赛斯、尤尔、威沙特、史密斯、彭曼、吉尔津、卡曾斯和罗伯逊。

在一个有着明亮阳光的下午，缪尔顿公园被挤得水泄不通，观众席、房顶上、跑道旁全是球迷。这场比赛展现的边锋战术是我目睹的比赛中最难忘的，而场地的布置和气氛也都绝佳。可怜的洛里·汤姆森到了信心全无的地步，以至下半场当史密斯带球从他的内侧突然转向外侧过人的时候，这个大个子甚至已经忽略了皮球的存在，飞起一脚拦下史密斯。对于这个举动，我认为坐牢体罚的判决可能比黄牌更适合。

在比赛的最后时刻，我们0∶3落后，我在与伊恩·尤尔的空中争抢中顶进一个头球，但这个进球却被吹罚无效。当终场哨声吹响的时候，球场被欢呼的邓迪球迷侵袭了。当我们回到更衣室的时候，我们才知道这个被吹掉的进球

---

[1] 当年两队积分相同的情况下，首先比较两队得失球率，即进球数除以失球数。

有多么的重要。令人难以置信的是，我们的4个竞争对手全都取得了胜利：福尔柯克3：0第三拉纳克、圣米伦4：1邓弗姆林、雷斯流浪者3：1希伯尼安、艾尔德里1：0帕特里克西斯尔。然而即便如此，我们被降级的真正原因却是我们的得失球率只有可怜的0.0471。

到了周一在雷明顿兰德汇报工作的时候，我依然非常低落，完全没有心情能容忍技工迪克·蒙哥马利对我的戏谑。对于我在周六遭受的重创，和我不看好他的球队流浪者队夺冠，他对我大加嘲讽。我则对他恶狠狠地一顿怒骂。他完全被镇住了，然后走开了。一段时间后他来到我的座椅前，对我耳语道：

"我知道你对上周六有多失望。可能我不该拿这事开玩笑，但是如果你胆敢再这么跟我说话，我会把你的脑袋压进那台机器里。"这番耳语我真是难以忘记。

降到第二级联赛对圣约翰斯通的每个人来说都是个沉重的打击，但很显然，那些拖家带口的全职球员更加深受其苦。对于一个能有学徒工工资补贴球员工资的单身汉来说，我的手头倒还算宽裕。尽管如此，我还是和其他球员一样决意要重返顶级联赛，当我们真的取得第一名的时候，我也凭借9个进球做出了值得称道的贡献。由于不再需要周中前往珀斯训练，我的状态也得到了提升。这要感谢工具室管理人吉姆·卡梅伦给我的巨大支持，他受够了看着我长途奔袭后筋疲力尽地上班。但博比·布朗显然对我在格拉斯哥地区的训练很不满意，有一段时间，我甚至被雪藏了。

有一段时间，我跟随第三拉纳克队在卡斯金公园训练，但是，他们全职和兼职球员混合的形式意味着某些晚上可能多达6名球员会在外工作。所以我又转到了艾尔德里训练，那儿距格拉斯哥有一段路程，但是能很方便地乘坐火车到达。艾尔德里的球员全是兼职球员，训练方式也遵循着我所欣赏的那种艰苦的惯例。当时的训练教练博比·莫里森很喜欢给我们安排快走训练，他让我们一边沿着跑道快走，一边喋喋不休地说话，还不准慢跑。任何人只要尝试一次就知道这简直是在谋杀，但是，没有人抱怨，尤其是艾尔德里最有经验的球员汤米·邓肯。没人能在这项比赛中赢过汤米，他在这方面的拿手好戏让他感到骄傲和愉快。真是个怪胎。

圣约翰斯通的升级给美丽之城珀斯带来了巨大的欢乐，但这对我来说却是运势不济的征兆。主教练招入了更多年轻球员，以防球队再次降级，而我并不打算在预备队多待一年。预备队里发生了一些匪夷所思的事。不管这是不是主教练的责任，队里都不可否认地出现了一种对左外锋的迷信。在一个赛季里，我和19个左外锋合作过，继续给未来的弗朗西斯科·亨托喂球可不是我所追求的。我一直津津有味地解读着那些关于我的未来的猜测，最终，博比·布朗说，他和雷斯流浪者队的主教练道格·考伊达成了协议。我反应激烈，对他说这是不可能的。很久之前，这对我来说是可以接受的，因为我刚从一次严重的面部受伤中恢复。那是在10月初主场迎战艾尔德里预备队的比赛的时候，这支球队以作风强硬闻名，我在他们的训练场上也有第一手的感受。可以想象的是，这场比赛充满了身体对抗，我和他们的一个老后卫球员杰基·斯图尔特纠缠在了一起。比赛中贯串着粗糙的你来我往，直到我争抢了一个头球。再见了您哪！接下来我只知道自己到了更衣室，等着救护车把我送到医院。斯图尔特用脑袋给我实打实来了一下。我的大多数队友都认为他是故意的，这也是我的感觉。但我自己的踢法也是相当的粗野，只能说常在河边走，哪能不湿鞋。出现在我床头的外科医生还穿着晚礼服，他说，我帮他从一个讨厌的宴席中解脱了。很高兴对您有帮助！

我的颧骨被挫伤了，鼻梁骨折，眉毛上方的骨头也被挫伤了。医院工作人员对我极好，他们联系了我的父母，让他们知道发生了些什么，也告诉他们我手术后没有不适。接下来两天，我一个人躺在病痛和孤独中。我还记得我听着当时大热的艾伦·舍曼的《你好妈妈，你好爸爸》(*Hello Mother, Hello Father*)来消遣时光。俱乐部没有一个人来看我。我感觉自己被遗弃了，心情很低落，但我想我的队友都以为我出院了吧。到了周二，博比·布朗倒是来接我了，他开车把我送到珀斯火车站，让我能坐上去格拉斯哥的火车回家。这一路足以让我自卑。我的脸被石膏裹着，每个从旁边经过的人都会夸张地多看我几眼。

石膏在我脸上裹了6个星期，让我连观看比赛都很困难，更别说踢球了。但是，我的另一份工作还是有足够多要做的事。工厂陷入混乱之中，一个罢工集会接着另一个。我通常都是认认真真参加工会活动的，但我得承认，在其中一次激进的集会中，我实在很难将注意力集中在演讲者的身上。我的一个好朋友，一个高级女工通常会给我一些零星的情报，关于大楼里又来了哪些有趣的姑娘。她告诉我，有个姑娘原来在泽西的宾馆工作，最近来到了我们这儿。当她指给我看那个姑娘时，我立刻被打动了。她很漂亮，走路的姿势很可爱，屁股也很漂亮。我自己弄清楚了，她名叫凯西·霍尔丁，来自汉普顿附近的托里格兰。当我在罢工集会上发现她就站在我不远处的时候，我就知道这么多了。我无法从她身上移开我的目光。我发现她对我也是如此，但是考虑到我的脸上还裹着石膏，我想她的这种好奇心可能不是爱情方面的，但我却是。凯西·霍尔丁的名字登上了我要出击的名单的首位。

到了12月初，石膏从脸上拆除的时候，我的第一次行动还有些不安。预备队对阵凯尔特人队的比赛给我带来了更多的心理痛苦，远超肉体上的伤痛。在我伤愈复出的第二场客场比赛中，我们1∶10输了，后来基尔马诺克预备队又以11∶2击败了我们。这些比赛结果沉痛地宣告着我的足球生涯就要戛然而止，也就是从那个时候起，我开始考虑移民前往加拿大。我私下也曾调查过为什么我在比赛中毫无进步，必须承认，我自己的表现并不是无懈可击。如果你真想作为球员取得成功，你必须全身心投入，愿意承担一些牺牲，而我在这两个方面都做得不够。我并不热爱工具制造这一行，但是，我做学徒工的事实意味着我不能全身心地投入我所热爱的足球运动。我的头脑一片混乱，而横跨大西洋的主意对我越来越有吸引力。加拿大工具制造者紧缺，我认识的好些人都去了那儿，赚得远比在苏格兰多。当然，在那个1963年的冬天，我真正想要的是轻松点摆脱自己的麻烦。到了12月21日周六，倒霉的圣约翰斯通预备队迎战流浪者预备队的时候，我已经想要从这个国家落荒而逃了。当我正在考虑移民的时候，我先逃到了近一点的地方——高湾路的转角处，海王星街的外婆家。我自己家的气氛已经极度恶化了，特别是我们父子之间。在圣约翰斯通的经历让我对未来足球生涯的信心严重动摇了，我开始过度地沉溺在社交活动中。在一个周六晚上，当爸爸从我身上闻到酒味的时候，一场可怕的争吵的爆发已经不可避免了。回头看，我能够理解我的行为让父亲多么的失望，他在我身上倾注了如此之多的希望，鼓励我和马丁成为足球运动员。然而回到那个时候，被当作败家子的我，最有效的安慰剂就是埃尔文外婆的溺爱。所以自私的我就逃到了她那里。对于我们家来说，情况已经够糟糕了，本来还有可能更糟下去。然而转变的契机来得如此突然，如此戏剧化，又是如此巨大地改变了我的人生。要说清楚发生了什么可不太容易。我所能做的就是将事实一一呈现。

到了12月20日星期五，我已经决定不再为圣约翰斯通预备队踢球了，自然也不包括第二天对阵流浪者队的比赛。我经不起再一次被痛殴了。我说服了弟弟的女朋友琼·帕克，她假扮母亲打电话给博比·布朗，就说我得了流感。由于自家没有浴室，我常去我们当地的泳池浴室，在那儿我可以洗个桑拿，还可以游泳。在那个周五下班后，我已经开始后悔让琼帮我干这件丢脸的事了。我对自己的作为并不感到光荣，但还是没准备好迎接家里的反应。爸爸的雷公脸并没有让我感到惊讶。让我震惊的是母亲也在马丁和琼的面前大骂。我一辈子没有第二次被她这样在别人面前训斥过。母亲通常是那个让你自己静静地把事情处理掉的人，而父亲是那种当下绝不会让事情过去的人（我知道我也继承了他这一点）。当我还在适应家里人剑拔弩张的气氛的时候——马丁恶狠狠的眼神更是加重了这种气氛，母亲将一封电报塞到我面前。来自博比·布朗，电报内容很简单："立刻给我电话。"

"我该怎么办？"我问母亲，然而回答的却是父亲。

"你该怎么做？我告诉你怎么做。你滚去电话亭，打给教练，给他道歉，否则你别想再进家门！"

这可不是开玩笑，我根本没敢提晚饭的事，就一路沿着高湾路往船坞的方向，到了最近的一个电话亭。我到今天还能记得电话号码：斯坦利267。斯坦利是珀斯城郊的一个村子，博比·布朗就住在那里。当我把钱币投进电话机摇号的时候，我的肠胃已经开始翻滚。

"斯坦利267。"

"教练，"我颤抖着说，"我是亚历克斯。"

"噢，是你。你怎么敢在周五让别人打电话给我说你生病了？我知道打电话的不是你母亲。我有5个一线队队员被真的流感放倒了，明天中午12点前准时到布坎南宾馆报到。否则你就有大麻烦了。"结束。

走回家的路上我已经松了口气。没有罚款，没有停赛，让我去格拉斯哥的布坎南宾馆，说明我可能要为一线队出场了。这口气松到家门口，审问又开始了。

"他怎么说？"父亲咆哮道。

"我明天要去一线队报到了。也许能上场。"如果说我想过用这条消息让他缓和一点的话，我的想法马上就被纠正了。

"我知道我能拿你怎么办，我可不会去看比赛……"他还在喋喋不休，最后能让我溜去睡觉已经是他莫大的仁慈了。

第二天上午，我沿着佩斯利路前往格拉斯哥储蓄银行，取了80英镑买了一件时髦的克龙比式大衣，那是我让格拉斯哥东端公爵街有名的裁缝乔·麦吉奇做的。（我对上等材质的好衣服有一种喜爱之情，也许它们能让我看起来不像一个预备队员。）然后我就出发去布坎南路的宾馆，和队伍集合，在那里，我从训练员那儿知道，今天我肯定能上场。我拿到了两张赠票。正当我们从大巴上下来，到达埃布罗克斯的主入口的时候，我惊讶地看见父亲和另一个人在那儿等着我。结果那个陌生人是我早上取钱的银行的经理。那天上午他的出纳犯了个错误，他不得不回追到每个取了钱的顾客身上，用这种折腾的方式度过他的周六。满意地问完我那笔取款的细节后，他就走了，留下我和父亲两个人，谁也不说一句话。我打破了沉默，问父亲是否要张票。一点点迟疑之后，他说："要吧，反正我没有其他的事情做。"我很高兴，回想那天下午，我能保证除了看我的比赛，父亲不会去做世界上其他任何一件事情。

那天下午我在埃布罗克斯球场的表现只能用奇迹来形容。我完成了帽子戏法。我是第一个在流浪者主场埃布罗克斯做到这件事的人，也是圣约翰斯通有史以来第一次在那里取得胜利。一个土生土长的男孩，在距离这个球场 200 码的地方出生、长大，在对阵一支一辈子支持的球队，强大的流浪者队时，踢进了 3 个球——单看描述就已经够疯狂了。我真心相信，有某种力量给了我一次机会，这也是一个信号，让我抓住这次机会，从此绝不再忘记身为足球运动员的责任。我的思绪一次又一次回到那一天。我努力理性地理解这一切，但是从那时候开始，我不能排除有某些我们自身之外的神秘力量真的存在。

对于比赛本身我记得很清楚。上半场的比赛风平浪静，到了中场，流浪者队凭借乔治·麦克莱恩的一粒进球取得了领先。在那个时代，主教练在中场休息时几乎不怎么说话，通常都由老资格的球员来鼓舞士气，或是给些建议。在我们的更衣室里，罗恩·麦金文、吉姆·利特尔和吉米·沃克负责鼓舞大家继续努力，我们还没有丢掉比赛。我也相信确实如此。我感觉好极了。在下半场刚开场，我就开始让流浪者队的中卫罗尼·麦金农很不好过，当我射门的时候，他不得不拉拽着我的球衣。我能感觉到，机会马上来了。我是对的。艾利·麦金太尔，我们右边锋位置的超级战舰，开始回击戴维·普罗文，给他制造麻烦。在一次进攻中，他在禁区外沿径直穿越戴维，起脚射门。皮球击中了对方的防守队员，落在了我身前 20 码的地方。我抡起右脚抽向皮球，希望球能从麦金农的腿上反弹回来。球竟然恰好反弹到了我的左脚脚下，我完美地把它打向了球网左边立柱的远角。10 分钟后（我们正让他们很难熬），我再次进球了。这一次，在流浪者队守门员比尔·里奇鞭长莫及的范围内，我跟进了另一个球员的射门。圣约翰斯通 2 : 1 领先了，不可思议。然后，我又击中了一次横梁，那一天我真是怎么打怎么有。但是，就像在埃布罗克斯常常发生的那样，他们冷不丁扳回一个进球，拯救他们的是拉尔夫·布兰德。我们有了其他的办法。当双方交替进球，比赛还有 12 分钟结束时，球突然到了我的脚下，我轻松将它射入球网。比赛结束前，我又一次打中了横梁。贪婪支配了我。

比赛后在浴室里，一个老队员对我说："你意识到了吗，你创造了历史。"我消化着自己所创造的荣耀，穿好了衣服，从边门溜出去，抄近路回家。在布伦劳恩路拐弯，快到高湾路的时候，我被《每日快讯》(*Daily Express*)的记者乔·汉密尔顿逮住了。他是当天唯一能采访到我的记者。当我回到家的时候，我不知该期待些什么。如果说父亲还保持着沉默的话，母亲可没有吝惜她的赞扬。

"好样的，好样的儿子！好极了！"她继续告诉我，电视里是怎样提到我的，街坊邻居的每个人又是怎样讨论着我。然后她对我耳语，并朝父亲那边点了点头。父亲像往常一样，在看一本书。

"跟他说话。"母亲说。所以我直接问了。

"你觉得今天的比赛怎么样？"

"还好。"他回答道。

他已经回到了往常的那个好爸爸——向你泼冷水，以防你会骄傲。我朝妈妈笑了，妈妈则耸了耸肩。一旦爸爸冰山融化，他又开始向我灌输他标准的说教："我是怎么说射门这回事的？你不射门，你就不会得分。"这番话我不知听他说了多少次。我真希望现在也能听到他这么说。

第二天，所有的媒体团团围住了我，我答应在埃布罗克斯的大门外照张相。我当时正在学车，所以摄影师让我在我的车旁边摆好姿势，露出车牌。我的人生从那天起就改变了，无论后来经历了多少曲折，我都一直继续向上。为了能充分利用这次出人头地的机会，摆在我面前首要的问题是，我一直没有意识到，我必须把自己和社会上的朋友区分开来。作为一个教练，我不断地向年轻球员强调，不论他们在球场外的朋友是多么的真心，他们的生活和一个职业体育人都是不同的。要说唯一的危险是会结交一些阿谀奉承的人，这是胡说。一个正常的、体面的年轻人，如果他们在工作上的表现不需要依靠自我牺牲，也不需要刻意保持体形，那么他自然可以认为寻求刺激也是成长的一部分。但是作为一个球员，如果不能要求自己远离酒精、不再熬夜的话，那就是在自找麻烦。我在 1964 年一起玩的朋友直到今天还是非常好的朋友：比利·麦肯切尼、戴夫·桑德松、约翰·汤姆松、艾迪·希尔、拉布·托德、汤姆·贝恩、汤姆·麦克莱恩、吉姆·布赖森、威利·达尔齐尔以及其他更多朋友。我们一起去度假，每周六都在格拉斯哥的英格拉姆酒吧见面，争论当天比赛的结果和其他各种事情。

我和比利·麦肯切尼及戴夫·桑德松一直保持着特别紧密的交往。他们的个性看似相同，却相差甚远。麦肯切尼是受人喜爱的外向型性格，不论他去哪里，总是主导着同伴和话题的走向。戴夫安静而谦逊，但我们三个却一直很合得来，从这两位朋友身上，我获得了最忠实的友情。事实上，比利曾有一次为这种忠诚付出了可怕的代价。那是 20 世纪 80 年代在阿伯丁的日子，在我的治理下，球队能够持续地击败流浪者队。尽管比利是个热心的流浪者球迷，但他还是像兄弟一样在美人鱼酒吧那些激烈的言辞中捍卫我，那是格拉斯哥东端布里奇顿的一个混乱的酒吧。那些和他争吵过的人等在酒吧外面，袭击了他，然后又把意识不清、头骨挫伤的他留在了原地。他在皇家医院接受了好几个星期的重症特别护理。后来，格拉斯哥痛恨地痞流氓的那些人出来了，一些真正强壮的人打算找出那些暴徒为他复仇。但比利拒绝利用自己在布里奇顿巨大的影响力和人气，他要大家把这事留给警察去处理。

你会在这本书里一而再再而三地发现，我认为一个人最为宝贵的品质就是忠诚。当我的球员的行为被大众谴责的时候，我经常被指责过于偏袒他们。无疑这种谴责有时候也被证明是公正的，但是对朋友和同盟的偏爱和维护是我的苏格兰工人阶级养育经历灌输给我和不断强化的。养育我的地方，周围有好人、坏人、强壮的人和羸弱的人，就像世界的其他角落一样。但是，在你陷入麻烦的时候，那儿有很多人你能够去依赖。抛弃这个词不在他们的字典里。在自私自利泛滥的当代社会，这样的价值观更值得尊敬。

就在我和我的未婚朋友们无忧无虑的聚会继续受到体育事业的影响的时候，我似乎没有预料到另一种有如神助的力量打乱了我们这种生活方式——甚至在 35 年之后，我也得承认这的确是有如神助。在一个周五的晚上，我在绍齐霍尔大街的洛迦诺舞厅发现了那个我在雷明顿兰德罢工集会上透过石膏看上的那个女孩。凯西·霍尔丁还是那么吸引着我，和她跳了几支舞之后，我送她回家了。这发展成了稳定的约会，如此稳定，以至我们今天还在继续。尽管凯西坚持说那时她见我的机会要远多于现在作为我的妻子和作为我们三个了不起的儿子的母亲。这可能是真的，自从我们第一次约会以来，我每天晚上都和她见面。而白天，我会找个理由去工厂的分部装配部找她聊天。随着我们的关系加深（我认为凯西作为天主教徒的身份从未成为我们的阻碍），我对足球的热爱完全恢复了，我期待着转会到一家新的球队，重新开始。

　　说来奇怪，我在圣约翰斯通队的最后一场比赛又打败了流浪者队。不过这一次，我们的对手是刚刚赢得了联赛、苏格兰杯和联赛杯的三冠王，他们别无所求的心态帮助了我们。他们伟大的中锋——吉米·米拉，同时也是我一直以来最喜爱的球员，是一名真正的一流球员。他的被罚下场让流浪者队捉襟见肘。这些事实本该改变我们的左后卫威利·科伯恩的未来，他当天表现得不错。但是，不，那周的《新闻周刊》（Weekly News）的头条却是"我是怎样征服小威利·亨德森的"。那时，亨德森在苏格兰队不被重用。我对自己悄悄笑道：科伯恩先生报仇雪恨的机会来了。果然很快，在联赛杯的对阵图上，流浪者队和圣约翰斯通队第一场比赛就碰面了，而当时的比分是 10：2，小威利参与了其中 9 个进球，自己还进了 1 个。

　　猜测着我的各种转会去向，夏天过得很快。谈得最久的是邓弗姆林，他们的主教练是乔克·斯坦，他想要把我和他们的一个球员进行交换。但是突然间，斯坦离开了邓弗姆林，接手了希伯尼安队。这让大家都很震惊。邓弗在乔克的带领下取得了令人称道的进步，相比起来，他们比希伯尼安可能还要更强大。乔克离开后一周，我收到了他的继任者——威利·坎宁安的消息。他曾是北爱尔兰队的一名后卫，他希望和我们达成交易。事情的发展令人振奋，当时邓弗姆林是苏格兰领头的球队之一，在上一个赛季，球队在欧洲战场的成绩也不错。

　　作为一个新手司机，我本打算开着我的新希尔曼超级明克斯 397FVD（Hillman Super Minx，397 FVD）去邓弗和坎宁安会面。但是我发现，我没有钱给车加油。在这种窘境之下，救星只有一个——我妈妈。当你身无分文的时候，不论她当时手头多么紧，她都能够从她的饼干盒里挖出几文救济金来。这些饼干盒被她藏在房子的各个地方。其中一个饼干盒是用来支付社保费用的，吉米·吉莱斯皮每周五会来收取用于人寿保险的钱。其他有的饼干盒是用来支付煤气费的，有的是用来付电费的，等等。当我告诉她我为什么需要钱的时候，她几乎有求必应。她和爸爸都很激动，当然，爸爸给我提了一些关于机会和陷阱的建议。他从未放弃过对两个儿子的期望，他对我们的恩情难以言表。

我想，任何人的个性都不可能把自己完全投入在养育下一代上。我们的外在经历，我们处理事情的方法，同样塑造了我们的性格。但是，爸爸和妈妈给我和马丁带来的影响永远成了我们自身的一部分。爸爸是促使我们前进的那个人，而在妈妈身上，则有一种更强大而坚定的力量。

在城东公园，我和威利·坎宁安的谈话主要围绕着邓弗姆林令人失望的工资结构。基本工资是 27 英镑，如果我们留在积分榜上半区，每周另外能够得到一份排名奖：第一名是 14 英镑，第二名是 12 英镑，第三名是 10 英镑，以此类推。此外，每赢一场比赛，还能得到 3 英镑的奖金。一年之前，我完成了学徒工的生涯，成为一个工具制造者，我每周已经能够赚到 27 英镑以上了。兼职踢球的时期，我每周也能够赚到 16 英镑。因此，如果我转为全职，收入将会大跌。我决定继续保持兼职，等到季前训练结束，再根据自己的位置考虑。开弓没有回头箭，我是个 22 岁的球员，来到一家新的俱乐部，还是家好俱乐部。而我对自己能够回到苏格兰西部踢球也感到非常满意。

与现在相比，格拉斯哥集会节对 20 世纪 60 年代的人来说意义重大。现在，格拉斯哥已经不再是个以重工业闻名的城市了，人们的暑假去处也多多了。今天，许多人都有财力去国外度假。而在我年轻的时候，即便是去艾尔郡海岸的塞尔特考特斯度假，对很多人来说都已经太远了。三四十年前，7 月份的这两周假期对高湾这样的工业区居民来说是个巨大的解放。没有出去的家庭会高兴地聚集在埃尔德公园或是贝拉赫斯顿公园，后者距离埃布罗克斯球场很近。大家会在草地上漫步，或者喂喂池塘里的鸭子。当船厂的叮叮当当声和喧闹声停止的时候，那种宁静本身就是一种休息。对我来说，1964 年可没有休息日。我在假期第一次体验了全职训练。那真是太苦了，但我很喜欢。我决定不要在各种越野跑中展现实力去领跑，主要是因为一些烦人的老油条，他们总觉得我是个自以为是、喜欢表现自己的家伙。我需要说服的人只有自己一个。那些在汉普顿公园楼梯上的跑上跑下终于发挥了作用。在女王公园和这以前的日子，我就已经锻炼出了让我受益一生的坚强毅力。在邓弗姆林，我第一次不得不每天都体罚自己，有些早晨，我全身僵硬酸痛，几乎难以下床。任何一个经历过艰辛的赛前训练的人都会知道我的意思。你会感觉你的身体根本不属于你。然而这一切只是强化了我要成为一名全职球员的欲望，在和父母以及凯西谈过之后，我决意让它成为现实。

当我把这件事在节日的最后一天告诉雷明顿兰德的时候，我的内心有种小男孩般的兴奋感，我还以为那就是我在工厂的最后一天。"不，你还得工作两周，孩子。"我的上司吉姆·卡梅伦告诉我。我感觉心窝被人踹了一脚。我还以为，公司会很高兴看到我离开。毕竟，我是工具室的工人代表，而雷明顿又是如此反工会，以至我还有点期待能拿到解雇金。至少多出来的这两周时间，能让他们更容易地找到一个人接替我在工会的工作。我甚至希望我之前能在工会活动中更积极一些。

在我的前辈卡勒姆·麦凯没有正当理由地被解雇之后，工厂的副集会召集人说，"没有哪个浑蛋会再接替这份工作了。"我那时已经是学徒工人代表了。1961 年，为了让机械行业的工资有实质性的提升，我到处游说我们的工友，让他们全身心地投入为期 8 个星期的全国学徒工大罢工。所以大家都知道，我不会对卡勒姆被解雇后的危机坐视不埋。那时我只有 21 岁，才刚刚拿到驾驶证，其实不应该承担那样的领袖责任。但是，没有其他人走出来为卡勒姆的遭遇组织抗议，那时他是机械工业联合工会的工厂召集人，也是工具室的工人代表。因此，对我来说，除了接替他的工作，带领工人罢工，我别无选择。这种选择就像膝跳反射一样自然。麦凯是个真正的工会主义者，一个曾给我带来许多启发的聪明人。他是个共产主义者，我们的政治立场一直不同，但在为工人争取平等权利这一点上，我们有共同的信念。我承认我不时也担忧雷明顿兰德的工会过于激进，与其他地方的分厂相比，美国老板已经愿意为我们支付更高的薪水了。我从埃尔文外婆那里知道——她是我们家沟通的桥梁和安慰者，她说，母亲对我非常担心。"她每天晚上都祈祷你不是个共产主义者。"外婆告诉我。我可以真诚粗暴地打消母亲的恐惧，但我也知道我的激烈情绪还是会不断传递给她。有一次在带领其他工具制造工人罢工的时候，卡勒姆自己没有出现，这使得相当一部分人从内心反对这次行动。尽管多年后我可能成熟多了，但是针对工人代表所遭遇的不公平，我绝不能认同那些不为此而斗争的人。但是，不是所有的工具制造工都如此坚定，我们为期 6 周的罢工最后没能使麦凯恢复原职。他去了另外一家工厂工作，后来又成了联合工会在伦弗鲁郡的召集人。但是，我仍然为那些和我站在一起的工人们骄傲，我人生中的那段时期给我带来了长久的满足感。

在那一年之后，我到雷明顿兰德的每一个部门向我的朋友们说了再会，场面变得相当感性。我在那里的 6 年是我当时生命中的一大篇章。当我开始擦拭自己的座椅的时候，我意识到，一个技工，直到退休为止，可能会用一生的时间坐在这个工位上。工具也是，承载了太多的回忆。我们曾有过的欢笑一时袭上心头。有一次，冲压机削掉了我指尖的一部分。事故发生后，我恐慌地跑向我的上级技工——吉米·朱诺，然后他带着我冲向医疗室。我们闯进去以后，吉米对护士安妮大喊："快，拿点白兰地来。"

"年纪这么小，不能给他喝白兰地。"安妮说。

"不是给他喝，是给我喝。"吉米·朱诺确实爱喝酒，也不奇怪——可怜的家伙，他支持的是帕特里克西斯尔队。

第四章　饮恨，进球和一个好女人

在足球生涯中，大部分难忘的时刻都来源于那些肾上腺素喷薄的瞬间，我在邓弗姆林的三年间就经历了很多这样的时刻。

在足球生涯中，大部分难忘的时刻都来源于那些肾上腺素喷薄的瞬间，我在邓弗姆林的三年间就经历了很多这样的时刻。和他们一道，我曾度过了一个在 51 场比赛中踢进 45 个球的赛季；穿着那件球衫，我第一次感受到了欧洲足球独有的快意；也是在汉普顿公园球场属于他们的更衣室中，在比赛开始前不到一小时我被告知我已不在苏格兰杯决赛名单中，那是我第一次恣意发泄自己的愤怒。不过比在邓弗姆林发生的任何事都更鲜活地存在于我记忆当中的，是那个静谧清晨的城东球场，在 1 月暗淡的晨光之下，只有两个人在沿着球场的边缘平稳地慢跑。那是个周三，这解释了为什么画面能如此平静美好。在周四我们有理疗教练——安迪·史蒂文森安排的训练课，那通常会格外艰苦。因此在周三，球员们通常可以在当地的游泳池得到放松的机会。我是 1967 年那个特定早上缺席了放松小聚的两个人之一，另一个是约翰·陆恩，一个年轻的后卫——即便 30 年过去了，我依然能毫不犹豫地说他是我见过的在那个位置上最令人激动的新星。他是个很可爱的小伙子，话不多，非常谦逊。但一旦走上球场，他身上就会溢出侵略性，他的速度也快得惊人。约翰当时刚刚入选苏格兰联赛代表队，他们要在埃布罗克斯球场对阵爱尔兰联赛代表队，因此在周中比赛的当晚，他和我的另外两个队友，卡拉汉兄弟——汤姆和威利一起住在了我父母位于流浪者主场附近的家里。那时坊间流传着流浪者想要签下他的传言，因此在国际联赛代表队的对战后，我和卡拉汉兄弟为他即将迎来人生巅峰而对他进行了惨无人道的戏弄。不出所料，他立刻羞愧地涨红了脸，正是他这种看淡功利的性格让这家俱乐部的每一个人都对他的进步感到兴奋。他的未来看上去无限光明，但事实上悲剧正在角落里埋伏，奇怪的是，我竟也有份参与了这场悲剧的揭示。

在那个周三的城东球场，我们是仅有的两个慢跑者，因为我们都在进行康复性训练（我是膝盖的老毛病，他则是小腿常年酸痛）。当我们慢跑到小镇看台一侧的球门后边时，约翰突然问我："你觉得我会不会贫血？"我所见过的他在肤色最好的时候也只能算是毫无血色，因此我这样答道："说实话，你肤色是挺苍白的，干吗不干脆去做个血检？"于是我们从跑道上下来后就一起来到医疗室进行理疗。我当时坐在一张桌子上，看着门口，有一台微波仪器正炙烤着我的膝盖。约翰在另一张桌子上面朝上躺着，接受安迪·史蒂文森的按摩。后者在用推拿缓解疼痛和肌肉紧绷方面绝对是个大师。这时门开了，俱乐部的医生耶洛里斯走了进来。

"这不他来了嘛，约翰，问他就行。"我提议道。也许是因为我觉得他太内向了，这种事该由我来出头，我也不太清楚，总之是我提出来的。"约翰觉得他可能有点贫血，他的小腿一直很酸痛。"我告诉医生。

"好，待会儿我们给你看看，约翰，等你按摩完了。"于是耶洛里斯医生给他做了测验，也抽了血样。

球员们喜欢去皇家餐厅吃午餐的习惯是我在邓弗姆林期间最喜欢的事情，我的执教生涯很可能是在那里滋生出的苗头。这一天很寻常。在吃完东西后，我们一群人依然在楼上的房间里磨磨蹭蹭，为球队战术争论不休，各自吹嘘自己拿手的理论。博迪·帕顿、卡拉汉兄弟、吉姆·麦克莱恩、哈利·梅尔罗斯、乔治·比伯斯、乔治·米勒和吉姆·哈瑞特都在高谈阔论，装盐和胡椒的小瓶子也在桌子两端被不停地移来移去以推演进攻和反击。在大概下午 2 点的时候，正当我们这群西苏格兰大兵准备踏上归程的时候，训练场那边打来了电话找约翰·陆恩。

"他好像在楼下打台球呢。"有个人说道。除了餐厅以外，这里还有电影厅和台球厅。

"他必须马上返回训练场。"这是我们收到的指令，因此立刻有人动身去找他了。

第二天，我们这群西苏格兰伙计和往常一样是最后进入训练场的。当我们一如既往地吵闹着进入更衣室后，等待我们的是死一般的寂静。

"出什么事了？"我们中的一个问道。

"约翰那边有点不妙，我们还不知道具体是什么情况。"

在那一瞬间我想到了前一天发生的事，一种不祥的预感如山般向我压来。然而那天的训练中其实什么都没有发生。直到两天后，我们的教练才告诉我们那个噩耗：白血病。命运何其残酷。我对约翰足球潜力的判断，并没有因为我痛惜这么好的一个人遭遇的悲惨经历而有所夸大，这纯粹是对于一名无比杰出、充满潜力的后卫的公正期许。毫无疑问，他本能成为国脚，并兑现我们所有人对他的期待。接下来的医疗处置的确让病情在一段时间内得到了控制，约翰甚至一度回到邓弗姆林继续踢了几个赛季，那是他的家乡球队。当1974年他的死讯最终传到身处艾尔联更衣室内的我的耳中时，我的职业球员生涯已经走到了末期。那消息让我无比沉痛，任何有幸在他有生之年和他共处的人都会这么觉得。葬礼是在邓弗姆林举行的，全国各地的球员都会聚一堂来寄托最后的哀思，那情景让人心碎。约翰留下了遗孀——凯西，还有一个年轻的家庭，还有他的父母，他们都曾是他的球迷，但如今却生死殊途。

约翰·陆恩尽管比我还小，却早在1964年我22岁加盟邓弗姆林时，就坐稳了主力左后卫的位置。而且那支球队中的其他位置都有水准不错的球员，来确保这支被亲切地称为"小瘫"（这个昵称是"瘫痪球队"的缩写，标志着它成立以来惨不忍睹的历史）的球队完成一个出色的赛季。我们在第一项锦标赛、联赛杯的区域赛阶段表现出色。但在此之前我就和"匈奴王"约翰·麦克纳米有过一次难忘的冲突了。"匈奴"这个绰号通常是凯尔特人死忠用来讽刺流浪者，或者说流浪者球迷的。也许把这个词用在大约翰身上并不恰当，毕竟他从来没有和埃布罗克斯产生过任何联系，不过考虑到他对任何站在他面前的人的幸福安康所带来的威胁，他显然配得上和匈奴王阿提拉相提并论。在那场联赛杯交手之前，他效力于希伯尼安队，教练是乔克·斯坦，后者首次重返城东球场无疑增加了比赛的话题性。我必须强调，尽管我的自卫本能和常识都告诉我，在圣约翰斯通的更衣室走道内最好绕着麦克纳米走（我之前也说了，想要和一个怪兽搞三局两胜的对决是不理智的），但当在赛场上正面对决时，我一直在展现自己最强大的一面。鼓起勇气就是面对这种对手的关键。一旦示弱，他们就会肆意践踏你。我的勇气促使我在那场对希伯尼安的2∶0的胜利中踢入一球，我们也因此得以在区域赛中脱颖而出，并得到了在八强赛中对阵流浪者队的机会。在那场比赛中，比起逻辑更重视想象力的威利·坎宁安，交给我的任务是掐断对方中场吉姆·巴克斯特的威胁。他的指示是我不能给"瘦吉姆"1分钟安宁。我辩驳说，我上次在埃布罗克斯出场时是主攻手，而且还上演了帽子戏法，不过现在我是阵容里的新人，只能人家说什么我就做什么。因此那天下午，我仅有的享受只剩下近距离看到也许是历史上最伟大的拳击手——舒格·雷·罗宾森了。他是流浪者队请来的嘉宾，登场进行了一次象征性的开球。在那之后，一切就不堪回首了。巴克斯特在球场上是个魔术师，作为一个满怀崇敬的受害者，我得说他能把一个5号足球踢到鸡蛋杯里。让我对他施加防守压力这件事并没花费太长时间。开球几秒钟后，我就冲到巴克斯特面前，希望给他带来压力，甚至怀着疯狂的侥幸心理试着能不能抢下球。我得到的回报就是被羞辱性地穿裆过掉，绝望地摔倒在地。当我再次站起来时，我死盯着流浪者看台，不难想象我的队友们当时在说什么。那时我脑海里闪过的念头是——其实老老实实在工厂做工也许不赖。最终，流浪者队1∶0战胜了我们，至少那位巨星没有恣意蹂躏我们。

1964—1965赛季，就我个人而言还是取得了不错进展的，我在左内锋的位置上进了不少球。因为韧带受伤而缺席的那段时间，我对比赛的天然渴望也因为邓弗姆林参加了博览会杯（现在的欧联杯）而变得更加急迫。我在球队与来自哥德堡的奥基特队的第一回合交手前成功复出，不过教练认为我还缺少参加比赛的体能，所以我的欧战处子秀被推迟到了我们在瑞典的客场交锋。那次体验中我并没有太多的机会发光发热，带着首回合4∶2的领先优势，威利·坎宁安把我一个人留在前场，用全部一个半小时来骚扰对方的中后卫。如果之前我认为他让我限制巴克斯特的决定很残忍，那么在乌列维球场的烂菜地上让我干这个，简直就是施虐了。那场比赛到最后，我完全就是凭着肌肉记忆在踢球。赛后，当其他人都在更衣室里庆祝我们0∶0互交白卷时，我只想找个地方睡觉。

那项赛事的后续进展也相当喜人。我们和斯图加特狭路相逢，主场1∶0小胜，在德国客场0∶0战平。我们第三轮的对手是毕尔巴鄂竞技，在对他们的客场中我第一次体验到，气味竟也可以像其他感官一样带给你洲际比赛那种无与伦比的氛围。在西班牙比赛时，空气中弥漫着非常独特的气味，混杂着雪茄和香烟的气味，可能还有点穿着时髦的女性们的香水味。不管作为球员还是教练，不管身处那片土地上的哪座著名球场，气氛总是迷人并充满刺激。那种浪漫的印象强到足以让我忽略自己从毕尔巴鄂队中充满恶棍气息的后卫——何塞·玛利亚·埃切瓦里亚那里所受到的特殊待遇。如果埃切瓦里亚想在中世纪的宗教审判中申请一个拷问别人的工作，他肯定会因为太残暴而落选。我们0∶1输掉了比赛，我很清楚，即便回到主场，我们依然会面对很艰难的局面，尤其是考虑到他们的门将是无与伦比的何塞·安赫尔·伊利巴，他是当时的西班牙国门。不过邓弗姆林颇为寒冷的夜晚和略带霜冻的场地帮了我们大忙，我们的右内锋亚历克斯·史密斯成功把球打进伊利巴把守的大门，把总比分扳平了。在当时这意味着需要进行第三场比赛，场地则由掷硬币来决定。当我们掷硬币输掉时，大多数人并没有丧失信心，因为我们都很享受毕尔巴鄂球场的气氛。不过结果就算不上享受了，我们1∶2败北。我们的欧洲梦就此止步。

在联赛中，我们的状态相当不错。当时联赛竞争的形势是我们、基尔马诺克和哈茨的三足鼎立。你很难找到贴切的方式来形容流浪者和凯尔特人双双落入苦苦追赶的第二集团是件多么不寻常的事。在1965年后的14个赛季中，凯尔特人11次荣膺苏格兰联赛桂冠（这主要归功于乔克·斯坦带来的传奇九连冠），流浪者则赢了其余3次。而这种两强垄断格局的最终完结和我也有关系，1980年我带领阿伯丁结束了这一切。不过恐怕在此之前，1965年，邓弗姆林最终与冠军失之交臂和我同样有关系。我们本已一只手摸到了冠军奖杯，那个赛季最后4场比赛我们都是主场。其中两场我们3∶1战胜了流浪者，5∶1完胜凯尔特人（并就此完成了对两支"老字号"①的双杀），但同时我们0∶1输给了邓迪联，并和圣约翰斯通1∶1战平。对阵我的老东家的那场平局是赛季倒数第二场比赛，我在比赛中错失的一系列机会被认为是最终痛失冠军的关键。基尔马诺克最终捧杯，比我们高出1分，并且通过得失球率压过哈茨（而我们得失球率比他们两队都高）。我在对圣约翰斯通的比赛中错过大量进球的机会并不寻常，离开缪尔顿公园后，我一直在对他们的比赛里保持卓越的进球纪录，包括两三个帽子戏法，在4年间我好像27次攻破了他们的球门。不过在最需要惩罚他们的时候，我浪费了两次最简单的机会，尽管最终我踢进了唯一的进球，但邓弗姆林丢掉冠军的罪责却还是要归咎于我。不可避免的，一周之后，苏格兰杯决赛对阵凯尔特人的赛前，威利·坎宁安在选择球员时对

---

① "老字号"特指凯尔特人和流浪者两支球队，以彰显其在苏格兰足球历史上的特殊地位。

我的状态产生了巨大疑问。

在这场淘汰赛中，我们每晋级一轮，就会更加兴奋。毕竟，我们的球迷直到半决赛在泰因河城堡公园球场对阵希伯尼安之前，都在期盼联赛和杯赛的双冠王。对我来说，半决赛刷新了我和约翰·麦克纳米之间的宿怨。那天我表现得很好，帮助哈利·梅尔罗斯首开纪录，并且把大约翰折腾得够呛——最终，阿提拉情绪失控，他在比赛最后阶段因为对我抢了一脚而吃到黄牌。这场凌乱的比赛最终以我们 2∶0 的胜利而收场。威利·坎宁安在此役的功劳不容小觑。他让我们的后卫——吉姆·汤姆森，对希伯尼安的明星球员威利·汉密尔顿采取了盯人战术。汉密尔顿因此基本隐形。汤姆森是个很冷静的人，情绪从来没有大的起伏，他踢球也是如此，永远保持冷酷，他能在场上把纪律性和注意力发挥到极致。当我们面对拥有快速、充满天赋的攻击手的球队时，汤姆森就会被用作兑子。我在若干年后才真正意识到那天他在泰因河城堡所做的一切有多么难得，我在乔克·斯坦手下当苏格兰国家队助理教练时，他曾对威利·汉密尔顿赞不绝口。乔克认为威利是他执教过的最有天赋的球员，可惜他的生活作风让人遗憾。威利在自我毁灭的道路上没找到终止符，最终在相当年轻的岁数就撒手人寰。

从邓弗姆林之外的角度来看，也许我在半决赛中所展现出的状态和我是俱乐部头号射手的事实已足以让我锁定决赛首发的位置。不过有一些其他的因素让我感到忧心忡忡。在我们 3∶1 战胜流浪者的比赛中，我没能被选进主力阵容，之后一场比赛我回归首发，但球队却败给了邓迪联。再之后就是那场我对圣约翰斯通大失水准的比赛。威利·坎宁安需要决定是沿用帮助球队打进决赛的阵容，还是召回我们的常规中锋约翰·麦克劳克林。他因伤缺席了半决赛。最常规的选择是让我和麦克劳克林搭档，在赛季的大部分时间里，这个组合都运转良好。不过小哈利·梅罗尔斯也不错，他长期以来都是"小瘫"最忠实的仆从，并且在半决赛中有过进球，因此也配得上机会。这场大战的准备工作因为乔克·斯坦被任命为凯尔特人主帅而更加剑拔弩张。凯尔特人公园的球员们普遍抱着乐观的态度来争取拿下暌违 8 年的桂冠。邓弗姆林有更好的阵容，但单靠能力上的优势，往往不足以在决赛中战胜"老字号"的一员。他们的历史底蕴几乎可以算是场上的又一名球员，因此，如果想压过那种亘古相传的气质，你需要自信和寸土必争的强烈欲望。我对在决赛中首发的渴望中，有很大一部分是源于我的自尊和骄傲，但是我同样认为我在态度上完全做好了面对这种挑战的准备。我是球队的头号射手，我绝不逊于任何竞争者。忘掉一周前我浪费掉的那些机会吧，这会是全然不同的一天，而我已做好准备。哈利·梅尔罗斯和约翰·麦克劳克林都有丰富的经验，但不抱偏见地说，他们两个在一起并非很好的搭档，而且在真正的激战中，他们的表现往往会打折扣。

在周六比赛日，可能听起来会有点疯狂，不过西苏格兰的球员要东行 45 英里和球队会合，然后再一起坐大巴返回格拉斯哥。现代球员可能无法想象，在午饭过后我们只是很简单地坐上巴士前往汉普顿公园，没有什么球队训话。我们下午 1 点 45 分到达场地，到这时依然没有一个字是关于首发安排的。教练显然在逃避需要亲自告知球员坏消息的责任。当我们下午 2 点 10 分来到更衣室，终于能聆听他最终的选择时，我的胃里正因为紧张而翻江倒海。在威利·坎宁安宣布决定时，他身边还站着俱乐部主席大卫·汤姆森和秘书吉米·麦考维利。精神支持？我只能这么想。我从没见过他们俩和教练一起出现在更衣室里。球队的前半部分阵容不出所料：赫里奥特、威利·卡拉汉、陆恩、汤姆森、麦克莱恩和汤姆·卡拉汉。马上要轮到锋线了，我胸口的疼痛随着每个被念出的名字而加剧，爱德华兹、史密斯、麦克劳克林，然后就是那记重锤……梅尔罗斯。当左边锋杰克·辛克莱尔作为最后一个名字被念出来时，我爆发了。"你个浑蛋！"我冲着坎宁安怒吼。大卫·汤姆森出面干涉，命令我克制自己。但那时我可冷静不下来，我不住口地大骂教练。他很清楚他是怎么对我的，所以他一声不吭。

现在回头看，我依然不会对我的反应方式感到抱歉。我认为如果教练不能通过提前告知坏消息的方式来给被弃用的球员以足够的尊重，那么当那名球员在比赛开始前 50 分钟才得知这飞来横祸时，你就不能抱怨他们感情用事。这是杯赛决赛，是每个球员的梦想。现在我执教哲学的基础之一就是和本来期待能够上场，却没有被选中的球员在私下里做好沟通。我会在全队面前公布名单之前就让他们做好心理准备。我尝试解释清楚为什么我会做出特定的首发决定，并且强调我并没有在针对哪一个人。说实话，我不觉得被弃用的人能听进去多少。我的理由对他们来说没有意义，但是至少我会帮助他们守住自己的自尊心，这就比 1965 年我在汉普顿的处境要好得多了。

当我穿着平时的衣服出现在场外时，我爸爸和凯西吓坏了。我为爸爸感到抱歉。我知道我不能上场对他的打击有多大，但是他更重视的是我的感受，他掩饰得很好，并且还告诉我不要为此烦心，要保持冷静。这建议恐怕来得稍晚了些，我当时这么想。那场杯赛是没有替补球员规则时期的最后一场比赛，因此当时我只能在看台上眼睁睁地看着球队输了个2：3。虽然麦克劳克林和梅尔罗斯分别为我们进球，并在一定程度上肯定了教练的选择，但我觉得缺少了我能提供的决心和动力后，球队在球场上还是有所缺失。我相信另外几个球员也会同意我的观点。这倒不是说被选中的阵容就应该被责备，他们做得真的很好。但我还是觉得我可以在这样的比赛中添上点什么。

在杯赛决赛后的周三，我被重新招入了阵容，并且在5：1血洗凯尔特人的比赛中进球。不过这个结果只有数字上的意义。基尔马诺克赢得联赛，凯尔特人赢得杯赛，我们的赛季就这样一无所获地收场了。我立刻提交了转会申请，而且没有因为之后的被拒绝而感到恼怒。相反，我决定让1965—1966赛季成为我职业生涯至今最好的一个赛季。这单纯是为了证明我作为球员到底有多么出色，仅此而已。各项赛事51场比赛中打进45球可不是一个能被轻易超越的纪录。在杯赛决赛中被弃用的经历成了我在新赛季中不断奋进的动力。我和教练之间保持了一种冷静的氛围，但毫无疑问我的状态在打他的脸。做到最好是我的天性。那个赛季，我职业生涯的所有元素都汇聚到了一起。我一整年都没遇到伤病，并且在又一次严酷的季前准备中得到了进步。我在看台下的健身房里加练的好习惯让我的场上表现，尤其是射门的能力得到了显著加强。天知道我在那里练习了多少脚射门。我尝试了各种给自己喂球的花样——用墙角或者房顶的反弹来完成用胸部或者腹部停球后的转身射门，我近乎残忍地苦练自己作为射手的一切技巧。苦练成就了我，这在最大程度上证明了球员的成功并非源自场上的表现，比赛本身只是在证明你的成功。突然之间，对手球队开始针对我制定战术，有很多次他们都对我进行了盯人防守，不过这只能增强我的自信和雄心。那时我开始考虑在更高的水平上踢球了。

随着我在邓弗姆林的第二个赛季的不断推进，我的状态一直维持在高水准，甚至没有受到婚礼筹备的影响。当时我和凯西正忙于筹备预定在1966年3月12日举行的婚礼。筹备的核心就是买房子。在为了找房子而焦头烂额过后，我们最终选定了格拉斯哥以南，西姆斯岭的一栋半独立小屋，那里离汉普顿公园只有一个半英里的路程。我卖掉了自己的车凑齐了3005英镑，并且在报价被接受后立刻着手常规的装修。在我们的婚礼举行之前，那套房子已经焕然一新了。我们在一个周六的早上，在格拉斯哥的玛莎大街婚姻注册所里结为夫妻。教堂仪式被放弃了，因为我们都不想改变自己的信仰，不过我们同时坚定地认为，有不同的宗教背景并不会给我们的未来带来问题。我们都觉得婚礼应该简单低调。凯西的妈妈，作为一个虔诚的天主教徒，对婚姻注册所其实是不太满意的。但她很好地保障了自己的失望情绪没有干扰到自己女儿的大日子，事实上，她给那天的欢乐气氛帮了大忙。我的伴郎是我的弟弟马丁，凯西的伴娘是她的好朋友艾格尼丝·维斯哈特。那天到场的还有我的好伙计麦肯切尼、托德和桑德森；一个以前的同事鲍勃·法尔康纳和他的妻子艾利斯；克莱尔·帕克，一个餐厅的职工，她在雷明顿兰德的工厂里对我好极了；最后，当然还有我们的父母。婚礼进行得非常顺利，在那之后，凯西和我在马丁和艾格尼丝的陪同下去了布坎南大街的一个照相馆拍照。在马丁想要停车的时候，一个厚颜无耻的司机想加塞儿占掉我们的停车位，我的火爆脾气上来了，开始对他怒吼。马丁试着让我冷静下来，不过我一旦发火了，就不达目的不罢休，根本停不下来。凯西有点不太高兴。真是个别出心裁的新婚日。

照过相后，我直接就去城东球场参加那天下午对汉密尔顿的比赛了。即便是亚历克斯·史密斯的进球让我们1：0获胜，那场比赛也完全不值一提。我踢得不太好，仅仅能为把这场比赛踢完而感到满意。在赛后的更衣室里，气氛显得相当凶险，而且有一些刻意压低声音的对话，让我不禁怀疑他们是不是在策划一次"黑蛋"。这是一种广泛流行的传统，受害者被脱光，然后被用鞋油和上光剂在某个重要器官上涂涂抹抹，最后再加点凡士林让成品变得非常有趣。我在换衣服的时候尽量磨蹭，然后四下闲逛，让我的队友们先进入公共浴室。我注意到，最后进去的队医手里很蹩脚地藏着一听上光剂。说时迟那时快，只穿着弹力短裤的我抓起了所有衣服，立刻沿着通道冲到了裁判休息室。那天的裁判是我的朋友（是的，这是可能的）。威利·赛姆的父母曾经住在我父母在高湾路住所的楼上。虽然他对我突然闯进他的休息室感到惊讶，但他很快就同意对我的逃跑大计施以援手。在场外，马丁已经坐在他的车里，打着了火准备随时出发。在人生最重要的日子里，有你最亲近也最可靠的人在身边支持你的感觉真是太棒了！不过我刚坐到车里不到两分钟，他就说："你今天踢得太臭了！"谢了，兄弟。

那晚的婚宴纯粹是两个家庭间的，那之后，我和凯西回到西姆斯岭的新家度过了我们的第一个晚上。没有蜜月，甚至没有短假，因为第二天我就得去邓布兰海德林酒店报到，并准备博览会杯对萨拉戈萨的1/4决赛。这是威利·坎宁安的新举措，这种专业的准备得到了球员们的广泛认同。凯西对此就没那么认同了，但她并没有抱怨。在我们的婚姻中，我始终对她为我足球生涯所做出的牺牲而感到惊奇。我永远也忘不了对阵萨拉戈萨两回合的精彩对决，以及两回合之间所经历的因为丧失亲人而带来的震惊和痛苦。在城东球场的第一回合，在邓布兰的赛前准备成功反映到了球场上，我们在那里仔细分析了对手，并因此得到了对付他们所需要的注意力和战术纪律。在比赛当晚，博迪·帕顿的进球让我们一球小胜，不过我们很清楚第二回合会是严峻的考验。

在动身前往西班牙之前的那个周日，我和凯西很早就被敲门声所吵醒。是马丁，还有我姑姑克丽茜的丈夫约翰·科普兰。凯西下楼给他们开门，我则在楼梯顶端呆若木鸡，尽力在听到坏消息前支撑住自己。"外婆去世了。"我崩溃了。埃尔文外婆之前心脏出了问题，并被送到了米姆斯科克医院，但我没想到她的离去竟这么突然。她是人群中的明星，我们视彼此为偶像。当我想到她的时候，我对她的敬意和爱就算写成一整本书也难足万一。在悼念她时，她所有亲戚展现的倾泻而出的温暖和忠诚，让我想起了她经常对我和马丁说的那句关于天主教的话：这个宗教在活着的时候遵循起来很困难，但在你死的时候它能带来安详。之后那个周三，葬礼在圣拯救者教堂举行。由于那天正是我们要去西班牙客场比赛的日子，因此我无法参加。这种说法其实并不准确——我当然可以去参加，而且应该去。但家里所有人都坚持说外婆会宁愿我不要错过比赛。那场比赛中我踢进两球，但最终在紧张刺激的加时赛中，我们还是2：4落败。萨拉戈萨最终在决赛中击败巴塞罗那，但我们并没有因此得到多少安慰。

在1965—1966赛季的末尾，我拒绝了续签，亚历克斯·史密斯也是如此。我们两个人都决定让职业生涯再进一步。我告诉邓弗姆林，除非他们给我大幅涨薪，否则就无法阻止我的出走。在和主教练初步谈判后，显然他们无意如此。于是一切陷入僵局。他们拿到了我的辞职申请，也因此握住了王牌。球员直到1961年那次里程碑式的民事判决后，才从最糟糕的名为转会系统的暴行中解脱。那次事件中乔治·伊斯特汉姆在精明地取得了曼彻斯特律师克里夫·劳德和英格兰球员工会的支持后，成功地挑战了纽卡斯尔联和英格兰有关的负责单位。不过即便已经过去几年了，像我这样和俱乐部陷入僵局的人依然能感到自己被算计了。现如今进入足球世界的年轻人，永远不会意识到他们通过博斯曼法案得到的自由转会权究竟有多么优越。事实上，现在钟摆可能已经过于偏向球员那一侧了，如果不能在理智妥协的基础上达成共识，那么大俱乐部的合理运作模式很快就会不复存在。

在交织着挑衅和焦虑的心情里，我等待着关于我转会申请的正面发展，我并没有浪费时间去估量关于纽卡斯尔联和流浪者对我感兴趣的消息的真实性，而是开始考虑继续留在球场上，用成为教练或者主教练的方式来延续我的规划。我在前一年已经拿到了基础教练证书，现在则需要前往地处因弗克莱德的苏格兰足协教练课程总部，去考取完全证书，那里离艾尔郡的拉戈斯不远。我认为课程本身很有启发性，我也有幸被分到了博比·赛思教授的小组。他曾在伯恩利和邓迪踢球，后来在哈茨做主教练。在之后的日子里，当我在流浪者踢球时，他也在埃布罗克斯担任同样的职务。我在因弗克莱德的室友是吉姆·麦克莱恩，他后来去执教了邓迪联，并且取得了令人瞩目的成功。我们之间的友情也保持到了今天。我和小吉姆相处的最好结果就是把我们的友谊坚持下来了，他简直把固执升华到了艺术的高度。我们这么多年来一直在争吵，但交情还是延续了下来。在那两周上课的时间里，我意识到了他头脑里关于足球的理念有多么丰富，我们可以争论一两个小时而毫不厌倦。

在 1966 年夏天行将结束的时候，我成了一名有认证资格的教练和可能快要失业的球员。接着，在新赛季开始前的那周，苏格兰球员协会的秘书乔尼·休斯开始鼓励我和邓弗姆林重新签约，他从威利·坎宁安那里得到了口头保证。这份保证的精华部分在于我的工资会从每周 28 英镑上升到 40 英镑（不过这次涨薪不会写在合同当中），并且我会得到教练允许我在下赛季转会到其他俱乐部的保证。在和凯西讨论了我的选择后，我在周五的下午签下了合同。第二天早上，和我一起变节的同袍——亚历克斯·史密斯加盟了流浪者。难怪邓弗姆林突然这么不顾一切地签约。得了，又上了一课。

我在"小瘫"的第三个赛季的开局是可悲的。我苦于找不到进球来拯救自己。任何生活在足球世界里的人都会告诉你，一个射手是活在他自己的信心中的——可能除了门将以外，前锋比场上任何其他位置的球员都更需要信心。当他们开始进球时，他们从不会觉得自己会射失，也不会去考虑下一个进球会怎样到来。算上上赛季结束前的那场比赛，我的进球荒一直持续了 14 场，我的队友们关于我是因为太想进球了才会这样的评语或许是对的。我爸爸对这样的情况有个简单的理论："当你在球门附近得到机会时，就爆射。你绝对不要去想搞什么巧射，然后让门将轻松得球。让他去扑好了，即便他扑住了那记劲射，观众也会报以掌声，这样你身上的压力就会小不少。"对于一个正在不断被球迷的敌意拉低战意的前锋来说，这是个很好的忠告。

　　作为教练，我倾向于让处于进球荒的前锋先跳出火坑一阵子，并希望通过休息一段时间来让他们找回状态。我当时就得到了这样的休息机会，不过给我安排休息的是一个挪威的中后卫，他搞伤了我的膝盖，让我不得不在场边坐了五六周时间。我的回归很有戏剧性，那是在城市博览会杯中对阵当时欧洲大陆上一支很出色的球队——萨格勒布迪那摩。他们很自然地成了比赛的大热门。第一回合是在城东公园，那时有很多怀疑，尤其是在我自己的脑中，都是关于我究竟有没有恢复到可以比赛的状态。威利·坎宁安冒了个险，我们两个对结果都很满意。我表现得好极了，踢进两球，助攻一个，还因为被放倒赢得了一次点球。4 : 2的胜利让我们有理由在回访之际保持乐观，即便是考虑到那个赛季刚刚推出了在两回合打平后算客场进球的规则。我们希冀能保住胜利果实的信心，很大程度上来源于围绕着坚不可摧的罗伊·巴里所构建的那条坚固的防线。他是替代此前顽强的吉姆·麦克莱恩来担任球队中后卫的。

　　第二回合对我们来说是个灾难，我对自己的表现也自豪不起来。我让我的队友们失望了。前一个晚上就有坏兆头了，球员们之间开了一些傻乎乎的玩笑，结果我拎着一大桶水撞上了一道玻璃门。耶洛里斯医生不得不赶紧缝上我耳朵后一道很深的伤疤。不过那道疤带来的疼痛远不及我自作自受从教练那里得来的一场痛骂。比赛本身也没有带来安慰。我被一个盯人后卫全场追逼，他一整晚都对我连踢带打带掐，直到最后我上钩了。在比赛还剩10分钟的时候，比分还是0 : 0，胜利看起来已经唾手可得了。然后就悲剧了。欧洲的客场比赛中就是会发生这种事。在一切看起来风平浪静，甚至观众都沉寂的时候，波澜会突然产生。他们的第一个进球来源于一个碰到我们后卫身体后的顽皮折射，我们的门将——埃里克·马丁对此鞭长莫及。他们一下子就像通了电似的振作起了士气，即便如此，他们还是需要在两分钟后通过匈牙利主裁一次卑鄙的协助才踢进了第二球这个决定性的进球。在我们无可避免地带有偏见的观点中，那个球越位得太离谱了。裁判们看上去对他们的裁决的离谱程度非常心知肚明，他们回到中圈的速度堪比奥运会上的短跑选手，所以我们这帮追着他要说法的人，很清楚再怎么抗议也不会有用了。我利用最后的8分钟开始忙着报复盯我的后卫，这是个愚蠢的回应方式，也不可能拯救比赛。在比赛最后我们围住了裁判，但他还是在通道的另一端消失了。当时他们的球场正在翻修，我们只能在临时的简易屋里更衣。在我们穿过脚手架走向更衣室的路上，罗伊·巴里藏在了一堆混凝土柱子后打算埋伏裁判。幸好,其他的球员及时发现了他,把他拽回了更衣室。

当我们在临时更衣室里心情低落时,威利·坎宁安合情合理地开始发脾气,他把矛头指向了我。我回敬了他,愤怒地和他争吵。我知道我错了。表现不好和输球带来的失望情绪并不能成为借口。那天晚上我前往主教练的房间向他为我的所作所为道歉。他最让人钦佩的一点特质让我不止一次地心生感激,那就是他从不会怀恨在心。萨格勒布迪那摩最终在那年博览会杯决赛中2:0战胜利兹联,这意味着连续第二个赛季,我们在很接近的情况下被最终的赛会冠军淘汰。

欧战带来的失望逐渐被我回升的状态所抹平,进球潮又开始涌来。我们在苏格兰杯中进展顺利,直到1/4决赛被邓迪联1:0击败。不过在那年杯赛的第一轮中,人们见证了一个历史性的颠覆时刻,虽然和我或者邓弗姆林都毫无关系,但那却间接地为我开启了我梦想中为流浪者效力的大门。我当时正在拉戈比公园的洗澡间,我们刚刚在一场针尖对麦芒的比赛中和基尔马诺克2:2战平,消息传来了:贝维克流浪者1:0战胜格拉斯哥流浪者。没人敢相信这个消息。我以为这肯定是个恶作剧,这种事不会发生在流浪者身上。不过这的确是真的,几个月后的新闻都还会提到这场比赛。埃布罗克斯对此的反应也相当严重,乔治·麦克莱恩和吉姆·弗雷斯特都被放入转会名单,并很快卖掉了。麦克莱恩去了邓迪,弗雷斯特去了普雷斯顿北区。在关于他们替代者人选的漫天传言中,我被认为是主要的目标。那个赛季剩余的部分充斥着关于我要前往埃布罗克斯的无尽的传言。

不过,在邓弗姆林同样有一些重要的事情需要引起注意,比如说赶紧赢下一些比赛。威利·坎宁安已经把赢球场次的进球奖励提升到了1英镑1球。不过我们非常怪异的总是拿不到那笔钱,很多进球很多的场次最终都是平局或者输球。这些经历中最惊人的,甚至可能算是我经历过的最惊人的比赛,要数在城东球场对希伯尼安的比赛了。在一个小时内我们就0:4落后。这个比分是他们的上佳状态和我们诡异的失误共同构成的。然后比分变成2:4,然后2:5,然后我们打出了只应该在好莱坞体育电影里出现的绝地反攻,3:5,4:5,球场内开始随着希伯尼安充满绝望的最后抵抗而蠢蠢欲动。在比赛还剩10分钟的时候,我们扳平了比分,球迷们都疯了。我们猛攻希伯尼安,最后在第89分钟,我们的一个绝对的好球(第二天的照片证明那球越过门线至少有 2 英尺^①）被吹掉了。当我们还在和裁判争辩时，他们技术出色的右边锋吉姆·斯科特突破成功，得到了和我们替补门将大卫·安德顿一对一的机会。大卫的扑救做得非常出色，但反弹回来的球碰到了吉姆的膝盖被弹进了空门。如此的滑稽，进球奖金又一次付之东流了，但谁还在乎？和那座球场中的其他所有人一样，我为能够成为这场大戏中的一分子而倍感荣幸。这场比赛在 30 年后依然可以让我脉搏加快，它集中了所有能在足球世界里出现的情绪，并让你同时感到筋疲力尽和极度兴奋。

我的成绩很快就被苏格兰队主教练注意到，他正是我在圣约翰斯通时期的老主帅——博比·布朗。在得知我入选了在汉普顿进行的苏格兰联赛代表队和英格兰联赛代表队的比赛后，我非常兴奋，因为那场比赛的三周后，就有在温布利进行的正式国家队对决。如果能够发挥出色，这无疑可以为自己在之后的大战中重重加码。我觉得我的表现还是很体面的，上半场有个有效进球很不幸被吹掉了，不过那之后就没有太多表现的机会了。我们很干脆地被强大的英格兰代表队 3∶0 击败。在他们最终为温布利选择阵容时，两名在汉普顿坐在板凳上的凯尔特人球员博比·伦诺克斯和威利·华莱士被选中了，他们将搭档丹尼斯·劳。我进入了后备名单，如果丹尼斯不能从困扰他的膝盖伤病里康复，我就得顶上。这微弱的在温布利亮相的可能性，让我给爸爸、马丁和他的朋友比利·麦肯切尼都买好了前往伦敦的飞机票。这是爸爸看的第一场英格兰对苏格兰的比赛，他很享受。我最终没能进入球队，但也很高兴能在现场庆祝那场著名的胜利：3∶2，巴克斯特那场比赛的出色表现让人想给他写颂歌。

接下来依然喜事连连，我被选入了苏格兰在 1967 年夏天的世界巡回赛。在任何自以为是的观察者们指出流浪者、凯尔特人和利兹联先后撤回他们的球员，使得巡回阵容最终只是个 B 名单之前，我得说清楚，我从最开始就入选了初始名单。以色列、中国香港、澳大利亚、新西兰和加拿大都在行程之中，我从没去过比西班牙更远的地方，不过那个曾经的高湾男孩已经准备好了去面对那些遥远的地方和那些听起来很奇怪的名字。

---

① 1 英尺≈0.3048 米。

第五章　热点地区巡回

　　第二天我们顺利地起飞离开。几个此前非常紧张的球员在起飞一个小时后就变得比约翰·韦恩还要趾高气扬，观察他们这样的情绪变化是非常有趣的。

　　如果凯特·埃迪①和我们一起参加苏格兰世界巡回赛的前两轮，她肯定会觉得适得其所。我们在以色列的行程因为一件名为战争的小事而被迫缩短，在中国香港则因为学生骚乱的威胁而被宵禁禁足。我当时还太过年轻，即便是这样的咄咄怪事，我也只当作冒险而非威胁，不过这并没有什么，毕竟在这为期6周的远足中，我们所拿到的200英镑报酬并不会带来什么危险。这次马拉松旅行让我更感到惬意的一点是，可以和邓弗姆林队友威利·卡拉汉成为室友。威利不只是一个很棒的左后卫，人也很好。我经常去他位于法夫郡欧比斯山的家里做客，他们总把我当国王一样招待。

　　在以色列最初的计划是周二在特拉维夫和国家队踢一场，然后在周三参观耶路撒冷城里和附近的圣经遗迹，然后再返回特拉维夫准备周六和以色列再战一场。我们在周二的比赛2：1获胜，不过那场比赛远远算不上和谐，而且毫无疑问，我在其中起到了火上浇油的作用，尤其是当我在争一个高球，不小心挥肘打断对手鼻子的时候。我数不清职业生涯里曾有多少次为意外伤害到别人而感到抱歉了，我跳起来时姿势很笨拙，所以手臂总是不自觉地挥出去。这就是我能给出的解释，我也一直是这么说的。这次受害的鼻子的主人是以色列当时最有名的球员——莫德查·斯皮尔格，他后来还曾为西汉姆联效力。那之

---

　　① 英国著名战地女记者，以擅长在热点战区采编闻名。

后，他的以色列队友一整场都追着我寻求复仇。因此我在神圣之地所受到的欢迎只能用生机勃勃来形容。

耶路撒冷当然是非常迷人的，在周三中午我们暂停行程吃午饭的时候，我很期待下午的安排。但在我们都还没坐稳当的时候，远处就传来似乎有人在发射火箭的声音（先是咻的一声，然后就是很大的爆炸声）。不久之后我们的导游向我们的教练博比·布朗跑去，告诉他阿拉伯和以色列之间的战争开始了。在我们驱车返回特拉维夫的路上，头顶上不停有喷气式战机往约旦的方向飞去，而且周围的山脉中不停地出现因为导弹轰炸而升起的烟尘。任何想要踢第二场比赛的想法现在都已经成为历史了，在从特拉维夫阿卡迪亚酒店仓促地取了行李后，我们立刻就赶往了机场。然而在那里，我们却被告知现在起飞太过危险，我们必须返回酒店。对于威利·卡拉汉和我来说，起飞推迟的直接后果是我们当晚被一大群入侵房间的蚊子完全支配，不过这种时候似乎这点不适也没什么值得抱怨的了。第二天我们顺利地起飞离开。几个此前非常紧张的球员在起飞一个小时后就变得比约翰·韦恩[①]还要趾高气扬，观察他们这样的情绪变化是非常有趣的。

我在远东着陆的兴奋之情很快就被困惑所取代，中国香港的机场正有一大批全副武装的警察在巡逻。当博比·布朗在快乐谷酒店召集我们所有人时，我们都清楚这不会是日常的球队训话。激进的学生正在城市里四处活动，所以我们被警告在没有得到许可以及合适的保安安排的情况下，绝对不要走出酒店。再一次的，主教练告诉我们比赛只会踢一场了，原定的两场计划取消。比赛本身是对忍耐力的考验，气温高达 95 华氏度（35℃），湿度也达到了 90%。我们 4∶1 获胜，我很高兴我踢得不错，并且进了 2 个球。

回到酒店后，高温依然在折磨着我们，一些人提议打打牌来调剂调剂，不过我们真正关注的焦点却在 7000 英里和若干个时区以外的里斯本。在那里，凯尔特人正在欧洲杯决赛中和国际米兰对战。我们都支持凯尔特人，除了一个大声喧哗的英格兰 – 苏格兰混血——伯恩利的哈利·汤姆森，他很喜欢嘲讽苏格兰足球。随着这次巡回进行得越来越深入，他也越来越不招人待见，所以毫无意外的，几乎所有人都接受了他的赌局，和他围绕决赛下注。在我内心深处，我不觉得凯尔特人能赢，他们已经为苏格兰带来了荣耀，不过我觉得在里

---

① 约翰·韦恩（1907—1979），以演西部片著称的好莱坞明星。

斯本获胜，可能对他们要求太高了。这是艾伦尼奥·埃雷拉精心挑选全球英才所打造的国际队，而面对他们的只是 11 个从格拉斯哥周边挑出来的小伙子。即便是乔克·斯坦的救世主之力，恐怕也未必能抗衡这样悬殊的赔率。如果不是我对哈利·汤姆森实在感到忍无可忍了，可能我根本不会下注在凯尔特人身上。我用我职业生涯标志性的决心挤进了人群，很高兴地听到了平局也能赢钱的规则。现在打牌已经无关紧要了，我们都竖着耳朵听收音机里的半小时新闻。在听到半场比分的时候我们都很紧张，那让人失望极了，国际米兰 1：0 凯尔特人。汤姆森在唱歌。得和我那笔旅游团费说再见了，我在内心里默默地放弃了。凯尔特人不可能扳回来，对意大利人这是不可能的。国际米兰会关掉大门，杀死比赛，尽情展示他们冷酷到大师级别的负面战术。算了，至少乔克打到了决赛。

"我会给凯尔特人 1 赔 5。"我们的大庄家喊道。没人应他。我们依然在为了半场比分而倍感动摇。"好吧，我再大方点，"开心的哈利说道，"不算上半场那个进球——我们只看下半场来赌。"这样的说法就很难拒绝了，我们中的几个选择下注。这不再是较劲了，1 赔 5 的确是个不错的赔率。虽然打牌还在继续，但所有人的注意力都已到了另一个大洲。终于我们听到了另一份播报，而且内容充满了魔力："格拉斯哥凯尔特人成了第一支赢得欧洲杯的英国球队。"新闻接下来的部分就完全淹没在欢呼的暴风中了。纸牌被扔得到处都是，主要是扔到了哈利·汤姆森的脸上。他的结局？最终他不得不去找苏格兰足协秘书威利·阿兰借钱来还清赌债。在我们收敛奖金的时候，我们都很清楚这场胜利在广阔足球世界里的重要性是无法估算的。11 个苏格兰人，每一个都在距凯尔特公园 30 英里的范围内出生，其中 8 个是自家培训的球员，一个是在拉纳克郡煤矿里锻造出价值的教练，他们就这样战胜了意大利的强权。体育竟能如此浪漫。

在中国香港之旅的后半段，我们尽情欣赏石澳湾和浅水湾的美景，并且用哈利·汤姆森的钱来场购物狂欢。我给我父亲买了对中式设计的金袖扣，在他过世后，这对袖扣传回给了我，我在重要场合仍会用它。

现在我们开始启程前往澳大利亚了，这也是我们这次巡回中对我意义最大的一站。我们先是在悉尼踢了一场比赛，在那里我见到了我的姑祖父亚历克斯·查普曼，我的名字就是来源于他。查普曼和他的新妻子简来到机场接我，只有不熟悉他的人才会对他能够和机场交涉，直接来到跑道上迎接我感到讶异。他，用最保守的说法，也不是凡人。他的第一任妻子，也就是我奶奶的妹妹，我的姑祖母安妮在60多岁时过世，然后他就决定在69岁的年纪搬到澳大利亚来陪他的女儿伊索贝尔。在一次英国退伍军人舞会上遇到简后，他再婚了。他现在已经71岁了，看起来却只像51岁。我很喜欢他，更为他熟知每个家庭成员的往事并且能娓娓道来的口才着迷。当我在悉尼板球场爆满的观众面前用进球帮助苏格兰以1：0战胜澳大利亚时，他几乎要高兴得哭出来了，我为能让他感到自豪而骄傲。

我们在悉尼取胜的当晚，流浪者和拜仁慕尼黑在纽伦堡举行的欧洲优胜者杯决赛中展开了对决。不过哈利·汤姆森的庄家生涯已经结束，所以这次就没有赌局了。和上次一样，我们都激情澎湃地期待着一次特别的苏格兰双冠。遗憾的是，流浪者在加时赛中0：1输掉了比赛。赛后，很多讨论都围绕着登场的那对看上去没什么进球可能的锋线搭档展开——罗杰·海因德和亚历克斯·史密斯。这样的选择显然对消弭我即将前往埃布罗克斯的传言毫无帮助。

我的状态在澳大利亚的巡回赛中一直不错，我们在阿德莱德赢了个2：1，在墨尔本赢了个2：0。我在墨尔本展现出了最好的状态，两个球都是我进的。不过那天晚上的美好回忆很大程度上被一次没那么让人愉悦的对话冲淡了。对话是比赛之前在阿德莱德进行的，对象是一个我在高湾就已认识了的老朋友。约翰·霍姆斯比我年长了一些，不过他弟弟大卫和我交情匪浅，因此我在见到他和另一个苏格兰伙计的时候很开心。我们聊天时谈到了我可能会前往流浪者，于是另外的那个人就开始问我内情，我告诉他我什么都不知道。突然，就好像我没在那里似的，霍姆斯居然和他的朋友说："他不能去流浪者——他妈妈是个天主教徒。"我被这样的偏见居然可以在世界另一端原封不动地被保留住而震惊。我没有和他们争论，只是默默地走开了。

我觉得我们队里每个人都很喜欢澳大利亚，说实话，我觉得我住在这里都毫无问题。我亲爱的老亚历克斯姑祖父在悉尼机场送我登上了前往新西兰的飞机。在那里我们逗留的时间就很短了，连轻松赢下两场比赛的时间都几乎不够，在登上前往洛杉矶的14个小时长途班机之前，我们还感受了一下奥克兰炎热的春天。我们接下来途经旧金山和西雅图前往温哥华的旅程因为洛杉矶机场的一片混乱而不得不延后10个小时，机场因为美国要派大批军队前往越南而异常忙乱。看着那些大部分比我们还小几岁的士兵们被送往充满未知和危险的目的地，我们感到难以忍受的伤感，我们的团队也因此陷入沉默。

即便是温哥华美丽的城市和用来招待我们的无与伦比的天气，都无法从深深的疲惫中唤醒我们的精神。到了第六周，这整趟旅程已把我们消磨得精疲力尽，我们都等不及想要回家了。我们在温哥华的比赛依然是场轻松的胜利，而且我再次进球，不过我的肾附近的位置被人反腿踹了一脚，因此疼了好几个礼拜。在我们登上飞机返回格拉斯哥之前，我收到了一条令人震惊的消息。威利·坎宁安离开了邓弗姆林的帅位。带着难以置信的心情，我给他的家里打去了跨洋电话。他在电话里显得挺快活，还告诉我别担心，邓弗姆林依然会让我想走就走。这种说法让长途飞行变得好过了许多。

在抵达格拉斯哥之后，一大群记者用关于流浪者队的问题淹没了我，当我正感到手足无措的时候，刚好看到了凯西和马丁身旁站着的令人感到安心的吉姆·罗杰。吉姆最近刚刚去世，不过他是个传奇体育记者，对我来说更是个无价的挚友。当我知道他开始接手这件事的时候，从我的角度来看，他肯定能掌控一切。在我们逃到马丁的车里时，凯西也是这么说的。一如既往的吉姆，这笔交易被他搞得基本上和军情五处的间谍活动没什么两样，他每次都用一个假名打电话到我在西姆斯岭的邻居的家里来联系我。当我重新回到城东球场参加训练的时候，事情还没有进展，不过吉姆向我保证，和流浪者的谈判正在进行。我对拒绝邓弗姆林的新教练——乔治·法尔姆试图让我放弃转会申请的劝说并没有感到任何良心上的不安。当这笔交易取得实际进展时，它的呈现方式显示出吉姆并不是唯一对保密着迷的人。当时是个周六的下午，我正在家里看田径比赛，一辆车驶来停在门外，一个年轻英俊的先生走下车来到我的门前，当我出门去迎他的时候，他让我跟他走回到车前，并告诉我："我爸爸想和你说两句话。"他的父亲是斯科特·塞蒙，流浪者队主教练。

"我觉得我最好别在这里待太久，省得有人看到我们。"他在递给我写着他的地址的纸条后这么说，然后让我当天晚上去他家里一趟。

那天晚上我在前往塞蒙家的路途中感到无比兴奋。我这辈子都是流浪者球迷，在球场边不到1英里的地方出生，现在我要去他们主教练的家里谈合同了。在他的妻子迎接了我并把我带到他的房间后，他告诉我两家俱乐部已经接近达成协议，而他给我开出的薪水是这样的：每周60英镑，赛季中每周80英镑（这是我在"小瘫"挣到的两倍），再加上4000英镑的签约费。我们在这个条款上握手成交，不过在离开前我还是告诉他我会管邓弗姆林要一部分转会费的分成。

"祝你好运！"他带着微笑说。

之后的周一，我前往埃布罗克斯的转会即将敲定。当我和乔治·法尔姆提起分成这件事的时候，他的态度就没那么温和了。这位前布莱克浦和苏格兰的门将骂起人来可以骂得天花乱坠。不过他知道我的态度很坚决，所以最后还是软化下来给转会放行。我很钦佩他的临别赠言："请一定要为那个人拼尽全力，他是个真正的绅士。"乔治·法尔姆当然指的是斯科特·塞蒙，后者正处在流浪者董事会和媒体的重压之下。

"不用担心这个。"我这么说道。

第六章　破碎的梦

　　在我近 40 年的球员和教练生涯中，再没有什么能和我在埃布罗克斯所受到的伤害相比了。

　　在我第一次作为流浪者球员踏入埃布罗克斯正门后的短短几分钟，我夹在腋下带进来的球鞋就被扔进了垃圾桶里。当时的我又如何得知，在那家伟大的俱乐部中，正有一些人等着把我从小时候在几个街区外踢街头足球时就珍藏的梦想用同样的方式处理掉。在我近 40 年的球员和教练生涯中，再没有什么能和我在埃布罗克斯所受到的伤害相比了。我在那里逗留的两年半的时间里，我的状态并不曾达到我所期待的高度——我有过好比赛，很好的比赛，也有过糟糕的比赛——不过最终累积在我身上的羞辱肯定是和我的竞技状态不成正比的。我第一个赛季就以 23 粒进球成为俱乐部最佳射手，不过那时我就已经感到来自戴维·怀特的巨大排斥，后者当时已经成为俱乐部主教练。而我从负责流浪者公关并且对年迈的俱乐部主席的想法有巨大影响力的前记者威利·阿利森那里，感到的东西则有所不同，那是赤裸裸的恶毒敌意。阿利森是个宗教偏执狂，充满偏见。

　　也许在我和俱乐部签约那天，我就应该预见到麻烦了。那天一个俱乐部董事——伊恩·麦克拉伦问了我关于凯西宗教的问题。当我告诉他凯西是个天主教徒后，麦克拉伦，这位曾经著名的英式橄榄球运动员，并且现在还是格拉斯哥一家大型建筑公司的老板，居然问了我们是在哪里结婚的。当我告诉他我们是在婚姻注册所后，他说："嗯，那还差不多。"我不知道当时我的舌头跑哪里去了，一贯自负强硬的我面对这么无礼的问题，究竟是怎么控制住不让自己的怒火倾泻的？可能当你像我一样那么迫切想加盟流浪者时你也会这样。你会自愿牺牲自己的性格来换取梦想成真。任何觉得我在离开埃布罗克斯前夕已经变成一个偏执狂的人都需要解释，为什么我直到最后一刻，依然会在每次登上这片我从小就仰慕的草坪时都奉献出自己的每一盎司 ①。在 1969 年秋天，我在那里的最后几个月，我已经被降级到需要和流浪者三队一起在周六早上踢一些诸如格拉斯哥交通、格拉斯哥大学或者我 16 岁时曾效力的女王公园汉普顿 11 人之类的球队。而且比这更糟的是，我当天下午还必须得去预备队报到，而且还是在不会有上场机会的前提下。即使当时还有其他球队想要签下我，我的希望和雄心还是就这么被活埋了。偏执狂？我不这么觉得。我觉得我有权利相信苍天之上，我并不受眷顾。

如果不考虑接下来发生的那一切，我在 1967 年夏天的一个周二早上，到达埃布罗克斯开始我第一天工作的那一刻，依然是我这辈子最美好的记忆之一。我受到了一线队成员的热烈欢迎，并且在更衣室分到了 27 号柜子，那一刻我觉得这世上没有什么地方比这更好了。即便是收到一双新球鞋这样的琐事都能让我激动万分。

"你是怎么穿着这种东西进球的？"身兼教练和理疗师的戴维·金尼尔看到我的旧鞋后一脸嫌弃地这么问我。他给我拿来的新鞋其实和今时今日在公园里踢野球的人们所穿的鞋，不管是设计还是价格都是没法比的。那是一双 J.S. 塞蒙球鞋，由主教练塞蒙亲自牵头，在合作社进行生产。我当时根本没法预见到，这双鞋的寿命会远长过 J.S. 塞蒙本人在埃布罗克斯的领导地位，以及这位认真且高尚的先生被无端开除后给我带来的无尽烦扰。流浪者在董事会和媒体上对塞蒙的批评因为乔克·斯坦在凯尔特人史无前例的成功而被不断放大，后者刚刚带领我们的终极死敌赢得了英国的首座欧洲杯。教练身上的压力很自然地因为我们新赛季第一项锦标赛、联赛杯的抽签而增大，我们和凯尔特人、阿伯丁和邓迪联被分到了死亡之组。

在这之前，我已经在两场对比鲜明的季前友谊赛中尝到了比赛的滋味，对手分别是阿森纳和法兰克福。我们在伦敦的客场之旅很惬意（我们都收到了一天 20 英镑的零花钱，要知道在邓弗姆林的欧战客场之旅以及苏格兰的环球巡回中，每天都只有 3 英镑），或者说至少到踏上海布里之前都很惬意。在那里我们的状态很低迷，输了个 0：3。而我在我们自己的球场向球迷们介绍自己

---

① 英制质量计量单位。为一磅的 1/16，约等于 28.3495 克。

时，就是另一番光景了。我们 6：3 大胜法兰克福，而且在我的亲朋好友都在座观战的情况下，我完成了帽子戏法。

新赛季的揭幕战，我们前往皮特德里拿到了一场 1：1 的平局，对手是相当强大的阿伯丁，而且不出意外的，他们在主教练埃迪·特恩布尔的带领下打得很有组织。在之后的周三联赛杯中，我迎来了自己的第一场"老字号德比"。流浪者在夏天花了一大笔钱补强球队后，绝对有权利在那个温暖晴朗的傍晚走上球场时保持乐观。除了我以外，他们还从邓迪买了技术出众的瑞典左边锋奥尔杨·佩尔松；从邓迪买了另一个前锋安迪·彭曼；还从莫顿买来了门将埃里克·索伦森。比赛在开场前所释放出的能量就足以让国家电网相形见绌了，当下午 6 点半大门关闭时，埃布罗克斯球场中足足涌进了 9.8 万名球迷。有人说在足球世界中，有很多传统的死敌对决可以媲美流浪者和凯尔特人之间的比赛。这么说吧，我去圣西罗看过米兰德比，也去过巴塞罗那看他们对阵皇马，我看过本菲卡对波尔图，以及英格兰所有著名的德比大战，并且还亲身经历过曼联和曼城、利物浦、利兹联之间的比赛。但相信我，没有，就单纯是没有任何比赛能和流浪者对凯尔特人比赛的气氛相比。因为在那种血脉中的对抗里起到核心作用的是宗教对立。这并不是一件值得夸耀的事情，毕竟其造成的后果有时是令人恐惧和恶心的。但你没法否认它造成了一种独特的戏剧性，它使得人们很难判断分寸感。在以往，通常更理智的做法是在这样的比赛的前半个小时里把球留在更衣室里，因为球员们通常会用差不多那么久的时间来通过踢对手进行热身。我还记得在我加盟凯尔特人第二年参加的一场"老字号德比"中，上半场就出现了 9 张黄牌，以至当值的警方高官不得不在中场时来到更衣室找双方主席，警告他们两队球员必须注意控制情绪，不然可能引发暴乱。我在 1967 年联赛杯中的初次亮相，并没有那么让人寒毛直竖，不过依然留下了一些难忘时刻。在狂热的开场试探中，小不点吉米·约翰斯通在我无球的情况下踹了我一脚，还顺带着发表了一番长篇大论的辱骂，称我是"大蓝鼻子浑蛋"。这基本上属于我意料中的启蒙。比赛继续面红耳赤地进行，直到凯尔特人率先踢进一球后，我们才开始专注于比赛本身，并很快掌控了比赛。不过我们并没能把这种优势转化为完全的回报。我们通过安迪·彭曼的任意球扳平了比分，但同样是他错过了一次点球，使得我们错失了一场价值千金的胜利。不过，我们随后打败了邓迪联和阿伯丁，并且由于凯尔特人输给了阿伯丁而领先他们一分。因此我们回访派克海德^①的比赛将决定谁能从联赛杯小组中突围。

在这场比赛中，我参与了上半场的一次进攻，并帮助威利·亨德森首开纪录。我们的领先原封不动地保持到了比赛结束前 12 分钟。不过接下来的结尾是我所知道的最奇怪的。当我们的右后卫凯·乔纳森一脚长传打到右路肋部的时候一切都很正常，我跳起来争顶的时候，比利·麦克尼尔就在我身后。大比利是我对阵过的最好的头球手，除非你的起跳时机完美无瑕，否则你根本不可能赢过他。这次，我找到了那个时机，并且把球蹭到了威利·亨德森身前的空当，他身后有约翰·克拉克在追逐。进入禁区后，克拉克放倒了亨德森。这可真是天赐良机了：还剩 12 分钟，我们一球领先，并且还得到了个点球机会来锁定胜利。在安迪·彭曼于埃布罗克斯射失点球后，主罚权落到了凯·乔纳森手里。在点球这个问题上，我的观点一直是要在禁区边缘量出和主罚手与球之间同样的步数，这样我就可以和主罚手同步助跑，以此来成为第一个进入禁区准备补射的人。凯的射门打中了门梁下沿，就在我已经跟进打算把反弹球顶进球网的时候，他突然抢在我的身前自己顶了那个球，并因此送出了一个任意球。你能相信吗？他居然不知道这种情况下的足球规则。不久后他就知道了自己的无知会付出怎样的代价。我很确定凯尔特人的扳平球应该是无效的，因为博比·摩多赫冲撞了埃里克·索伦森，不过裁判宣布进球有效，我们突然之间在压力下全线崩盘，最终 1：3 输掉比赛。

这场输球意味着我们在联赛杯中被淘汰，我很确定，这同时意味着斯科特·塞蒙的执教迎来了末日审判，也因此，我自己在这家俱乐部的命运也来到了转折点。输给凯尔特人再次给了塞蒙的敌人以足够的弹药来完成对他信誉的摧毁，尽管这个过程被拉长到了几周的时间。作为一个极为内敛的人，塞蒙从没有真正学会熟练应对媒体，这让他在面对媒体指责他执教方式的长枪短炮前手无寸铁。这些吹毛求疵中很多都是毫无道理的。比如说，我认为声讨他平时不像斯坦一样穿着运动服参与到球员在训练场中的训练就是错误的。塞蒙带来了博比·赛思作为球队教练，这位我在苏格兰足总和因弗克莱德的老导师做得非常出色，他很理智地无视了流浪者对下午训练的偏见，而是把这段时间用来给包括我在内的一些球员做特别训练。考虑到赛思如此活跃，再加上预备队教

---

① 凯尔特人主场——凯尔特公园球场位于派克海德区，此处代指凯尔特人主场。

练兼助理教练戴维·怀特也同样会手把手指导，塞蒙还有什么必要成为第三个穿上运动服的人？考虑到他每天早上不到8点就会到办公室，并且直到很晚才会回家，再加上只有他的秘书伊索贝尔帮助他来保障俱乐部的运营，我对他在流浪者的工作只有敬佩二字。

任何有理性的旁观者都会觉得我们在9月展现出的使得我们登上积分榜榜首的联赛状态，会抵消掉联赛杯出局给教练帅位带来的冲击。不过致命的一点在于，我们是被死敌凯尔特人淘汰出杯赛锦标赛的，而当斯坦的奇迹之队已然徘徊在联赛赛程上时，显然此处赌上的不止区区几个联赛积分。我们觉得这时碰凯尔特人不失为一个好时机，因为他们刚刚在布宜诺斯艾利斯举办的世界俱乐部冠军赛中输给了阿韦利亚内达竞赛队，在这场激烈的交锋中他们被罚到只剩8个人。在埃布罗克斯进行的甲级联赛的对决则是被悲伤和丑陋的时刻所渲染的，在上半场进行到一半时，我们强壮并且受人喜爱的左后卫戴维·普罗文和博迪·奥尔德一起争一个球。戴维更有可能拿到球，但当他伸出左脚打算解围时，奥尔德不负恶名，铲球动作稍迟，然后就是一声响亮的断骨声。我的父亲和戴维的妻子莉莉安一起坐在看台上，他当即意识到了伤势的严重性，并立刻把她带到了更衣室内。这个时刻点燃了我们的战火，我们把约翰·格雷格换到了左后卫的位置，让中场戴维·史密斯后撤，和罗尼·麦克金农组成中卫搭档（史密斯在这个位置得得太好了，以至这直接开启了他作为后卫的职业生涯新篇章）。我们的优势很明显。每当奥尔德接近皮球的时候，肯定会有一个蓝衫人迅速接近他，不过他也足够狡猾，并且在剩余的时间内都保持了低调。在下半场刚开场的时候，奥尔杨·佩尔松用一粒精彩绝伦的个人进球帮我们取得了领先，我们把凯尔特人逼上了绝路。我必须钦佩一下凯尔特人球员努力避免失利时表现出的悍勇。在斯坦的执教下，这群男子汉始终坚信，输给流浪者或者任何球队都是不可接受的，他们的精神力量让人印象深刻。不过，在那一天，他们被挫败了。

在赛后的更衣室里，不难看出我们是如何欢庆好长一段时间以来第一次"老字号德比"的胜利的。两个董事西装革履地在淋浴头下跳舞。我对他们的兴奋并无异议，不过我自己最大的满足是能够为斯科特·塞蒙拿下胜利。当我们的情绪开始平静下来时，我们立刻关心起大个子戴维·普罗文。他的伤病和我们所担忧的一样糟糕，腿部骨折让他不得不告别顶级职业生涯水准。他曾一度回来战斗，但他已不再是曾经的自己了，最终他离开了流浪者，短暂地去了水晶宫，最终去了普利茅斯阿盖尔。戴维本能成为更好的球员。他是个真正的流浪者人，是最受欢迎的球员之一，而且是最被低估的人，在整个流浪者的历史上都是如此。

我现在经历过了三场"老字号德比"，虽然从孩提时代作为球迷我就一直很清楚这个对战的意义，但作为球员所能感受到的压力依然让我措手不及。我感觉自己的肩上扛着此前从没扛起过的重担。在我们登上球场前，更衣室里的紧张气氛让那里弥漫着一片死寂，每个人都在精神上准备好了面对那一切。在面对凯尔特人所产生的渴望中，我们找到了注意力和共同向目标迈进的团结，这种团结在面对其他球队时往往会缺失，很多球员惊人的天赋都会因团队精神的匮乏而被消磨。不过，当时我们在联赛中一路高歌猛进，斯科特·塞蒙从场上球员们身上得到的支持也绝对远多于董事会。董事会的无礼在周六主场对邓弗姆林的比赛中得到了很好的强调。我们在比赛中遇到了困难，于是主教练决定在下半场换下非常有人缘的亚历克斯·威尔奥比，亚历克斯直接走向球员通道的选择对于本来反应就非常愤怒的球迷们来说无异于火上浇油。我父亲之后告诉我，比这更严重的是流浪者副主席马特·泰勒不恰当的举动。当球迷们愤怒地大声冲着董事会包厢叫骂的时候，泰勒转身朝向他们，指着下边的教练席，仿佛在说："这和我们毫无关系。"这样对待斯科特·塞蒙是何等的无耻，要知道他在流浪者足足做了13年杰出的贡献。我认为选择俱乐部董事的时候，首先应该考察他们的人品以及他们能否配得上这支球队的高尚。董事们当然有权决定他们是不是支持球队的主教练，但他们的观点只应该在保密的董事房间里传达。泰勒在做的无异于煽动一场公开绞刑。

接下来几天发生的事情进一步让流浪者蒙羞，我对他们对待主教练的方式感到作呕。在周二中午左右，当我们从俱乐部对面的阿尔比恩狗赛道训练归来的时候，一些电视台转播车聚集在埃布罗克斯门口，一群好奇的人聚集在一起。斯科特·塞蒙被解雇了。我陷入了震惊、幻想破灭，以及某种程度的恐惧的情绪中。流浪者足球俱乐部怎么能这么做？这支球队赛季保持不败并且雄踞积分榜榜首。这一天依然在不断变得更糟，我们在换完衣服后被告知应该在更衣室里等待事件的进一步发展。在差不多一个小时过后，戴维·怀特和戴维·金尼尔沉默无言地走了进来。怀特告诉我们，他将会暂时履行教练的职责，公平地说，他当时看上去也很困惑。在这样的情况下，我注意到这件事情究竟是怎么发生的并没有得到足够的关心。第二天，报纸揭露了斯科特·塞蒙究竟是被怎么对待的。流浪者仅仅是让一个会计送去了致命的一击。这家具有伟大传统的俱乐部怎么能允许这样可怕的行为？在第二天我直接找到了博比·赛思，告诉他我想离开。我完全无法容忍发生的这一切。博比气坏了，他把我拉到体育馆的一个角落，在那里给了我一顿臭骂，这确实吓了我一跳。我一直以为他是个非常温和的人。

"你刚刚开始自己职业生涯的新篇章，你是想把一切都扔到下水道里吗？"他这么吼我。"你觉得斯科特·塞蒙会希望你做出这样的反应？你能为他做的最重要的事就是拿出好的表现。"

我被骂得狗血淋头后带着困惑离开。不过博比的建议依然在那个晚上起到了作用，证据就是我在埃布罗克斯进行的博览会杯对科隆的比赛里，拿出了自己在流浪者队最好的表现。我踢进了两个球，还有一个因为不知道什么原因被吹掉的球（好吧，这种说法的确可能看着眼熟）。我的第二个进球是我进过的最令人难以置信的头球。我们的左后卫比利·马其森在边线附近传出传中，我从大概 30 码外开始助跑，然后在大禁区边缘顶到了皮球。那是一个经典的关于时机凑上了能制造出什么的例子，皮球像炮弹一样飞过了整整 18 码，冲进了球网的上角。我们 3∶0 赢下比赛，突然之间我们又变成了一支极好的球队。戴维·怀特并没有对比赛产生什么真正的影响，不过这种事的确经常发生，高层的变动会诱发球队正面的回应。我很享受在欧洲的冒险，在之前的一轮对阵德累斯顿的时候，我用右脚踢进过一球，帮助球队取得重要的 1∶1 平局。不过我很清楚拥有那些世界杯冠军成员的科隆回到德国会有多大的威胁，奥弗拉特、韦伯和劳尔的能力都不容小觑。不过我不清楚的是怀特居然能从威利·坎宁安的小本本上拿走那页让我去盯人的战术，这次是面对沃尔夫冈·韦伯。我觉得我在应对这个艰难课题时表现得还不错，当洛尔为科隆在最后时刻打进扳平球后我被换下，怀特对我给予了鼓励。幸好，最后威利·亨德森在加时赛中进球，帮助我们进入 1/4 决赛。

考虑到我们保持了不败并且高居积分榜榜首，基本上不可能看出新教练让我们的打法产生了什么变化，在训练内容上同样没有任何改变，依然是过时的赛道训练和没有新意的体能练习。也许之前安排的下午进行的与赛思和怀特进行的个人训练已经被认为太过于革命性，以至任何进一步的现代化变化都会给这套古老的系统带来太大冲击。像流浪者这么大的俱乐部依然深陷在如此过时方法的这件事是荒谬的，尤其是当其他地方出现了那么多进步迹象的时候，至少在格拉斯哥的另一侧是这样的。

当采取了不同方式的流浪者和凯尔特人在新年的"老字号德比"赛程中再度对抗时，我因为在对希伯尼安的比赛中被罚下而不得不坐在看台上接受禁赛。我看到凯尔特人看上去已牢不可破的 2 : 0 领先因为他们的门将——约翰·法伦著名的失误而被葬送掉。我们没有浪费这种天上掉下来的幸运平局，于是临近复活节的时候我们依然保持不败，对于冠军我们已经越来越乐观。不过这份信心因为在苏格兰足总杯 1/4 决赛对阵哈茨的比赛中的输球而受到打击，那场比赛毫无疑问是我穿着蓝衫踢出的最差的比赛。在博览会杯 1/4 决赛对阵利兹联是另一个打击。在埃布罗克斯互交白卷的首回合过后，我们在次回合埃兰路球场 0 : 2 输掉了比赛，而且第一个丢球是我造成的，我用手拦下了比利·布雷姆纳的头球，送给他们一个点球，并由约翰·吉尔斯将球踢进。失望的阴霾笼罩着我们，以及我的心理。戴维·怀特开始在压力下畏缩，媒体开始质疑我们有没有能力保住联赛。随后，就在我们试图摆脱输给利兹联的负面影响时，乔克·斯坦接受了报纸的采访，表示他承认在冠军争夺中已经输给流浪者了。"冠军已经是流浪者的囊中之物了，除非他们自己丢掉"是这篇采访的主旨，不知怎么的，他给我们送上的这份恭维让我们反而格外焦躁，并就此开始自由落体式的滑坡。斯坦充分利用了他的狡黠和经验来对付戴维·怀特的年轻识浅，后者之前仅有的执教经验是在克莱德的一年。这甚至算不上对决。我永远忘不了乔克唆使出来的那些头条，这个技巧立刻牢牢地刻在了我的记忆里。

冠军的争夺在凯尔特人和流浪者还各剩两场比赛时依然胶着。在倒数第二场比赛，我们带着不败的纪录和 1 分领先优势来到凶险无比的拉戈比球场和基尔马诺克对战，凯尔特人则在主场迎战莫顿。我们对基尔马诺克打了最后时刻的绝杀，然后支持者们冲进了球场，告诉我们凯尔特人 0 : 0 战平了。我们开始了跳舞庆祝。随后在更衣室中，我们震惊地得知斯坦的球队在补时阶段进球了。"狗屎运的浑蛋"是我们能使用的最有善意的评论，不过我们依然坚信，我们能在埃布罗克斯最后一场对阿伯丁的比赛中锁定桂冠。

我得先忘掉自己的名字，才有可能忘掉那个决定性的周六。流浪者的支持者大军，在见证加冕的动力下把球场塞得不能更满了。而且当戴维·史密斯大步前冲，用一记世界波打进球网死角，帮助我们顺理成章地取得领先时，我们的日子看上去将会完美。我们的进攻一浪接着一浪，看起来第二个进球随时都会到来，直到我们的门将埃里克·索伦森在跃起接一个毫无威胁的高球的时候，在周围没人的情况下，漏掉了那个球，从而让他们扳平。埃布罗克斯震惊了。在比赛的过程中，球员们其实一直在犯错，然后弥补，但当门将犯下大错的时候，这通常就无可挽回了。当索伦森中场垂头丧气地坐在更衣室里的时候，你很难不对他报以同情。那个下午他再也没能找回自己的镇静。不过当下半场我们依然持续围攻阿伯丁时，看上去我们没有受到太大影响。下半场第9分钟，我头球建功，冠军奖杯再次被我们攥在手里。那之后不久，我被他们的中后卫汤姆·麦克米兰非常粗暴地拉倒，我的球衣差点被脱下来，但没有得到点球。如果这算是怪事的话，那接下来发生的就称得上疯狂了。阿伯丁沿着右路发起了一次进攻，一脚传中飞向了他们的中锋戴维·约翰斯通，他把球撞进了索伦森把守的大门。在最后一分钟，同样的来自右路的进攻，传中球这次找到了伊恩·泰勒——3：2。比赛、冠军和我们引以为傲的不败纪录就此全没了。

可以想见，流浪者球迷们愤怒地回应了这一切。更衣室的窗户被砸碎，抗议的人群把球场正门堵住了好几个小时，所以球员们只能在里边等着风头过去。我之前在圣约翰斯通的一个队友约翰·贝尔从澳大利亚回到故乡，本来我们约好了晚上一起出去。不过我们想在球场正门会面的计划看起来已经不可能了。我冒险探出头去寻找他，他还真等在那里，我告诉他10分钟后把车开到门前，我会想办法冲出去和他会合。我逃出去的时候已经是晚上7点了，就在我爬进约翰的汽车里的时候，一个球迷跑过来踢了我小腿一脚。我不能责怪他什么，我和他的感觉其实一样糟糕。

那个赛季的终章是4天后，凯尔特人在城东球场2：1战胜邓弗姆林。那场本应在我们溃败的周六同时进行的比赛因为邓弗姆林在周末苏格兰足总杯决赛中出场并夺冠而推迟。流浪者的失败给了媒体充足的暴走理由，其中一些批评也直接针对了我。不过比这更严重得多的是，开始围绕在埃布罗克斯周围和其他聚集了流浪者球迷地方的关于凯西宗教信仰的充满恶意的留言。我很清楚最大的源头是威利·阿利森，那个心胸狭隘的公共关系主管，他显然觉得任何选择和天主教徒结婚的人都不应该出现在流浪者。随后，在我们生下第一个孩子后，阿利森开始散播消息称马克是在天主教堂接受的洗礼。对大多数正常人来说，一个孩子在哪里洗礼（马克是在苏格兰教堂辖下的克罗夫特福特教区教堂洗礼的）和他的父亲在一支球队的资格是毫无关系的，不过对于一个如阿利森一样的病态狂热者来说，这是个借机撒谎的良机。由于他的服饰（绚丽考究，包括眼镜、细条纹正统西服和圆顶礼帽）以及他喜欢怒吼的倾向，我习惯把他称作科隆内尔·卜利普①，但他本人要比这个昵称所代表的人物邪恶多了。这种恶毒的留言在凯西怀着马克的时候就已经开始流传了，很自然的，我尽可能地让这些流言远离她。

那本就是段难熬的时光，但俱乐部在丹麦的夏季巡回让事情变得更糟了。在没有预警的情况下，当我们还在哥本哈根的时候，苏格兰大小报章一齐发布了几乎要把我的心挖出去的消息。"弗格森在埃布罗克斯的日子结束了"是这些头条标题的共识。我直接找到了怀特，在猝不及防的情况下，他承认这种诋毁我的行为有阿利森的手腕在起作用。在盛怒之下，我和记者肯·加拉赫在蒂沃利公园的一个酒吧里会面，讨论我应该对这样的毁谤做出怎样的反应。虽然我不嗜酒，但那个下午我决定破破例。约翰·格雷格、亚历克斯·史密斯也和我在一起，我们在酒吧里坐了好几个小时，足以让我彻底喝醉了。当我们回到弗雷德里克国王酒店的时候，我找到了阿利森。他正在餐厅里，我开始告诉他我是怎么看他的。球员们拽住了我，并把我拉回自己的房间。在大家伙给我开门的时候，阿利森又出现在我的门口，于是又挨了我一顿臭骂。进入房间后，格雷格帮我脱下了衣服，换上了睡衣，然后把我按到了床上。不过当约翰和其他人离开房间后，我急迫且不理智地想要一吐为快的心理再次驱使我跳下床，我就这么穿着睡衣冲到楼下，对阿利森展开了新一轮的言语攻击。我的队友因此不得不再次把我拽走，这次他们成功地确保我睡着了后才离开。大概 4 个小时后，我被约翰、奥尔杨·佩尔松和另一个队友戴维·史密斯叫醒。他们给我买了牛排、薯条和牛奶。我瞬间就把那些食物全部吃光了，当我吃完后，约翰问我感觉怎么样，在我说出我感觉还好后，他说："好，那穿好衣服，咱们出去散散心。"于是我们一整晚都泡在哥本哈根的夜总会里。第二天我记得我去训练了，不过记忆相当模糊。不管主教练对我的行为有什么判断，他肯定意识到了，这种无视纪律的醉酒并不是我的本性，而我之所以犯下错误，根源在于威利·阿利森的恶意举动。

整个夏季巡回赛我只有一次出场机会，而且是作为替补。所以在赛季临近开始前我充满焦虑，生活中唯一的亮色是即将拥有一个家庭所带来的兴奋感

---

① 一个自大、暴躁的英国卡通角色。

觉。如果想给我这种地位改变找到理由的话，还是得回到阿利森这里。无论如何，我在之前的赛季是球队头号射手，在踢进那23个球的过程中，我也有过一些相当出彩的表现，而且我从来都是为了球队拼尽全力的。如果让我分析最后我们为什么会输掉联赛，解释会很简单：我们的阵容没有凯尔特人那种凝聚力。没错，我们有很多很棒的球员，像乔纳森、亨德森、彭曼、戴维·史密斯和佩尔松。但当处在逆境的时候，我们没有足够的勇气、毅力和团队精神来面对，没有乔克·斯坦在他的球队中打造的那些东西。埃布罗克斯一直散布着琐碎的妒忌心。一个显著的例子就是威利·亨德森和罗尼·麦克金农之间的长期不和。他们一直在为了谁挣得更多而斤斤计较，并且恶毒地互相诋毁彼此的妻子。小威利同时还是组织扑克赌博的大庄家之一，持续地从其他球员那里攫取相当不菲的钱财。他通常会设一局20英镑盲注的"斗三公①"，通常一轮下来，一个人赢个两三千英镑也不是什么稀奇事。戴维·怀特和一些球员走得太近了，因此他没法给俱乐部树立起任何强有力的纪律约束。如果主教练愿意，强有力的控制本可以让这支天才满溢的球队充分发挥它的实力，我渴望看到我身边这些杰出的球员能开发出他们全部的潜力。我在更衣室里建立了很好的友谊，我也很喜欢为流浪者踢球。单纯是每天走进这座球场就足够让我激动了。我确信如果有更好的团队精神的话，我们可以完成很多成就。最重要的是，我们需要更多像约翰·格雷格所拥有的那种决心。他毫无疑问是当时流浪者最有影响力的球员。他秉持信念，在一些时刻，他甚至接近完成不可能完成的奇迹——让这支球队成为一人之队。

我夏天的忧虑被证实了。把1968—1969赛季称为彻头彻尾的悲剧应该是最轻描淡写的说法了。我知道俱乐部的主席约翰·劳伦斯在阿利森的怂恿下，对于雇用我毫无热情，而且很快就显现出来的是，无能的戴维·怀特会听从他们的指示，让我自生自灭。在我们季前准备的最后阶段，他把我叫到了他的办公室，告诉我球队打算把我作为交换希伯尼安中锋科林·斯坦交易的一部分。怀特满怀自信的态度显示，他觉得我会顺从地屈服。不过我给他的答案是我不打算离开。他对此的回应是下放我到预备队训练几个星期。之后，主教练有一两天突然对我格外友好，我当时就猜他肯定有什么目的。所以当他带着远为谦恭的态度再次把我叫到办公室时，我丝毫不感到意外。他提议我去爱丁堡和希

---

① 一款休闲棋牌类游戏。

伯尼安的主教练，利物浦不朽的传奇比尔·香克利的弟弟——鲍勃·香克利进行一下交流，说反正我也不会损失什么。我依然确定我不会和希伯尼安签约，不过作为对一位绅士的回礼，我理应去拜访一下。鲍勃和他的妻子在他们位于爱丁堡郊外的家中热情款待了我。在我们愉快交谈（可惜，在我来看没什么意义）的过程中，电话响了。鲍勃接起了电话，默不作声地听了大概两分钟，然后把听筒放在桌上和我继续聊天。不过我没法集中注意力去听他说什么，因为我能听到电话里还有声音在不断传出来。最后我只能告诉鲍勃电话另一侧还没有挂线。

"哦，那是我哥哥比尔，"他说，"他每周日都给我打电话，不过我一个词也插不进去，所以只好时不时拿起电话说声'对'。"我估计比尔对这样的单音节回复就足够满意了，只要那是对他给利物浦唱赞歌的肯定。还会有任何一个足球家庭像香克利家族这样吗？

弗格森家族在 1968 年 9 月 18 日也有足够的理由认定自己的家庭很特殊，那天凯西生下了一个健康的男婴。她生产的日子比预产期早了一个月，那时我正在艾尔郡海岸线上的拉各斯。流浪者当时正在那里准备和南斯拉夫伏伊伏丁那队的博览会杯比赛。凯西的妹妹布里奇特打来了紧急电话，我立刻打了辆车赶到了位于格拉斯哥约克岭的女王母亲医院。我概念里的抓紧赶路和那个出租司机所理解的，我得说，有很大不同。我们一路上有好几次差点被除草机给超过去。当我冲进医院的那一刻，我就看到一个医生笑容满面地走向我。他光头并且戴着眼镜的外形让我肯定自己并不认识他，但他温暖地祝贺了我。

"你好，亚历克斯。凯西一切都好，我们让她在床上歇着，没有任何问题，你的母亲还好吗？"

这完全让我摸不着头脑，直到他告诉我名字后我才反应过来。弗兰克·夏普以前在高湾路住的地方离我们只隔两栋房子，我们是一起长大的。没认出他来让我很尴尬，但我确定他能理解。在我们上次见面后他少了头发，多了眼镜。弗兰克是医院里的妇产科主任医师，他让我们享受了高湾式的 VIP 待遇——从职工餐厅推来一车鸡蛋、薯条、豆子、香肠、土豆饼、培根、面包、黄油，还有一壶茶。现代社会里让丈夫出现在产房的趋势在当时还是无稽之谈，说实话，当时我感觉自己的用处和赛艇上的地板门差不多。在大概夜里 2 点的时候，他们让我回家（我后来才知道当时感染暴发，所以医务人员需要封锁病房）。在 5 点半的时候他们通过电话告诉我，我的第一个孩子是个男孩，重 6 磅 8 盎司（约合 2.95 千克）。

在凯西和孩子出院后，我们讨论名字的问题，我坚持他应该叫亚历克斯。

"别搞什么大亚历克斯和小亚历克斯——不要在你这儿搞。"凯西说道。

"听着，"我说，"弗格森家族里的长子得叫亚历克斯。"我的妻子在听我这么说后退让了一步，不过当我父母来看孙子时她问了我父亲。

"弗格森先生，请问您父亲的名讳是？"

"约翰。"我爸爸回答道。于是我儿子就叫马克了。不难看出我家是谁做主的。

虽然我想用拒绝作为对抗他们策略的筹码，但流浪者还是用 10 万英镑签下了科林·斯坦，这让我在位阶序列中又掉了一层。但是，在赛季的关键阶段，当球队表现不太好的时候，我重新得到了主力位置，并且开始用表现为自己赢得筹码。只不过，在博览会杯 1/4 决赛对阵毕尔巴鄂的比赛中首开纪录，并且对比赛施加重要影响后，我还是在下半场被奥尔杨·佩尔松替换下。观众们明确告诉了教练他们对这次换人的看法，我也有足够的理由感到万分失望。然而，之后那个周六，我在苏格兰杯半决赛对阿伯丁的比赛中被排除出阵容，这显然是更大的打击。我觉得我的状态配得上首发位置，不过让我的悲惨境遇雪上加霜的是，阿伯丁漫不经心的比赛态度让半决赛变成了慢跑。流浪者 6：1 大胜，拿到了在决赛中和凯尔特人碰面的机会。

科林·斯坦因为伤病而肯定会错过决赛。那之后整整一周，我都在饱受着我会不会得到 9 号球衣的煎熬。直到周五的早上，我才被告知我得到了上场的机会。不过被选中的消息所带来的激励效果，很快就被当天下午怀特不可思议的球队会议给扫了兴致。

"我不能相信这些。"在他说出他的战术后我这么对自己说。他决定让我们的边后卫去对凯尔特人的两个边锋，奥尔德和年轻的乔治·康纳利进行盯人战术，他们俩本来都不是边锋，此前的正选边锋组合吉米·约翰斯通和约翰·休斯都被禁赛了。这样做的后果是，我们的两个中后卫雷格和麦克金农要直接面对凯尔特人的两匹快马查尔莫斯和伦诺克斯，这简直是悲剧的前奏。伦诺克斯和查尔莫斯会在他们得到的大片空间中尽情驰骋。在球队会议的最后，麦克金农提到比利·麦克尼尔在角球中的空中威胁。罗尼不太确定他能对付麦克尼尔，提议在这种情况下应该由我对比利采取盯人战术。我并不高兴，指出罗尼自己比我要高出两三英寸，不过我还是接受了这个任务，考虑到罗尼可以因此解放去防守球的落点。对于整个战术中更严重的问题，我们的一些球员想让约翰·格雷格——我们的队长去告诉怀特他的见解让人困惑。

"你得告诉他，不然我们会被屠杀的。"我跟约翰说。

不过格雷格对于居中斡旋并不擅长，可能表达忧虑的观点有违他的本性。最后没人去纠正主教练的荒谬，屠杀也因此充分地兑现了。我得坦率地承认，在那场0：4的惨案中，麦克尼尔顶进的第一球我是要负责任的。在开场短短两分钟后的角球中，我跟丢了大比利，不过麦克金农没能防住球的落点同样显而易见。另外的三个球，则完全暴露出我们的战术不恰当到令人好笑。伦诺克斯和查尔莫斯轮番折磨格雷格和麦克金农。奥尔德经常能带着我们的右后卫乔纳森离开防守位置，因此他们的汤米·戈梅尔就能自由自在地在凯尔特人的左翼展开进攻。你可以在我们后防的空当中开一车队的大巴。戴维·怀特天真的理论被大师级的乔克·斯坦粗暴碾碎。流浪者球迷在看台上大打出手，以至比赛最后不得不中止5分钟，这让我们的耻辱达到了顶点。对我个人的折磨则延续到了晚上。4月26日星期日举行决赛的那天，刚好也是凯西的妹妹布里奇特和约翰·罗布森的婚礼。那天出席的大部分男士，包括新郎和他的伴郎都去看比赛了。因此这个本该愉快的场合变成了严酷的尴尬考验。

那段日子里，埃布罗克斯必须找到一个替罪羊，我预感到自己要扮演这个角色了。在周一早上，怀特把我叫到办公室，问我是不是在报纸上对他进行了攻击。我诚实地告诉他，我在很久以前，在赛季初他们想把我换到希伯尼安的时候和一个记者谈过话。那只是他的开头，他还告诉我我不会进入博览会杯对纽卡斯尔半决赛的阵容（流浪者两回合0：2输掉了比赛）。显然又会是个黯淡的夏天了，不过可以让我得到安慰的一点是，我知道了我要比戴维·怀特更坚强。我对他的解读是，虽然不是个坏人，但他本质上太软弱了。奇怪的是，我对他有点同情，不过我依然无法原谅他对于我的努力的彻底忽视。球员们知道当我穿上那身球衣时所拥有的自豪，以及我为球队所付出的辛劳，可以肯定，球迷们也知道。（在踢人小腿的那个晚上，任何球员都是恶人。）我在埃布罗克斯效力期间，球迷们一直对我很好，不过在1969—1970赛季开始的时候，他们之中流传着的话语是，"这是怎么回事？"

这个问题的答案，从结果来看，是件大事。当吉姆·巴克斯特——苏格兰历史上最伟大的球员之一，宣布从诺丁汉森林免费加盟流浪者时，格拉斯哥震惊了。这对于俱乐部来说意味着什么，不同的人有着不同的观点。瘦吉姆闪耀的天赋在最近几个赛季被逐步磨损，但没人能够忽略他的天才资质，他依然能成为把荣耀重新带回埃布罗克斯的护身符。我们心照不宣的最大担忧是戴维·怀特有没有能力驾驭这个众所周知的桀骜不驯的天才。关于吉姆的酒量有无数的故事和传说，我很有幸见证过一次他喝酒的场景。在一场客场比赛后，我们这些球员都聚到了约翰·格雷格的房间，我们大部分人都带了一两罐啤酒，而英勇的巴克斯特则拿来了一整瓶百加得①、几罐可口可乐和一个20世纪60年代经常会放在酒店大厅的那种装饰用的大杯子。在一小时多一点后，吉姆喝掉了一整瓶百加得，根据几个伙计的说法，他后来还去了酒吧。公平地讲，在1969年的季前训练中，没人比他更刻苦，而且我必须要说他是个很棒的队友，有一颗慷慨的心，并且对于足球的知识也非常精到。

赛季开始之后，局势立刻就非常明朗了，我作为流浪者球员的日子在实质上已经结束了。我被从一队阵容中隔离开，有一段时间得和学徒们一起训练。其中的一位助理教练，同时也是一个非常和善而且幽默的老手乔·克拉文，展示了他善良的性格。他拒绝把我当作弃子一样对待，反而一直给我鼓励，有时候甚至让我来给那些学徒安排训练课程。我把整个早上都用来训练控球，那时那就已经是我对于足球的领悟了。毫无意外的，这种方式得到了小伙子们很好的反馈，要知道这些人里包括了后来声名鹊起的肯尼·伯恩斯和阿尔菲·科恩。在来看过几次后，怀特的反应是坚持让我完全独自训练。如果这样做的目的是让我灰心，那他失败了。每天我都像个野兽一样在赛道上训练，然后在走廊里用墙上画的圆圈作为目标，进行有球训练。在其中的一天早上，在我折磨墙皮的时候，科隆内尔·卜利普②走了过来。我怀疑他是想来看看我是不是已经崩溃了。事实是，威利·阿利森停下来告诉他得了癌症。我知道这么说非常糟糕，但我对他连一丝怜悯都没有。

在我在流浪者最后的那段时间中，也就是那段充满羞辱地把我下放到三队去踢诸如格拉斯哥交通和格拉斯哥大学这些球队期间，只要是比我稍微振作点的人大概都能意识到戴维·怀特的帅位也并不稳固。按照苏格兰的说法，他的大衣已经被挂在乱晃的桩子上了。埃布罗克斯组织内有远比怀特或者阿利森更值得尊敬的人，其中两个曾经是出色的流浪者球星，鲍勃·麦克菲尔和威

---

① 一种源于古巴的朗姆酒。

② 指阿利森。

利·桑顿都大方地给了我精神上的支持。不过我没能全然读懂他们让我埋头苦干、保持低调等建议背后的深意。出于显而易见的原因，他们从未明确表达主教练的帅位已经摇摇欲坠，而我在当时由于打不上高水平比赛而郁郁寡欢，因此忽略了他们间接的提示。在1969年11月行将结束之时，当吉姆·巴克斯特告诉我，他和诺丁汉森林主教练马特·吉利斯聊天时，吉利斯曾问起为什么我踢不上球时，我正在情绪的低谷。我想吉姆肯定为我说了一些好话，因为几天后怀特就把我叫到楼上，告诉我诺丁汉森林为我出价了。我知道我的转会已经不可避免了，不过我还是最后一次反抗了戴维·怀特。我告诉他，除非我能拿到流浪者所收转会费的一成，也就是2000英镑，否则我不会就范。这把他气炸了，不过在俱乐部的副主席马特·泰勒的干预下，我还是拿到了这个份额。凯西其实并不想离开苏格兰，不过她知道我经历了什么，所以一如既往地支持我，她的支持坚如磐石。

当我第二天去怀特那里询问我加盟森林队的细节时，他办公室外的灯是亮着的，这意味着他正在接待客人。在我在门口等时，威利·桑顿走出来，再次和我进行了一次打哑谜式的交谈。他一直问我是不是真的想要离开，但当时我因为要南下英格兰而脑中一片混乱。这时办公室的灯变绿了，我走进他的房间，等着我的是爆炸性的消息。我在邓弗姆林的老上司威利·坎宁安，现在正在福尔柯克执教，他打来电话希望能引进我。我已经决定好了要去英格兰中部。福尔柯克当时在苏格兰乙级联赛，我对低一级别的比赛兴趣不大。不过我现在有的是时间和威利·坎宁安聊天，所以我还是接了他打来的电话。

"你看，亚历克斯，我可以给你想要的一切，"威利说道，"待在那儿别动，我现在就开车过去。"大概一小时后，他到来后给了我一份让人相当难以置信的开价。我真的有点举棋不定，于是联系了凯西问她的意见。

"这是不是说我们不用离开苏格兰了？"这个问题的本质其实就是她的意见。于是我给马特·吉利斯打电话，一再道歉并告诉他我改变了主意，然后我就前往了布洛克威尔球场①。

在取了我的球靴，并且与乔·克拉文和队医劳利·史密斯这两个极好的人，以及戴维·金尼尔告别后，我最后一次作为流浪者球员走向了大门。大门是有人控制的，是一个很有个性的叫博比·莫法特的人，他的临别赠语是，

---

① 布洛克威尔球场是福尔柯克俱乐部的主场。

"所以你就这么逃了，是吗？"埃布罗克斯的职员中有很多很棒的人，比如一直在售票处忙活的鲍勃·迪尼、莉兹·劳芙和德雷克·曼利，我感觉走出去会非常艰难。于是我找到前队长乔克·肖聊了会儿天，他是个很棒的人，当然，还有老鲍勃·麦克菲尔。说真的，我对走出去感到恐惧，因为我知道当我走出去时，一切就都结束了，永远结束。最终，天色开始转暗，我担心凯西会开始焦虑，于是我强迫自己走进了 11 月的冬夜中。

在之后那个周三的晚上，流浪者在埃布罗克斯输掉了优胜者杯对戈尔尼克扎布热的比赛，波兰超级前锋卢班斯基击溃了他们。我就在现场观战，而威利·桑顿一直以来想要表达的东西突然清晰起来。在第二天的《每日快报》上，威利·沃德尔很好地用标题总结了怀特——"大卫男孩"。那天结束前，怀特就被开除了。你个白痴，我不断地对自己说道。白痴，白痴，白痴！一周之后，沃德尔成了球队的新主帅，我还要领我的 2000 英镑支票，所以拜会了他，他对我的离开表达了相当程度的失望。谁知道如果我留下来的话会怎么样呢？沃德尔一直对作为球员的我青睐有加，他和我是一类人：强硬、执着，而且绝不会容忍那些哆哆嗦嗦的老主席对球队的任何指手画脚。幸运的是，之后他对我的足球生涯依然产生了巨大影响。

第七章　终结者的终局

很多顶级的球员和教练的组合在关系上都会反复无常，而我和威利·坎宁安的关系是个绝妙的例子。

即便是在彼此互有敬意和欣赏的情况下，主教练和球员之间的关系依然很复杂。球队的成功是他们共同的目标，但他们所承受的压力和焦虑是全然不同的，这种区别会埋下冲突的种子。主教练必须从集体的角度看问题，因此有时不得不通过对某个人的严苛对待来维护一个有效的整体。更有甚者，主教练们都必须适应一个令人沮丧的事实：他们的名望最终不取决于自己，而取决于天赋的恩惠，以及其他人对胜利追逐的决心。对于一个球员来说，不管他对球队的忠心有多么真挚，他看问题的角度必然会窄上很多。他所踢的任何一场比赛都是关于他自己的，而任何会对他自身价值认同产生威胁的外在因素，尤其是来自自己教练的那些，都会很自然地引起不满。很多顶级的球员和教练的组合在关系上都会反复无常，而我和威利·坎宁安的关系是个绝妙的例子。我们对彼此都不错，但我们在一起却并不总能和睦。我们在邓弗姆林合作期间，显而易见，随时争吵的爱好在我和他重会于福尔柯克之后并没有一丝改变的迹象（事实上我们在布洛克威尔的某一次争吵差点演变成武斗，幸好俱乐部的体能师及时劝开了我们），不过所有这些愤怒的交火都不会降低我对威利作为一个人或者作为一个教练的评价。我很钦佩他的强硬，以及他直率地表达心里所想的沟通方式，尽管有时候他的固执也会让我觉得是负面的。当他充满自信的时候，他是个很好的教练，拥有杰出的战术知识。但当他的不安定情绪开始怪异发作时，他天生的习惯会让他去质疑他不熟悉的人，这一点就会成为问题。他很重视自己的工作，因此我认为他配得上比从邓弗姆林球员们那里所得到的更多的忠诚，球员们在一定程度上导致了他的下课。同样，在福尔柯克，他们的董事也在努力把他赶出布洛克威尔。我在当时对威利有充满热情的敬意，并且持续至今。因此当他和坎宁安夫人在1998年年末从邓弗姆林的家里来到曼彻斯特度周末的时候，我和他相处得非常愉快。他们还带上了自己的儿子、儿媳妇、女儿、女婿，还有三个孙辈的孩子。我给他们安排了酒店，并为他们找到了在老特拉福德对阵温布尔登的比赛门票。我的球员们也安排了很不错的比分：5：0的大胜。

当我在1969年11月到福尔柯克报到的时候，威利·坎宁安只是欢迎我的人群当中我熟悉的面孔中的一个。乔治·米勒在邓弗姆林期间就是很有价值的队友。后来成为苏格兰队主帅的安迪·罗克斯博格是我在著名业余俱乐部女王公园效力最后一年时队内的青训球员。而我和克雷格·沃特森的交情就更久了，可以一直追溯到我们一起代表高湾中学出场。这些重聚都很令人开心，不过我最想要重聚的对象还是甲级联赛。我刚刚加盟球队，主教练就过来问我，为什么在远离流浪者一队7个月后我还能保持如此好的体能。答案就是我有决心来向自己以及埃布罗克斯的每个人证明，我依然是球员中的翘楚。帮助福尔柯克从乙级联赛中升级立刻成为我的工作重心。不出意外的，球队的整体质量比起流浪者和邓弗姆林来说确实差了一大截，不过让人高兴的是，我在更衣室的出现让我们的信心上了一个档次，球队的表现也持续改善，我们就此一路拿到了冠军。我成了头号射手，并且重新找回了足球所能带来的所有快乐。那个赛季对我们来说是非常美妙的，而且我们还打到了苏格兰杯的八强，直到很不幸地0：1负于阿伯丁。阿伯丁那年在决赛里3：1战胜了凯尔特人。

所有的球员都因为能够给那些忠诚的球迷带来如此值得雀跃的成就而感到满足不已。他们的死忠球迷从不缺少激情，但没人能像露比·康纳尔一样表达得那么吵闹。露比是一位来自附近村庄博尼布里奇的令人惊叹的女士。她的怒吼甚至可以让不少来到布洛克威尔的裁判感到恐惧。而且后来我得知，她震慑裁判的能力在之后她成为博尼布里奇青年队的教练后也没有远离她。凯西和我与她们全家都成了不错的朋友。露比和我依然会定期通信，她的信息是很棒的。文笔总是很精致，用6页到8页描绘出她繁忙的近况中的点点滴滴。这些信永远会让我为自己的回信感到相形见绌。这样的文采天赋对于我们剩下的人真的有点不公平。

福尔柯克的董事对于我们能够成功升级感到非常满意。因此他们为

1970—1971 赛季制定出了非常诱人的奖金系统。那不仅仅是不无慷慨地奖励我们每一场赢球和平局，而且在甲级联赛中，我们留在积分榜前 10 的每周都能得到额外的 40 英镑奖励。随着球队几笔引援带来的实力增强，尤其是前流浪者、埃弗顿和苏格兰的边锋亚历克斯·斯科特的加盟，让我们从来没有掉出过前 10。因此，更衣室一片欣欣向荣的快乐气氛。亚历克斯也许在速度上慢了一点，不过他的传中技术依然无与伦比，因此他的助攻帮助我连续两年成为最佳射手。他总是对我说，只要他在边线附近拿到球，我就应该去点球点内侧一点的地方准备接球，他从没令我失望过。我们建立起了一段很棒的友情，这可能是因为我很喜欢言出必践的人。那时的福尔柯克由主席威利·帕尔默领导，他是真心在乎这支球队和球队里的球员们的，所以他用令人愉悦和积极向上的气氛保证了这样一个集体始终走在正确的方向上。

不过说实话，当我回忆起那个赛季的时候，其他所有的记忆片段都无法和那个日子带来的巨大情感波动相比：1971 年 1 月 2 日。在那天，在埃布罗克斯传统的"老字号"新年对决当中，66 人在挤压踩踏灾难中丧生。我和我的两个福尔柯克的队友安迪·洛克斯博格以及汤姆·扬是那场比赛的见证人，不过我们在终场哨前不久就离开了球场，那时局面还没有一丝失控的迹象。当我先把安迪和汤姆送回他们的家里，随后开车返回我父母位于高湾路的家时，我有意选了一条相对复杂的路来躲开比赛日的繁忙交通。这让我正好经过南方综合医院，我看到一长串救护车在急救部的门前排起了长队。即便是那时，我心里所能想到的最坏的事故也仅仅是敌对球迷间的暴力火拼。直到我父亲为我开门，我看到他的脸色时才意识到出了很严重的事故。我母亲和凯西当时也在家里，我们的惊恐不仅仅来源于电视新闻播报——当时死亡人数已经上升到了 40人——也同样来源于对自己家人的忧心，因为我弟弟马丁就坐在事故发生所在的流浪者一侧看台，而我们并没有从他那里收到任何消息。

在试着说服我的父母马丁很可能也是提早离场，并且只是去喝了一杯后，我提议我们也许应该出门去找找他。因此我和我父亲，还有一个朋友乔治·戈洛文开始在高湾路口附近区域的酒吧里找人，我永远也忘不了当我们一次次从酒吧中急匆匆却毫无收获地走出来时，我父亲脸上越来越焦急的神情。他很坚强，但他藏不住心底那最深刻的恐惧。

"我觉得我们得去奥克尼大街试试了。"他最后这么说。那意味着警察局，意味着我们可能在那里得到噩耗。在我们和一长队试图打听家人下落的人群站在一起时，我感到深切的无助。我家基本上就住在警察局对面，所以值班的警官认识我们，在回答我们的担忧时语气也充满同情。不过他所能给出的最好的建议，也只是让我们自己前往埃布罗克斯，因为多数遇难者的遗体依然留在那里。如果我们在那里找不到马丁，那接下来我们才应该联系医院，先得是埃布罗克斯。

就在我们正要返回家里去取我的车时，乔治·戈洛文突然大叫起马丁的名字。我和父亲转过身时，乔治已经沿着高湾路跑了起来，他在追着一辆斯柯达，我们都认出来那是马丁的车。一直以来，我都在抱怨这辆斯柯达老是出毛病，但此时此刻我无比感谢它那苟延残喘的引擎确保了乔治能够追上它，并在后备厢上重重拍了一下。马丁停下车走了出来，脸上还带着"谁没事拍我车"的困惑，我和父亲恰在此时跑过来。带着很自然的解脱和愤怒交织在一起的复杂情绪，父亲对马丁大吼起来。

"你跑到哪儿去了？"他这么说。在通常情况下，我很乐于见到父亲狠批我弟弟的场面，不过在那个时刻我唯一的想法就是再次见到他的喜悦。我母亲当然是狂喜了。

不可思议的是，马丁到那时还完全不知道灾难的发生。他在比赛结束前两分钟，吉米·约翰斯踢进一球，并基本宣告凯尔特人获胜的时候离开了场地，直接驱车前往在佩斯利大街的劳斯莱斯社交俱乐部。我则是更加耐心，看到了一分钟后科林·斯坦的扳平球，但对其带来的后果却一无所知。很多失望的流浪者球迷当时正涌向出口，但当他们听见球场内突如其来的欢呼声时，他们开始急迫地重新爬上台阶回到球场，这正好和其他正在离场的球迷反向挤在一起，造成了这次致命的踩踏事故。

作为流浪者的教练，威利·沃德尔对俱乐部历史上最令人心碎的一页表现出了值得称道的敏感度。我接到了来自他助理威利·桑顿的电话，他邀请我们这些曾经效力过的球员一同出席葬礼。这可算是我们聊尽绵薄之意的方式了。当我参加那些葬礼时（遇难者之一曾是我上学时的同学），我不禁感慨，我和这个让人悲痛的周末所产生的联系有多么奇特。福尔柯克在灾难的前一天和流浪者在布洛克威尔有过交手。在那场比赛的前一天晚上，也就是新年前夜和我的生日的前一天，我在和埃布罗克斯老队友们的对话中得知流浪者会在对我们的比赛中休息几名球员，以保证全力对战凯尔特人，后者将会因为没有新年日当天的赛程而得到更长时间的休息。我关于对手会以弱旅出战的内线消息让我的老队友乔治·米勒动了心思，这个来自兰开夏郡的伙计的生平挚爱就是他的家乡拉克霍尔以及时不时赌上一把。最终的结果是球队的一个董事代表我们全队下了一注，赌注是 1 赔 3，最终我们也赢了个 3：1。流浪者的落败让我们打起了十足的精神前往客场，来面对原定于 1 月 2 日对阵艾尔德里的比赛，不过最终场地积水，比赛被迫推迟，也就让洛克斯博格、扬和我自己有时间短途前往格拉斯哥去看"老字号"对决。因此可以说，我们最终能够出现在灾难现场的前因是很曲折的。

毋庸置疑的是，我和凯西在 1972 年的很大一部分幸福都来源于 2 月 9 日我们的双胞胎儿子的诞生，杰森和达伦。生产的过程并不顺利，不过凯西很勇敢地挺了过去，在这点上她比我要强很多。在她进入产房前，阵痛给她带来了巨大的痛苦，我握住她的手来安慰她。但随即她的脸变成了紫色，这超过了我的承受能力。我苏醒过来后听到的第一个声音是护士说的"把他给我弄出去"。在温顺地小跑走开时，我不忘回头告诉凯西："你会没事的。"

"嗯，"她说，"但你会不会有事？"

当孩子们生出来后，杰森一切良好，但达伦的个子有点小，而且还有点黄疸，因此不得不在保育箱中接受照顾。而他曾晕过去的父亲则必须离开医院，去踢对阵流浪者的苏格兰杯重赛。很显然，那天我的幸福额度在医院全都耗尽了，所以流浪者 2：0 战胜了我们。

在赛季的早些时候，我们进入了联赛杯半决赛，并沿途淘汰了阿伯丁和希伯尼安。在 1/4 决赛首回合，希伯尼安用一个很有潜力的年轻人约翰·布莱克利来对我采用盯人战术，约翰至今仍然坚称，我给他的教训比其他任何人都来得深刻。有意思的是，马丁·布坎，当时同样效力阿伯丁的另一名球员也说了同样的话。这样的称赞是不是双刃剑？总有一天我要和他们坐下来让他们解释清楚。我在首回合比赛中的进球帮助球队 2：1 取胜。第二回合的关键因此变成了我们能不能守住 2：1 的总比分。博迪·奥尔德是当时希伯尼安的中场主力球员，他还保留着他所有踢脏球的伎俩，不过我提醒了我的队友们，要对博迪的踢球方式有所警惕，时刻保持自己用鞋钉对着他，并且不要先出脚。我可不想普罗文身上的悲剧再次上演。

在汉普顿公园，将要进行的对阵帕尔蒂克西斯尔队的半决赛有着非常光明的前景，这足以让福尔柯克的所有人都沸腾了，并证明了一个小镇和周边区域究竟有多大的潜能可以用来支持一家重要的俱乐部。作为我家乡的重要球队之一，帕尔迪克蓟队会是一个相当有意思的对手。他们所受到的拥戴和成绩可以说毫无关系。几十年来他们都是格拉斯哥剧场里喜剧明星们永恒不变的笑料。不过他们的死忠球迷依然用溺爱和无尽的包容去看着这支球队起起伏伏的状态，最后他们干脆从闪烁不定变成了深不可测。理想的情况下，这家俱乐部应该有两个主席，杰基尔博士和海德先生①。他们得到过无数的昵称，有的很直接，有的则拐弯抹角得多，尖刺②、哈利·瓦格队③、玛丽岭马扎尔人④、帕尔匈牙利人队⑤。在他们状态好的时候，他们的确可能足以震慑普斯卡什和他 20 世纪 50 年代所率领的匈牙利队，不过在他们状态坏的时候，随便从哪家刚刚关门的酒吧前挑出 11 个醉汉就能击败他们。选择支持他们，或者为他们效力就注定会体验情绪上的过山车，我可以证实这一点，因为马丁在 20 世纪 60 年代初期曾支持过他们。我很自信福尔柯克可以应付得来蓟队，特别是多年以来，我一直对他们保持着良好的进球记录。不过这就有点低估他们了。在汉普顿那个重要的夜晚，蓟队展现出了他们马扎尔人的一面，他们的两个边锋劳利和麦克奎德完全把我们撕碎了。我们仅剩的安慰就是他们在联赛杯决赛里对凯尔特人如法炮制，4∶1 战胜了乔克·斯坦的队伍。

　　1972 年 3 月，希伯尼安非常希望签下我，我也做好了前往复活节路的准备，非常确信自己在而立之年应该去一家大俱乐部一展拳脚，当时的希伯尼安也正好刚迎来前曼城中卫——戴夫·尤因作为新主帅，并开始展示自己的实力。威利·坎宁安反对这次转会，非常恼怒并且充满决心。我的态度也很坚决，所以我们的争执愈演愈烈，最后在布洛克威尔一个周六比赛结束很久之后的一间厕所里，我们在队医站在我们中间前的一刹那，已经处在了开始拳击的边缘。威利为了打破坚冰，给我提出了一份丰厚的合同，并且承诺给我在退役后继续留在足坛的计划提供实质性的支持。不幸的是，1972—1973 赛季给我们两个人都带来了麻烦。又一次很烦人的膝盖伤势对我来说还可说是比较具体的问题，但对于教练来说，福尔柯克一系列的糟糕赛果所带来的困扰就没那么具体了。

---

① 1886 年著名小说《化身博士》中的主人公，两者实为一人，凶暴的海德先生是体面的杰基尔博士的另一人格。

② 帕尔迪克蓟队队名中含有 Thistle，意为蓟，故此得名尖刺。

③ 哈利·瓦格为当时一著名骑手，外号缘于瓦格的韵脚与原本 Jags 的外号押韵。

④ 20 世纪 50 年代盛极一时的匈牙利队的昵称为凶猛马扎尔人，玛丽岭为帕尔迪克蓟队所在社区名，合在一起意近调侃。

⑤ 与玛丽岭马扎尔人意思相近。

在我受伤的那几周里，威利特意安排我去提前考察未来的对手。那个晚上我正好在爱丁堡观看希伯尼安和阿伯丁的比赛，而我自己的球队则在珀斯遭到了巨大羞辱，这个赛果带来了相当有争议的反响。没人能责怪威利为了球队0：6输给圣约翰斯通而暴跳如雷，不过他有点失控了。他命令球队在上午、下午和晚上都要参加训练，而且通勤和午饭的补助也全被取消。晚间的训练课有点过分了，而且我们中有的人在通勤上花费不菲，全部取消也有点过了。新措施实施后的第一次晨练，就能看到球员们因为在赛道上刻苦训练而在结束时感到筋疲力尽，很显然一天三练的安排肯定会彻底耗尽他们重新赢球所需的能量。作为球员们的代表以及苏格兰球员协会的成员之一，我向主帅传达了球员们的抱怨。不过他拒绝在他所谓"不做尝试的人们"面前软化自己的态度。而球员这边对此的回应就是干脆罢工。我对于罢工这点颇有微词，这太草率了。我对威利·坎宁安的了解让我清楚他最终会冷静下来，然后一切就会如旧了，问题在于什么时候。

这样的争执在接下来的两天开始变得复杂，因为两个董事亚历克斯·哈迪和吉姆·曼森开始插手，并且和一些球员进行了会面。在其中一次会面中，哈迪提议由我来为周六的比赛选择阵容，不过我立刻就打消了脑子里因此闪现出的想法。说到底，是我们选择了罢工，而主教练除了大怒失控以外并无过错。这种对峙一直持续到周六午饭时分，坎宁安最终服软了。我很同情我们的主教练。他可以单纯地认为球员们让自己失望了，不过他死拧的脾气最终把他推到了危机边缘。在我现在的职位上，我完全可以理解他当时的举动。教练是个很困难的工作，尤其是当结果不尽如人意时，你会感觉自己被孤立，被背叛，充满无助。有时候这种情绪会让你制造出自己心中的魔鬼。从我的角度来说，可能我当时应该在反对罢工时表现得更强硬一些，不过我绝不想被认为是教练那边的人。作为我这种出身的人来说，这种标签简直是粗暴的犯罪。

尽管我成了暴动团体的发言人，但威利·坎宁安依然表现出他并不把我当作敌人，他开始让我担任一队教练。福尔柯克当时正位处积分榜榜尾，降级的威胁也深刻地侵蚀着球队的信心，因此这个新职务所能带来的头疼可能比机遇还要多。但是，在被赋予了除了挑选比赛日阵容以外（不过威利承诺选择阵容时，他也会和我商量）所有比赛准备方面的职责后，我成功证明了自己拿到的教练资格绝非白纸一张。我重新规划了训练日程，加入了一些下午的工作，尤其是针对队内一些年轻的球员。而且我也主动负责了兼职球员们在周二和周四晚上的训练。我做出的改变起到了一些效果，在 3 月来到时，球队已经脱离了甲级联赛的榜尾，并且在苏格兰杯中打进第三轮。如果想在杯赛中更进一步，我们需要在皮特德里战胜阿伯丁，我们对这场周三晚间的比赛充满了信心。

我们的开局不错，而且给他们制造出了各种麻烦。直到一瞬间的犹豫导致他们的中锋，前流浪者球员吉姆·弗雷斯特的进球让我们处于落后。在我们努力反攻的时候，比赛开始变得体力化，不过执法主裁，纽波特的约翰·戈登是出了名的严厉，比赛并没有因此变得特别混乱，至少直到我自己变得特别鲁莽为止是如此。在对阿伯丁球门的一连串持续施压后，我在一个角球中和他们最核心的中卫大个子威利·扬争到了一起。我们两个人都倒在地上，威利在我们落地时踢了我一脚，我也回敬了他一脚。约翰·戈登看到了我的摆腿，于是果断把我罚下。这并不是我第一次品味独自回到更衣室的孤独了。不过那种悲惨地想要地面张开大口把我直接吞下去的渴望，比以往任何一次都来得强烈。在如此努力地和球队一起通过忘我奋战来帮助球队重拾状态后，我居然因为自己鲁莽且不负责任的行为而让一切化为泡影。我的教练生涯会不会在还没踏上正轨前就脱轨而出？在中场休息时，球员们出奇地沉默，教练也向我投以他那比训话还有效的意味深长的眼神。我无法忍受观看下半场，不过我头顶的阵阵欢呼告诉了太多我并不想知道的关于我们球队表现的信息。在一场 1：3 的失利后，酒店里的氛围仿佛被凝结了。杯赛出局，对于一支在联赛中挣扎的球队来说是个巨大的打击。威利·坎宁安没对我说一句话，直到午夜时分，他把我叫到酒吧间的一个角落，他当时正和他的一个老友小酌。他坚定的言语中表达的信息堪称恰到好处。他告诉我，我的行为确实会给我在俱乐部中的地位带来疑云，但他也明确指出，我可以从明天起靠自己来证明自己是块好料子。"我能对付这一切，但你能吗？"这是他这段话的要点所在。

第二天早上，我向球员们道了歉，并且尽我所能，努力确保我们没有让这一时的挫折影响球队留在甲级联赛的保级大业。我们在接下来的联赛比赛中展现了坚实的状态，最终惊险保级。我真心地觉得，自己除了在对阿伯丁的杯赛比赛中那次愚蠢的决定外，在一线队教练的位子上做得很不错。球队的表现有了相当显著的改善，我自己也从和年轻球员们一起工作的过程中得到了巨大满足。他们中的翘楚是一个边后卫，他最开始只是兼职，这时已经接近学徒生涯的末期了，不过他显然准备好了成为职业球员。斯图尔特·肯尼迪最早打动我的是他的决心，这让他可以应付我们提出的所有要求。他在不断挑战的过程中茁壮成长，在训练中，没人能在任何方面击败他。把这样一个璞玉般的天才悉心打磨成成品的过程，让我非常享受。在赛季末期，我一直缠着威利·坎宁安，让他给斯图尔特上场机会。不过主教练还是对贸然使用年轻球员的冒险行为持保留态度。直到我们确定保级后，年轻的肯尼迪在最后一场联赛对阵阿伯丁的比赛中得到了上场机会。他在皮特德里上演处子秀仿佛是命中注定的，因为之后他在阿伯丁会有一段真正杰出的职业生涯，并且在我执教阿伯丁期间做出不朽的贡献。

在上一次噩梦般的做客经历后，重回皮特德里对我来说不啻于一次折磨，不过威利·扬从一开始就定下了友善的基调。

"亚历克斯，对上次的事我很抱歉，这次咱们努力和平相处吧。"大个头这么说道，我也乐于接受。

不过我早先的那次罪责的余波最终还是没有完全消散，阿伯丁的主教练吉米·邦斯罗恩提到，他曾经想邀请我担任他的助理教练，不过我被罚下的一幕在皮特德里的走廊里并没得到什么好反响。这算是个坏消息了，不过比这坏得多的消息是，几天后福尔柯克突如其来地宣布解雇主帅威利·坎宁安。我知道他一直都和吉姆·曼森以及亚历克斯·哈迪有矛盾，后两者当时是董事会里最有影响力的人物，而且至少有一次他们曾试图插手球队的阵容选择。主教练当时给予了他们应得的直率拒绝，不过在应对他们长期地诋毁他的活动方面，他所能做的就很有限了。俱乐部在失去威利·帕尔默作为球队主席后的损失不可估量。他是个真正可以被信任的人，这是一个我永远无法给予他的继任者——亚历克斯·哈迪的评价。就在我为威利·坎宁安感到惋惜之时，他居然还有空关心我在球队中的位置，他告诉我董事们对我相当认可，并鼓励我尝试申请他留下的空缺。我对这个主意更多的是感到紧张。在 31 岁的年龄，我本来打算作为球员再踢几个赛季。不过威利关于董事会对我的评估似乎并非空穴来风，因为马上亚历克斯·哈迪就找到我，让我在新教练被任命之前暂时接手球队，随后干脆建议我申请这个工作。不过我有足够的理由去怀疑哈迪到底是不是认真的，对于这个答案我并没有等太久。

当苏格兰赛季对于球员结束后，对于主教练、球探和教练们来说还有很多可忙的。学校的足球联赛，再加上一些青少年赛事，都会在这个时候如火如荼地展开，那里有很多未经雕琢的孩子和年轻人。而决赛场地通常会选在全国各地的球场中。1973 年，在布洛克威尔进行的一场青少年决赛就吸引了不少成年俱乐部的关注，因为有三个格外有潜力的孩子会出场。我得知只要付钱就可以让一些老资格球探在我的记录卡上补充些信息，这些球探所做的生意就是搞清楚哪些人已经被别人签下了。

我最终得到的信息是大卫·纳雷已经被邓迪联签下，大卫·库珀则要加盟克莱德班克，不过还有个彻底打动我的小伙子居然是漏网之鱼，他整晚都在追逐和奔跑，显然他正在考虑来自邓迪联和汉密尔顿学院队的邀约。他的名字是安迪·格雷。我尽情地发挥了自己作为福尔柯克教练的特权，我一直等在走廊里，直到安迪走出更衣室，我把他和他当时的小女朋友带到了主教练办公室。在那里，我代表福尔柯克做了次超级推销员，成功说服这个孩子应该听一下我们这边的条件。在我把亚历克斯·哈迪从董事室叫出来时是非常兴奋的，我认为他可以和我一起说服这个孩子。在哈迪冷眼相对时，我完全震惊了。

"你没有权利和球员讨论加盟福尔柯克足球俱乐部的事宜，这是主教练的工作，在我们任命一个主教练之前，我们不会签人。"我完全目瞪口呆了，最后不得不先去秘书室整理一下情绪，才得以重新回到安迪面前，怯懦地对他解释我们对他很感兴趣，但是得等到新主帅到位才能签他。这对于格雷来说太有吸引力了，所以他走出去后当天晚上就签了邓迪联。亚历克斯·哈迪真的是尽了自己的全力让我深刻地意识到，福尔柯克已经彻底落到了错误的董事手中。

在宣布约翰·普伦蒂斯作为威利·坎宁安的继任者后，球迷们对于董事们的评价可以说不能再正确了。普伦蒂斯曾经在布洛克威尔执掌过教鞭，但随后决定出走去执教邓迪。球迷们认为这是叛徒般的行为，于是在董事们决定把他请回来后，他们自然也就被骂成是叛徒的帮凶。反正我是没见过比这个更苦涩的主教练任命了。通常这种公众的感觉并不一定有坚实的道理，不过必须得说的是，普伦蒂斯的第二任期除了搞破坏，真的什么也没做。他的回归让一家很不错的小俱乐部陷入了长期衰退。我很早就意识到，我不会有太多的热情和他一起工作，这让我更加庆幸自己参加了夏天在英格兰利勒夏尔进行的暑期教练课程。那里有很多可以学的东西，对我来说，课程中的明星毫无疑问是吉米·施维尔，这个苏格兰人当时正执教诺茨郡。几乎是从一开始他就很明显地赢得了利勒夏尔所有人的尊敬，我暗自决定自己绝不会放过任何一个听他讲课的机会。他也确实没让我失望。他所教授的执教原则所勾勒的重点往往很平实，但是其重要性却不容置疑，我一直在努力遵循这些原则。"不要让所有的合同都截止在同一时间点"是他的信条之一。"注意你球队的年龄"是另一个。

这是一些常识性的提醒，但是当它们累积到一定数量后，就成了智慧。吉米展示自己哲学的另一个机会，来自他被邀请传授自己在诺茨郡成功历程中运用的方法。一开始他就遇到了困难，他和手下分配到的人们互相交流起来并不容易。所以他让我们暂停，然后把所有的球员、教练和主教练都叫到一起，解释了自己遇到的困难。并且表示，他会用某个诺茨郡球员的名字来称呼参加训练的我们，他说这样带来的熟悉感会让整个流程变得顺畅。还真是如此。他是一个彻头彻尾的天才，他能够正视自己遇到的问题，然后想办法解决。这么多年下来，我开始越来越熟识这个棒极了的足球人，和每个认识他的人一样，我被他的热情所感染。

在季前赛训练开始后，我依然没有收到来自约翰·普伦蒂斯的任何指示，这就告诉了我关于我作为福尔柯克一队教练前途的全部信息——那就是没有前途。不过我坚持要求他必须面对面告知这一点，这次会面他比我更不自在。他不太敢和我对视。他告诉我的消息归结起来就是他会带来自己的人。这倒没什么不公平。如果我在他的位子，我也会做同样的事。最终福尔柯克同意与我解除合同规定的义务，让我可以自由地以个人身份和其他俱乐部谈判。不过普伦蒂斯还是让这次分手变得很不愉快，他试图拒付我合同里的最后一笔签字费。我对此并不会容忍，因此给前任主席威利·帕尔默打了电话，确认了我会收到我应得的部分。关于约翰·普伦蒂斯对苏格兰足球的贡献，被讨论时往往会有非常有意思的论点冲突。如果你听他的追随者，比如说吉姆·麦克莱恩的论点，那他简直就是福音。不过从我和他的短暂接触来看，我觉得他很懒，也没什么新意。福尔柯克那个赛季最终降级，这对我来说毫不意外，尤其考虑到他们到新年日为止都没赢一场球。当他们来造访我的新东家——艾尔联的时候，我面对普伦蒂斯的球队打进了制胜球。有因就有果。

我意识到我的球员生涯已经临近结束了，不过如果我打算就此体面地退役的话，那我会远离埃尔的索莫塞特公园了。那里的经理阿里·麦克劳德是个劲头十足的狂热分子。在短短几年过后，阿里极端的乐观主义就碰壁了，他口中可以赢得世界杯的苏格兰队在阿根廷备受羞辱。所谓见微知著，在1973年，他给我两年合同时，其实已经开始口无遮拦地吹嘘了，毫不顾忌艾尔联的大部分球员都只是兼职。我们的谈判刚一结束，他就拿出了一张赛程表，滔滔不绝地讲述艾尔联拿到联赛冠军的大计："第一场比赛，藻煤球场对阵邓巴顿，毫无问题，他们刚刚升级，没有足够的经验——两分到手。在索莫塞特对阵克莱德，我们的第一个主场总能拿下，再说他们那个大个子威利·麦克维一点用也没有，你肯定能对他们进球——又两分。"在不打一点磕巴地给我们讲述了前6场比赛，并计划好全取12分后，他准备开始说比较棘手的比赛了。流浪者："呃，"阿里说，"他们来到索莫塞特，面对位于联赛榜首的我们发挥不出来好水准——两分。"凯尔特公园的凯尔特人："我们配得上一个好结果——两分。"他从这种美好幻想中不断汲取能量，并让自己的想象力超越一切界限。他再次成功地用那个绝不会让人感到失望的故事，迷住了那些被他集合起来的年轻人。那是一个他作为一个瘦弱的左边翼在布莱克本效力时的故事，他当时需要面对纽卡斯尔联的吉米·斯科勒，那个被很多人公认为是当时英格兰足坛最强硬的球员。

"没错，"阿里会说，"那是场足总杯比赛，圣詹姆斯公园集结了6万人。我和斯科勒一起争一个五五球，我彻底把他干掉了，然后那之后整场比赛他都不敢近我的身。"根据我从可靠的目击者那边听到的说法，如果斯科勒等在OK牧场，那么怀特·厄普肯定不会赴约[①]，所以仅有的对阿里，对他们相遇的回忆内容的正确回应方式，就是无声地轻笑一下。

有些人可能会因为阿里脑子里的梦想工厂而自暴自弃，不过我还是被他的泡沫热情所刺激。他对于其他很多人也起到了相似的作用，他所打造的艾尔联证明了他不仅个性突出，能力也很强。我很享受和他在一起工作，也很感激他把我从自己已经被遗忘的感觉中拯救出来，我在离开福尔柯克时一度无所适从。在加盟艾尔联之前，我丝毫不用担心自家的大门被想要签下我的教练所挤破。不过我很高兴自己借机习得了额外技能，那就是在通过一年半兼职帮助朋友的酒吧和餐馆的过程中得到了酒吧交易许可。比起无事可做的风险，我曾考虑过爱丁堡一间酒厂，德莱堡提出的几次酒吧租约的邀请，并且最终决定在其中位于金宁公园的一家落脚，那里和高湾离得非常近。那个酒吧位处一片码头区，他们说在那里每天晚上连路灯灯柱都得收回去。不过我本来也没打算找一个上流社会的处所，只要生意好就行。我仍然认为自己是个球员，而不是个酒吧老板。不过和老伙计吉姆·麦克莱恩的一次对话还是让我感到惊讶。吉姆当时是邓迪联的主教练，我也对他的来电感到非常高兴。但他提出的居然是想要

---

① OK牧场枪战是美国西部牛仔文化中一次重要的枪战对决，怀特·厄普为当地警长，参加枪战。

邀请我去坦纳迪斯①试训。我的天哪，我心想，试训！我曾作为职业球员效力于圣约翰斯通、邓弗姆林、流浪者和福尔柯克，而且在所有这些俱乐部都成为过最佳射手，这可不是一个试训球员的履历。

幸运的是，如果说小吉姆对我的用处是有所怀疑的，那阿里·麦克劳德显然没有，我也很高兴自己回报了他的信任。尽管同时做好兼职球员和酒吧老板需要很多的精力，不过那个赛季我还是踢进了14个球，并让我在艾尔联的射手榜中排在第二，仅次于乔治·丹迪·麦克莱恩。把任何对于丹迪粗暴个性的形容乘以10都无法接近现实。自从因为流浪者在苏格兰杯输给贝维克的悲剧而被扫地出门后，他就开始了颠沛流离。不过他到任何地方最终都会和主教练因为他的个性而产生冲突，他既是天才球员，又是花花公子界的世界冠军。不过阿里·麦克劳德还是招牌式地宣称自己控制住了丹迪。不过这个声明还是遇到了考验，那天艾尔联队的格拉斯哥球员本应在希望街集结，一起前往爱丁堡参加对哈茨的杯赛1/4决赛。"丹迪去哪儿了？"我们几个已经坐上大巴的人问道。一开始大家还不是太紧张，不过这种冷静并没保持太久。"我会罚他的款"是阿里最初的反应，说这话时他冷静而坚决。但随后他不断游走在球员和董事之间，并开始变得躁动，不停地咒骂丹迪，声称让他坐电椅应该是最仁慈的惩罚方式。就在大巴准备出发时，一辆敞篷跑车疾驶到大巴面前。司机是个很漂亮的金发小妞，而在乘客席上坐着的是没刮胡子，没系领带，但看起来和全世界都能愉快相处的丹迪。当他登上大巴时，似乎我们所有已经坐在那里的人都屏住了呼吸。

"早啊，伙计们。"他开朗地说。

"你跑哪儿去了？"阿里吼道，然后自己回答了自己的问题，"别想骗我。你一整晚都出去鬼混了，看看你的样子。"丹迪的回复也毫不犹豫："呃，老板，我没法撒谎，我是出去玩了，我昨晚去'强壮手臂'（当时格拉斯哥一家很时尚的酒吧）想要安安静静地喝点酒，然后这个小姑娘就找上我跟我说：'丹迪，我想和你睡一觉。'你看，老板，我能怎么办？"阿里想不出有什么可说的了。他的丹迪控制器显然彻底罢工了。当巴士启动后，大乔治转向其他球员眨了下眼。他是个很特别的人，很可爱，也很不可思议。作为一个队友，我觉得有他在身边棒极了。作为教练，我肯定必须要舍弃他的魅力和与他的一切联系。

①坦纳迪斯公园球场为邓迪联的主场。

我这一年过得很有意思，而且我干得也不错。不过在赛季的尾声，我的腹股沟出现了问题。作为兼职球员想要保持体能是很困难的，而且我的心思也早就飞到了执教上。当我参加了一次保险公司强制要求的，所有酒吧经营者都必须参与的严格的体检后，这个计划开始加速运作了。体检是由麦克因泰尔医生做的，他正好也是一个流浪者的死忠球迷。他警告我说检查显示我的动脉血管扩张了。他接着说，除非我非要那点钱不可，不然他觉得我不应该为了艾尔联付给我一周60英镑的工资而这样折磨自己。我才32岁，不过医生的建议让我确信自己应该立刻退役。直到相当久以后，他才承认，他的建议是受到了不愿意看到一个曾经的流浪者球员在职业生涯末期纡尊降贵为艾尔联这样的球队效力的影响。显然，我动脉扩张的症状在30岁的运动员当中非常普遍，而且那个症状在之后也没给我带来任何麻烦。现在回想起来，我其实对于医生不那么科学的诊断给我带来的紧张情绪是有点耿耿于怀的。不过考虑到之后我的教练生涯的发展，这显然并没有对我造成伤害。阿里·麦克劳德的体贴给我带来了很大的温暖。这位主帅在签下我时付出了6000英镑的签字费，我很担心自己的合同还有一年才会到期。不过阿里坚持说我在这一年里所做的足以回报当初的签字费了。他甚至来到金宁公园的酒吧，给了我10周我本来没觉得会付给我的工资。在这一切之上，他还一直积极地鼓励我成为一名教练，帮助女王公园和东斯特林跟我搭上线，并催促我去这两家面试。

不过，在此之前，我将要在联赛的最后一天在索莫塞特球场完成自己作为职业球员的最后一场正式比赛，对手是东法夫预备队。所有的球员都会记得自己的最后一场比赛，而我的，非常合时宜的，因我的一个头球进球而被铭记。东法夫那天有个年轻的中卫名叫科林·梅瑟文，他后来移居英格兰，在低级别联赛度过了非常出色的职业生涯。我特意记住他是因为他似乎受到了间歇性失明的困扰。他每次争球的时候都好像没看见我一样往我身上撞。我看着这个热情的年轻人时一直忍不住微笑，因为那让我想起太多自己刚起步时的样子。我绝对不可能和他起任何冲突，因为我完全沉浸在90分钟内重新体验自己作为成年职业球员的全部感受中了。光是想想有多少职业球员曾经在那最后的一个半小时享受自己独有的情感就是件很有意思的事。当你回忆起那些激动人心的瞬间，那些进球，那些悔恨，那些和你并肩作战或者与你为敌的一个个身影时，你不禁感慨时间究竟都去哪儿了。和这一切永远地告别绝不是件容易的事。

但是，在我这里，这并不是告别，而仅仅是个开始。

第八章　在弗吉酒吧的日子

　　我在学习经营酒吧的经验方面吃了不少苦头，也因此很清楚，在这一行没什么能代替大把的工作时间和对细节的绝对专注。

　　我年轻的时候有过很多奇特的想法，但开酒吧并不是其中之一。

　　在上一代杰出的足球运动员当中，当职业生涯开始进入尾声的时候，买下一间酒吧几乎是条件反射了。以当下那些成功球员挣的钱来说，他们可能会对任何没有好莱坞明星耀眼的东西都会不屑一顾。在我的酒吧里，你不太可能会见到西尔维斯特·史泰龙、布鲁斯·威利斯或者阿诺·施瓦辛格，不过你还是可能会遇到一些奇怪的客人，可以单手和上述 3 个人干上一架的那种。在这间酒吧刚开张的时候，它被叫作"伯恩斯庄园"。不过，因为它坐落在高湾路和佩斯利路西的交叉口，并且主要从码头区吸引客人，它现在所有的魅力点显然都和乡村情怀挂不上钩了。它也曾一度繁华迷人，并且享有能够捧红音乐人和喜剧人的好名声。不过在我接手的时候，这里最大牌的明星就只剩下飞镖队的成员了。

　　和我决定做的其他所有事一样，我非常努力地把生意张罗起来，不过这就意味着多数时间都要熬到很晚，回家的时间也会很少。我在学习经营酒吧的经验方面吃了不少苦头，也因此很清楚，在这一行没什么能代替大把的工作时间和对细节的绝对专注。关于穷酒吧老板和富酒吧老板都有很多故事，其中的关键之一就是招到一个自己能绝对信任的左右手。在一个经验丰富的酒吧掌柜的朋友的推荐下，我雇用了乔治·霍普。乔治有特别严重的口吃，不过这并不会成为什么严重的问题。在把酒吧改名为"弗吉酒吧"后，生意开始朝着令人鼓舞的方向发展。我们有 2 支飞镖队和 1 支多米诺队，而且我发现纸牌特别能吸引来到这里的水手和码头工。任何认识我的人都不会奇怪，我立誓要在纸牌游戏里打出自己的名声，我在面对任何对手时都不会胆怯。更有档次的娱乐会在楼下的包间里提供，我从非常乐于助人的酒厂那边借了笔钱，把这里重新装修了。我把包间命名为"手肘屋"，这是相当受欢迎的一种调侃我作为球员时笨拙奔跑姿势的方式。一些很棒的乐队或是独立音乐人会在这里演奏，而我作为听众是相当挑剔的。

就在我开始充分感到乔治·霍普的价值时，我相当戏剧性地失去了他的效劳。因为一连串的事情，他从我的生活中消失了。这再次提醒我在格拉斯哥金宁公园／高湾路区域拥有一间酒吧，对任何一个珍惜和平的人来说都不是个好差事。在码头小偷小摸基本上是家常便饭，不过让乔治远走高飞的盗窃事件可不能说是小偷小摸。这是一次策划周密的行动，一集装箱价值4万镑的威士忌被盗，然后又从最初盗贼的手中再次被盗。这引起了两帮人的冲突，并把我的酒吧卷了进去。我的一个常客是个大个子，他所到之处，不管是拳击台上还是大街上都缺不了架打。莫名其妙的小道消息开始传言说他参与了这次盗窃和分赃。在我职业生涯末期的一天，在艾尔联训练了一晚上后，主帅阿里·麦克劳德跟我说乔治·霍普打电话来找我。因为我在东基尔布赖德的家离训练场只有一个半小时的路程，我决定等回家再联系乔治。当我联系他时，他口吃得比以往更厉害了，不过很快他还是传达了那条信息——酒吧里有人持枪。

"你得过来一趟。"乔治请求道。

"对一个拿枪的人我能怎么办？"我的回答相当蹩脚。

我后来还是让他冷静下来，并告诉他当地的刑警很快就会过去。给高湾警察局打的一通电话的确把刑警叫到了现场。当他们到达时，持枪的人已经走了，不过乔治给他们做了非常详细的关于持枪人的描述。第二天一大早，我就接到了一个警官的电话，他说我的伙计提供的信息和东格拉斯哥一个臭名昭著的人物非常符合。这个消息让我感到冰冷刺骨，人们常说的走马灯原来真的是有的。那天稍晚时候，我告诉了乔治关于刑警那边的推测，很显然成为那种人物的一个重要目击者让他有点扛不住了。简单说吧，那是我最后一次见到他。我估计他直接搬家去了威尔士，如果我是他，我可能直接搬去特里斯坦—达库尼亚 ① 了。

---

① 南大西洋的一个群岛，被认为是世界上最偏远的有人岛。

他走后，这段仇杀依然持续了一阵子。作为我客人的那个大个子成功躲过了一次想要把他的车撞下金士顿大桥的企图，接着他的卡车运输公司被烧成了白地，所有的卡车也都被毁了。这些都是很严重的事情。所以每次当酒吧门开启时，所有人都会立刻看向门那边，审视新来的人。那段时间所有人都有点神经质。后来，在一个周五的中午，海关税务局派了一个代表团来造访我的酒吧。那正是我们很忙的一段时间，所以当一个衣着考究的先生走出来出示他的搜查令的时候，我正忙得不可开交。

"你必须得暂时关门了，所有人都不许离开这里。"他这么说。在小心翼翼地展开搜查时，两个警察直挺挺地站在了我的酒吧门前。整个过程都很有礼貌，他们也不断道歉。这个搜查显然是要找那次失窃案中失窃的威士忌。码头区所有的酒吧都会被仔细查看，不过考虑到我有一个顾客和因此造成的各种暴力事件都有关系，我的酒吧显然是重点关注对象。酒吧里所有的人看上去都对这一切感到相当新奇，不过我很高兴我在毫无知觉的情况下和地下世界产生的联系终于结束了。

弗吉酒吧的生活从来都不会无聊。在身边有那么多有意思的码头工的情况下怎么可能无聊？他们可以让你见识到一整座怪人城里所有怪人身上的特质。他们中有历史学家、诗人、精神病医生、无业游民、觉得自己快要成为百万富翁的人、好斗的人、恋爱的人、幻想家，所有人都自带可以娱乐听众的天赋。出于要在一个每50米就有一个酒吧的区域提升自家业绩的目的，我的才智告诉我应该弄一个记账本，就是搞出一套可以让客人们在周中借钱，然后在周五一起还钱的系统。这在酒吧当中是很普遍的事情，不过问题在于过一阵子你就搞不清楚你过手的钱是谁的了。每个周五在收到所有还款时我都感觉自己是百万富翁，不过在周六晚上通常这些钱就又都借出去了。周六的早上总是非常滑稽，码头工通常都会把他们的妻子接来小聚，那样温馨的场面真是棒极了。不过当夜幕开始降临时，那些潜藏的钱包危机信号就会向我传达过来。用眼神、点头，或者打个响指之类的，总之就是一切能确保自己的妻子不会发现，并同时能传达钱包告急的急迫性的方式。记账本的保密性是神圣不可侵犯的，不过女人们可不傻。

"如果我发现我男人的名字在那个本子上，我就会给你点厉害看看，亚历克斯。"安·阿莫尔曾经对我这么说。

"我怎么可能让你失望呢，安？"我回复说。强笑着掩饰这些可能性。她们其实很清楚这当中的猫腻，不过她们也知道我不会坐视她们的丈夫真的去胡搞乱搞。所以大家就都心照不宣了。这些人都非常的诚实，所以如果有人在不同的酒吧间拆借账的话他们都会警告我。

一旦你陷入了码头区的生活，你就会对以物易物的整套系统非常熟悉。有段日子里，我的酒吧就像个市场，一大堆从码头通过非正规渠道流出的货品都会在这里卖掉。我必须得承认我有时候会栽在这些贩子手里，每次我买回家一些衣服、望远镜、丝绸、瓷器、餐具，还有其他各种东西时，凯西总会气得发疯。有一天晚上，当我们想要出门的时候，我在镜子里志得意满地看着自己穿着最近刚买的绒面西服外套。为了给自己的虚荣心以充分满足，我还特意拉了一下袖口，确保一切都整洁到位，结果袖子整个脱落在我手里。凯西则站在我身边歇斯底里，我穿着无袖衫目瞪口呆。也许我应该努力成为酒吧市场生意的专家，尤其是可以售卖婚礼礼物。你需要做的仅仅是下单子订一些餐具，或者瓷器，或者水晶，然后下周，你绝对就能得到一份精心包好的礼物，随时可以送给新婚夫妇。

第一眼看到被推荐来接替乔治·霍普的吉米·坎贝尔时，我觉得他可能和码头上的那些娱乐家们合不来。他上班的第一天早上是戴着领结来的。"在码头区的酒吧里戴领结。"我难以置信地自言自语。有几个伙计拿他取笑，不过吉米把所有地方都打扫得一尘不染，在周五晚上我来结账和发工资之前，一切看起来都好极了。当时酒吧里看上去一片狼藉，两个兼职的酒保忙得不可开交。只有厚脸皮的吉米优雅地远离一切脏活，在吧台的另一头穿着西装戴着领结。当我走近他时，我注意到他正从吧台底下的一个大麻袋里拿什么东西放到一个纸袋里。

"这都是些什么东西？"我指着麻袋问。

"鸟食。"他冷淡地回答，就好像在我的酒吧里卖这些东西是一件无比正常的事情。

"这是个酒吧，不是鸟市。"我跟他说，随后还加上了几句不能写到书里的评语。不用说，那就是吉米的最后一天了。他不是个坏伙计，他仅仅是被一个码头工的口才折服，打算帮他卖掉那些被委托卖掉的鸟食。现在我可能会为这种傻事笑出来，不过那天晚上我完全不觉得是个玩笑。

不少人会说我为了把深陷草根的弗吉酒吧弄得更高大上一点，因此买进了一大批鸡尾酒酒杯是自作自受。在一个周六晚上用了它们后，80% 就没了。几周后的一个周六晚上，当最后一批客人离去时，我的一个女侍应生拦住了一个正出门的女孩，因为她看见她把几个杯子放进了自己的包里。当我们让她还回她的战利品时，她拒绝了我们，而且立刻她的男朋友和朋友们就开始大打出手。情况一片混乱，到处都是人，不过最终我的职员们和几个帮忙的客人还是把这些闹事的人弄上楼梯轰到了大街上。其中一个大个子起了决定性作用，他一个人就撂倒了好几个暴徒。当我们把他们轰到大街上后，我拴住了门，回到大众酒吧区和我的几个朋友、职员和那些帮了忙的客人们聚在一起。凯西那天也在那儿，有那么几分钟和平回归了。不过突然门被撞开了，一大堆酒瓶子弹幕般地被扔进了酒吧。那个大个子立刻到吧台下边拿出了我们平时放在那里的码头工常用的钩子，大踏步地朝那些围攻酒吧的人走去。我给警察打了电话，然后当我走出门到路上的时候被我所看到的吓了一跳。攻击酒吧的那群人里有一个正躺在地上，脸和脖子上都是血。他的妻子伏在他身边，疯狂尖叫。最开始我以为他已经死了，不过后来发现他没死的时候，我松了一大口气。不过，他的伤势依然很严重，立刻被送到了南方综合医院。当警察到达现场时，这里简直一片混乱，而且人们想要让彼此冷静下来的努力不但没有缓解混乱，反倒是加剧了。最终结果是我必须得去警察局，控告袭击我酒吧的那些人。第二天警察局里有人跟我说，如果再发现那个拿钩子的人出现在我的酒吧里，我的执照就会被吊销。懂了。

我作为东家的美好回忆之一是我为常客设立了一个俱乐部，每年都会出去远足。想要加入的客人每周都会付给我一笔小钱，同时我也出一小笔，最后我们会用攒下来的总额去艾尔郡达沃尔的一个旅馆玩。那里百去不厌。在早早吃过午餐后，女眷们都会去埃尔游玩，然后我们剩下的男人们就待在酒店里参加我组织的一系列竞赛：多米诺、纸牌、台球和飞镖。在晚上，大奖会被颁给赢家，然后我们会搞一次唱歌大联欢。这个活动成了我在弗吉酒吧最高光的时刻，甚至达沃尔当地都有几个家伙年年盼着我们去。其中有一个叫乔治·扬的邮差每次都参加我们的大赛。他一直和我保持联系，直到最近他过世。我们晚上联欢派对上的明星，毫无疑问是弗吉酒吧的一对常客夫妇，他们永远在争吵，然后恩爱和好的过程中循环。这样的戏码甚至不会因为一日游而有所改变。他们两个唱歌都棒极了，声音特别好听。不管是独唱还是二重唱都能吸引到崇敬的眼神，哪怕是坐在其他地方不参与喝酒的人都会成为他们的听众。不幸的是，在其中一次达沃尔远行中，他们无可避免地吵架了，并且最终不同寻常地演变成了拳脚相加。然后那个太太用一个啤酒杯砸了自己的丈夫，造成了很严重的划伤，以至我们不得不赶紧把他送到就近的医院去。不过几个小时后，他们就又手牵手，开始对唱情歌，完全不在乎丈夫脑袋上裹着的一圈厚厚的绷带。哪怕是用高湾的标准看，他们的浪漫也够奇怪的了。

弗吉酒吧的状况相当不错，我也因此决定和我的朋友山姆·法尔康纳搭伙，共同投资一间在布里奇顿的叫作"肖斯"的酒吧。这花了我们 22000 英镑，不过我们自己只是各出了 2000 英镑，另外从德莱堡那里借了一笔 18000 英镑的贷款。我们打算让山姆主要负责运营，我会经常去看看，看看我能不能给出点好主意。合伙通常都是很困难的，当时的这次合伙最后演变成了噩梦。不过我还是很高兴能在布里奇顿酒吧认识一些客人，他们和我在高湾认识的那些人完全不同。在格拉斯哥这样的大城市里，每个地区都有他们独特的风格和部落文化。比如说，高伯区传统上是爱尔兰和犹太社区的所在，爱尔兰天主教占绝对主流。布里奇顿则是格拉斯哥好战的新教徒的大本营。尽管其他地区也有不少新教徒聚居，不过布里奇顿一直认为自己是橙色教徒 ① 的急先锋。这样的认同在布里奇顿十字地区格外显著，肖斯就坐落在这个区。因此每年的 7 月12 日，博因河战役 ② 纪念日我们都必须要毫不犹豫地给酒吧装点一些特殊布置。"12 号我们几点开门？"这是你经常会遇到的一个问题。"那天我们通常7 点半开门。"这是另一个客人给出的答案。看上去这是个大家都默认的惯例，所以我也就不做质疑。当早上 7 点半我们开门后，那些稍后要参加行军游行的人就会像部队集结一样涌进来，他们会把绶带和游行装束折好，整整齐齐地放在角落里，然后立刻开始大喝特喝。在布里奇顿这样的活动中，当地警官非常擅长睁一只眼闭一只眼。在晨光逐渐消散，气氛开始炒热后，我会被催促着一起唱橙色歌曲。我对于唱什么是没有任何选择权的。一起唱并不是一个选择，而只是一个常识。事实上，这些早上涌进来的人们都好极了，在出发去参加游行前，他们都会感谢我给他们提供吃的。

在 1978 年年初，我决定去执教圣米伦，但我正同时经营着两家酒吧，而且还想当一个正常的父亲，这么多职责一起压在肩头显然不可能。因此弗吉酒吧必须要关门了。我从那里得到的一切快乐，后来都变成了基本上永恒的头

---

① 橙色为新教徒每年纪念新教胜利的主色调。

② 1689 年在英国进行的天主教国王和新教国王为了争夺王位而进行的一场战争。

疼。房子老是出问题，我一直要修修补补。长期的股票价格走低也让我的利润一直缩水。在这一切之上，我彻底受够了每周末回到家时都得因为维持酒吧内的和平而挂点彩。不是脑袋被划伤了，就是下巴被打肿了。故意伤害罪倒不至于每周都发生，不过打架就是常有的事了，而如果想平息这些争端，就意味着我得站到冲突中间去。一天晚上，在一次一堆兄弟间的冲突里，漫天飞舞的酒杯中有一个砸中了我，在我脑袋上划了一大道口子。我回家跟凯西说："就这么着了，我绝对不再干这个了。"她长长地松了口气。

那年夏天，当我接手阿伯丁的帅位时，我同意把我在肖斯酒吧的一半所有权卖给山姆·法尔康纳，不过过了好几个月他都没付钱。这仅仅是一个漫长且悲惨的故事的第一章。这个故事的摘要是山姆经营不善，让这间酒吧欠下了相当大一笔债务，虽然最终他需要为他在酒吧经手的事务而负责，不过我想把酒吧重新救活的种种努力还是宣告失败了，最终它还是倒闭了。尽管我在财务上损失很大，不过我还是为这个结果松了口气，我终于不需要天天为了离阿伯丁140英里的一个酒吧而操心了，我可以专注于我真正的工作了。总的来说，我经营酒吧的经历中混杂了快乐和痛苦，有点像那个裹着一脑袋绷带的丈夫放声唱响的划得来的情歌。

第九章　努力向上

　　无论何种体育运动项目，不断重复使用相关的训练技巧对于有效的练习必不可少。

　　25年来，我在俱乐部主教练职位上的每一天都是学习的经历。然而，当年32岁的我作为菜鸟主教练走马上任时所奉行的一些原则，自1974年7月执掌东斯特林队的第一天起，令我受用至今。这些原则中突出的一条是，好的训练效果必须依靠反复练习。通过改变训练课程来保持球员的士气？忘掉这类鬼话吧。在训练中保持变化来刺激球员的兴趣的说法，虽然听起来挺开明进步的，但其实是一种本末倒置的危险做法。无论何种体育运动项目，不断重复使用相关的训练技巧对于有效的练习必不可少。不然，为什么历史上那些最伟大的高尔夫球星都在同一个击球动作上投入大把时间去反复练习？我会打高尔夫，我知道足球不会像那颗小白球一样总是静静地待在那儿等着被击出，所以单纯进行技术上的比较是不明智的。但这两者的共通之处在于，它们都需要不断提升技术，直到把困难的技巧转化成为身体的本能。当球员们抱怨反复传球练习枯燥乏味的时候，通常都不是因为讨厌单调，而是不肯努力罢了。大卫·贝克汉姆之所以能成为全英国传射脚法最好的球员，不是因为上帝赐予他的天赋，而是靠着坚持不懈的刻苦训练，绝大多数不如他有天赋的球员，都比不上他的刻苦。练习可能不会让你变得完美，但肯定能让你进步——我手下的任何球员都会在训练场上听到我一再宣扬反复训练的好处。

　　在我执教东斯特林期间，这样的话不断撞击着球员的耳膜，尽管那里没有贝克汉姆这样刻苦的好球员，收效也还是不错的。说实话，刚接手这支球队时，我无论如何都凑不出一支完整的球队。当时我们只有8名登记在册的球员，连一个守门员都没有。我看着球员名单，想起东斯特林上个赛季还在苏格兰乙组联赛中排名垫底，这是全国最差的一线队，我都要怀疑自己为什么要选择在菲尔斯公园球场 ① 开始我的执教生涯了。一个很简单的原因就是，我在女王公园足球俱乐部的面试完全搞砸了。阿里·麦克劳德给我做了一份热情洋溢的推荐，但是汉普顿公园球场的董事会成员都曾和我踢过球，于是，在面试委员会面前我败给了自己的紧张感，丝毫没办法说服他们为什么要录用我。

出于礼貌，我接受了与东斯特林进行会谈的邀请。我和他们的主席威利·缪尔黑德进行会面，他那诚恳的表情加上我们相处时的舒适感，让我决定了抓住这一执教机会。然而在他袒露俱乐部贫乏的球队资源的时候，我觉得自己是被这个决定给坑了。威利不得不向我坦白尴尬的真相，这时他抽烟动作的频率大大加速，他一边讲述菲尔斯公园的实情，一边慌乱地吞云吐雾。

"你明不明白你需要 11 名球员加上 2 名替补才能开始一场比赛？"我问他。他试着安慰我说，他已经安排了一场董事见面会，看看能否为增强球队投入一些资金，至少可以达到规定所需的上场人数。那次见面会就在我的第一堂训练课之后。那堂训练课上，不管球员们的能力如何，他们对我表现出的接纳和热情都让我感到振奋。训练结束，我进入会议室，穿过弥漫的烟雾找到座位，等待好消息。威利的坦率令人赞赏。

"2000 英镑，弗格森先生。我知道这并不多，但这是我们能承担的全部了。"

这样的预算下，我只能去寻求可以自由转会的球员了。我一边逛着廉价球员超市，一边不断地讨价还价，这让我的电话热得发烫。我的当务之急是寻找一名守门员。正如我对董事会说过，比赛中门将不可或缺。最佳人选是尚与帕尔蒂克西斯尔队有合约在身的汤姆·古尔利，所幸他是在预备队。他是名好球员，态度端正，无所畏惧，不过他也至少超重了 2 英石 ②。帕尔蒂克西斯尔队主席博迪·奥尔德免除了转会费，于是我只用 750 英镑的签字费就达成了古尔利的转会协议，现在我们终于能享受门柱之间有一名守卫者的配置了。汤姆能够提升自己的身体条件以达到为我们效力的水准，我对此很有信心。另外两名从帕尔蒂克低价购入的球员分别是吉米·马伦——一名灵活的小个子中锋；还

---

① 东斯特林队主场球场。

② 英石为重量单位，1 英石 ≈ 6.3502 千克。

有乔治·亚当斯，这位高个子中场球员曾经在阿伯丁有希望开启光辉的职业生涯，可一次又一次的膝盖受伤阻挠了他的前进。两人都是自由转会，加起来共300英镑的签字费就让我得到了他们。我还剩下不到1000英镑的预算，下一个目标则是克莱德队愿意放走的一名中锋比利·赫尔斯顿。无论我何时去看他的比赛，他总是有不错的表现。我的第一份报价是300英镑，而他一开始则要求1500英镑，最后我们以900英镑的中间价达成了协议。再加上几笔临时性签约，最后我有了一支15人组成的一线队。这个结果足以让我扬扬自得。

在季前训练中，每堂训练课都从"抢圈"这一日常环节开始。"抢圈"中，5名到6名球员组成一队，把另外两名球员围在中央，外圈的球员们相互传球，并且要设法防止中间的两名球员截下皮球。现在我仍然在老特拉福德采用这套练习，不过在这儿只是作为激发球员积极性的游戏罢了。东斯特林球员的技战术水平与曼联的差距得以光年计，所以当时这样训练是为了提高基本功。我用这种方法来提高球员们的接球水平，并且训练他们找到合理传球角度的动作。一开始，传球动作的质量差得让人郁闷，不过训练了几个星期后，就有了明显的进步，这是多亏了我的老伙计"反复练习"的有益影响。在一场对阵以年轻球员为主的凯尔特人队的季前赛中，我们收获了一场3：3的平局①。更重要的是，这场比赛证明了我的球员正在积累信心。他们渴望胜利，并准备好表现自己了。另一场友谊赛中，活力四射的前锋史蒂夫·科佩尔用他的进球，帮助前利物浦中后卫罗恩·耶茨执教的特兰米尔流浪者队2：0战胜了我们。比赛中大部分时间里，我们的传球质量都让我满意，但是我对球队缺乏向前渗透的能力感到紧张。如果你不能在前场完成一次正面进攻，而只是传来传去最终无处可去，这样就算你掌握了全部的控球权，又能有什么用呢？

我计划在东斯特林建立青训体系，于是邀请了本地的青少年球员到菲尔斯公园参加训练，这是在施行我心中深信的另一条执教准则。为了进一步推行这个计划，我付了旅费把著名的青少年男子足球队格拉斯哥联队从我的家乡带到福尔柯克，来检验一下这批苗子。过了一段时间，当这场青年队比赛已被我抛在脑后时，我被叫到董事会跟前。我看到眼前的威利·缪尔黑德倾吐着烟雾，这架势表明他有重大事项要宣告。接下来他宣布，我向格拉斯哥的那个巴士公

---

① 1974年7月29日，那场比赛的目的是帮助几名伤愈归队的凯尔特人球员找比赛状态，结果其实是凯尔特人4：3获胜。

司支付 40 英镑的行为明显违背俱乐部政策。当场目瞪口呆的我完全理解了这句话的含义后，顿时勃然大怒。

"我那么做是想让这家俱乐部进步，如果你是这么想的话，那就滚你的蛋吧！"我把 40 英镑摔在桌上，然后怒气冲冲地离开了。离开训练基地必须要穿过球场，当我在黑暗中的草坪上大步流星地往前走时，威利从后面追了上来。

"亚历克斯，请听我说，"他说，"是吉米·黑斯廷斯强迫我向你提起这个的，你得明白，他是个老头子。"

吉米·黑斯廷斯的确是东斯特林史上年纪最大的董事，如果我发火破坏了他对巴士费用提出的控诉，那么在关于球队的条纹队服上和他冲突我也讨不了好。他们穿的球衣简直是女王公园队黑白细横条衫的复制品，我迫不及待地想告诉董事会他们应该换成白色球衣、黑色球裤和红色球袜。这个建议无人响应，威利·缪尔黑德咳嗽了几声，然后吉米对我发话了：

"听着，小家伙，那种条纹衫从我父亲还年轻的时候就存在了，而且在你离开之后很久都会一直存在的。"那场辩论就此终结。我猜想从那之后吉米就不怎么喜欢我了。有一天我在离球场 3 英里的地方遇到了他，我停下车打算载他一程。

"不用，谢了。"他厉声说道，然后继续大步前进。

新赛季以苏格兰联赛杯小组赛揭幕。我们在前 5 场比赛中 3 胜 1 平 1 负，在剩下的那场比赛中，我们没法跟上阿尔比恩流浪者中锋彼得·迪克森的速度，最终惨败而归。我们再次遇到阿尔比恩流浪者是一场决定小组赛胜者的关键战役，下一轮能对阵格拉斯哥流浪者就是很有吸引力的奖赏[①]。上半场我的球员们没有听从我盯死迪克森的指令，让他能从容接到球，不仅如此，他们还在身后留下大量能被他利用的空间。半场结束，我们 0 : 2 落后。就在下半场我们徒然地对他们发动疯狂进攻之时，我那棒极了的主席先生突然出现在了球员席，这让我更加抓狂。

"你要干什么？"威利问道。

"如果你现在不离开，我就把你从这该死的球员席扔出去。"我说。

---

① 苏格兰联赛杯中东斯特林对阵阿尔比恩流浪者的比赛，是弗格森爵士执教期间两队在正式杯赛上的唯一交锋，之后两队只在联赛中两次相遇，战绩为一胜一负，此处应为弗格森爵士记忆有误。

他灰溜溜地离开了，此后东斯特林的董事再没有插手过我的比赛工作。或许更确切地说，没有人直接插手过我吧。有一次，队内中锋吉姆·米金对我的权威提出了严峻的挑战，董事之一的鲍勃·肖就是幕后之人。球员们总是想自由一些，想测试那条能让你找上他们的底线有多远。如果有兴趣从事管理工作的人问我该如何处理纪律问题，我有一个简单的建议："不要主动寻求冲突，它总会找上你的。"马丁·巴肯接手伯恩利不久就问了我这个问题，我也给出了我在冲突上的观点。

"太晚了，"马丁说，"1小时前我已经和我的中后卫干上了。"

我和吉姆·米金的问题开始于他通知我他会缺席周一的训练，因为周末他和他的岳父鲍勃·肖去了布莱克浦。

"我不管你是和谁一起去的，就算是女王也一样，"我告诉他，"周一你必须来训练，就这样。"

虽然我和肖的关系不错，但即便是他来代表米金给我打电话，我也不会去听这位董事的恳求。那个星期一下午4点左右，米金打来电话，说他的车在回家的半路上坏了，所以他赶不上训练了。我向他要他的号码，这样我就能给他回电了。一阵长时间的沉默后，他懦弱地承认他还在布莱克浦。

"你别回来了，"我说，"你完蛋了。"我是认真的。我不愿意被任何球员欺骗，这是个证明我立场的好时机。过了几周，米金仍处于队内禁赛中。在踢完一场比赛回来的路上，我独自在一家餐馆里的盥洗室内，主席先生带着一身烟味走进了我隔壁的隔间。他郑重地问我能否帮他一个忙，那就是让米金回到球队，这样他就能"让那个肖别再整天在他跟前唠叨"了。带着恶作剧的意味，我随口道："噢，我不知道还有这样的事。"于是威利甩出了他的经典用语之一："看在一个体面的虔诚教徒来请求你的分上，答应我吧。"这让我没法回答，只好点点头说："好吧。"然后他亲了我的脸，这个愚蠢的老家伙。他肯定被鲍勃·肖骂惨了。

我们在联赛中的状态很好，9月末时我们已经升到了苏格兰乙组联赛的第三位。东斯特林（被球迷称作"The Shire"）也开始准备几年来最重大的比赛了。约翰·普伦蒂斯执教的福尔柯克队是我的老东家，他们在1973—1974赛季从甲组联赛降级，现在这两支同城镇的死敌将会正面交锋。显然这是我非常想赢下的比赛，几周以来我都在给球员们做这场比赛的备战训练。

"我对那帮浑球知根知底，"我向球员们保证道，"我甚至可以告诉你们他们会睡在床上的哪一边。"我详细地分析了福尔柯克的弱点，在比赛中能给他们制造麻烦的要点上下足了功夫。最后，我煞费苦心地让小伙子们摆脱"福尔柯克是镇上的豪门"的念头。

"我了解他们，那是帮没用的家伙。"我这样说。董事会允许我在周六早上带球员进场地训练，然后带他们去吃午餐。早在营养师正式登上足球舞台之前，我就对赛前饮食有着强硬的观点。面对端上来的烤鱼、烤面包和蜂蜜，我的反应往往是，"这都是些什么玩意儿？"他们知道我做事情是有的放矢的。

在那样的情形下我会变得紧张。我提醒自己我们还是踢得挺不错的，技术水平也有像乔治·亚当斯、伊恩·布朗宁、吉姆·马伦和鲍比·麦柯迪这样的球员保证。他们所需的只是指明方向，以及有人不时对他们说"干得好"——这是足球界最管用的三个字。无须夸张，一句"干得好"就足够了。比赛那天我们落实了所有的计划，2：0的比分牌没法反映出我们在场上的全部优势，我们彻底击溃了福尔柯克。

我的管理经验与日俱增，尽管我也犯过错误，但是我不会重蹈覆辙。总的来说，我依靠直觉决定如何行动。但是我发现，当我迅速做出决定时，我会得到积极的回应，特别是从球员那儿。我一直这样考验自己：当一名球员和我交谈时，我会在头脑中迅速进行分析和评估，这样我就能很快给出清晰的答复；如果我不是很确定，我就会继续展开谈话，直到我能做出合理的回答为止。当我还是个球员时，我就很不喜欢主教练在答复时含糊不清或者犹豫不决。需要时间来考虑一个问题或者论点，这原本无可厚非，但是你没必要迟疑得像个笨蛋一样。碰到这样的时候，我或许会说："我还没有从这个角度考虑过呢，能让我想一想吗？"赞扬他人有让我做出思考的能力，这样对方也会更愿意去等待我的回答。

1974年10月，就在菲尔斯公园的一切都在稳步前进时，我接到了我曾效力过的主教练威利·坎宁安的电话，他那时正执教圣米伦队。坎宁安叫我去劳芙街球场[①]找他，我觉得应该也就是去叙叙旧吧，于是我从格拉斯哥的酒吧开车去了几英里之外的佩斯利小镇。不过很快我就意识到这位大人物是有要事相商。他告诉我他这几天就会从圣米伦离职，并且推荐了我接手这个职位，问我是否有兴趣。威利解释说，他想离开是因为他已经在足球界干了太久，然后他

---

① 圣米伦队主场球场。

描绘了一幅具有吸引力的图景：圣米伦已经做好准备，只差一名有着雄心壮志的人来带领他们复兴。虽然被夸得很高兴，但是我并不怎么动心。我很享受在东斯特林遇到的挑战，也很享受那一大群球员对我的坚定忠诚——他们愿意为我倾尽全力。所以直到威利正式离任后，圣米伦主席哈罗德·柯里邀请我去他在格拉斯哥的办公室面谈，我在参加会面时依旧倾向于拒绝这份工作。我知道关于这个俱乐部潜力的争论——佩斯利是苏格兰最大的城镇——但我也注意到劳芙街球场最近的上座数只有 1200 人。在格拉斯哥区域生活，有一件事是肯定的，那就是在每个比赛日，一辆辆巴士从佩斯利的十字路口出发，满载着球迷去看流浪者或者凯尔特人的比赛。不过哈罗德·柯里的一句话让我顿了顿："东斯特林能成为一支大球队吗？如果不能，有着雄心的你为什么还要留下？"就在我苦思冥想时，忽然觉得灵光一现。于是我给在凯尔特人公园球场的乔克·斯坦打了个电话。

"斯坦先生，不知你是否能给我一点建议？"我说。

"如果我可以的话。"他回答道，然后让我解释了我的困境。他的建议很简洁。

"去劳芙街球场的看台上坐坐，四处看看，然后去菲尔斯公园球场做同样的事，这样你就能得到答案了。一切好运。"接着他挂了电话。

当我告知威利·缪尔黑德，在他的俱乐部度过成功而短暂的三个半月时光后，我就要离开了，他感到不可思议。在我执教东斯特林的最后一场比赛中，球员们为我献上了来这儿之后最好的一次表现，他们把艾洛亚竞技揍了个 4∶0，这让我更难以开口宣布自己的离开。听到我的决定，全队在震惊中陷入一片沉默，直到边前卫汤姆·唐纳利冲我说："你这个浑蛋！"汤姆是个不错的小伙子，他表现自己失望的方式也一如他平时的耿直。我同每位球员握了握手，然后转身走进董事会议室，对董事们给予我的机会和支持表示感激。当我离开东斯特林郡去往圣米伦时，我没有感到一点愉悦，有的只是没有完成任务的压抑和失败感。我没法假设在劳芙街等待着我的球员还会尽心尽力地为我工作，就像我遗失在东斯特林的那些钻石般熠熠发光的家伙们一样。

有时我觉得自己认识的球探和贝登堡认识的童军一样多 [①]。如果你看到我所熟悉的这类人在护送一位瘦弱的老妇人穿过繁忙的街道，那可能是因为她的孙

[①] 贝登堡勋爵是国际童军运动创始者。

子为当地的少年队进了一堆球。好的球探都是擅于赢得球员家人信任的高手。对于受雇于职业俱乐部的球探，如果要在学校校队、业余球队、青少年队和所有较低级别联赛球队中找出可以推荐给雇主的天才球员，能取信于人只是成功所必备的众多特质之一罢了。当然，球探得有判断球员的能力，可一旦发现了猎物，就必须赶走其他的追求者们，这就需要智谋、坚持以及时常采用一些狡猾的策略。阿奇·"秃子"·林赛身上就体现了包括且不限于所提到的全部特质，他或许是我执教生涯里合作过的无数球探中最出色的一个，在我在圣米伦任内贡献了惊人的球探成果。"秃子"曾在格拉斯哥的金宁公园区做出租车司机，因为执教一支著名的少年足球队埃文维拉而成名。我和他的关系紧张起伏，经常随着他暴怒离开一次后（嘴上嚷着"你真懂球啊"）就陷入数星期的冷战之中。然而，当我决定留在劳芙街球场的 35 名球员中大部分都得离开，而年轻的新鲜血液是把球队提升到所需层次的唯一希望的时候，"秃子"就是我不可或缺的盟友。

每当我让"秃子"追踪一个我感兴趣的球员时，他就对看准了的小伙子尽心尽力地履行职责，不达目的誓不罢休。举个例子，一次在圣米伦的球场上举行的少年队决赛中，利兹联少年队有个叫约翰·麦克唐纳的左边锋上演了打进7 球的惊天表现。我告诉了"秃子"一些信息，比如麦克唐纳的学校在格拉斯哥的奈茨伍德区，还有他父亲的教名等。但是我不知道他的住址。"秃子"的解决办法很独特：他跑到奈茨伍德警察局，对接待警员说那家里有人去世了，他得联络在那儿的外甥。于是警方拿出了选民名单，经过一系列排除法后最终确定了街道和号码。另一个成功的例子是中后卫菲尔·麦卡维蒂，他是苏格兰少年队队长，曾是凯尔特人少年队的一员。在"秃子"用他的出租车接送麦卡维蒂去学校，以及劝说我在圣诞节给他家买了一只火鸡之后，他被招徕到了圣米伦。他最伟大的一次阿奇·林赛式胜利，大概就是坚持不懈地缠着我签下一位叫比利·斯塔克的瘦高个儿中场。我为"秃子"的这种热情稍微驻足了一会儿。等到斯塔克和流浪者队签下一份临时合同，"秃子"便骂我是头蠢驴。到了 1975 年夏天，流浪者放走了年轻的比利，再一次考察了他之后，我把他纳入了我们成年队的名单，而他最终在此成长为一名德艺双馨的球员。

有一次，我和"秃子"为某些事情争吵得尤其激烈，之后我们完全失去了联系。几年后再一次从电话那头听到那熟悉的声音时，我已经在执教阿伯丁了。

"嘿，老板，你好吗？"他问道，好像我们昨天才聊过一样。

"还行。'秃子'你呢？"他承认他近来"过得并不太好"，但我发觉他在陈述自己的健康问题时仍有所隐瞒。他这通电话的真正主题是他的侄子，一个出色的小伙子，正在位于格拉斯哥市布里奇顿区的圣玛丽青年队踢球。他的侄子就是乔·米勒，后来曾为阿伯丁队、凯尔特人队和苏格兰代表队效力。那次电话交谈没过几周我就签下了乔，而"秃子"则在之后不到一周就去世了。他选择了为我执行生前最后一次球探使命，我为此感到无比自豪。

在圣米伦时，"秃子"和其他所有热心而知识丰富的球探周末都在球场上搜寻着，和他们的合作是我全心全意投身俱乐部青训的重要内容。尽管刚到劳芙街球场时，那里的大部分球员我都看不上，但幸运的是沙砾之中还藏着一颗珍珠。托尼·菲茨帕特里克并非一开始就来之能战，当时他正被肺炎困扰。他恢复健康的那天我为他安排了一场预备队比赛。同一天，一线队在苏格兰杯的首轮对阵我的老东家东斯特林。我在流浪者队的前队友戴维·普罗文加入成为我的助理教练，他是那种你身边所能拥有的最尽责可靠的人，于是我叫他去认真观察菲茨帕特里克的表现。他带回的评价简单有力。

"棒极了。"戴维说，"他是我们队里最强的球员。"

东斯特林轻蔑地以 2∶0 将我们从苏格兰杯中踢出局，事实上这个比分本可能再翻两番。看到这一切后，我毫不犹豫地把菲茨帕特里克加入下一场联赛的主力阵容中。而他在那场比赛中表现出众——他寸土必争，并在传球的处理上十分周到。他的表现征服了我，于是在下一场奔赴邓弗里斯郡客场挑战强敌南部皇后队的比赛中，他被立即任命为队长。对方阵中新签入的中锋就是彼得·迪克森，效力阿尔比恩流浪者期间，他曾让我带领的东斯特林队十分头痛。

1974—1975 赛季接手圣米伦时，我的首要任务是在乙组联赛中保住前 6 名的位置。因为到了 1975—1976 赛季，整个苏格兰职业联赛将会重新改组，原先各有 18 支球队的甲组和乙组联赛，改成各有 12 支球队的三级别联赛。其中 1974—1975 赛季的甲组前 12 名组成超级联赛，新的甲级联赛则包括老甲组的最后 6 名加上老乙组的前 6 名。我们决心在这乙组前 6 名中争得一席之地。然而在那场对阵南部皇后的客场比赛中，形势不容乐观。因为对方正与汉密尔顿学院队携手领跑积分榜。为了避免掉入新成立的最低级别联赛，在帕默斯顿球场的比赛必须成为转折点——我们做到了。我们用一场 1∶0 的胜利开启了八连胜之旅，并最终保证了梦寐以求的前 6 名席位。

　　同样重要的是，托尼·菲茨帕特里克的热情投入影响了整个俱乐部，也更加坚定了我依靠年轻球员的决心。积极的青训政策让我们的人才来源不断扩展。紧锣密鼓的球探工作获得了回报，在优秀尽责的职员的努力下，圣米伦青年队也蒸蒸日上，开始吸引佩斯利地区最优秀的男孩们加入。足球界关系网的扩展也有裨益，而球场上建立起的良好形象则是可喜的额外收获。1975 年年初的某一天，在流浪者时期曾给我很多帮助的威利·桑顿，出乎意料地打来了电话。

　　"基尔赛斯巡游者队有位值得签下的年轻人，"他告诉我，并补充道，"他对我们没用，但他是个好球员。"

　　当威利说那个小伙子不适合流浪者队时，我就知道他肯定是位天主教徒。我派出一名叫马克西·格雷的球探，去看看这位叫作弗兰克·麦加维的年轻人有多出色。不到一个星期，弗兰克就加入了我们希望之星军团的集结之中。考虑到麦加维后来为苏格兰队出场过 7 次，威利·桑顿的建议真是太值了。传递这一消息之后，桑顿告诉我其实是时任流浪者队主教练的威利·沃德尔推荐我来圣米伦工作的，并且他还准备在任何可能的时候进一步帮助我。我还记得离开埃布罗克斯球场之时，我向沃德尔保证，无论报刊媒体给我开出多高的价码，我都不会因此去抹黑流浪者队，他表示十分感激，"我不会忘记这些的，亚历克斯"。威利·沃德尔是个信守诺言的人。

　　1975—1976 赛季我们在甲级联赛中的主要任务是保持在积分榜上排名中上，而非追求更进一步。我们曾有一段时间竞争过领头羊位置，不过最终排在了联赛第五。与此相比，更重要的是我们唤起了更多佩斯利地区的人对足球的热情。对我来说，那是一段漫长而劳累的日子，因为我在足球工作之外所允许的时间里，不仅要抽空管理我的酒吧，还得在东基尔布赖德的家里尽量帮助凯西抚养我们的孩子。我们在劳芙街给球迷们带去快乐，而他们的支持是我不竭的力量之源。为了传播球队的信息，我们办了一份自己的报纸。之后球场的一位电工弗雷迪·道格拉斯提议，我和他应该坐在他的货车上在城里环游，同时通过喇叭向潜在的支持者喊话。那时我已经以管理上敢于创新出了名，但做这件事是表明我乐意去尝试任何可以帮助球队获得成功的方法。至少作为游说者，我们比那些竞选候选人更受欢迎。坦白说，弗雷迪喝彩得最多，不过我向人招手的样子也是颇有风范的。

我和球迷们的亲密关系在1976—1977赛季的到来之际就带来了实际好处。那时我开始意识到，如果要让圣米伦赢得甲级联赛的冠军并晋级，我得引进更有经验的球员。于是我把目光转向邓迪联的杰基·科普兰，因为他意外地和主教练吉姆·麦克莱恩闹翻了。杰基是位经验丰富的中场，作风硬朗，并且还是佩斯利人。实现这一计划的主要障碍是俱乐部的经费紧缺，而转会费需要17000英镑。因此，我把这一困境告诉了球迷协会，而他们慷慨地提供了14000英镑的贷款。俱乐部翻箱倒柜凑出了剩下的3000英镑，交易搞定。

　　到了1月，我们打出了不少精彩的表现，坐上联赛榜首位置的同时，观众数量也从我来之前的1000多人翻了10倍。我们在一场苏格兰杯比赛中以4∶1大胜在超级联赛排名前列的邓迪联，那天劳芙街迎来了多达19000名观众。队内的4名球员被招入苏格兰U21青年队：菲茨帕特里克、斯塔克、麦加维和罗伯特·里德，进一步证明了这支球队的前途。下一轮杯赛，有15000名球迷随我们远征菲尔公园球场对阵马瑟韦尔队。如果不是裁判对他们野蛮粗暴的作风听之任之，我们本可以取得更好的结果。当我们以1∶2失利，抬着伤员离开时，我冲向了马瑟韦尔的主教练威利·麦克莱恩，并且把主裁判伊恩·富特怒斥了一顿，于是我被告到了苏格兰足协。失利从来不合我的胃口，但对于正大光明地击败我们的对手，我不会吝啬真诚的掌声。菲尔公园的那场比赛则是球场上的暴行。

　　回家的路上我的心情很恶劣，而好友约翰·多纳基的一通电话更是火上浇油。约翰和我在高湾的和谐巷少年队时便是队友，在1969—1974年我担任苏格兰球员协会主席期间，他则是副主席（他自己的职业生涯在东斯特林和南部皇后队度过）。当他告诉我，他在我们对马瑟韦尔比赛的前一天晚上，看到弗兰克·麦加维在格拉斯哥中心的滑铁卢酒吧喝得大醉，我仿佛亲眼看见了那一幕。我去质问麦加维，他立刻承认了。然后我告诉他，他会被苏格兰U21青年队开除，他的足球生涯完蛋了，我再也不想看到他。之后整整一个星期，队员们一个接一个来为他求情。那个周六晚上，我和凯西以及整支球队都应邀出席了一场球迷舞会，除了弗兰克。而他从佩斯利市政厅的一根柱子后跑了出来，不停地向我悔悟道歉。凯西很同情他，然后我也气消了。我的目标依然不变——还有一个冠军必须拿下。下个星期，劳芙街将要迎来积分榜上紧随我们之后的克莱德班克。这时候跟已经受到教训的麦加维和解，我可以接受。

　　在通向冠军之路上，圣米伦打出了一些激动人心的比赛，其中最精彩的三场都是对阵戴维·怀特带领的邓迪队。这支队伍曾让我在流浪者时期触过霉头。那三场比赛的总比分是 11：1，其中最后一场，我们做客丹斯公园球场^①4：0大胜对手，从而确保了冠军。对圣米伦来说，这是个不能忘怀的赛季，这支年轻的队伍在 39 场比赛中仅仅输了 2 次。佩斯利被笼罩在失业率不断上升的阴影中的这一时期，我们的成就成了人们快乐的源泉。更多的年轻英才不断地向俱乐部涌来，这让我倍感满足。戴维·普罗文和我训练来自远方各地的小伙子们，更多的球探，比如比利·邓肯森、哈里·麦金托什和传奇的萨姆·贝克为我们收割起丰收的苗子。除此之外，我的一项额外工作是搭载 3 名来自东基尔布赖德的年轻球员。其中的一位，现在每次见到我都会抱怨我当初没有签下他。那会儿他是一名技术出色的中场，但是个子太小了，我不太确信他能成长到职业级别。他的名字是阿利斯泰尔·麦考伊斯特。阿里总是不厌其烦地告诉我，我是他遇到过的最糟糕的主教练。

　　那个时期是我作为主教练快速成长的一段日子。勤奋刻苦地工作是成功的重大因素，而坚持自己的信念同样重要。我坚信，能准确地传球是极其重要的，没有传球的训练是不存在的。不过我同时也在训练中加入想象力因素，我向球员们强调，他们得在头脑中形成画面，去设想如何能创造性地影响不断变化的比赛格局。当然，我这种不断压榨自己和周围人潜力的做法并不总是能让人接受，为此我经常担心自己的火爆脾气。例如有一次，坐镇劳芙街迎战帕尔蒂克西斯尔队的比赛之前，我弟弟马丁打来电话说，队里的有些球员经常出现在那该死的滑铁卢酒吧里。如果这还不够，他们还向外吹嘘自己得到的奖金数额。我火冒三丈，那场 1：0 获胜的比赛之后，我让全体嫌犯都坐在更衣室的一侧，好让我臭骂他们。随着我的吼声每增加一分贝，我的怒火就旺一分，直到我失去控制，操起一瓶可口可乐狠狠砸碎在他们头顶上方的墙上。他们一动也不敢动，任由可乐顺着墙流下，任由玻璃碎渣掉在他们身上。我告诉他们，除非他们签字，保证再也不去滑铁卢酒吧，否则全队都要待在劳芙街球场训练一整个晚上。然后我留下一张印好的保证书，转身回了办公室。半小时之后，队长杰基·科普兰来到办公室，问我是怎么回事。

　　"你没有听我说吗？"我问。

　　"我听了，"他说，"但是当时你发那么大的火，没人听明白是怎么回事。

---

　　① 1974—1975 赛季，圣米伦最终排名第六，积分仅领先第七名 2 分。

我想这会儿他们还在那儿战战兢兢的。"

我向他具体解释问题出在哪儿，并重申了我的要求——签下那份保证书，或者之后的每个周六晚上都留下来训练。10分钟后，杰基带着签好的保证书回来了。我决心与酗酒文化这一恶习斗争到底，这是英国足球的一大毒瘤。我在老特拉福德的经历确认了它能毁掉任何一支球队，任何对其视而不见的主教练都不配做这份工作。我并不是一个绝对戒酒主义信徒，恰恰相反，我喜欢看人们饮酒娱乐，如果有上佳的红酒，我也会毫不犹豫地来上一杯。但是作为职业运动员，酗酒是绝不允许的。在这个观点上，任何持有异议的球员在我这儿都待不长。

在我来到劳芙街两年半后，这里场上场下都改变了很多。刚来的那会儿，圣米伦的运营就像一个奇怪的小型社交俱乐部，如果不是我积极干预，这种情况会一直持续下去。非球队竞技的部分交给了球场管理员和他的家人们进行运作，这完全是不负责任的做法。球场管理员吉米·里奇是个好人，但他被默认赋予了太过荒唐的职权范围和权力。他负责从好几家不同的公司采购清洁用品，还负责球队的饮食、比赛程序表①销售和球场的供给。周日早上我从酒吧工作中抽了个空去球场看看，结果大开眼界。外面正挂着风干的是一整套当地警察球队的球衣。吉米的兄弟威利正在主看台下忙着修车，他的姐姐则在楼上厨房里给家人和警察做饭。这样的安排在那一天告终。我命令吉米归还所有还没卖出的比赛程序表以及已卖出部分所得的收入，于是我们第一次从比赛程序表上赚取了利润。

我担心的另一大问题是，不少球迷不买票就直接翻过旋转栅门进入场地看球。而有些看门人大概是为了帮朋友一个忙或是收了一点小费，对此睁一只眼闭一只眼。这种欺骗行为很难收集证据，所以我叫了几个工匠，把旋转栅门所在的收票站屋顶改低了些，这样栅门上方的空间就小到跳不过去了。

你可以说我是个事必躬亲的老板，可这种事总得有人去做。大多数董事只有在比赛当天才能看到，至少其中有这么一位叫约翰·科森的，即使去了也跟没去过似的。有一次他问我："亚历克斯，哪个是托尼·菲茨帕特里克？"那时我已经任命托尼当了两年队长了。

---

① 俱乐部印发的一种包括日期、对阵球队和球员位置等比赛信息的卡片/一页纸/小册子，在英国，入场观看足球比赛时购买这种程序表是一种习俗。

董事会里分成两派，经常在一起争吵，科森和威利·托德一伙，后者在哈罗德·柯里之后继任为球队主席。平心而论，托德比球队其他任何董事出现在劳芙街球场的次数都要多，不仅因为他为球场所有工程提供油漆，更因为他是个真正的球迷。当我来到这里，他对我过于热情地欢迎时，我就怀疑这是个很容易自我膨胀的人。只要有一点事关荣耀，就没人能抢得过他的镜头。托德喋喋不休地向我卖弄，他是如何在董事会的另一派面前坚定地支持着我，那一派包括尤尔·克雷格和弗雷泽·麦金托什。因此我曾提防那两人，直到1976年，尤尔陪着我们去加勒比地区进行了一次为期三个星期的巡回赛，他是同去的唯一一个董事。这一行程归功于哈罗德·柯里在威士忌出口贸易中的关系。巡回赛在巴巴多斯进行1场，特立尼达2场，还有圭亚那和苏里南各1场。这些比赛带来了一些好处，包括极大地增进了队员间的战友之情，以及让他们觉得自己值得受到高水准接待。我们以4∶0大胜苏里南，然而当地媒体却令人讶异地把我们贬作炮灰。之后我们在巴巴多斯放松了5天，结束了巡回赛之行。这次旅行让我发觉尤尔·克雷格和托德的描述大相径庭。

　　不过这次行程中也有不如意的情况。在圭亚那的经历带来的沮丧，让我这个离开球员生涯不久的主教练备受困扰。巡回赛中，我和普罗文也穿上球衣替补上阵，在巴巴多斯和特立尼达我们玩得很愉快。到了圭亚那情况就不同了，那儿的国家队主教练约翰·麦克塞弗尼是个讨人喜欢的苏格兰人，他给圭亚那队上足了发条，准备迎接即将到来的世界杯预选赛。从比赛一开始，我就在向裁判抱怨对方的大个子中后卫残酷地侵犯我们的年轻中锋罗伯特·托兰斯。中场休息过后也没有任何改善的迹象。当年轻的托兰斯再一次被放倒在地时，我对戴维·普罗文说："够了，我得上去了。那个大个子浑蛋简直肆无忌惮。"戴维试图劝阻我，但我已是怒火中烧。在争抢一个传中的第一次接触中，我对那个中后卫实施了一点报复，他的尖叫使裁判恶狠狠地盯着我。此后我们的对抗更加激烈，直到我完美地击中了这个对托兰斯施暴的家伙。他像要死了似的在地上打滚，同时裁判将我罚出场外。比赛结束后，我指着球员一字一顿地警告他们："永远不要让别人知道这次红牌的事，明白吗？"之后他们确实没对人说起过。

　　我在成年队的16年职业生涯中共有6次被罚出场。当然，我并不认为每一次这样的判罚都是完全公正的。直到这次圭亚那事件之前我都可以摸着良心说，我从未在场上故意伤害过对方。我在职业生涯中的犯规从来都是受到侵犯后的反应，有时可能是反应过激了。如果对手球员守规矩，我也会报之以礼。球场上的纪律记录往往和脾气或者狡猾更有关联，并不总是道德的问题。有的球员在面对侵犯时能像个哲学家一样冷静，有的则会本能地反击。有的"凶手"在比赛中的动作太过隐蔽，所以很难找到他们犯规的证据。作为主教练，我一直坚信技术才是王道，从不赞成粗暴或肮脏的战术。我还提倡自制力的价值，不仅因为这是道义上更应该做的，而且最终也会带来实际的益处。不过我得承认，作为一个曾蓄意拿到红牌的主教练，我没做到以身作则。

毫无疑问，1976年夏天那次加勒比之行增强了球员们的凝聚力，让他们更加成熟，从而帮助我们在随后的赛季中拿下了甲级联赛冠军。反过来，赢得冠军也立即给我创造了一次更进一步的机会。当时还是阿伯丁主教练的阿里·麦克劳德准备接手苏格兰队备战1978年世界杯。他打电话给我，问我是否有兴趣去皮特德里球场接班。我像个傻瓜似的回答说，我要把圣米伦建设成阿伯丁那样的球队，所以我只能谢绝他的好意。之后我才渐渐明白，不同层次的足球俱乐部在规模上有着根本性的差距。就像东斯特林变不成圣米伦，圣米伦也成不了阿伯丁，而阿伯丁也无法成为曼联。如果我在和麦克劳德通话时就明白这一点，我就能避免许多后来让我头痛的事，其中大部分和威利·托德以及他逐渐膨胀的权力欲有关。

我一直计划把圣米伦变成全职俱乐部，这条路上重要的一步就是这项计划：允许球员们早上做其他工作，下午来球队训练，然后逐渐变为全职球员。但是和托德给自己设计的大跃进计划相比，这一步骤实在是太弱了。那个早上他来进行日常视察时，宣布说他有一个好消息要告诉我们。我还在幻想会有更多转会资金流入时，就听见主席先生说："我要成为全职主席了。"这事儿的负面性在其后的一场比赛后显现，那场比赛中我们在劳芙街与流浪者激烈交锋后以3：3战平。比赛期间一部分流浪者球迷行为不端，有些年轻人冲进球场，比赛不得不因此中断。我回避了媒体企图将我卷入后续报道的行动，然而我们的全职主席先生狂妄自大地一头扎进争吵之中。报道称，他说要禁止流浪者球迷进入劳芙街球场，并且"要和流浪者主教练威利·沃德尔坐下来好好谈谈他球队的问题"。当著名的沃德尔之怒火倾泻过来时，我自然也在抨击名单上。"你们这些忘恩负义的混账东西！"这是他激烈的长篇大论的开头。他有资格这么说，因为他对我和圣米伦十分照顾（有一次两家俱乐部举行了一场友谊赛，吸引了9000名观众，他把流浪者所得的一半门票收入给了我们）。我对威利·托德的自以为是表示反对，从此我们的关系开始恶化。应托德所求，我安排他与沃德尔在埃布罗克斯球场会面。但我惊讶地发现托德居然把那次会面安排完全抛之脑后。想到最终他去了之后会受到怎样的待遇，我感到不寒而栗。

由于成绩起伏不定，加上容易挥霍领先优势，我们在1977—1978赛季一度濒临降级。赛季只剩下三四场比赛时，我们在超级联赛的前景仍不明朗。好在去索莫塞特公园球场对阵艾尔联队的比赛中，我们第一次能派上最强阵容。艾尔联也是降级热门之一，所以那场1：0的胜利让我们暂离降级区。

我和威利·托德此后便形同陌路。当阿伯丁再次向我发出邀请时，我的回应肯定是接受了。比利·麦克尼尔带领的阿伯丁上赛季离联赛和杯赛冠军都仅有一步之遥，然后他被凯尔特人挖走了，阿伯丁的帅位自此空缺。凯尔特人那边解雇的是伟大的乔克·斯坦，这还不够，为了确保能逼走他，他们还侮辱性地给他提供了一个商业发展部的职位。我担心圣米伦在合约上有足够卡住我的条款，这样他们可能会因此而起诉我，于是我愚蠢地推迟了宣布我离开圣米伦的决定，情况因此变得复杂。这让托德有机会来实施他驱逐我的计划。或许在之前的一次董事会上我与约翰·科森对骂时就该有所觉察。不过即便如此，当那个工作日的上午我被叫进董事会会议室时，我也没法对接下来发生的事做好准备。托德拿出一张纸，上面打印了一长列有编号的条款清单。他告诉我我破坏了合约，然后宣读了所印的15个事例，我这才知道那张纸的作用。其中一项十分严重的指控是我曾责骂过一位女秘书。事实是在一次争执中，她站在托德一边反对我，然后第二天我告诉她："你以后别再对我这样。"清单上的另一项则是我每周支取的一份25英镑费用。可是这份收入在当初谈合同时是作为我工资的一部分，俱乐部开具的一份附带信件也可以做证。这一安排俱乐部是知道且承认的，所以没什么可质疑的。清单上列出的第三项违约是我曾告知一位编辑朋友说我们会击败艾尔联。众所周知，一位足球主教练说自己的球队能赢并不是对赌徒的保证。不过倘若他说自己的球队一定会输，那就另当别论了。我和上述的编辑戴维·麦卡利斯特相交多年，我们时常会聚一下，相互交换对彩票下注的意见。我一直很相信我的圣米伦，所以我对那场和艾尔联的比赛的评论不是什么有价值的内部消息。把这一点说成是我违反合约，真是太荒唐了。

其他的12条理由让我感到滑稽可笑。它们包括允许球场管理员开我的车，在未经允许的情况下去温布利球场看利物浦对阵布鲁日的 1978 年欧洲冠军杯决赛（顺便说一下，我都是自费的），等等。等整个清单念完之后，我禁不住笑了出来。威利·托德气得不行，他叫我别笑了。

"我真的忍不住，"我说，"我想如果你要解雇任何一个人，只需要一个理由就够了——那就是不称职。"我回到自己的办公室，清空了我的桌子，然后回家去见凯西。当思绪稳定下来后，我感到十分生气，不过我也知道了，我对于管理层的态度会让我极易受到这样的攻击。就算你厌恶球队主席，你也得想办法和他相处下去。因为我是个直肠子，总是和托德争吵，这样在权力斗争中我肯定赢不了。在圣米伦董事会的不愉快经历，算是帮我敞开了去往阿伯丁的大门，对此我还是心怀感激的。

我和阿伯丁令人敬畏的主席迪克·唐纳德在他的办公室里仅用了 10 分钟就在合同上达成了协议。接着，他和球队副主席克里斯·安德森与我共进午餐，然后就通过媒体宣布了对我的任命。几天后，我飞去美国和克里斯一起开启为期三周的行程，学习北美足球联赛的商业运作。1978 年北美联赛正处于最繁荣的时期。美国之行让我有机会了解这位副主席，并且掌握有关新东家的珍贵信息。我感到自己对于面前的路已经准备妥当，就和家人一起去马耳他度假了。那儿的活动除了日光浴，就是在电视机前看阿根廷世界杯，以及打电话回苏格兰探讨助理教练的人选。我在圣米伦的助手戴维·普罗文是可靠的人选，但是我们同为流浪者队友的身份可能会招致怨恨。这种情绪在劳芙街球场内显而易见，从董事会到球迷身上都能感觉到。告诉普罗文我不会继续带着他，这话我很难说出口，不过我们依然是最牢靠的朋友。我的左膀右臂第一人选是沃尔特·史密斯，他在邓迪联的吉姆·麦克莱恩手下工作出色，不过我和吉姆的谈判碰了壁。所以我转向了刚刚退役的帕特·斯坦顿。除了没有执教经验，他什么都不缺，更难能可贵的是他曾是希伯尼安队的一名出色的球员。尽管凯西对于搬去阿伯丁有点忧虑，但是她一如既往地坚定地支持我。儿子们把这次搬迁看成一场大冒险，我也一样。

第十章 建功于北方

自苏格兰职业足球创立以来，格拉斯哥的这两大巨头就建立了他们的统治地位，这使得其他球队心理上未战先怯，甘当配角。

在 20 世纪，流浪者和凯尔特人囊括了几乎所有的苏格兰顶级联赛冠军，只有 15 次例外。仅这一统计数据便足以说明，如果我想在阿伯丁成功，最主要的考虑是什么。如果我们不能经常击败这对"老字号"，那么我们队就没法成为冠军锦标的主要竞争者。显而易见，这是雄心壮志，不过我明白，我得对球员们进行思想教育，让他们相信这是可能的。自苏格兰职业足球创立以来，格拉斯哥的这两大巨头就建立了他们的统治地位，这使得其他球队心理上未战先怯，甘当配角。这种被动心态可不是我的作风。我不打算让阿伯丁仅仅满足于偶尔站在舞台的中心，我要取得持续的成就，我要夺得奖杯。对流浪者和凯尔特人而言，我命中注定就是那个来自反垄断调查委员会，打断他们在苏格兰足坛予取予求的美梦的男人。在皮特德里的 8 年里，我实现了以上大部分的目标。将一支地方性球队带到苏格兰足球的顶峰至少几个赛季，这样的感觉妙不可言。虽然我后来在老特拉福德也取得了很大的成就，但也难以超越在皮特德里任期内的那种成就感。我有理由感谢比利·麦克尼尔给我打下了坚实的基础，阿伯丁在他的任期内离冠军仅一步之遥。然而我在这里执教之初却很不顺利。就我个人而言，主要是情绪方面的原因。其中包括我对圣米伦主席威利·托德用于解雇我的那一系列匪夷所思的指责不服，于是向劳工法庭申诉。那段时期，我本就因父亲的健康状况急剧恶化而焦虑，而想要证明自己清白的决心更是让我压力倍增。球队方面，我也给自己找了不少不必要的麻烦。那时候我还没完全吸取不要直接找上球员发生冲突的教训，常常过于急躁地强化纪律。在此期间，多亏有家庭和朋友一贯以来给我的坚定支持。同时我还要特别感谢在阿伯丁支持我的那些才华出众的人们。

帕特·斯坦顿来当我的助理教练之前，我的教练团队中最重要的是能力过人的泰迪·斯科特，他兼任预备队教练和球衣装备管理员，是皮特德里球场中的万金油。泰迪在阿伯丁作为球员和教练已经服务了40年，这样的奉献精神让我肃然起敬。他是来自埃伦镇的乡下小伙子，那里离阿伯丁市约20英里。还没有私家车的时候，他时常因为在球场工作到太晚而错过回家的最后一班公交车，于是只好睡在俱乐部的斯诺克台球桌上。1999年1月，我十分高兴地带着曼联去参加为泰迪举办的纪念赛，那天球场满座。

至于帕特·斯坦顿，我找不到比他更好的副手了。我们在讨论球员的特点以及我为球队制定的结构和战术时，他总能给我出主意，这样的才能太难得了。起初我对阿伯丁的关注点是在防守时退守得太深了。考虑到队中防守核心的特点，这样的倾向可以理解。球队的两名中后卫威利·加纳和威利·米勒拥有默契的配合，他们把防守放在禁区内的策略也是合理的。因为两人都不以速度见长，所以他们必须避免给对方的进攻球员留下身后的空当。可是那时候威利·米勒低估了自己的能力，他此后的成长就证明了这一点。不管怎么说，这种过于退缩的防守和我的主动战术格格不入。我希望这支球队能通过积极主动的进攻更好地展现自己。

头几个月，我们运气不佳，我也受到了批评。球员们在更衣室内有一些怨言，其中之一是我总把在圣米伦执教过的球员和阿伯丁的球员进行比较。这确实是我考虑不周，因为皮特德里的这些球员比劳芙街的年轻人更加成熟老练。我决定以后在和队员谈话时更加注意。

唯一让我长期担心的是小个子前锋乔·哈珀。乔是球迷心中的英雄，但对我来说不是。无论他双腿健康还是受伤坐上轮椅，他都是个麻烦。早在季前训练时我就有点担心他，因为在一次耐力跑中我都能甩开他很远（我已经停止正式踢球三年半了）。我觉得他是个滑头，这个猜测得到了证实。一天他在更衣室后门外拦下我，告诉我球员们是多么喜欢我的训练。

"大比利（比利·麦克尼尔）在这儿时从不训练我们。"他告诉我。

我没时间听这种废话。哈珀向我兜售这种话的意图在下个星期就暴露了，他过来找我，希望我给他开一份证明书。我把他标记成需要密切观察的人，正巧当地的警官也是这样。上任后不久的一个下半夜，警察打通了我的电话，告诉我乔因为酒后驾驶被扣留，并问我是否要听他的电话。乔说话虽然不至于前言不搭后语，但是他的恳求跟疯了没什么区别："求求你联系警察局局长亚历克斯·莫里森吧，看看他们能否取消指控？我才喝了三品脱。"我打电话叫醒了球队副主席克里斯·安德森，安德森果不其然地拒绝了哈珀向警察局局长求情的无理要求。

"他想都别想，"克里斯说，"乔过去就有这些毛病，现在他这样利用你，充分说明了他是怎样的人。回去睡觉去吧。"不久之后，我接到警察局的电话，告诉我乔的酒精测试超标两倍半，我就去睡了。

我不会忘记1978年的那个12月。在邓迪的丹斯公园球场对阵希伯尼安的苏格兰联赛杯半决赛，是我的父亲现场观看的最后一场球赛。我仍然记得他在我身后的贵宾席上向我挥手的样子，他穿着我送给他的克龙比式大衣，面带微笑。他很满意我们那场1：0的胜利。两周之后，劳工法庭下达的判决给了我当头一棒。我的律师马尔科姆·麦基弗确认我坐下后，才告诉我法庭驳回了我的申诉。我简直无法接受："他们怎么能这样？"他解释说，法庭判定，接受那笔费用已经构成了违约，再加上责骂秘书的事件，结果就是解雇的理由成立。马尔科姆认为如果我们诉诸法律，胜诉将会易如反掌，但是我太过于担心父亲就没有接受。当时我满脑子想的都是这个决定对于他会是多么大的打击。凯西和我母亲也会深受打击，不过她们都还健康，能够应付过去。我的父亲已病入膏肓，听到申诉驳回的消息后，他的病情迅速恶化，两个月后便去世了，享年66岁。他去世的那天，我们正在劳芙街客场挑战圣米伦。之前的那个周五我去探望父亲，令我震惊的是，仅仅两个星期，他衰弱得那么快。坐在他身旁，我能做的唯有握住他的手，看着他的那双曾经明亮，如今却已变得黯然的淡蓝色眼睛。

"死亡是命中注定的，亚历克斯。"我离开时他如是说。

那个星期六的下午对阵圣米伦的比赛中，我们以2：0领先。可是在4点20分到4点25分之间发生了一系列匪夷所思的事情。主裁判威利·米勒和伊恩·斯坎伦罚出场，并莫名其妙地给了圣米伦一连串有利判罚，最终让他们以2：2追平。比赛结束我就对裁判大发雷霆，他便说要把我告到苏格兰足协去。几分钟后，我的老朋友，劳芙街的电工弗雷迪·道格拉斯把我拉到一个小房间，告诉了我父亲的噩耗。我完全崩溃了。弗雷迪、阿伯丁主席迪克·唐纳德和克里斯·安德森都尽力安慰我，可是就如同我们大多数人在这种时刻一样，我悲伤得不能自已。我赶到南方综合医院，问我弟弟马丁，父亲是什么时候去世的，他回答："4 点 23 分。"父亲离世的时候正是劳芙街场上那一系列严重犯规爆发的时候，真是奇怪。父亲的葬礼定在接下来的星期三，我和马丁迎接高湾区所有前来吊唁的客人。来者有父亲在费尔菲尔德船厂的工友，还有我的学校同学，包括邓肯·彼得森、汤米·亨德里和吉姆·麦克米伦，这让我感到欣慰。他们对于父亲的尊敬可以追溯到很早之前。当天晚些时候，我开车回阿伯丁（那天晚上我们和帕尔蒂克西斯尔队有一场比赛），半路在乡间的一处停车带停下，向父亲致意。

我执教的首次大赛决赛是在 1979 年 3 月 31 日，这是那个赛季我们苏格兰联赛杯征程的高潮。对手是流浪者队，不过作为埃布罗克斯球场曾经的一员，我并不畏惧他们。我带领球队在艾尔郡的拉格斯进行备战训练。可是到了比赛那天的傍晚，我在训练基地里才知道，有能力但情绪化的左边锋伊恩·斯坎伦决定不参加比赛了。他说不喜欢自己踢的球，想离开俱乐部。他说这些可真是会挑时候（虽然事后证明那只是暂时的），不过我从不会因为缺了一名球员就乱了方寸，于是我调整了球队阵容和战术。那会儿我刚刚完成了在阿伯丁的第一次转会，用 7 万英镑从纽卡斯尔联队买来马克·麦吉，但是帕特·斯坦顿和我都认为他还没有和球队磨合得足够好，决赛中用他太过冒险了。在汉普顿公园派上的这支队伍踢得不错，其中史蒂夫·阿奇博尔德证明了他无疑会成为一流的前场球员。邓肯·戴维森替代了斯坎伦在左翼的位置并表现活跃，他不仅打进了让我们领先的一球，下半场我们的左后卫道格·罗格维被有争议性地罚下后，他依然斗志昂扬。比赛还剩下 12 分钟时，我们的门将博比·克拉克受到肘击负伤，他一个劲儿地示意请求比赛暂停，好让他能接受阿伯丁队医的治疗。队医布莱恩·斯科特当时就站在门柱边准备入场。可是比赛并没有暂停，直到流浪者的强力中场亚历克斯·麦克唐纳在 20 码外一记远射折射入网，而受伤的克拉克对此无能为力。我们本来还有机会争取重赛，可是在长达 7 分钟的伤停补时阶段，科林·杰克逊为流浪者打进了制胜球。那场决赛让约翰·格雷格收获了他作为主教练的第一座奖杯，后来他在同一赛季又赢下了苏格兰杯。我们在苏格兰杯中止步于半决赛，那是一个潮湿的星期三，在汉普顿公园球场里，我们在稀稀落落的 9900 名观众面前以 1 : 2 不敌希伯尼安。门将博比·克拉克因伤缺席了那场比赛，替补他上阵的约翰·加德纳缺乏经验，从而断送了比赛。克拉克真正的继任者在一旁已经准备就绪，吉姆·莱顿在湿漉漉的泰因河城堡球场上完成了他的一线队首秀，对手是哈茨队。一般情况下，湿滑的场地上飞来飞去的皮球是守门员的噩梦，吉姆反而借此展现了他卓越的天赋。

我执教阿伯丁的首个赛季接近尾声时，主要琢磨如何更好地平衡中场的力量。我们有一群天赋不错的小伙子：戈登·斯特罗恩、多米尼克·沙利文、约翰·麦克马斯特和德鲁·贾维，只是他们之间并没有形成默契的配合。帕特·斯坦顿赞同我的判断，作为一个曾经的顶级中场球员，他的看法很可靠。不过我们也都认为球队的前途是光明的。我刚来皮特德里时，大家都认为斯特罗恩没能成长到预期的高度。主席先生甚至问过我要不要"卖掉这个小戈登"。我回答："让我看看他在训练中的表现吧。"过了几周，我满意他拥有足够的能力，很值得进一步培养。在季前训练中，他的耐力很好，在执行我对他的训练要求这点上无可挑剔；他有着非凡的控球能力，第一脚触球也很出色。随着赛季的深入，他逐渐成为队中的主力，但是他在比赛中有几处需要提高的地方，特别是他的传球。本质上说，他是那种把球让给队友几秒钟后又要回来的球员。所以，虽然他在比赛中热情高涨，但是未能表现出顶级中场球员所拥有的那种活动范围和渗透能力。这就需要训练他做更有效的长距离传球。我相信戈登能够达到我们对右翼中场的标准。不过中场中路仍有问题要解决，因为队里没有一个人既擅于上前拼抢球权，又能回撤防守。约翰·麦克马斯特是我执教过的球员中最好的传球手之一，但是对手控球时他不能及时上前压迫，这也是中后卫米勒和他的后防队友总是退守至禁区的一个主要原因。简而言之，我们防守得不够早。预备队里年轻的安迪·沃特森表现引人注目，不过预备队教练泰迪·斯科特认为他还需要时间来增强自信。

我十分重视青训。在阿伯丁的首个赛季里，多亏了紧锣密鼓的球探工作，我得以招募到一群很有前途的在校少年。来到俱乐部的第一个星期我就签下的尼尔·辛普森，这时候已经开始接受第一年的训练。我招募的少年军名单包括中场球员伊恩·安格斯和尼尔·库珀，身为前锋的伊恩·波蒂厄斯和埃里克·布莱克，以及门将布莱恩·冈恩。我还从圣米伦免费签下了还是在校生的中锋史蒂夫·科文和少年队中场球员道格·贝尔。这群孩子之后都在阿伯丁和其他球队度过了成功的职业生涯，其中还有 5 个是我们在 1983 年哥德堡夺得欧洲优胜者杯的决赛成员。在瑞典的那个美丽的夜晚，约翰·休伊特是另一名做出了令人难忘的贡献的年轻人。从一众俱乐部的竞争中签下他，是我们的首席球探博比·考尔德的众多胜果之一。考尔德是一位友善的绅士，衣着整洁得体，总是戴着一顶套叠式平顶帽。他的口号是："我去说服他的母亲，一切就能搞定。"这一方法在休伊特家身上再次取得成功。

1979—1980 赛季，我开始坚持施行提前防守，这意味着对前场球员更高的要求，他们也必须分担争抢球权的任务。我知道从长远看，运动能力不足的乔·哈珀将难以适应这一战术体系，这也就是我签下马克·麦基的原因。我决定选派积极进取的中卫亚历克斯·麦克利什，效果立竿见影。亚历克斯有着防守者的思维，铲球能力不俗，是个满腔热情的小伙子。麦克利什让球队更加平衡，把戈登·斯特罗恩放在右路也能达到同样的效果。戈登不喜欢被称作边锋，因此我不对他用这个词，但是那时候他确实是名边锋。他还有不少的提升空间。遗憾的是，正是乔·哈珀的不幸受伤让整支球队有了质的提升。没人愿意看到球员受到伤病困扰，但是当乔无法比赛时，我就能排出阿奇博尔德和麦基这对我所希望的锋线搭档。他们是我在阿伯丁的第二个赛季取得很大成功的重要因素。不过这期间也有让人失望的时候，我们连续两年倒在苏格兰联赛杯的决赛场地上，真让人无比痛心。这一次和我们对阵的是邓迪联，我们输了重赛。在汉普顿公园的首回合，我们完全压制了他们，可是双方都没能取得进球。在丹斯公园重赛的那天是一个大雨倾盆的星期三夜晚，更糟糕的是我被苏格兰足联禁赛，只能坐在主席台上，没法和坐在教练席的帕特联络。邓迪联以3：0 轻松获胜后，出于对精明勤奋的主帅吉姆·麦克莱恩的尊敬，我毫不犹豫地前去为他的胜利送上衷心的祝贺。

那晚我没睡好，我很少这样。无论执教工作的压力多大，只要头挨上枕头，我就能立刻进入梦乡。可是那天晚上我的脑海中充斥着许多想法。第二天一早我就起了床，精神抖擞地迎接这一天。球员们来训练基地报到过后，早已等在那里的我和他们一一握手，然后开了个简短的会议。会上我告诉他们，我们不会再输掉另一场决赛，我说到做到。下一个周六在对阵圣米伦的比赛中，我履行了自己使用年轻球员的承诺，让年仅 16 岁的约翰·休伊特完成了他的职业队首秀，他表现得很不错。在泰迪和帕特的指导下，休伊特取得了可喜的进步。其他年纪相仿的孩子也同样出色，他们给我带来的积极感受无与伦比，这种感受从我在劳芙街实施青训政策时就开始有了。让一名有天分的年轻球员崭露头角是让主教练最为振奋的事。看到他们的天真和活力，你就会不由自主地想起自己职业生涯早期的那些激动人心的时刻。

1980 年年初，我们在联赛中势头强劲，只是一些比赛的延期让我们在积分榜上的位置不太明朗。我们在少赛 3 场的情况下落后凯尔特人 10 分，所要面对的赛程也颇为棘手，其中一场是在卡皮洛区对阵我们的克星格里诺克莫顿队。虽说客场比赛总是会难一些，可是去和莫顿队比赛有点噩梦的意味。我们和他们的对战记录特别糟糕。我试过所有能想到的策略去击败他们，可是对面那个超重的大个子天才安迪·里奇总能洞穿我方的球门，让我们铩羽而归。这场比赛也不例外，尽管这次他们能获胜是得益于我们的左后卫道格·康西丁犯下了严重的错误。我来到阿伯丁时就发现右后卫位置上已经有了斯图尔特·肯尼迪这个理想的人选，他还在福尔柯克青训队时就让我印象深刻。然而左后卫的人选一直让我发愁，在那个位置上试用了好几名球员后，道格·罗格维很快赢回了他的位置。2 月 23 日输给基尔马诺克后，赛季剩下的比赛里我们保持了不败战绩。在那一波让我们赢下联赛冠军的连续 15 场不败中，如果说最大牌的受害者是死敌凯尔特人队，那么最终战胜了克星格里诺克莫顿队对我们则是极大的鼓舞。那场比赛最重要的不是我们 1：0 取胜的赛果，而是我们拒绝了让严冬天气打断赛程，表明了我们不让任何事物阻挡我们迈向冠军宝座的决心。那个周六的早上 7 点开始，一大批拿着铲子和扫帚的人就清扫起皮特德里球场上厚达 6 英寸的积雪，连老主席迪克·唐纳德也加入其中。作为回报，球队在场上顽强拼搏，德鲁·贾维的进球将比赛推向高潮。凯尔特人在同一轮的比赛因为寒冷天气而推迟，于是我们之间的积分距离拉近了。到了这时，我们真正成为联赛冠军的竞争者。

我们还要再次客场挑战基尔马诺克，紧接着就是做客凯尔特人公园的比赛。如果我们能在最后的 4 轮比赛中全胜，冠军席位就很稳了。我们在拉格比公园 3：1 击败基尔马诺克，而另一边的凯尔特人只能在 1：5 惨败给邓迪队之后默默舔舐自己的伤口。在格拉斯哥的那个温暖的夜晚，凯尔特人的支持者们大吵大闹，挑衅意味十足，对此我们毫不意外。这天球场爆棚，气氛紧张激烈。我的球员不仅没被吓倒，反而表现上佳，终场 3：1 的比分都不足以让他们感到满足。我说过，在苏格兰足球界成功的唯一方法，就是击败"老字号"。现在我们做到了，那么还有谁能阻挡我们？答案是没有。我们在复活节路球场 5：0 血洗希伯尼安队（那时已确定降级），而在同一天，凯尔特人在劳芙街与圣米伦握手言和，双方都没有进球。就这样，我们终于成了冠军。其中的一个进球是安迪·沃特森打进的，他没有辜负泰迪·斯科特的期望和耐心，成长为了冠军球队的最后一块拼图。安迪的主动性、决心和铲抢能力让他成为队中其他中场球员（斯特罗恩、麦克马斯特、贾维和斯坎伦）的好搭档。大个子道格·罗格维确保了左后卫的位置，而亚历克斯·麦克利什取代威利·加纳成为主力中后卫，他和威利·米勒的后防组合是此后多年阿伯丁成功的基石。

同希伯尼安的比赛过后，我和马丁都相信，虽然我们没有提起父亲，但是能感觉到他与我们同在。他应该如此，也理当如此。马丁随同球队大巴一同返回阿伯丁，他的车留给了戈登·斯特罗恩，后者和父母一起留在爱丁堡。我并不忌妒戈登可以打电话给马丁的妻子桑德拉，告诉她马丁去了北边。我们兄弟俩彻夜坐在一起，一边庆祝一边回忆往事，直至天明。中间偶尔会有几名阿伯丁支持者跑进我的房子加入我们。我不知道他们是谁，鉴于那一夜在阿伯丁到处是狂欢的庆祝活动，没准儿他们那会儿也不知道自己是谁。

赢下联赛冠军不可避免地让队里的好球员引起了他人的兴趣，特别是史蒂夫·阿奇博尔德。几个月前他就决定了要离开。由于只剩下 1 年合同，我们没法拒绝托特纳姆热刺队为他提出的 75 万英镑的报价。虽然我和史蒂夫之间时有冲突，但是我确实很欣赏他。他这人做事一心一意、不屈不挠，为人不喜圆滑、果敢坚定——这让我想起了一个人，他是个多么好的球员啊！在我曾共事过的前锋里，他无疑属于能力最好的级别，他还极具蔑视权威的精神。有一次我们在皮特德里以 3 ∶ 2 战胜凯尔特人，他上演了帽子戏法，比赛结束后把比赛用球带回了家。这可不是寻常的举动，于是第二天早上我把他叫到办公室训斥了他。由于他太频繁地来我办公室挨训，以至那张他每次都坐的椅子被称为"阿奇博尔德之椅"。24 小时后，正当我和泰迪还有帕特在一起安静地享受茶点时，办公室门突然大开，接着史蒂夫一脚把那个球踢进房间。球在墙上猛地反弹，把日光灯都打碎了。"这就是你要的那只该死的球。"他说完后扬长而去。没错，和史蒂夫一起的日子还是挺有意思的。

这个夏天的另一大损失是帕特·斯坦顿的离开，他决定回爱丁堡。我相信这是因为他的妻子玛格丽特想念家乡和那里的家人。这让我感到十分沮丧。我很喜欢帕特，他是个十分诚实可靠的助手。直到现在，每当我想起他，都是满怀感情。和斯坦顿一家不同，我和家人在阿伯丁过得很愉快。我的工作进展顺利，这揭示了足球管理中的一项基本事实：胜利是掌控一支足球队的唯一途径。凯西和我结识了一群可爱的人，我们的友谊历久弥新。孩子们在这里成长，他们也有了一群直到今日感情也很好的朋友。在那个了不起的城市里，我们所遇到的人情温暖是不能以价值衡量的。那些带给我们温情的人，也知道我们对他们是多么关心和喜爱。因为这样的人数量太多，这里就不一一指出了。

　　带着上赛季最后阶段的 15 场不败战绩，阿伯丁开始了 1980—1981 赛季。这个赛季我们也剑指联赛冠军。不过，我个人更侧重于俱乐部史上首次欧洲冠军杯的征程，特别是我们以 1∶0 的总比分淘汰奥地利维也纳队之后，抽中的对手是那个时期和之后一段时间内的英格兰霸主：利物浦。鲍勃·佩斯利率领的利物浦所向无敌，而且他们球队的传奇主教练比尔·香克利也还在。接替帕特·斯坦顿担任我助手的是阿奇·诺克斯，我们一起去安菲尔德观看利物浦和米德尔斯堡的比赛。在那里我们见到了这位伟大的艾尔郡人 ①，这让我们兴奋异常。

　　"你好，亚历克斯，很高兴见到你。你在那边干得很好。"香克利跟我打招呼。我还在结结巴巴地道谢时，他继续道："你来看我们这支伟大的球队？"阿奇和我就像狂热的追星族一样，只能一个劲地说"是啊是啊"。"是的，大家都想试试。"香克利说。

　　我们在球场上的努力都没能奏效。首回合我们在皮特德里 0∶1 失利，次回合更是以 0∶4 惨败，这样的结果用有的球员因伤不能上场来解释是远远不够的。我们所能做的，就只有从败在名不虚传的大师手下的经历中，学习我们在欧洲赛场级别的比赛中所需要的技战术和纪律性。首先球员们要学会的是，在这样的比赛里，轻易让出控球权的球队一定会被毫不留情地惩罚。

　　虽说伤病不足以解释在默西塞德的比分差，但这却是我们没法在联赛中保持状态的重要因素。冠军争夺战还剩最后几场时，博比·克拉克背部的严重伤势让他无法出战；麦克马斯特因为在和利物浦比赛中的膝伤赛季报销；而斯特罗恩从 12 月 30 日起就因为疝气原因远离赛场。有几次，我们上赛季的冠军阵容中有一半球员都无法上场，年前攒下的 5 分领先优势也荡然无存，最终我们在凯尔特人队身后屈居第二。值得欣慰的是，这期间队内的希望之星们，比如莱顿、库珀、安格斯、贝尔、辛普森、科文和休伊特，都获得了极为宝贵的经验。我最乐意看到的，还是我们在对阵"老字号"时皆能战而胜之。那段时间，苏格兰的足坛势力开始重新洗牌。阿伯丁和它在乐海岸的劲敌邓迪联携手取代了流浪者和凯尔特人的地位。我们开始享受和"老字号"的每一次会

———————————

　　① 香克利出生于艾尔郡。

面，比如1982年苏格兰杯决赛中对垒流浪者的比赛。上半场双方势均力敌，下半场我们的表现远超对手，只是因为挥霍了大量绝佳机会，才使得比分定格在1∶1进入了加时赛。加时赛的30分钟内，我们把优势转化成进球，最后4∶1痛击了流浪者。鉴于我们在第四轮就干掉了凯尔特人队，没人能质疑我们这个冠军头衔的含金量。

1981—1982赛季，我们两回合轻松击败了博比·罗布森率领的上届冠军伊普斯维奇，为本赛季的欧洲联盟杯之旅开了个好头。不过，人们记住我们在那届杯赛上的表现，却是因为第二轮中的一次更衣室事件。那件事多年来不断被添油加醋，直到变成了高湾版本的"疯帽子的下午茶"①。那是在我们带着首回合3∶0的领先优势远赴罗马尼亚，和阿尔杰什皮特什蒂队进行次回合比赛的时候。这年夏天我从圣米伦签来了彼得·威尔，他是一名突破能力极强的左边锋。为了利用好已有的领先优势，我的战术需要戈登·斯特罗恩和彼得·威尔更多地在两侧边线附近活动，马克·麦基则是单前锋。但是小斯特罗恩有自己的想法，于是整个上半场他四处乱跑，就是不好好待在右边路。我们踢得混乱不堪，以至中场休息时我还对仅仅以0∶2落后对手而感到庆幸。回到更衣室，我毫不留情地收拾了戈登一顿，告诉他必须专注于为球队的比赛提供宽度。可这个小个子正处于调皮捣蛋的兴头上，对我反唇相讥。他那些自以为机敏的对答在我看来都是不着边际的废话。我越说越上火，手也挥舞起来，正好打到旁边的一个大茶壶上，那个不知是锡还是铁制的茶壶差点让我的手骨折。钻心的疼痛令我的怒火彻底爆发，我操起一托盘装满茶水的杯子就朝着斯特罗恩扔了过去，砸在他头顶的墙上。阿奇·诺克斯和其他球员都坐在更衣室里的那一边，于是不少茶水顺着墙流到了一动不动坐着的阿奇身上。下半场斯特罗恩听从了我的指令，我们扳回两个球，最终以两回合总比分5∶2顺利晋级。

接下来的一轮我们面对的是汉堡队，伟大的贝肯鲍尔那时还在队中打清道夫位置。他们是一支劲旅，那一年最后在联盟杯决赛中失利，其实我们本该在皮特德里就把他们置于死地的。主场作战的我们2∶1领先对手，这时斯特罗恩射失了点球，好在休伊特随后在比赛只剩下9分钟时将比分扩大为3∶1。可是球队的一次愚蠢错误让汉堡在最后时刻扳回一球，然后整个局面都变了。在德国的一个寒冷的夜晚，我们以1∶3输掉了比赛，于是一切都完了。

---

①《爱丽丝梦游仙境》中的一段情节。

另一次让人失望的两回合比赛的失利是苏格兰联赛杯的半决赛。首回合我们在坦纳迪斯公园1∶0击败了邓迪联，但在次回合以0∶3主场败北。邓迪联在杯赛中总是占我们上风，这很让人恼火，因为在联赛中我们远远强过他们，曾经以5∶0和5∶1这样的比分打得他们丢盔弃甲。这两支球队间的每一次比赛都是我和吉姆·麦克莱恩之间的战术交锋，每次失败的一方都会设法在下一次会面中智胜对手。我们之间的对抗精彩纷呈，表明我们已经成为一对"新字号"。

　　1982年夏天，我第一次去看了世界杯决赛圈比赛，这是我在阿伯丁最让人激动的一个赛季的理想序曲。我把全家人带到马拉加度假，顺便看苏格兰的比赛。尽管凯西抱怨"那愚蠢的比赛"打扰了假期，但是儿子们和我同样兴奋，特别是能有机会看到乔克·斯坦带领苏格兰对上巴西队。坐在塞维利亚的球场内，两支国家队的支持者混在一起，节日的气氛洋溢其间，看台上代表双方国家的颜色都自由地换来换去。我儿子达伦自傲地拒绝把他的苏格兰衬衫换成巴西的。那场比赛中肖恩·康纳里和我们待在一起，10年之后他还向我打趣般地提起达伦当年充满孩子气的爱国心。

　　塞维利亚的球场内，我是场上踢球的两名阿伯丁球员的忠实拥趸。我为斯特罗恩和威利·米勒感到同样骄傲，后者成为苏格兰队中后卫的成就尤其让我开怀。米勒克服了外界对他的重重质疑，这些质疑在我看来全是扯淡。他是一名真正优秀的球员，甚至最近我应邀选择战后时期的苏格兰巨星梦之队时，我把他同一些更耀眼的天才名字放在了一起，包括丹尼斯·劳、肯尼·达格利什、戴夫·麦凯、格雷姆·索内斯和巴克斯特。他抢截的时机恰到好处，对球路的预判能力和球场上的注意力都是一流，最出类拔萃的还是他极为强大的竞争意志力。我执教过的所有球员里，威利·米勒和布莱恩·罗布森在这方面最为突出，对他们来说，追求胜利的渴望如同呼吸一般不可或缺。这一次世界杯，苏格兰又一次在第一轮小组赛功亏一篑而没能出线——在非胜不可的一场比赛中他们以2∶2战平苏联。然后，我去度假所住的公寓附近的酒店里寻找时常争吵的老伙计——史蒂夫·阿奇博尔德。我看到他在游泳池旁边，点了一个汉堡和一瓶名为唐培里侬的昂贵的法国香槟。单就这两样东西，这家伙就得再次坐回到那张"阿奇博尔德之椅"上挨训。

　　但凡对足球有一点兴趣的人，应该都会知道1982—1983赛季的最大事件，就是阿伯丁在欧洲优胜者杯上的赫赫战功。那个赛季我们差点又一次赢得联赛冠军，并且连续第二年赢得了苏格兰杯，但能让整个城市甚至整个国家都沸腾起来的，还是我们在欧洲大陆上的战果。要打预选赛这事儿让我们有点不爽，对阵瑞士的锡永队时我们先后在主客场以 7：0 和 4：1 轻取对手，昂首挺进正赛。第二轮的比赛要紧张得多，我们靠着唯一的进球淘汰了阿尔巴尼亚的地拉那迪纳摩队。之后我们靠着两回合总比分 3：0 把波兰的波兹南莱克队踢出局。1/4 决赛中我们抽到的对手是拜仁慕尼黑队，这时候阿伯丁市内开始出现疯狂的迹象。民间流传着一些关于阿伯丁人小气的笑话，这都是不实的。但是就在 1983 年 3 月，每一个准备去皮特德里球场看我们迎战德国人的阿伯丁人，都像个守财奴似的紧紧看住自己的球票。1/4 决赛的首回合，我们靠着训练有素的表现在慕尼黑 0：0 与对方握手言和。对回到阿伯丁的次回合比赛，我们被寄予厚望。

距这一轮比赛开始还有很久的时候，阿奇·诺克斯和我就轮流去德国一探对方虚实。站在我方的立场上，我们知道拜仁是多么危险的对手。第一场比赛中，面对保罗·布赖特纳对比赛节奏的掌控和卡尔－海因茨·鲁梅尼格擅于从后场插上进攻制造威胁的能力，我们见招拆招，一一化解。回到皮特德里的第二场比赛，他们把左后卫普夫吕格尔推上了左边锋位置，让人大为意外。他的身高优势给我们的右后卫肯尼迪造成了很大的麻烦，特别是所有的拜仁防守球员，包括守门员，都有意朝普夫吕格尔传高球。比赛开始仅仅 10 分钟后，麻烦就变成了危机，布赖特纳开出任意球传给大个子中后卫奥根塔勒，后者在 20 码外一脚惊天远射攻破了我们的球门。现在我们要为没能在慕尼黑进球埋单了，这场比赛拜仁即使最终打平也能晋级。

半场结束前，我们迈出了反败为胜的第一步。尼尔·辛普森气势汹汹地冲向一名犹豫不决的德国后卫，强行打入一球扳平了比分。可是下半场开始不久，普夫吕格尔的进球就再次让拜仁领先，我们又一次陷入困境。随着时间流逝，我们的希望越来越渺茫。右后卫肯尼迪还在挣扎，而球场的另一侧，对方技术娴熟的小个子边锋德尔哈耶也在折磨着我们的左后卫道格·罗格维。现在必须得有大动作改变局面，于是我狠狠赌了一把。我换下了肯尼迪，让罗格维去右后卫位置上应对普夫吕格尔的空中威胁。

尼尔·库珀移动到左后卫位置，希望他能更好地对付德尔哈耶。约翰·麦克马斯特被派上场给中场制造更多的压迫。这一系列举动提高了我们对拜仁一方战术的应对能力，进攻上也更有威胁性。只是对方门将穆勒发挥出色，将我们的进攻拒之门外，而当他无法扑出埃里克·布莱克的一个头球时，横梁还拯救了他。终场前13分钟，我孤注一掷，把出色的中场战士尼尔·辛普森换下场，换上前锋约翰·休伊特加强进攻。休伊特一上场，我们就在对方禁区的右侧获得了一个任意球，斯特罗恩和麦克马斯特开始实施多次演练过的战术。二人都似乎要罚这个任意球，又假装互相碍了对方的事儿，于是吵了起来。德国人被争吵的假象所迷惑，就在他们松懈之际，斯特罗恩突然一脚将球踢入对方的小禁区，埋伏在那儿的麦克利什头球破门。比分扳成了2：2，皮特德里顿时陷入了疯狂。仅仅30秒后，这地方简直要爆炸了。麦克马斯特接到中场线附近发出的界外球，用左脚精准地将球传给在拜仁禁区深处的布莱克，后者跃起头球攻门。门将穆勒只能将球挡出，落在休伊特脚边，后者补射得手。这两个换人立见成效，不过我还不能高兴得太早。因为我的赌博，中场缺了一名拦截者，从而漏洞百出，剩下的13分钟里简直让人心惊肉跳。好在我们的支持者狂热的声浪便足以遏制对手。没过多久，给我们加油的吼声就变成了欢庆胜利的喧嚣浪潮。

和拜仁令人筋疲力尽的大戏过后，对阵比利时的沃特斯奇队那一边倒的半决赛就轻松多了。首回合在阿伯丁5：1的大胜意味着次回合0：1小负对手根本无足轻重。然而，拿下这轮比赛也是有代价的：它终结了斯图尔特·肯尼迪辉煌的职业生涯。他的鞋钉卡在球场外界墙上的木板上，导致了严重的膝伤。斯图尔特是一流的球员，是一个你可以毫无保留地给予信任的人。他的自尊心和自信心都非常强，是我在足球圈子里遇到过的最坚强和性格最好的人之一。对垒皇家马德里的决赛，我把他放进了正式的替补名单中，我想这是我在执教生涯中做出的最佳决定之一。在比赛名单中列入不能出战的球员是一次冒险，但是斯图尔特完全值得我这么做。

球队为了在哥德堡举行的决赛而紧张备战，我觉得是时候让他们稍微放松一下了，于是决定告知球员的妻子们她们的行程安排。姑娘们从收到的行程表上得知，她们被安排住在度假小屋里。每个人都有一间小屋的房间号和所需的物品清单：两只杯子、刀叉、睡袋和其他的基本露营装备。这个玩笑的效果比我预计的还要好。球员的妻子们相互打电话抱怨俱乐部的吝啬。球员们被枕头风吹得不堪其扰，无奈向我投诉，我便建议让他们的妻子来皮特德里一聚。这些家庭，包括孩子们，都在那个下午齐聚在球员休息室。我把男人们赶了出去，不过我清楚他们一定在门口偷听，而且都被所听到的惊到了。我向他们的女人们解释，对于这群正在准备着一生中最重要的一场比赛的球员们来说，她们的支持是多么重要。在看过了那颇具嘲弄意味的行程表后，女士们依然表现出令人愉悦的通情达理。我还以为克莱尔·米勒或者布伦达·罗格维会说点什么，可是她们毫无怨言。"如果你们有什么问题，尽管来找我。"我说，可她们只是坐着点点头。如果这都不算成就的话，那还有什么能算？

就算是对足球不感兴趣的凯西也被蔓延在阿伯丁的兴奋之情感染了。怎样让儿子们保持对学业的专注成了她最大的烦恼。为了把多达 14000 名球迷运到北海对岸的决赛场地，我们动用了所有能想到的交通方式，这群支持者的到场对于球队是极为珍贵的鼓舞。比赛前两天，球队在哥德堡外围的一个小村落住下，旅馆还挺不错。来自瑞典的内斯托尔·劳伦提前为我们打点好了一切，他是位难得的朋友。我邀请了苏格兰主帅乔克·斯坦作为客人，此次行程中，我对这位大人物的认识更上一层楼。他会给你很多好的建议，而且丝毫不会去抢你的风头。当你需要乔克的帮助时，他就以这样的方式帮你。他给我提的一项有趣的建议是，我应该向皇家马德里的主教练阿尔弗雷多·迪斯蒂法诺赠送一瓶上佳的威士忌。"让他感到自大，"乔克说道，"就好像你进了决赛就已经欣喜若狂了，比赛就是来凑个数的一样。"决赛当晚，我向迪斯蒂法诺展示赠给他的威士忌时，他果然吃了一惊。那时候对于选择阵容没什么需要想的。因为斯图尔特·肯尼迪和道格·贝尔受伤，我只能让约翰·休伊特失望了。

是夜，连绵不绝的雨水令决赛场地泥泞不堪，这并不能阻止我们击败对手。第一个进球来自我们演练过的另一项定位球战术。戈登·斯特罗恩开出角球到皇马禁区边缘，亚历克斯·麦克利什晚半拍赶到后一记头球冲顶。我还以为肯定进了，不过球打在对方后卫身上弹给了埃里克·布莱克，后者轻松捡漏得手。之后仍是上半场时，大个子亚历克斯做出了相反的"贡献"：他回传吉姆·莱顿的球过短，导致桑蒂利亚纳得到一个机会。莱顿放倒了桑蒂利亚纳，后者操刀命中了点球。我还担心麦克利什会被这个失误困扰，可是我根本就不该质疑这个意志力强大的家伙。他决心弥补犯下的大错，之后的比赛中几乎没有失误。我看着亚历克斯在足球之路上一步步成长，欣赏他在训练中的勤奋好学，见到他在这样的场合里完全发挥了潜力，我深感欣慰。比赛能进入加时阶段，还得多亏对方不屈不挠的防守，特别是德国队的后防支柱施蒂利克，赛前曾因伤远离球场 7 周的他表现堪称惊艳。布莱克在 90 分钟常规时间的最后阶段受伤，我不得不用约翰·休伊特换下他。一开始约翰的表现如同噩梦，以至加时赛下半场时我在考虑要不要把替补上场的他再换下来。也就是从那时候开始，休伊特决定自己书写历史。那个晚上给了皇马右后卫极大压力的彼得·威尔从我方禁区附近开始带球推进，他突破了一两个对手，给正往前冲的马克·麦吉传了个好球。麦吉的力量和耐力让他冲势凶猛，直到到达底线附近的一个好位置上，而对方后卫跑炸了肺都没法追上。这时，我看到休伊特直直地冲向对方禁区，丝毫没有照着平时告诉他的要转向跑斜线的迹象。正当我准备把所有骂人的话都用在休伊特身上时，麦吉传中了。球落在休伊特头上，他为我们赢下了冠军奖杯。

这场 2∶1 的胜利后，回到阿伯丁，我们受到的盛大欢迎令人终生难忘。苏格兰东北部地区的所有学校宣布放假一天，估计共有 50 万人走上街头欢迎他们自己的英雄。人们的情绪激昂而汹涌，球员们也深受感动，这让我想起了迪斯蒂法诺在赛后所说的话。他说，皇家马德里遭遇的不仅仅是一支球队，还是一种不可阻挡的精神。在俱乐部，那种精神的养成归功于许多从未上过赛场的忠实成员。对于任何球队来说，球员都是最重要的。不过在阿伯丁，他们得到了幕后工作人员的无私而有力的支持，从精明而有点冷幽默的老主席迪克·唐纳德，到领着养老金在赛后清扫赛场的临时工们（他们后来也被认为是正式职员）。要记下那些曾让我的皮特德里生涯无比难忘的幕后英雄，仅一张球员登记表是不够的。其中最让人惊奇的人物大概是芭芭拉·库克，她和布伦达·戈斯林是秘书伊恩·塔格特的助手。三个人的工作都做得很好，不过芭芭拉对俱乐部的运营作用更大。球队方面，泰迪·斯科特不可或缺，同时我也很幸运能拥有像罗兰德·阿诺特这样出色的队医。阿奇·诺克斯当然是我日常工作中最亲密的助手。我们有过分歧，但大部分时候还是相处得很融洽，我十分尊重他。有人说我们太过相似，那是胡扯。除了热切渴望成功和无论多长时间都能投入工作的精力，我们实际上没有任何相同之处。为了看比赛我们开着车到处跑。阿伯丁成为苏格兰首家在自身范围以外开设研习班的俱乐部后，我们每周去一次格拉斯哥给有前途的年轻人培训。地点是凯尔特人公园球场隔壁的海伦维尔，一座全天候的球场。可能我和诺克斯还有一个共同点——厚脸皮。

哥德堡之役后，我们仍有微乎其微的概率夺得联赛冠军。如果联赛的最后一天邓迪联和邓迪队打平，而我们用 7∶0 这样的比分战胜希伯尼安，那么我们就能夺冠。因为三天前欧洲优胜者杯决赛的表现，球队再接再厉，令人惊异地以 5∶0 大胜希伯尼安，向着那个高不可攀的目标发起冲锋。不过之后邓迪联在丹斯公园的胜利让他们仍旧领先我们一分，而且论净胜球，凯尔特人还稍稍领先于我们。虽然这么说有点泄气，如果我们在赛季里能少罚丢一些点球的话，我们应该能排在第一而不是第三名。

一周后，我们在苏格兰杯决赛中与流浪者队会面。鉴于半决赛中我们击败过凯尔特人队，我期待着一场大胜。不过，我愚蠢地低估了从瑞典归来后迟到的疲惫感。决赛十分艰难，直到加时赛阶段，才由埃里克·布莱克的进球打破僵局。无论我如何威逼利诱，球队都打不起精神。终场哨响，他们在接受奖杯的同时，我面对电视台采访严厉批评了他们的表现，说赢得冠军的是莱顿、麦克利什和米勒，其他人压根儿就没上场。那样的批评当然不公平，第二天上午准备回阿伯丁庆祝之前，我诚恳地向他们道歉。

之后的一个星期六早上，我躺在床上读着报纸，电话铃响了。电话是流浪者队的主管杰克·吉莱斯皮打来的，他向我提议执掌埃布罗克斯的职位。我受宠若惊，不过最终还是谢绝了他的好意。时任流浪者主帅的约翰·格雷格是我的好友，我无意参与到让他下课的行动之中，他的工作从来不容易。他接受的是乔克·华莱士留下的位置，而华莱士在之前的那个赛季赢得了三冠王。作为球队史上出色球员的经历给格雷格增加了压力，而阿伯丁的崛起让他的境遇更加糟糕。我个人十分喜欢约翰，他在埃布罗克斯的工作方式也很值得赞赏。他是苏格兰足坛的传奇之一，在我眼中永远如此。

第十一章　乔克·斯坦——向大师学习

如果有哪位年轻的主教练想要在足球上有更深的造诣，乔克·斯坦就是一所理想的大学。

如果有哪位年轻的主教练想要在足球上有更深的造诣，乔克·斯坦就是一所理想的大学。我率领阿伯丁队在联赛、苏格兰杯和欧洲优胜者杯都取得成功后，便认为自己应该算是个毕业生了，但我无疑还有许多要学习的地方。我也知道，就算找遍全世界，我也找不到比这位出自拉纳克郡的大人物更好的导师。因此，当吉姆·麦克莱恩从乔克在苏格兰队的助手位置上卸任之后，我就默默祈祷自己能得到那份工作。很多人告诫我说，这会分散我的精力，不利于我履行阿伯丁主帅的职责。只是我就是想和乔克一同工作，其他的想法都置之脑后。没过几天，我就收到了激动人心的消息：乔克希望我同他并肩作战。在接受这份工作之前，我只有两个问题要问他：我能否负责训练课准备，以及我能否参与阵容的选择？乔克表示第一个问题不是问题，但是他停顿了好一会儿，才对第二个问题做出回应。

"你说的选择阵容是什么意思？"他最后说。

"我的意思是，我能不能和你交换看法，或者向你表达我的意见？"

"我知道你不会让阿奇·诺克斯或者威利·加纳来为你选择阵容，"乔克说，"不过我相信你总是会给他们作为球队助教应有的地位，尊重他们的意见。这也是我想要做的——我会决定球队阵容，但我也很乐意听听你的看法。"交易达成！

任何人都知道，乔克·斯坦作为凯尔特人队主教练期间所取得的辉煌成就，在俱乐部足球的历史上堪称无与伦比。能说明他的执教天才的最重要的事实，不是联赛九连冠，也不是他赢得过的数不清的奖杯，甚至不是凯尔特人队历史性的突破，成为首支举起欧洲冠军杯的英国球队。最让他与众不同的是，1967年的那个神奇的夜晚，他的那一支在里斯本击败国际米兰的球队里，有10名球员是出生在凯尔特人公园球场方圆十来英里内的。而唯一的外来者，博比·伦诺克斯，出生地也不过是30英里外的艾尔郡。也就是说，乔克靠着一队格拉斯哥及其周边地区的本地球员赢得了欧洲冠军。欧洲杯是世界上最伟大的足球赛事之一，在这么小的地域范围内涌现出的一群球员在这样的赛事中横扫千军，是史无前例的。这可以说是主教练工作的一项奇迹。我因为即将和创造了这个奇迹的人一起工作而兴奋不已，这没什么可非议的。

斯坦拥有一名伟大主教练所应有的所有特质，其中最突出的当属对于球员的判断力——不仅包括球场表现，还包括为人。无论一名球员是在自己手下还是对方阵中，乔克都极为擅长对他的优缺点进行分析评判。他在地下矿井里一直工作到27岁，因而相比那些从学校一直到职业足球队都与外界隔离的人，他对于人性有着更广泛深刻的认识。我曾做过工具制造工厂的全职学徒，所以在我成长的岁月里，接触到了足球训练场之外的属于职场的价值观和准则，我确信这让我受益良多。斯坦与各类人打交道的天赋，在他迅速成长为一名主教练的过程中，其作用大概不下于他在技术上的丰富知识和对于比赛的先进理念。他在很短的时间内成熟起来，成了一位伟大的人物。

大乔克从未去考取教练执照，我能理解个中原因。苏格兰开始流行起对于教练的热情时，他已经是一名功成名就的主教练了。我能想起来的最早的教练学校大概始于1962—1963年。直到1967—1968年，诸如埃迪·特恩布尔、威利·奥蒙德和吉米·邦斯罗恩这些人担任讲师后，教练行业在苏格兰才迅速发展起来。那时人们开始质疑为什么乔克·斯坦没有教练执照。威利·沃德尔，这位曾经的伟大右翼球员走上流浪者队主教练岗位时也一样没有教练执照。那一代人的情况都是如此。我在成为职业球员的那一刻，就拿定主意以后要当主教练，这一决定使我很自然地去上各类教练学校。我还开始把训练课计划等内容记在笔记本上。1964年，当时22岁的我在邓弗姆林成为职业球员，第二年夏天我就去了第一所教练学校。一年后的1966年，我取得了全职教练执照，并且在同一年结了婚。我曾经每年夏天都回拉格斯①进修。一般的安排

---

① 教练学校所在地。

是，我和凯西一起度过两周的假期，之后的两个星期则是在拉格斯。我用这样的方法试图给自己的执教生涯做一些准备。而乔克作为水平最高的主教练，已经没有什么需要证明的了。如果现在让我去上教练学校，那一定很难。每当要备战最高水平的比赛时，那些人都无法忍受我的做法，要是去了，我将必然会被群起而攻之。乔克不需要教练证，凯尔特人俱乐部所发生的一切就是他的凭证，大家都能看见。我去拉格斯学习并考取教练证，是因为那时候有传言说教练证会成为执教球队的正式要求，所以我觉得这会很重要。乔克崛起在不同的年代，因此，我认为对他不去拉格斯考取执照的批评都不具有实质性意义。我完全理解为什么他没有去。

斯坦无论到哪儿都是大佬。当他走进一间房间时，便会处于主导地位。只要乔克在附近，你总能感觉到他。他似乎知道所有人的名字，这是一笔绝佳的资本。马特·巴斯比也有同样的才能。乔克离开邓弗姆林去执教希伯尼安时，他在邓弗姆林的一家赌马投注店还有着一点股份。记得有一次我走进那家投注店碰到了他，他说："你好，亚历克斯，你在邓弗姆林踢得还开心吗？"这让我感到很受重视。如果有人这样对待你，你会立即对他产生好感。在此之前我从未和乔克说过话，但他还认识我。当然，于我而言他是位很熟悉的人物，可是我不会走过去跟他说："你好，乔克，你过得怎样？"那时候我还只是个年轻人，他已是颇有社会地位了，我得对他表示尊重。最近，在老特拉福德球场里的楼梯上，一位年仅16岁的年轻球员叫我"亚历克斯"。我说："我们是在学校里吗？"他说："不是。"我又说："那么你该叫我'弗格森先生'，或者'头儿'。"旁边的一些一线队球员脸上浮现出绝望的表情，他们想："头儿会杀了他的。"一个才16岁的小子居然敢叫"嘿，亚历克斯"。真是胆大包天！如果是乔克就不会发生这样的情况，他会主动和你打招呼。

我想他利用这种力量使自己的工作更上层楼。他的情报网络能让他得知苏格兰足坛正在发生的几乎每一件事。我发现我没有足够的时间去这样做。在阿伯丁我会想方设法得知一切情况，在那里我有完善的情报网络。但是在曼联，有时就没法应付得过来。这家俱乐部的规模使得你不可能时时掌握周围发生的每个细节。乔克会在周六打电话过来，然后你会觉得你有必要告诉他仕俱乐部主教练任上发生的一切，因为你猜想他可能已经都知道了。他会说："你们不会是准备买下某某球员吧？"你会想："见鬼，他怎么会知道这些？"我总会告诉他一切情况，包括我们报价多少等各种细节。斯坦的情报网内的记者认为他在帮他们，的确如此，但是他从他们身上得到的更多。他对付凯尔特人董事会的方法，是用强烈的反问句和独特的用词使其他人几乎没有别的选择，只好赞同他的建议，这是典型的乔克·斯坦。我也这么做，我认为我得用自己的个性来迫使事情取得进展，因为有时候你没时间去等待决定。一般情况下我不会在董事会议上提出要求，如果有需要我会去找球队主席。比如，所有有关青训的计划都会通过，没有无谓的争吵来阻挠，因为他们明白这对我有多重要，而且也看到了我们从中所得的利益。他们肯定会想："如果我们否决他，他一定会坚持到底，直到如愿。"以前，乔克就任凯尔特人队主帅没多久时，球队主席老鲍勃·凯利也要挑选阵容，那时候很多俱乐部都这样做。我敢肯定乔克很快就让这一幕消失不见了。

他在接掌苏格兰队的时候，曾引以为傲的极为旺盛的精力，无疑已经因为健康原因而远远不如当年担任俱乐部主教练的巅峰时期了。严重心绞痛的困扰和1975年那场差点致命的车祸，必然从他身上夺走了许多。我成为他在苏格兰队的助手后，注意到他说话的声音轻柔了不少。在这以前，我只在一段时期内和他交锋过。那还是我在执教圣米伦的时候，当时他说话的语气依然强硬有力，不容置疑。当然，他的能力从未失去，无论是在表达愤怒还是在分享长者的智慧，他的话语都能产生影响力，而他无言的沉默更具威慑力。他让球员感到窘迫，从而促使他们在行为举止和球场表现上都更好。执掌苏格兰队时，他的思维依旧敏锐而丰富。因为精力的流失，他成了一位更加出色的观察者。不过，他的确变得更加温和了。

人们都说我也开始变得温和了，这没错，时光的流逝让人改变。当你年岁渐长，就不再那么爱发脾气了。我还年轻的时候，比赛中一次糟糕的传球就能让我暴跳如雷。那些扔杯子的故事虽然有所夸张，但并非完全杜撰。早些年间，特别是在阿伯丁时期和挂帅曼联的早期，我依然有着改变世界的强烈渴望，并为此所驱动。像斯坦和香克利这样的人都被动力所驱策前行。害怕失败是动力的一部分，但是动力归根结底是来源于取得杰出成就的决心，把你所做的做到出类拔萃。有时候我在中场休息时会进入更衣室说："看看你传了些什么球，我都说了多少次了，不要盲目直传。用传球帮你的队友带球推进或者制造威胁，而不是让他进退两难，或者停下来等你的球。"说这话时我们可能还以3：0领先着。当你年岁渐长，会更能容忍错误，更能体谅别人，因为最后的比分和整体效果才是你所关注的。我的确更成熟了一点。如果你过于强调错误，可能就会伤害球员的自信。对于自命不凡的人，你可以更着重指出他们的缺点；但对于其他人，你得更多地鼓励他们。例如，对于阿伯丁时的约翰·休伊特，我知道如果我在球队训话时看着他，他就会缩起来。因为他十分害怕我，所以我在球队训话时从未找上他，否则可能会让他丧失自信。因而只有在我们一起离开会场时，我会对他说："好好踢球——你干得不错。"我需要和约翰说的就这么多。

我觉得乔克喜欢我，一些球员也这么认为。我和乔克都来自苏格兰西部的工人阶级家庭，同样的背景让我们相处得很融洽。他很喜欢我旺盛的精力，这让他回想起自己年轻的时候，想起那时的干劲和进取心。因此我们是很好的搭档。乔克的足球知识十分渊博，这是不言而喻的，他在战术设计上的调整能很好地与球员的能力相协调，他甚至比球员本人都更清楚他们的能力。乔克要求球队所做的一切都是积极正面的，我也是这样。去赢得比赛，这就是我的哲学。乔克最好的那支凯尔特人队在技术上达到了几乎完美的平衡。他们踢得行云流水，拥有丰富的武器库来攻击对手。他们用一种自己已经适应的节奏持续性的控制着比赛，并打乱对手的步调。我留意到乔克招入凯尔特人队的球员在比赛中的速度都不错。他了解凯尔特人强在哪里，他的球队让对手明白：如果要击败我们，你们就得跑起来。我也对自己的球队多次强调过这样的态度。来到老特拉福德的对手都准备好了接受一场猛攻。"干吗让他们失望呢？"我对球员们如是说。

1984年9月，我作为乔克在苏格兰队的助手的首个任务是对阵南斯拉夫的一场友谊赛。我自认为比赛准备做得挺好，结果也确实不错——一场6∶1的大胜。那时肯尼·达格利什和格雷姆·索内斯还处在他们伟大生涯的巅峰期。担任俱乐部的主教练（经理）需要负责诸多繁杂事务，但那时作为助理教练的我却不必为这些费心。我不必和媒体周旋，不用和主管打交道，更不用忙于那些管理整支球队应负的数不清的责任。大乔克是处理这些方面的大师，因此我可以集中精力训练那些优秀的球员，研究他们如何致力工作。大体上说他们都十分配合，没给我造成多少麻烦。我觉得格雷姆·索内斯是最有趣的一个。虽然他有"香槟查理"的绰号，但是他从未滴酒不沾，看着这位自律性极强的球员进行赛前准备是很让人享受的。我很快意识到，人们普遍严重低估了索内斯。他让我印象深刻，我也理解了为什么乔克会如此信任他。只有傻瓜才会低估索内斯在球场上的才华。他在争抢和处理球上效率极高，无论用何种标准衡量，他都是位出色的中场球员。他在比赛中能让周围队友的表现有档次上的提升，这是真正伟大的球员的标志之一。但是格雷姆在身体对抗中显示出咄咄逼人的暴力倾向，因此人们对他的赞赏总是有所保留。我踢球的时候也有过粗鲁的动作，但坦白说，每次看到索内斯那好似要杀人的踢法，我都会感到一阵战栗。他可以很残忍，但实际上他比那些批评中呈现的形象更加复杂，我和乔克都很喜欢他。

那个时期的苏格兰有一批相当优秀的球员，水平高到让我们有足够的希望打进 1986 年墨西哥世界杯决赛圈。预选赛中，西班牙、威尔士和冰岛与我们同在一个小组，局面不算轻松，但我们依然感到乐观。只是我开始感到选择比赛阵容是多么困难。举个例子，考虑到阵中有不少富有创造力的球员，比如戈登·斯特罗恩、保罗·麦克斯泰和索内斯，如何平衡中场就是个难题。在和南斯拉夫的比赛中，戈登和保罗踢得很好，但是他们的活动区域有所重叠。根据在阿伯丁的经验，我知道戈登总想要参与比赛。吉姆·贝特是另一位我在阿伯丁的球员，能给中场带来多样性。他在比赛中有不少特点，我认为他的爆发力和持续满场飞奔的惊人体力是我们可以利用的主要强项。他可以在后卫身前打后腰位置，就像索内斯那样，这样能使场上力量更加平衡，让我们持续控球，耐心等待时机。我相信贝特可以成为首发主力。可是，他和保罗·麦克斯泰一样太过腼腆安静，在索内斯、达格利什、阿兰·汉森、威利·米勒和理查德·高夫这群个性强悍的人身边，他的才华很可能被埋没。有他在阵中让人更加放心。同样的话可以送给戴维·库珀——这位技巧高超的左脚球员能增强我们左翼的力量。

和乔克讨论之后，我了解到他很喜欢让亚历克斯·麦克利什和威利·米勒组成搭档。在他们成为常规首发之前，我告诉乔克这会是一对天作之合，尽管二人都不以速度见长，但在我心中他们无疑是英国最好的中卫二人组。乔克对此表示同意。然而，阿兰·汉森也是主力中卫的强力竞争者，这让事情变得复杂。我们欣赏他的水平，乔克当时竭力帮助他摆正思想态度，不过私下里可能也打算给他一个主力位置。阿兰和威利之前搭档过一次，那是 1982 年西班牙世界杯的决赛圈对阵苏联的生死战，两人间的一次令人扼腕的混乱导致了失球，于是苏格兰未能从小组赛阶段出线。我怀疑汉森和米勒作为中后卫组合是否合拍，但乔克准备让他们俩一起再试试。对于大多数国家队而言，拥有三位像汉森、麦克利什和米勒这等水平的中后卫已经足够他们高兴了，可我们苏格兰队还有理查德·高夫作为备选。高夫有不少长处：坚决果敢、速度快、灵活、专心和不错的领导力，他是个赢家。

总的来说，我对球队阵容非常满意，如何配置出一套最强阵容的挑战让我更加兴奋。最热烈的讨论都围绕着一个基本问题展开：谁和"国王肯尼"搭档？竞争者有很多：莫里斯·莫·约翰斯顿、查理·尼古拉斯、弗兰克·麦克阿维尼、史蒂夫·阿奇博尔德、马克·麦吉、格雷姆·夏普、保罗·斯特罗克和大卫·斯皮蒂。甚至还有状态回勇的安迪·格雷，他转会埃弗顿后摆脱了长期膝伤的困扰。每个人都有机会，但是离墨西哥世界杯决赛阶段只有两年之遥了，而我们的征程荆棘满布。苏格兰球员大多有自我放纵的传统倾向，所以最大的麻烦可能会来源于我们球队本身。接下来的客场作战，球员纪律上倒是问题不大，因为在国外比赛时我们这种团结紧密的球队是比较容易管理的。主场作战时就麻烦多了。我们总是下榻在伊斯特伍德的麦克唐纳酒店。经营这所坐落在格拉斯哥和艾尔郡之间的酒店的经理是能干的约翰·麦吉尼斯，乔克和他关系很好。如果球员有什么行为不端，"大佬"就能直接收到报告。乔克的情报网之广一直让我惊奇。

苏格兰队中的聚会是我极为珍贵的机会，借此我可以好好地了解乔克·斯坦的思想和人格。我敢肯定，有时候乔克会厌烦我那无穷无尽的问题轰炸。乔克是史上最伟大的主教练之一，我决心尽可能多地向他学习，因此我时刻准备着接受他的启蒙和教导。对于一般的足球上的问题，他总是乐于倾囊相授，可一旦涉及对凯尔特人队不利的地方，交流便会碰壁。我认为凯尔特人队很不光彩地亏待了他，这并不只是我一个人的看法。乔克在凯尔特人队那卓越的执教时期，是这支球队历史上最辉煌的年代。但是他并未得到应得的待遇，俱乐部仅仅向他提供了商业开发部门的职位，让这位天才足球人去做募集资金的活儿。我实在没法忍住不去问他对这样的侮辱是怎样的感受，他的反应却出乎意料地低调，没有丝毫苦涩难言的感觉。他说："如果你成功了，开始的一段时间都没什么；不过之后他们可能会觉得你太过成功了，而那些成功并非取决于你。"就是这样。在我和他相处的日子里，我从未听他说过凯尔特人的一句不是。我终于意识到，他对这家俱乐部爱得多么深沉，他的忠心耿耿和所获得待遇的反差让我分外难过。有人说比尔·香克利和唐·里维身上也发生过类似的事情，甚至还有人觉得曼联对马特·巴斯比爵士的赞誉也远远低于他所应得的。我想，如果我最后也受到如乔克那样的亏待，我很难做到像他那般理智和宽容大度。

另一个乔克总是不愿多谈的话题，是他如何带领凯尔特人成为第一支夺取欧洲冠军杯的英国球队。大家都知道他在其中绝对关键的贡献——包括寻来和培养那些球员，并且根据他们的长处量身制定适合他们的战术。但是他总是拒绝人们将这份荣誉的大部分归功于他。他不是一般的谦逊，而是发自内心的。每当提起那次欧洲冠军杯，他就会称赞那群赢下冠军的球员们，并且讲述一些有关那支伟大球队的精彩故事。我们坐在酒店的大堂里，从凌晨2点开始，听着他讲起一个接一个的趣事，其中许多都有小个子吉米·约翰斯顿的身影。据乔克所说，每当他周五晚上很晚回家，听到电话铃声响起时，吉米的形象就会自动蹦进他的脑海中，而他的第一反应是："这次又是哪一家警察局打来的？"

那是我的美好时光，彻夜不眠地争论、辩论和享受故事会，热烈的交谈经常会被斯坦急迫要求"斯蒂利（斯蒂尔的昵称），再来一壶茶"打断，他是滴酒不沾的。吉米·斯蒂尔是世上难得的一位好人，他是苏格兰队集会的灵魂人物和活跃中心。他是在聚会上官方指定的按摩师，一如他在凯尔特人队中的职务。只是大部分时间他都无视球员们的请求。面对更衣室里暴怒的群众，他的补偿就是讲述他见过的一位捷克斯洛伐克球队的主帅，向大家提供埃普瑟姆德比马赛的情报（"我可不是莫诺卢卢王子①，我是告密者塔恩！"），或者是给大家解说在麦迪逊广场花园的拳击赛。在麦迪逊花园时间，他在列出一堆电影明星和其他拳击界名人时，总会加入几个不应该混入其中的我们之中的家伙："是的，他们今晚都在这里，如果你相信我，看看谁现在就真真儿地坐在那儿的最前排。乔克·斯坦和亚历克斯·弗格森，他们肯定是拿赠票进去的。"尽管吉米已不再是精力最充沛的年纪，每当我给在拉克霍尔家中的他打去电话时，他都活力十足。乔克有一次提到他时，说他这一辈子都没造过孽，我点头同意——他是个真正的好人。说了这么多，斯蒂利除了是职业按摩师以外，还是娱乐主任、大家伙儿的好朋友，而在那些夜晚，他最重要的工作便是添茶倒水！

我们一般在周六晚上集合，球员们因为效力的俱乐部不同，到达集合地的时间不一。大部分人会在晚上9点30分左右抵达酒店。报到后，一些人会出门喝点啤酒，然后在半夜前回来。安排上便是如此，球员们也基本上不惹事

---

① 英国颇有名气的一位赛马情报贩子的外号。

儿，不过总有那么一两个精力过剩的小伙子，比如查理·尼古拉斯和莫·约翰斯顿，会干点别的。当尼古拉斯和约翰斯顿同住一个房间时，他们会觉得没有一个年轻姑娘做伴的话就像缺了点什么似的。一次他们做得太过火了，乔克不得不去安慰那名深夜来访结果哭成了泪人儿的姑娘，显然这时候必须挥舞起纪律的大棒。这种情况下，不下重手惩治就难以维持纪律。我和乔克觉得查理是个挺好的小伙子，人品不坏也聪明，可是他对莫的影响太大了。由于乔克打算用莫——而查理和肯尼因为风格过于相近而不适合同时上场——所以尼古拉斯不得不离开，不过事情后来的发展表明这次离开是暂时的。

我们的首场世界杯资格赛是对阵冰岛，那场比赛我们踢得不错，保罗·麦克斯泰梅开二度帮助我们 3 : 0 取胜。保罗的天赋很高，还有很大的传球范围，只是他的内向性格是否会阻碍他发挥自己的全部潜力呢？他的实力能够更上一层楼，从而与斯特罗恩和索内斯并肩吗？这些问题困扰着我，不过他还年轻，还很有希望。

西班牙是我们下一场的对手，达格利什的出色表现让我们以 3 : 1 确保了这场关键战役的胜果。历史上有不少杰出的英国球员因为受限于所属国家队实力的不足而被世界杯舞台拒之门外。因此，评判一名球员是否是世界级是挺让人头痛，甚至有时是没有意义的。如果"世界级"这个词真的意味着什么的话，那么有一些来自足球实力较弱的国家的球员肯定是有资格使用这个形容词的。乔治·贝斯特从没进过世界杯决赛圈，但他无疑是世界级球员，我确信丹尼斯·劳和肯尼·达格利什这两位苏格兰人同样也配得上这个称号。肯尼之前参加过 3 届世界杯——1974、1978 和 1982 年——但在哪一届也没能大放光彩。他在之后的职业生涯里继续成长，成为世界级球员，而这届墨西哥世界杯的预选赛阶段，他正当巅峰。在达格利什的训练和比赛表现中，有一项品质比他高超的技术更让我注目，那就是他对足球的热情。他热爱踢球，他和其他球员一起踢球时，很多时候就像一个小男孩儿玩着他心爱的玩具一样。他曾是我眼中最擅长利用屁股的足球运动员。如果对方在禁区内或者附近被他用大屁股撞上一下，那肯定够呛。可以肯定的是，没有任何一名后卫能让他退缩。由于他的技术非常好，人们很少提到他的勇猛，可实际上他有一颗狮子般的心。我必须说，他和队里的其他人都很配合我的工作，自然每个人对乔克也都非常尊敬。

赢下了墨西哥征途上的头两场比赛，商业部的轮子开始骨碌碌转动，结果一次宣传活动的提议造成了设在艾尔郡海岸边坦伯利酒店的总部里尴尬的一幕。一家著名茶业公司找上了大乔克，想问问能否让他们的公司成员和苏格兰队合一张影。这一活动本身能给我们带来 5000 英镑，如果我们打进墨西哥世界杯，他们还会追加 5000 英镑。乔克打电话跟格雷姆·索内斯说了这个事儿，后者告知了队内负责处理这类事务的委员会。显然这个包含了威利·米勒、理查德·高夫和罗伊·艾特肯的委员会同意了这件事。于是这家茶业公司的人员到来准备拍摄时，他们被带到休息室，那里照相机已经准备就绪，而我们正在吃着午餐。似乎一切进展顺利，直到格雷姆告诉乔克，肯尼不打算参与这项活动，他希望获得一份单独的个人份额。乔克很不高兴，他立即在更衣室内召开了一次会议。我也参与其中，不过一直待在众人背后，因为乔克正在气头上。他清楚地告诉肯尼，拍一张照片赚得 5000 英镑是份合理的交易。我不太确定肯尼到底只是因为钱的原因，还是因为事前没有完全征得他的同意而恼火。这次争论持续了将近一个小时，所有老队员都表达了看法。其中，崇拜肯尼的莫·约翰斯顿发言过后，乔克粗暴的回应让他直接缩了回去，没能继续展示他的口才。谢天谢地，这次事件以肯尼的态度软化而解决，那张被推迟的照片最终拍摄成功。这事儿让我认识到，尽管肯尼在球场上的决断令人钦佩，但是比起他在场下的顽固程度还是有所不及的，特别是在关于他自己的事情（比如金钱）上的争执时。

我和乔克·斯坦相处越久，对他的仰慕便越深，并且越来越容易明白为什么他能取得如此大的成功。我十分享受与他相伴，我们的信念、理想和幽默感都相当一致，政治理念上我们是灵魂伴侣。乔克对于他那拉纳克郡煤田出身阶级有着热烈的忠诚，这在 1984—1985 年英国矿工大罢工最鼎盛时期的某件事中得以体现。就在苏格兰队乘车前往比赛场地的途中，一些货车靠近了我们的巴士，那些车是抵制罢工的人用来拖运从比利时等国家进口的煤炭的。大乔克让司机鸣笛引起货车司机的注意，同时他向那些破坏罢工的人挥舞拳头，让对方知道他对他们的鄙夷和愤怒，这在我们格拉斯哥叫"给他们点颜色瞧瞧"。另一次，我们计划在泰因河城堡公园球场会面，我先于他到达，在他前头走着。我经过一群带着钱罐和篮子参与罢工募款的矿工，但是直到听到大乔克的声音，我才意识到这群人的存在。

"亚历克斯，"他叫住我，我转过身，他把我的视线引向那群矿工所站的地方，"你有 5 英镑吗？"

"有的。"我说。

"给我吧。"他接过后从自己口袋中掏出一张 10 英镑的钞票，然后把这 15 英镑投入募款的钱罐中。"你这样我很吃惊，似乎所有人都忘了这群小伙子在这儿。"我没有道歉，也没有找借口搪塞。他给我传达的这则信息很重要，我从未忘记。从此以后，每当我看到有人站在那样的位置上，或者看到有人售卖《大事件》(Big Issue) 杂志 [1] 时，我都会额外出一份力。

我们的下一场资格赛经历是我从未想过会发生在苏格兰队身上的。我和乔克都为此感到十分生气。那场比赛我们要在汉普顿公园球场对阵威尔士，伊恩·拉什和马克·休斯无疑是我们需要特别关注的对象。于是在球队战术会议中，我们重点研究如何有效地对付这两个人。我问肯尼对拉什的才能有什么内行的见解，比如他的优缺点如何，可是我得到的回应只是空洞无物的认可，说他是个好球员。阿兰·汉森和史蒂夫·尼克尔同样拒绝就这个问题做出正面回应。房间内顿时陷入死寂，乔克打破了沉默，问亚瑟·阿尔比斯顿作为曼联队友的休斯的情况。亚瑟对马克·休斯做出了详细的评价，这让会议上的紧张气氛缓和了不少。球队会谈结束后，格雷姆、乔克和我聊了一会儿，格雷姆提出我们大概是遇到了利物浦式的拒绝做证 [2]——对一切话题不做回应。格雷姆表示那时他不想说太多，他想等一下，免得伤了球队的和气，因为不让肯尼生气很重要。

格雷姆给出了他自己对于伊恩·拉什的看法，不过我们对于利物浦球员的整体反应相当失望。那场比赛本身也没能让事情好起来。上半场拉什和休斯冲垮了我们的防线，威尔士理所当然地领先。下半场我们换上汉森打三中卫来遏制他们的攻势，试图逐步扳回局面，不过我们没能看到赢球的希望，甚至连扳平的机会都没有。比赛的结局是不欢而散，最后 10 分钟，索内斯和威尔士的中场守卫彼得·尼古拉斯爆发了激烈的冲突，这是在整场比赛中慢慢积累下来的情绪造成的。不得不说，尼古拉斯找上索内斯这么个对手真是勇气可嘉。

我很能理解在这种情况下一位国家队主教练的挫败感。球员们在夜里四散而去，只剩他一人独自思考，那个夜晚对乔克来说一定很漫长。以我对他的了解，他肯定失眠了。他的睡眠一直不好。我倒是还好，回阿伯丁的路上有麦克

---

[1] 英国街头发售的一种杂志，收入用于帮助无家可归的流浪者。

[2] 黑手党徒的一种行为准则。

利什、米勒和莱顿的陪伴，我可以朝他们发泄一下我的恼火和挫败感。

世界杯预选赛当然是我们最优先的任务，不过参加1985年5月在汉普顿球场对阵英格兰的劳斯杯①也不是什么小事。和英格兰的比赛总是让苏格兰人热血沸腾，不过高夫用头顶入全场比赛的唯一进球的那一刻，我还是忍住了喜悦的情绪。英格兰队把球放回中圈时，我也只不过是在翻第三个跟头而已。哈哈，太棒了！我在某种程度上实现了梦想，参与了击败英格兰。比赛结束后，更衣室里的气氛兴奋异常，大乔克也兴高采烈。

紧接着，我们就要去机场，然后飞去冰岛再次迎接世界杯的比赛，那次飞行旅程很欢乐。我一直记得，凌晨3点我们沐浴着白日阳光坐在萨加酒店屋顶的餐馆里，在这大好天光里喝酒庆祝，想着生活真是如此美好。我从来都认为足球人的命运很精彩，只是当你享受站在高峰时，最好还得做好迎接低谷的准备。我们只等了三天就迎来了一次低潮。冰岛队全场压得我们喘不过气来，不过吉姆·贝特在比赛结束前4分钟的进球让我们侥幸偷走一场胜利。这剧情有点意思，因为贝特曾在冰岛踢过球，他的妻子就是冰岛人。比赛的第1分钟就发生了一件丑事，格雷姆·索内斯砰的一声重重铲倒了对方的蓝眼睛小伙子西吉·荣松，幸好吉姆·莱顿扑出了点球。如果这次犯规更迟一些发生，那就不只是一张黄牌，而是红牌罚下了。索内斯的这次暴力犯规后不久，我在视线之外无意中发现有一名冰岛人明显在准备间接报复。我认出那是阿克拉内斯俱乐部的主席，因为阿伯丁和他的球队在欧战比赛中交过手。他冲向了乔克，不过立马被72岁的斯蒂利拦了下来。两人的年龄可能差了30岁，但是斯蒂利一点也不怕来场斗殴。不过，他的战斗热血因为一句典型的斯坦式训话而冷静下来："坐下，你这个老家伙！"斯蒂利不情愿地照做了，嘴里嘟哝着"好的，没问题"。没错，整个气氛和前几天在汉普顿的兴高采烈完全不同了。顺便说一句，大家都冷静下来后，对斯蒂利的拳击技巧进行了一次分析讨论。他的打法是弗洛伊德·帕特森②所完善的捉迷藏式风格呢，还是就那么躲在自己的双拳背后？许多人不知道的是，吉米·斯蒂尔因为曾在军队服役和拳击结下了不解之缘，我觉得他就是伟大的弗雷迪·米尔斯③第二。

由于3个月前我们在塞维利亚以0∶1败给西班牙，吞下了世界杯预选

---

① 只举办了5届的短命赛事。
② 美国传奇职业拳击选手。
③ 英国拳击选手，被誉为战后时期全英国最大的拳击偶像。

赛第二场失利的苦果，1985年9月10日，在尼尼安公园球场对垒威尔士的最后一场小组赛成为进军墨西哥的生死之战。我们至少需要一场平局，才有机会和大洋洲赛区冠军澳大利亚队进行加赛，争取进入世界杯的最后机会。加的夫肯定不会是个对我们友好的地方，而索内斯在对冰岛时领到黄牌停赛，他的缺阵更是让我们雪上加霜。在9月10日那个星期二快要结束之时，这一切连同其他足球上的考虑都变得微不足道。我的记忆力十分出色，这让我的生活丰富多彩。我总能很好地回想起各种地名、事件和细节。不过每当回忆起加的夫时，我都想忘却它。我从未看过那场比赛的录像，也没想过去看，因为回想那个晚上发生的事情让我痛苦万分。我清楚地记得那场比赛的日期，对于比赛本身的记忆则模糊不清，其他的事情我没法整理清楚。这种鲜明和模糊的混合十分奇怪。

我们的住宿定在布里斯托，并在布里斯托流浪者的训练基地备战。他们的主教练博比·古尔德来观看训练。星期一，乔克让我带一部分球员根据我自己的想法训练。他和后卫球员谈他的计划，麦克利什、汉森和米勒打三中卫，高夫和尼克尔分居左右作为翼卫。我们结束热身活动分成两组对抗10分钟后，乔克大声叫我过去。

"你没法相信的，"他说，"汉森说他受伤了，要回利物浦治疗！"

我看着汉森走远了。乔克说得对，我没法相信这是真的。这已经是比赛的前一天了，老天啊，他为什么不早点说？我们俩都不高兴，不过我向来有一个优点，那就是不会因为球员受伤而方寸大乱。对于这件事，老实说我的感觉有些复杂。自从上次和威尔士的比赛以来，我都不知道该怎么和汉森说起对付拉什的事。

汉森离开后，乔克把尼克尔换到右边翼卫，左侧的对应位置上则是莫里斯·马尔帕斯。我们让高夫面对拉什，麦克利什盯住休斯，米勒拖后并自主决定行动。索内斯因为停赛只能当观众，我们就让戈登·斯特罗恩和吉姆·伯特坐镇中场。排兵布阵的事是直截了当，不过汉森的离开会带来怎样的影响还不好说。就利物浦队及其球员对苏格兰的需要所采取的态度，乔克总是有保留的看法，特别是汉森有过几次退出的记录。当晚，在我们观看布里斯托流浪者的比赛中，乔克明确对我说了，如果我们成功获得决赛圈资格，汉森将不会同我们一起前去墨西哥。我没说什么，但是我记住了他的话。

比赛当天还有其他几件事让乔克心烦，不过那都是小事。有一两家媒体抨击了乔克，他虽然没有抱怨什么，但还是提到了这事。他还提到威尔士主帅麦克·英格兰在一些采访中对苏格兰评价很差。午饭后，这位大佬精神不错，我们和来自因弗内斯的约翰·麦克唐纳打了一会儿落袋台球，约翰是乔克最好的朋友之一，他们在苏格兰足协中是盟友。和麦克唐纳一边，对阵我和乔克的，是我的一个老朋友威利·珀迪，两边大概都有 20 英镑的赌注。乔克十分享受这样的小赌注比赛。麦克唐纳被这位大佬毫不留情地捉弄。乔克拿出了他全部的干扰战术：在麦克唐纳准备击球时向他摇头和嘘他的选择只不过是恶作剧的一部分。我们拿到的赌注就是这些小动作带来的回报。之后我们各自回房休息。我刚刚睡着就被一阵敲门声惊醒，门外是乔克。"我刚刚在想……"他穿着泳裤走了进来，找我聊比赛的事。虽然他表现得十分自信，但是我能感到他有一丝紧张。过了一会儿，我建议我们都小憩一会儿来让自己精神饱满，他点头同意并离开。不久他再次回来找我。

"我把自己锁在房门外了。"

我打了个电话给服务员帮他打开房门。那时候我已经睡意全无，于是走进他的房间和他聊了起来。他有重感冒的症状，我注意到他房间的梳妆台上有药剂瓶，还有两小瓶药片。乔克已经安排好了他比赛时穿的衣服，床上是一条带有绿色宽布块的布克陶牌短裤，我想这大概是他的幸运物，因为这条短裤的样式完全过时了。过了一会儿，他吃了点药剂，并从其中一个小瓶里吃了一片药片，然后我们又进行了一轮比赛推演。当我离开准备去加的夫比赛时，我还想着那条布克陶短裤。伟大如他那样的人，也有自己的小迷信啊。

去尼尼安公园球场的路上一切如常。巴士上播放着音乐，乔克照常抱怨着音乐种类的选择。"这算是哪种音乐？"他用这种独属于他自己的轻蔑语气问道。然后他就让斯蒂利给我们放几首他平时听的歌。车上的气氛其乐融融。

上一场在汉普顿公园的比赛中，拉什和休斯给我们造成了很大的损失，因此在这场决定性战役之前，我在球队训话中必然要着重强调如何防范他们。只是，上一回利物浦球员们在赛前拒绝谈论他们俱乐部队友的情报，这一次我没兴趣再去请他们帮忙。我要让球员们不要担心拉什和休斯会在加的夫对我们怎么样。我说："向那个拉什正面冲过去，他是个胆小鬼。"我现在当然不相信这种鬼话，但是当时我得让小伙子们不把这两人当成思想负担。然后我谈到休斯："他的跑动能力不行，正面拦下他。"我故意贬低威尔士两名最有威胁的球员，以此提升我们队员的士气。马克·休斯确实每次都要跟着球走，用速度过人非他所长。我夸大了他们的弱点，因为他们是我们对付威尔士的关键人物。威尔士队阵中当然还有其他的一些优秀队员，比如彼得·尼古拉斯和凯文·拉特克利夫，但是只要不让拉什和休斯主导比赛，我们就有戏。

比赛的开始有一些激动人心的场景。我不管别人怎么说，当人们在加的夫的球场里唱起威尔士国歌时，气氛确实很震撼。这首国歌气势恢宏，你会不由自主地跟着一起唱。那天晚上球场里有 35000 名观众，他们的声浪一定会鼓舞他们的球员，那是真正的动力。威尔士队士气如虹，上半场我们被压制得举步维艰。

比赛开始阶段的焦点戏剧性地集中在我们的门将吉姆·莱顿身上，上半场他弄丢了一只隐形眼镜。说我感觉这事儿是戏剧性的都还是保守的说法，我带了莱顿 7 年，都从来不知道他还戴隐形眼镜。我觉得乔克在离开我们之前大概会对我感到失望，他以为我知道隐形眼镜的事，但是没有告诉过他。直到死之前，我可能都会一直受此事折磨。我到现在都觉得难以置信，莱顿居然把这个秘密隐瞒了那么久。我知道上半场他表现得有失水准，但我没想到他陷入了如此之大的麻烦。他扑球结果脱手，迎着球结果踢空，像无头苍蝇一样乱窜。活力十足的休斯从左路带球杀入，一脚漂亮的射门，威尔士先下一城。中场休息时我们 0：1 落后，回到更衣室里，乔克批评了小个子戈登·斯特罗恩。戈登的状态不好，没能表现出人们期待他所应有的水平，乔克痛批了他一顿。他说他准备把斯特罗恩换下，用戴维·库珀取而代之。戈登很沮丧，不过这也不是什么新鲜事。

突然，乔克离开更衣室的主厅，队医休·阿兰把他叫到淋浴室。我径直走到戈登身边坐下。

"乔克那么说是为了全队好。你没有发挥出你应有的水平。"

"我不敢相信他会那样说我。"戈登回答。

"听着，"我说，"他是对的。先安静下来，你不会被立即换下场的。他会再给你 10 分钟，抓住机会好好表现。"这时乔克叫我。

"亚历克斯，到这儿来。"

我走进淋浴室，看到了无法忘却的景象。那里有一个像是人头底座的东西，吉姆·莱顿半坐在上面，他的表情立刻告诉我发生了很严重的问题。他的脸上满是羞愧的神情。

"他的隐形眼镜丢了。"

乔克说这句话的语气透露出，他认为我知道眼镜的事，但是没有告诉过他。我发誓我真的不知道吉姆是要戴隐形眼镜的。我目瞪口呆，脑中被愤怒和难堪所充斥，一时竟说不出话来。我记得自己向吉姆投去了一个咒骂的眼神。当我能说话了，我问他如果把另一边隐形眼镜也拿出来，这样不戴眼镜踢球，是否会更好。他承认只戴着一只眼镜完全扭曲了他的视力，然而不戴的话，他就没法胜任门将的工作。"我连球都看不清。"他告诉我们。这就意味着我们下半场必须让阿兰·拉夫去守门，后来证明，这次换人是正确的决定。拉夫的镇定气质是我们面临此次困境时上天的恩赐。但那时莱顿身上发生的事让我感到恐慌。乔克严厉地盯了我很久，他的眼神在说："事后你得向我好好解释这件事。"我是莱顿在俱乐部的主教练，因为对麾下球员管理严格而闻名。任谁都会认为，对于我的球员，我知道一切该知道的事情。乔克有理由相信，我在眼镜的事情上对他有所隐瞒。实际上，阿伯丁的其他人都不知道莱顿戴隐形眼镜的事。我北上回俱乐部后找队医询问这事，结果他知道后跟我当时一样震惊。后来我在办公室和莱顿摊牌，把他骂得狗血淋头。显然，如果我知道这事，我们会给他带上一副备用的隐形眼镜，之后在阿伯丁我们就是这样做的。我认为莱顿保守这个秘密是出于一种糟糕的自私心态。整整 7 年，他把我和他的队友，还有俱乐部的其他所有人都蒙在鼓里。无论他这么做是担心会危及他的职业生涯（他那长寿的职业生涯证明这个担心没有根据），还是出于虚荣心，我无从得知。但是在足球领域，应该有人人为我、我为人人的精神，他这样做显然是不应该的。

丢失眼镜的闹剧给更衣室里带来了一股恐慌的气息。我们还落后一球，但是只剩下 45 分钟去扳平比分，才能获得争取世界杯决赛圈门票的资格。大乔克极其想达成这个目标，中场休息时，我们知道自己陷入了困境。我们还有斯特罗恩的问题悬而未决，而莱顿的意外事件意味着我们连完整的球队训话的时间也没有了。尽管我和乔克执教经验丰富，但在这种情况下让球员们冷静下来并非易事。很快我们就要感谢拉夫的帮助。我从来不认为他的守门能力有多么出色，但是他的性格很讨人喜欢，在这种困境之中，他的从容不迫正是我们所需要的。在那样一片紧张的气氛之中，他在扑救之余还有闲心开玩笑，这对我们心理上的帮助是无法估量的。

下半场的形势极度紧张。凯西在电视上看了这场比赛，她后来告诉我，当镜头转到苏格兰教练席的长凳上时，我看起来表情很糟糕，像是随时会犯心脏病似的。一部分原因是我在担心乔克，他已经开始冒汗，脸色发灰。他坐在我和休·阿兰之间。斯蒂利坐在我的另一侧，他的旁边是医生斯图尔特·希利斯。我非常担心，于是悄悄示意斯图尔特医生，他应该去给乔克做一下检查。医生顺着长凳看了过去，向我说好的，他会看着的。下半场过了大概15分钟，乔克决定换人，一开始我误解了他的想法。现在回想起来，这种困惑说明他当时身体状况已经很差了，所以不再像平时那样清晰可靠。早在比赛开始前我就知道，他倾向于在比赛后段用库珀替下斯特罗恩。他对库珀说："我认为这场比赛你最好作为替补上场，因为乔伊·琼斯在下半场会很难熬。"琼斯刚刚伤愈复出回归威尔士国家队就踢右边后卫，因此有理由假设他没法坚持完全场。事实正是如此。比赛的最后半个小时里，库珀在左路的出色发挥让琼斯如坠噩梦之中。不过一开始乔克提出要换人时，我以为他是想把史蒂夫·尼克尔换下来，于是拿错了牌子。

"不，让尼克尔留在场上，"乔克说，"换下斯特罗恩，换上库珀。"

换人之后我们的表现压住了对手，可是仍旧没法打进我们所需的扳平球。只剩20分钟时，乔克开始向我强调，即便我们输了，也要保持风度与尊严。我不会忘记他对此有多么看重，他多次重申了这一点。

"听着，亚历克斯，"他说，"如果我们在这里输球了，我要你带领全队走到球场中央，向球迷致敬。我们不能丢了尊严。"他一直说着这话。"不要去管其他的事。记得一定不要失去我们的尊严。"

人们都知道，我们最后没有输掉比赛。离比赛结束还剩10分钟时，大卫·斯皮蒂带球冲进禁区，结果球弹起来打到大卫·菲利普斯的手臂上，我们获得一个点球。这是我们的运气，因为虽然我们在场上表现得更好，并且大部分时候控制着比赛，但那个点球不是非判不可的。尽管手臂碰到球是个意外，不过也还是一个明显的手球。当值的荷兰籍主裁判凯泽尔先生毫不犹豫地判了点球。戴维·库珀冷静地一脚低射，球从威尔士门将内维尔·索撒尔左边钻入球网，为我们打开了通向墨西哥世界杯决赛圈的大门。

我们打进扳平球后，乔克一句话也没说。很快裁判吹哨示意判罚一个任意球，但是乔克以为那是比赛结束的哨声。那时比赛还有几分钟结束，但人们乔克已经起身向威尔士主帅麦克·英格兰走去。媒体上发表了不少英格兰对苏格兰队的负面言论，乔克对此十分不满，我想他当时一定是准备过去说："孩子，你们真不走运。"这是一种老派的刻薄的同情，既有表面的客气，又让麦克知道他不喜欢别人信口开河。乔克挖苦他人时通常毫不留情。但是当他站起来时忽然被绊了一下，差点摔倒。我整个下半场都在留意他那边，在他快摔倒时我赶紧扶住了他，大声叫休·阿兰也过来搀扶。医生加入了我们的工作，医疗队也立即从球员通道里赶了出来。休吉①和我扶着乔克，直到其他人接手把他抬了进去。我回到教练席，比赛结束后我叫球员们留在球场上。我们不知道乔克是不是在更衣室，或者发生了什么其他事情。然后我们看到了手势表示我们可以进去了。当我们询问乔克怎么样了的时候，我们最初以为他已经好转一些了。更衣室里没什么庆祝活动，不过我感觉到了安心，于是对球员们说"干得好"，并告诉他们，头儿心脏病发作了，不过会没事的。看起来一切都还不错，我收到通知要出席新闻发布会，便开始做准备。有些记者喜欢挑乔克的毛病，我正在琢磨着该对他们说点什么。可是当我走出门时，看到格雷姆·索内斯正在医务室门口哭泣。

"我想他是走了。"格雷姆说。我不能相信。

"他在哪儿？"我问。听到格雷姆说他在医务室里，我立马推开门就要往里走。正在那时，苏格兰足协秘书厄尼·沃克走出来告诉我不能进去。看起来厄尼好像是在打发我走人，但我能理解他的难处。他正背负着巨大的压力，竭力使自己镇定下来，去处理乔克去世后的一切立刻该做的事务。

"听着，"我说，"有人得给简②打电话。"

"天啊，当然了，"厄尼说，"我们现在就得做。亚历克斯，你能去打给她吗？"

我拨通了电话，但是无人接听。于是我打给杰克·弗林，因为我知道他和他的太太莱拉是斯坦一家的邻居，他们关系很好。杰克告诉我简和莱拉去玩宾戈游戏了，他会开车前去，赶在简从其他渠道听到这个消息之前接到她们。可是当他赶去那里时她们已经回来了，于是错过了。同一时间，乔克的女儿蕾从电视上看到了父亲重病的消息，于是赶去她母亲的住处。简和莱拉回家时蕾正等在门口，她们一起进了屋。我终于打通了电话，是蕾接的。蕾向我说："亚历克斯，不要告诉我出事了，求你了，求你不要告诉我是这样。"可是我必须告知她父亲的噩耗。这时苏格兰足协主席大卫·威尔从我手中接过了话筒。身

---

① 休的昵称。

② 乔克·斯坦的妻子。

为主席，这自然是他的职责，但是我和斯坦家非常熟悉。虽然这时候没人能够抚平他们的悲痛，但是如果她们从电话那头听到的是熟悉的声音，可能会好过一点。

之后我们必须把这个噩耗告诉球员和其他教练组成员。老斯蒂利看起来很不好，他和乔克十分亲密，这时他悲痛欲绝。我表面上尽量抑制住自己。直到第二天从加的夫飞到格拉斯哥时，我都没有流下一滴眼泪。从那里我开车回阿伯丁，当晚我们还有和帕尔蒂克西斯尔的比赛。半路上，我把车开进一个路边停车带，然后再也控制不住自己，放声痛哭起来。之后我回到家，凯西问我乔克逝世的事情时，我整个人都垮掉了。发生的这一系列事件都重重地压在我身上，而我只能放任悲伤的情绪肆意奔涌。在尼尼安公园的时候我极力控制住了自己。乔克说过我们要保持风度，我把这句话放进了心里，并且要保证球员们都没有问题。我们在巴士上集合时，车外站着数千人，那静默而悲伤的气氛令人难忘。有人在喊"上帝保佑你，乔克"和"干得好，小伙子们，他会为你们骄傲的"。但是最让人印象深刻的还是那庄严肃穆的寂静，就像为一位君王的逝去而哀悼。的确，在足球界，我们失去了君王。

第十二章 1986 年墨西哥世界杯

苏格兰的世界杯之旅再次黯淡无光，依然是匆匆过客。没能让球队走得更远，我对自己的无能感到惭愧。

整个苏格兰都为乔克·斯坦逝世而震动，尤其是足球界，很长时间都未能从阴影中走出来。而率领国家队成功闯入 1986 年墨西哥世界杯决赛圈一定是人们缅怀乔克时最先想到的功绩。之后，苏格兰足球协会决定让我担任临时主教练，待决赛阶段结束后双方再进一步协商，我欣喜地接受了这份荣耀的工作。

要进军墨西哥，我们还必须在附加赛中击败大洋洲赛区冠军澳大利亚队，1985 年 11 月 20 日，在汉普顿公园 2：0 完胜对手让我们准备两周后在墨尔本的第二回合比赛时有了更充足的底气。问题是有那么几个惹是生非的队员，莫里斯·约翰斯通和弗兰克·麦克阿维尼这两个嗜酒成性的家伙把我们的备战搅得一团糟。比赛安排在 12 月 4 日星期三，我听从医疗团队的建议，让主力队员搭乘前一周星期四的航班前往澳大利亚以适应环境，星期五训练，星期六休息调整。我当然清楚给他们这么大的自由是很有风险的，但将这些年轻人整天软禁在房间里也着实不可能。正愁怎么对付这一小部分不守规矩的队员时，一个在墨尔本经营客栈的老朋友休·莫尼提出愿意将他自己的设施提供给球队使用，解了我的燃眉之急。休曾在圣米伦和莫顿踢过球，性格坚忍且脚踏实地，绝不会辜负我。他为每名队员准备了单人间，还雇了人在门口检查每一个登门访客，实在是太周到了。

我吃下了定心丸，前往悉尼拜访我的姑祖父亚历克斯。他已 90 岁高龄，我计算着这次澳大利亚之旅应该是我最后一次与他见面了。（事实确实如此，而他一直活到了 97 岁。）我们度过了美好的一天，之后我踏上返程前往悉尼机场，结果发现航班取消了，我不得不在酒店住上一宿，等待次日上午返回墨尔本的航班。酒店房间很是宽敞舒适，打开电视机，我给助手沃尔特·史密斯打了个电话，询问住地有没有什么动静。沃蒂（沃尔特的昵称）拍着胸脯说一切正常，我就放心地看电视去了。过了半个小时，电话响了，沃蒂的声音听上去十分焦虑，完全不是平时那个沉着稳健的他。

"不管你信不信，"他说，"约翰斯通和麦克阿维尼把三个妞带到酒吧里，请每个人喝酒。他们已经疯了。"

"混账东西，看我回去不宰了他们！"我说到做到，立刻叫来这两个人："这是最后一次警告，再有一次你们就滚蛋！"

第二回合比赛虽未取胜，0：0 的比分也足以让我们满意。上半场的表现其实并不算好，中场休息后我们有所改观，但真正帮助我们挺进正赛的是守门员吉姆·莱顿的 4 次精彩扑救。姑祖父亚历克斯不顾 90 岁高龄，从悉尼坐了 14 个小时的火车赶来看球，赛后我们顺便让他搭球队大巴去火车站。当时苏格兰足协秘书厄尼·沃克坐在前排自己平时的位置上，姑祖父亚历克斯对他说："小伙子，还不给我让个座。"厄尼的反应简直绝了："我可不跟你这老炮儿犟嘴。"边嘟囔着边挪到了后面的座位。

我们把姑祖父亚历克斯送到火车站，目送他搭上返回悉尼的列车，现在的夜晚属于每个人自己支配了。队员们星期六没有比赛，在旅途中那些捣乱的家伙们不管怎么说也还算安分守己。第二天早上，我看到厄尼一个人在吃早餐，过去打算就给姑祖父让座的事向他道个谢。我刚过去，他就张嘴了，"看着点约翰斯通那个王八蛋"。他说半夜里听见房门乱响，房间里传来猥亵的喊叫声。于是走到房间门口从门镜往里窥望，看见莫（莫里斯的昵称）·约翰斯通一丝不挂，里面还有个姑娘。估计那姑娘也没穿衣服。厄尼问我有没有听说这桩事，我当然没有。

"亚历克斯，"他对我说，"给你个忠告，他可不是个善茬儿。"

"这我知道，"我回答，"可他球踢得还行，这让我很难办。当然我绝不是袒护他的这种行为。"

我已经在盘算出征墨西哥的阵容名单了，莫里斯是自己把自己的名字划掉的。他本来有能力，跑动很不错，进球效率蛮高，但场外的行为让人无法容忍。带队员去墨西哥待上四五个星期，这跟平时出趟门可完全不是一回事。

出了什么问题也不是简简单单把他撵上大巴车送回家就能了事的。我召回查理·尼古拉斯的意愿越来越强烈，毕竟世界杯需要出类拔萃的球员，查理正是如此。约翰斯通固然有着非凡的进球本领，但就综合能力而言并不如尼古拉斯，我觉得世界杯的舞台应该会激发出查理的全部能量。既然莫里斯无药可救，正好带上聪明开朗的查理，他有着一种将周围的人调动起来的魅力。

我的工作团队里必须要有性格坚毅的人。因此我任命沃尔特为助理教练、克雷格·布朗和阿奇·诺克斯为教练，我对他们知根知底，有把握他们能与团队中的每个人融洽相处。考虑到我们在墨西哥的比赛如此重要并且牵扯到大笔金钱，我必须保证有足够的人手来满足每一项基本要求。厄尼对我办事不惜金钱的方针鼎力支持，表示不管我需要什么都能满足。他认为苏格兰足协的教练部门主管安迪·罗克斯博格应该有一席之地，我仔细听取并采纳了他的意见。在医疗方面，斯图尔特·希利斯医生是我们最佳的选择，他一直为球队提供顶级的保障。对于经验丰富的按摩师吉米·斯蒂尔，我安排以前在阿伯丁的强力助手泰迪·斯科特帮忙，毕竟吉米已经年过七旬，墨西哥的高温和严苛环境对他是个巨大的考验。此外我还在名单里加上了邓迪的埃里克·弗格森作为候补按摩师。就我对过往世界杯的了解，尤其是阿里·麦克罗德出征阿根廷的那套班子，苏格兰饱受人手不足之苦，但1986年的世界杯绝不会再出现这种问题。在得知与丹麦、联邦德国和乌拉圭分入死亡之组后，我依然乐观地迎接世界杯的挑战，决定享受这每一分钟。

我前往伊普斯维奇，去埃尔夫·拉姆塞爵士家拜访，他的一席话果然让我不虚此行。他提醒我墨西哥的饮食会先让我们吃点苦头，于是我遵从建议，携带了可观的食材出征。另外他还提供了很多有益的参考，如高原训练计划以及在外国参加世界杯比赛时如何管理队员。我告诉他我们计划去新墨西哥州的圣达菲训练10天，之后前往洛杉矶苦练体能，再回到墨西哥的海拔高度，拉姆塞爵士很满意。他说我们对世界杯中将面临的问题有着清醒的认识并做好了细致入微的计划，一定会取得令人满意的成绩。

在确定最关键的阵容名单时，最让我挠头的无疑就是阿兰·汉森，思前想后也难以下定决心。没有人质疑他作为中后卫的能力，但他似乎穿上苏格兰队球衣时总有种情绪，于是我对他的可靠性和态度产生了疑惑。他的确是个出色的球员，但这是就他在利物浦的表现而言。在我看来，他在苏格兰从来没有发挥出同样的水准。我也不急着否定他，1986年4月下旬我们在一个星期内要打两场世界杯前热身赛，分别是在温布利对阵英格兰以及在埃因霍温挑战荷兰，为这两场比赛我征召了他。可就当我们在卢顿城的训练场备战与英格兰的比赛时，阿兰去找沃尔特·史密斯说："我膝关节有问题，我要回去了。"还没等我们详谈，他就返回了利物浦，我立刻意识到这完全就是加的夫那一出闹剧再次上演。当时他临阵脱逃，在预选赛对威尔士的关键一战前临时退出，让乔克·斯坦无可奈何。这次事件在乔克心中留下了巨大的阴影，我可以肯定，假如他依然在世并担任主教练，汉森绝不会有机会搭上前往墨西哥的飞机。我心里立刻有了弃用他的想法，但我承认，我也担心肯尼·达格利什会对我不带汉森参加世界杯有什么反应。当时肯尼是利物浦的球员兼主教练，但他与汉森私交甚笃，并不仅仅是工作伙伴关系。为了苏格兰队着想，我也必须尊重肯尼的立场。他代表国家队出场的次数刚刚过百，我也相信他在足球生涯的末期完全能够凭借出众的技术和丰富的经验成为我们球队的中流砥柱。

无论如何，汉森对英格兰比赛前临阵脱逃的行为以及态度让我开始考虑在中后卫位置上使用其他球员。于是，我与邓迪联的大卫·纳雷谈了一次。纳雷当时没有入选苏格兰队名单，但他在俱乐部表现上佳，脚下灵敏，抢断准确并且善于阅读比赛。更难能可贵的是他可以胜任多个位置，打过拦截型后腰，也曾作为右后卫代表苏格兰出场。在我看来，如此有天分的球员不应错过世界杯决赛圈，前提是他有斗志并且乐于为国效力。见面时我告诉他希望他跟队出征，虽然不能保证他获得出场机会，但我的用人绝对公正。这番话再次点燃了他的热情，让我很是欣慰，于是在下一场对荷兰的热身赛中我起用了纳雷，他的表现可圈可点，帮助我们 0 ∶ 0 逼平了以强大阵容出战的对手。

在远征荷兰时，又有一个球员找到我毛遂自荐。史蒂夫·阿奇博尔德，他已经远离球场六七个月之久，正在一个著名的荷兰理疗师的指点下进行康复训练。理疗师也与史蒂夫一同前来，向我保证他的身体状态能够恢复到百分之百。我相当认可阿奇博尔德在前锋位置上的能力，开始慎重考虑这个名额。史蒂夫的确非常全面，双脚技术出众，身体平衡能力强，争顶头球不落下风，有速度，善于把握机会，骁勇善战。这些因素足以让他在身体状态仍有些疑问时至少获得一个进入候选名单的机会。留下他也可以保证万一现在的前锋人选出现问题时不至于无人可用。在我的名单里，保罗·斯图罗克善于利用跑动牵扯防守，格雷姆·夏普则是空中霸主，查理·尼古拉斯技术能力突出且常有神来之笔，这为他争得了一个位置，原本我担心他和达格利什过于相似，但想象一下两个人在世界杯赛场上的表现，这种担心就烟消云散了。麦克阿维尼是中路突破能力最强的前锋，理所应当地入选了，虽然以他的性格搞不好会惹点麻烦。莫里斯·约翰斯通被我放弃了。尼古拉斯和麦克阿维尼虽然也不是善茬儿，但至少不蠢，这一点和莫里斯不一样。弗兰克（麦克阿维尼）和查理（尼古拉斯）我能管得住，可是莫里斯的所作所为让他失去了机会。大卫·斯比蒂在我的印象里牢骚很多，上不了场时一定会惹是生非，我决定不用他。戴维·库珀在前一年我们战胜威尔士的比赛中居功至伟，但除此以外缺乏更多站得住脚的表现，很遗憾他后来英年早逝。苏格兰当时有一种潮流，就是特别偏爱中场多面手，本行是中前卫的球员有时也根据战术要求打到两翼，这就削减了纯正边前卫的生存空间。戴维·库珀用自己的表现颠覆了这种潮流，他在左边前的位置上极为稳定，左脚技术娴熟，既能门前得分，又能在边路递出精准传中。虽然不能确保主力位置，但在球队中绝对应当有他的一席之地，我下定决心带他去世界杯。

在后卫当中，亚瑟·阿尔比斯通入选的一个重要原因是他天生惯用左脚。史迪威·尼克尔和莫里斯·马尔帕斯这种右脚踢球的左后卫并不少见，我一直希望有人平衡这种局面，而亚瑟正是最佳人选。中后卫的位置上我选择了麦克利什、米勒、纳雷和理查德·高夫，另外罗伊·艾特肯会用他如火的热情和战斗欲望调动起整个球队，他并不是能力最出众的，但总能带来不同的感受，是球队中不可或缺的催化剂。格雷姆·索内斯、戈登·斯特拉坎、保罗·麦克斯泰和吉姆·贝特是中场的中坚，吉姆·莱顿自然是当仁不让的第一门将。

综合权衡各项因素，我的世界杯阵容基本确定了，这时终于又要回过头来考虑棘手的阿兰·汉森。其实这本来不是个问题，我做出过放弃他的决定。但我这样做并没有什么理由，我没有和他争吵过，没有挥刀斩人的凭据。他向来悉心听取我的意见，彼此之间也没有个人恩怨。我仅仅是作为一个足球主教练判断来得出的结论，他在加的夫一战和对英格兰一战前的临时退出对我的判断产生了巨大影响。我感觉他配不上出征墨西哥阵容中的一个名额。但我知道肯尼·达格利什会有不同的想法，所以我在公布阵容的前一天首先联系了肯尼。我坐在阿伯丁的家中，一整个下午都忙着打电话。首先我告诉肯尼，希望他与我们一同出征世界杯，之后告诉他阿兰·汉森没有入选。肯尼的反应果然不出所料：

"他这么出色的球员，不可能不带他去吧。"

"嗯，好吧，让我再考虑考虑。"我答复。但这只不过是对肯尼的意见表示尊敬而已。我又给几个球员打了电话通知他们是否入选，之后再次拨通了肯尼的号码。

"我弃用阿兰的决定不会改变了，"我告诉他，"很遗憾这和你的想法并不一致，但我只能这样做。"

肯尼有一会儿没有出声，之后终于张口："好吧，这是你的决定。"

我又给阿兰·汉森打电话告知他这个坏消息，他表现得很平静。"知道了。我理解你的难处，总不可能每个人都带上。"

球队正准备集结出发时，肯尼那边来了消息，说他要做一个膝关节手术，无法参加世界杯了。在肯尼的自传里，他是这样写的："舆论批评我是为了阿兰出气才报复弗格森，事实不是这样的。认为我只是由于阿兰·汉森未入选而退出国家队的人不仅是对我个人名誉的中伤，也是对劝我接受手术的医生的职业操守的无端诽谤。我总不可能在膝关节韧带被抽出的状态下去踢世界杯吧。"达格利什的缺阵对我们影响极大，当时他30岁出头，处于全盛期，堪称世界顶级球员，可以在任何一支超一流球队效力。他卓然超群的技术与百折不挠的勇气相辅相成，而这种难得的勇气在伟大球员的身上往往被耀眼夺目的技术能力所遮掩，让人们难以注意到。肯尼的身体和心理都极为强悍，并且散发出一种独特的魅力，是苏格兰队的无价之宝，就算他不上场，只要随队一同出征都能极大地鼓舞球队的士气。我知道格雷姆·索内斯对肯尼未能出征墨西哥世界杯感到很遗憾，但他表现得不以为意："嗯，好吧，他不来就算了，咱们自己想办法。"他有一种处变不惊、头脑冷静的优点。他虽然故作镇定，但实际上心里很不踏实。在世界杯决赛圈一开赛，索内斯自己就出了问题。

第一场出战丹麦，球队表现不错，艾特肯一个明显的有效进球遭到误判，最终0：1遗憾告负。第二场我们面对联邦德国队，率先取得进球后被对手扳平，下半场刚刚开始，鲁迪·沃勒尔将比分反超，我们被逼到绝境，奋起反击却未能挽回败局，1：2再次失利。比赛结束后，我发现格雷姆已经极度透支，90分钟的比赛后体重居然掉了足足12磅（约5.4千克），在后半段比赛中体能明显大幅下降。他之前在对阵桑普多利亚的比赛中受过伤，之后一段时间没有参加比赛甚至训练，由此导致的体能问题在墨西哥明显暴露了出来。

尽管经历了两连败，但在第三场面对乌拉圭的比赛之前，苏格兰仍然保有第一次从世界杯小组赛突围的希望。这场比赛我们必须拿下，而对方只需要一场平局即可晋级，我也清楚奉行实用主义的乌拉圭人将让我们面临一场艰苦的消耗战。我自然要担心索内斯是否能顶得下来这场比赛。但他的能力毋庸置疑，任何一个主教练都不会轻易把他按在板凳上。沃尔特·史密斯建议对乌拉圭的比赛里派上索内斯，而格雷姆从前一年4月起担任流浪者队球员兼主教练，沃尔特·史密斯正是他的助手，考虑到这场比赛的性质，我实在很难点头。

"就我看来，这场比赛会极其激烈，"我跟沃尔特讲，"对方必然全力防守，不惜一切代价阻止我们，肯定计划把比赛搅和得乱七八糟。在终场前我们可能最需要格雷姆发挥作用，以防万一我还是想安排他替补。"但沃尔特告诉我，坐在替补席上是索内斯绝对无法承受的屈辱，我决定向他本人确认一下，得到的答复是一样的。

"不上场就已经很难受了，让我当替补就简直生不如死了！"他说，我也只能尊重这位伟大球员的意见。

我认为墨西哥世界杯中苏格兰的前两场比赛自己排兵布阵还算不错，但回想起第三场对阵乌拉圭的关键一战，我仍然心有不甘。本来我可以选择更合理的阵容，尽管索内斯的体能问题以及查理·尼古拉斯的受伤有一定程度的影响。对丹麦和联邦德国的两场比赛我们发挥得很好，除了球的运行线路和比赛结果方面是我们缺乏运气以外，对方的粗野犯规还导致让丹麦人吃尽苦头的尼古拉斯因伤下场。查理在进攻端与斯图罗克配合默契，向对方身后积极前插，让防守队员不知所措。终场前30分钟我们被迫将他换下，这让我们在本场以及之后的比赛中更加难以取胜。在对乌拉圭比赛的尾声阶段，我把他作为最后一张王牌打出，假如他处于上佳的身体状态，我本可以更早换他上场的。

在队员的人选方面也有一些漏洞，有些是由于我不必要地担心是不是选择了太多过去我在阿伯丁执教时期麾下的球员。比如本来我应该在首场比赛就派上阿奇博尔德，他是我用来填补肯尼·达格利什位置的球员，在对联邦德国队的比赛中发挥出色。但我考虑到他之前7个月没有打过比赛，担心5天之后对阵乌拉圭的比赛中身体调整不到最佳状态，另外多少也有一些是出于忌讳阿伯丁帮派的无谓担忧。在中场没有使用我很中意的吉姆·贝特也是类似的原因。我最终选择了保罗·麦克斯泰，但他的表现实在对不起那么出色的天赋。格雷姆·夏普的表现也是乏善可陈。我本以为他是个充满斗志的前锋，可比赛里却完全是个软蛋。乌拉圭的何塞·巴蒂斯塔开场40秒就因为对戈登·斯特拉坎恶意犯规吃到红牌，之后全队龟缩到禁区里，这就需要我们的前锋勇敢地冲进去争抢头球。我还期待着夏普能率领球队发起冲击，结果他在南美人演练多次的凶狠防守面前认怂了。

假如我在比赛前更多地激励队员，也许他们不会轻易地被乌拉圭人的挑衅策略扰乱心智。的确我承认，赛前的讲话内容与平时相比过于贫瘠了。在跟全队讲话之前，我和阿奇博尔德还有过激烈的争吵，他对自己被安排在替补席上大为恼怒。其实这种态度我早已料到。他并不自私，只是有点一根筋，容不得不同意见。吵过之后我本应给自己一点时间镇定下来，重新看一遍自己准备的笔记再去跟球队讲话，但我并没有这样做。结果需要强调的重点忘得一干二净，光说了几句诸如只要拿出正常的水平就不会惧怕任何对手之类的不痛不痒的话。关于队员则只字未提，回想起来简直跟丘吉尔的做派差不多，没有任何实质内容。赛前动员就应该让队员积极面对现实，鼓励他们拿出自信、鼓起勇气，发挥出全部力量。面对这些优秀的球员，我应当给他们提出成熟、中肯的建议，诸如怎样保持耐心、控球在脚下，怎样发起反击、避免被对方的挑衅行为冲昏头脑以致做出不必要的举动。不应该像跟中庸之辈谈话时罗列冠冕堂皇之词，说什么勇于挑战、超越极限之类的东西。在圣米伦队当教练可以这样做，但在苏格兰国家队这可就犯了大错。

我承认自己在这些方面做得不好，而在队员方面，他们也绝不会对自己的表现满意，场上表现与应有水准相去甚远。乌拉圭刚开场就被迫10人作战，结果我们反倒紧张起来，犯了苏格兰的老毛病，无法给对方致命一击。对方的恩佐·弗朗西斯科利技术超群且作风优雅，在前场纵横捭阖、沉着冷静，在以卑劣无耻战术而闻名的乌拉圭队中显得独具一格。法国裁判若埃尔·基努开场第1分钟就以大无畏的姿态罚下了恶劣犯规的乌拉圭队员，但之后就对他们放肆的恶意动作熟视无睹了。乌拉圭人愈发变本加厉，不惜一切手段拖延比赛，裁判都成了他们的牺牲品。配发的装饮用水的三棱形袋子本来是用于防暑降温的，可乌拉圭的替补队员居然在中场休息主裁边裁退场时用水袋砸他们。比赛进入尾声，乌拉圭队员急不可耐地催促基努吹哨结束比赛——又推又撞，居然还有人拉着裁判衣服指着钟让他看——结果他屈服于压力，吹响了终场哨，而我们至少应该还有5分钟的补时。赛后新闻发布会上乌拉圭队主教练奥马尔·博拉斯假装无辜的发言永载史册，他说："我不知道出什么问题了，我们完全是公平竞赛。"

我愤怒不已，拒绝与他握手。赛后国际足联（FIFA）对乌拉圭罚款 25000 瑞士法郎，警告他们如继续行为不端则可能被取消比赛资格。他们下一轮就被阿根廷淘汰了，这对足球运动总算是有个交代，但对于我们则已于事无补。苏格兰的世界杯之旅再次黯淡无光，依然是匆匆过客。没能让球队走得更远，我对自己的无能感到惭愧。

第十三章　为阿伯丁带来更多荣耀

　　当齐心协力共同辉煌过的主教练和球员意识到即将分道扬镳之时，设想的最佳结局就是*互相尊重，本着公平的原则，堂堂正正地道别，各自踏上新的征程。*

　　成功一开始会在球队中形成强烈的团结意志，但有时也会导致球队分崩离析。随着声名鹊起，队员个人的野心膨胀起来，自然会追求用自己的才能换取更多金钱的机会，这无可厚非。何况对于无法满足球队要求的球员，再有同情心的俱乐部也只会让他走人，在这样的现实下又如何能苛求球员单方面对俱乐部忠诚？当齐心协力共同辉煌过的主教练和球员意识到即将分道扬镳之时，设想的最佳结局就是互相尊重，本着公平的原则，堂堂正正地道别，各自踏上新的征程。但是很遗憾，在戈登·斯特拉坎决定离开阿伯丁的时候完全不是这个样子。在1983—1984赛季中，他有一次在我看来非常愚蠢的发言表露了自己的想法，他是这么说的："太无聊了——我要换个地方。"我也不跟他啰唆："爱咋咋地。"从斯特拉坎的场上表现能够看出他的心思已经不在球队里了，我好几次想过弃用他。

　　既然斯特拉坎决定赛季结束后离开阿伯丁，我们就面临着为他寻找英国国内俱乐部下家的紧急任务。如果他转会国外球队，当时实行的一种叫作"倍数系统"的规定将极大地限制我们所能获得的转会费。对于离开英国的球员，金额上限是用一个根据球员的年龄所确定的倍数乘以他的年薪。比如21岁以下的球员就是年薪的10倍，根据浮动制算法——如果我没记错的话——我们能得到的就是斯特拉坎的年薪的7倍。但这还不到我所估算的26岁的斯特拉坎80万英镑身价的1/4。于是我集中精力与表示出兴趣的阿森纳和曼彻斯特联队交流。问过我的报价，曼联打了退堂鼓，而阿森纳则表现出立刻就想签约的意愿。但阿森纳在检查过斯特拉坎的医疗记录后表示对他的骨盆有担忧，决定放弃交易。而拉齐奥的意图不是很明朗，科隆提出的报价则让我们无法接受。直到赛季末期，整个英格兰都没有什么球队对斯特拉坎表示出兴趣，这让我们惴惴不安。如果这样下去他真的很可能转会到欧洲大陆，导致我们白白损失大笔金钱。我们也听到了很多流言，比如他已经与外国俱乐部签下了协议之类的，于是我向他本人确认情况，他否定得很坚决，这让我们放下心来，专心把他往曼联推销。毕竟这个小个子球员曾在阿伯丁呼风唤雨，这桩转会绝不是像随随便便卖掉一只小狗崽那么简单。

我给曼彻斯特联队的罗恩·阿特金森打电话，跟他说明趁着外国俱乐部没来搅局，早点达成协议可以实现双赢，我们也乐意把价格降到 50 万英镑。当天阿特金森就答复我，同意报价，之后我把斯特拉坎的联系方式发给了他，是斯特拉坎的会计师阿兰·戈登，人在爱丁堡。第二天，阿兰·戈登打来电话，说出了些问题。

"什么问题，阿兰？"我问他。好长一段寂静之后，听筒里传来回答："他跟科隆签下了初步转会协议。"

我自以为对足球界里经常发生的意外适应得还不错，但这次可不一样。我彻底被震住了，甚至无法燃起怒火。我虽然一直觉得斯特拉坎有些狡诈，但从来没有想过这个受到我无微不至关怀的球员居然会倒打一耙。回想我刚到阿伯丁的时候，斯特拉坎还在预备队，皮特德里的大部分人已经对他失去了信心，是我一手将他提拔起来的。事到如今，他私自跟科隆达成初步协议，于是阿伯丁、曼彻斯特联队和苏格兰足总通过长时间讨论决定继续操作他转会老特拉福德，前提是德国人觉得不值得为这件事找麻烦（事实也证明的确如此）。在确定加盟曼联的那个星期，斯特拉坎就自己的行为向我道歉，我表示接受。我只当是他少不更事，又有些心理波动才闹了这一出，但我也觉得他既然知道我为了让英格兰的每支球队都相信他物有所值付出了多少努力，就应该更信任我才是。我跟他一起去老特拉福德完成所有正式手续，看到他在合同上签字，既为他感到荣耀，同时也为自己一手将他培养成了世界知名球员感到些许自豪。我们的确有过分歧，不过那些都已经过去了。我对自己说："他总不会再让我失望一次了。"我一直都是这么乐观。

在斯特拉坎风波步步发酵之时，我们的球队打入了苏格兰杯以及欧洲优胜者杯的半决赛，同时在联赛稳居首位。在苏格兰杯的赛场上，我将与之前的得力助手阿奇·诺克斯展开对决。他之前在皮特德里担任我的助理教练，1983年12月辞职后取代刚刚被解雇的唐纳德·麦凯当上了邓迪的主教练。对于诺克斯的离开我早有准备，我之前就嗅到了他有些不满，也知道他对重振这支泰赛德区俱乐部的雄风有多么跃跃欲试。诺克斯必然是这项任务的不二人选。但是我们2：0完胜邓迪，连续三年闯入杯赛决赛，这也让诺克斯的梦想又要等上些时日才有机会实现。

我们本来颇有自信拿到欧洲优胜者杯，但在半决赛首回合做客葡萄牙对阵波尔图的比赛中遭到了当头一棒。斯特拉坎的表现如同梦游，我们侥幸仅以一球小负。回到主场第二回合比赛我们同样萎靡不振，再次一球落败。迷雾笼罩着皮特德里球场，似乎让球队失去了凝聚力，球员没精打采。我执教阿伯丁期间所有欧洲赛事主场仅负两场，这便是其中之一。

对阵泰因河城堡队的比赛中，圣诞节前我从哈茨签下的擅长助攻的速度型左后卫斯图尔特·麦克吉米打进一球，使球队提前夺冠，让我们可以全身心备战与凯尔特人的杯赛决赛。但在抵达汉普顿球场之前，球队又经历了各种意外。距比赛还有三天时，吉姆·莱顿操纵电动割草机割草，他刚按下停止按钮准备清理刀片，女儿又按了启动键，险些把我们守门员的手指头割掉。道格·罗格维遭遇了一场交通事故，身体状态受到些影响，但他坚持到球队夺冠之后才告诉我们。莱顿的手要缝好几针，周六比赛日早上我们的队医专门设计的创可贴显然也无法缓解他的不适感，但他依然坚强地表现出了应有的水准，吉姆·莱顿的这种勇气是我们从来未曾怀疑过的。由于凯尔特人的罗伊·艾特肯放倒完全形成突破的马克·麦克吉而被罚下，比赛的精彩程度大打折扣。埃里克·布莱克为我们先拔头筹，但就像经常发生的那样，对方10人作战反倒破釜沉舟，让我们吃了不少苦头。越是临近尾声我越感觉度秒如年，结果终场前4分钟，保罗·麦克斯泰还是为凯尔特人扳平了比分。加时赛，我派上了道格·贝尔之后，比赛完全进入了我们的节奏。终于我们找回了原来的感觉，贝尔一次精彩的突破后射门击中门柱内侧，球弹到斯特拉坎脚下，他助攻麦克吉打入制胜球，这也是麦克吉为阿伯丁打入的最后一球。

这个赛季的光荣永载史册——这是除了凯尔特人和格拉斯哥流浪者以外，第一次有球队将苏格兰的联赛和杯赛两个冠军收入囊中。但这同时也预示了这支出色的球队将要支离破碎，从小同甘共苦、彼此情同手足的球员们将各奔东西。戈登·斯特拉坎转投曼联，随后马克·麦克吉以 30 万英镑转会费加盟汉堡。两个人都是极具影响力的球员，我对麦克吉的离去更为惋惜，主要是斯特拉坎从赛季中期就嚷嚷要离队，在球队中并没有发挥突出的作用。而相反，麦克吉在确定转会后依然为球队奋力拼搏，竭尽自己所能，直到踢完最后 1 分钟。他扎实勤奋，平衡感、力量和跑动能力出众，虽然不是与生俱来的射手，也依然为我们奉献了 100 多个精彩的进球，他的离开是球队的重大损失。

第三个转会的是道格·罗格维，他加盟了切尔西，我们会很怀念与他并肩作战的日子，但也许他对阿伯丁的怀念会更强烈。我一直认为，有些球员就是为某个俱乐部而生的，换个地方就再也找不回那种感觉。比如托米·戈梅尔在乔克·斯坦执教的凯尔特人无所不能，但去了诺丁汉森林就泯然众人了。我也担心罗格维在切尔西的日子不见得会好过。对于阿伯丁来说当时同意罗格维和麦克吉的加薪要求或许更为明智，但在哥德堡的成功（指 1983 年获得欧洲优胜者杯冠军）及后续效果还没有在俱乐部的经营上完全反映出来。从某种意义上讲，对于球队成绩的突然飞跃和球员大幅提升薪资的要求，我们没有做好充足的准备。

但不管怎么说，罗格维决定转会实在太愚蠢了。在这里他本来是万千球迷崇拜的偶像，完全有可能善始善终，最后退役时给自己安排一场完美的告别赛。我感谢他所做出的贡献，但同时他的所作所为也让我大为光火。有一次我度假结束返回家中，看到《阿伯丁晚报》头版上登载了一张罗格维骑摩托车的照片，标题为"道格报名参加 TT 摩托赛"。他的胆大妄为让我大吃一惊。报道最后引用的一句话足以表明他有多么幼稚无知："不知道主教练会怎么想，我现在很期待明天见到他。"真的是这样吗？第二天当他穿着摩托车手的皮外套、戴着头盔出现时，立刻引来了队友们的哄堂大笑。但他似乎还没有意识到我对这件事有多恼火，于是我把他叫到办公室，警告他："你现在已经在转会名单上了，除非你把那该死的摩托车扔掉。"这下他吓坏了，问我为什么不允许他骑摩托车。

"你问为什么？"我大喊，"你说呢？！好好想想在你风驰电掣穿越阿伯丁的时候我在家里心惊胆战的样子，你就明白了。再说你那玩意儿上保险了吗？"当时他只有一张临时保单，我关于高昂保险费用的警告也让他清醒了一些。不到一个星期，他就把摩托车换成了自行车，但不久同样导致了一出悲剧。1984 年苏格兰杯决赛对阵凯尔特人之前的星期四，他骑自行车时被卡车撞倒，送进了医院。不出所料，他没有告诉我，也没有跟队医讲，结果比赛踢得一团糟，中途就被换下。

收集奖杯固然是了不起的成就，但我更中意有机会创造新的历史时那种特殊的兴奋感。1984—1985赛季阿伯丁就有过一次机会，当时从没有一支球队能够连续4年获得苏格兰杯冠军，连流浪者和凯尔特人都从来没过。1985年的春天我们本来应该创下这个纪录，但改不了的老问题让我们在半决赛面对邓迪联时重赛1∶2不敌对手。赛后的更衣室一片死寂，像太平间一样，队员们不单单是为输球感到遗憾，他们知道这场球本应该拿下的。我敢说，如果球队重建的一个重要棋子——弗兰克·麦克杜格尔没有因为伤病拒绝在半决赛中上场的话，比赛的结果绝对会不一样。

我一直在关注自己曾执教的圣米伦队中是否有价廉物美的球员可以为阿伯丁所用，而弗兰克就是最新的一笔划算买卖。上个赛季我从劳芙街以7万英镑签下了比利·斯塔克——巴尔迪·林赛最得意的发现，作为长远目标接班人，填补戈登·斯特拉坎离队后的空白，而比利的表现还超出了我对他的预期。我从圣米伦挖来的另外几个球员——彼得·威尔、道格·贝尔和史蒂夫·科文都取得了成功。所以当我们需要一个能够攻城拔寨的中锋时，很自然又找到了这条熟悉的渠道。但在圈内有一些传言，说麦克杜格尔无法让人信赖，很多人说为他付10万英镑转会费只会给自己添麻烦。但我的弟弟马丁，也是当时圣米伦主教练亚历克斯·米勒的助手向我打包票，对弗兰克的能力评价很高，同时澄清他的行为也没有传闻所说的那么不端。只要控制得当不会出什么篓子的。我思来想去觉得这点问题还是掌控得住的，于是促成了这笔交易，自认为是我经手的最划算的几次转会之一。弗兰克从加盟阿伯丁开始直到在我离开球队前不久因脊椎伤病而过早退役，始终是我麾下宝贵的财富。他稳定的得分效率在我们拿下第三个锦标的过程中居功至伟。在两年连续夺冠的杯赛赛场上他场场进球，第一年连续8场，第二年7场。当然，他在场下还需要多多管教。我发现他对那些能同甘不能共苦的所谓朋友有些过分热情，总需要提提醒，他一般都会回答"你就放心吧"，他也用实际行动让我放心了。现在他住在曼彻斯特附近的克利瑟罗，我们经常聊起当年的小插曲，一笑而过。

算上麦克杜格尔的转会费，再加上为签下左脚技术出众、体能超群的左后卫托米·麦克奎因而付给克莱德的7万英镑，我们一共花掉了17万英镑，而卖掉斯特拉坎、麦克吉和罗格维总共入账100万英镑。迪克·唐纳德欣喜若狂。但我没有那么兴奋，因为球队没能在欧洲冠军杯上有所作为。首轮出局（点球决胜不敌柏林迪纳摩）已经够让人沮丧了，联赛杯首轮对阵艾尔德里的比赛中又被我曾经的老板阿里·麦克劳德羞辱，简直让我无地自容。接下来就是苏格兰杯半决赛，我们被邓迪联队打得毫无还手之力。但在首次举办的苏格兰青年杯赛中，我们的年轻人则在对凯尔特人的比赛中以一场荡气回肠的反败为胜夺取冠军，一举扭转了我们俱乐部的颓势。当小伙子们 5：3 获胜后回到更衣室时，所有的一线队球员都等在那里祝贺他们，这让我们感受到了俱乐部家一般的温暖氛围。而这些一线队球员后来也取得了辉煌的成绩，他们在赛季满分 72 分中得到了 59 分，27 胜，仅负 4 场。

1985 年 9 月，乔克·斯坦的离世给那一年的苏格兰足球界蒙上了厚厚的阴影。斯坦是劳动人民中真正的英雄，举国为之悲痛。我跟他的交往另作叙述，其实都可以为这个主题专门写本书的。之后的那个星期天，阿伯丁联赛做客凯尔特人公园——正是斯坦将自己的名字刻进足球名人殿堂的地方。我不知道是不是过去一周里的悲恸情绪对我产生了影响，只记得那个星期六我莫名地胸闷，还让凯尔特人的队医给我做了检查。菲茨西蒙斯医生诊断我没有大碍，需要静养一段时间。比赛的内容很快就被忘却了，但 1 分钟肃穆的默哀一直留在我脑海里。

阿伯丁队不能再次重蹈联赛杯的覆辙了，眼巴巴看着奖杯而手不能及的感受真让人不好过。而在 1985—1986 赛季，我们以自始至终不失一球的完美表现把奖杯轻松揽入怀里。在创造历史纪录的渴望的推动下，我决定在对阵希伯尼安的决赛中采用三中卫阵型，力争完封对手。希伯尼安的主要威胁来自戈登·杜里和曾效力我们球队，后转投复活节路球场的老臣史蒂夫·科文，他们两个在麦克利什和尼尔·库珀滴水不漏的防守面前无计可施。再加上米勒补防到位、进攻组织得力，我们以 3：0 完胜对手。米勒当时也成长为了苏格兰的顶级球员，他的表现足以与凯尔特人的麦克尼尔、流浪者的格雷格等伟大的队长相媲美。他们都具有一种不仅能够主宰比赛本身，还能够影响裁判的能力。外界对米勒唯一的批评就是，在官方甚至还没有研究过第四官员制度的时候，他就已经将其实现了。

我们将联赛杯揽入怀中后士气大振。联赛当时排名第二，对苏格兰杯虎视眈眈，同时也积极准备欧洲冠军杯 1/4 决赛。也许有人会说，在皮特德里的工作不就是这样吗？可你要知道，在乔克·斯坦去世后，我当时已经同意接过苏格兰队的教鞭带队出征世界杯决赛阶段（将在另外一章叙述），两项工作兼顾，其难度远远超出了我的想象。

要进军墨西哥世界杯决赛阶段，我们还要远征墨尔本，拿下澳大利亚队。在国际比赛任务期间，我越来越怀疑选择威利·加纳替代我原来的助手阿奇·诺克斯是否是正确的。威利以前是阿伯丁的中前卫，性格开朗且能力出众，对足球比赛了解得很透彻。但他当时太年轻，不够成熟稳重，与我对球队管理的要求不太相符。我喜欢欲望强烈、永远积极挑战的人。在老队员眼里，威利还是他们当中的一员，很难树立起自己的威信。如果我当时早一点选择一个更有权威的助手，或许我在国家队的工作也不至于让阿伯丁为三项冠军付出的努力白白付之东流。

埃里克·布莱克可能要离队的传言对我们又是一记重锤，他的合同将在赛季末到期。虽然他竭力隐瞒遮掩，但我还是在 1 月份就得到了可靠的信息，知道他偷偷前往欧洲大陆与其他俱乐部商谈。我接受了他将要离开的现实，一方面寻找对他感兴趣的英格兰球队，以避免球队遭受"倍数系统"的转会费损失，另一方面集中注意力应对更为积极的挑战，比如欧洲冠军杯。球队中进攻端不乏斯塔克、麦克马斯特、威尔和吉姆·贝特等有天分的球员，为米勒和麦克利什的防守提供坚实保障，我相信球队在冠军杯中能够取得好成绩。贝特的内向性格是个减分的因素，但并不妨碍他是个出色的球员。他对空间的嗅觉异常敏锐，无论是向空当传球还是无球时的跑位，他都能保证球队不失去球权。对于威尔来说，我一直觉得只要他状态好，阿伯丁就踢得顺风顺水。他在左边路不知疲倦的奔跑极具杀伤力，跟斯特拉坎配合起来更是如虎添翼，可是现在小个子斯特拉坎已经不在了，我期待着威尔成熟起来，用自己应有的能力为球队贡献更多力量。但是他似乎有些缺乏自信，周围的人期望越高，他反倒越容易躲进自己的保护壳里。我盼望欧洲赛场这个大舞台能够燃起他的斗志，就像我们 1983 年在哥德堡的那场优胜者杯决赛中表现的一样。

无巧不成书，我们 1986 年欧洲冠军杯 1/4 决赛的对手正是来自我们的福地——哥德堡这个瑞典城市。但一上来，在 3 月的那个夜晚，我就被皮特德里区区 17000 人的观众数量浇了一盆冷水，找琢磨着，是不是阿伯丁的球迷都认为我们能不费吹灰之力轻取对手呢，可越这么想我心里就越没有底。比赛的过程惊心动魄，我们创造出了许多良机并且打进了两球，终场前 1 分钟时以 2：1 领先，威利·米勒非常罕见地冲到前场，结果球被断走，他回不了位，哥德堡迅速通过中场，由快马约尼·埃克斯特伦扳平比分，比赛也随之结束。哥德堡回到主场，防守坚如磐石，比赛 0：0 收场，我们因客场进球少遭到淘汰。两周前我看到区区 17000 名主场观众时的担忧果然变成了现实，我的心情非常沉重。

再回顾 1984 年，我当时拒绝了流浪者队请我返回那里的邀请。邀请我的是俱乐部的主管约翰·帕顿，他后来还担任了俱乐部主席。我咨询过去的恩师斯科特·塞蒙，他告诉我不是威利·沃德尔直接发来的邀请一定要慎重考虑。其实我本来也不会答应的，毕竟我当球员的时候就领教过埃布罗克斯球场的顽固偏执氛围，我可不想让我的家人也遭受这样的磨难。再说凯西的宗教信仰也足以让我放弃返回流浪者的打算。

在我执教阿伯丁期间，除了流浪者以外，还拒绝过来自阿森纳、托特纳姆热刺和沃尔夫汉普顿流浪者等俱乐部的主教练工作邀请。但现在，我又逐渐有些渴望变化。感觉每天在皮特德里的工作让我打不起精神来，俱乐部运营良好，没有什么让我燃起斗志挑战的东西。我愈发觉得自己需要一个艰苦刺激的环境，重新打造一支百炼成钢的球队。苏格兰杯半决赛 3：0 兵不血刃地拿下希伯尼安，阿伯丁 5 年内 4 次挺进决赛，算是一点安慰。

在一次例行会议上我跟迪克·唐纳德坦言，赛季后我打算离开。听到他直截了当地说只有一个俱乐部的主教练比我现在在阿伯丁的更有价值时，我有些震动。问他是哪家俱乐部，他说："曼彻斯特联队。这是在足球界里你可能面对的最大挑战。"这句话对当时的我简直是振聋发聩，让我充满了斗志。

但并不是每次在我办公室里的会议都有这样的积极作用。在离我们对阵哈茨的苏格兰杯决赛还有两个星期的时候，埃里克·布莱克走进我的办公室，告诉我他跟法国的梅兹签约了。我自然怒不可遏。打这孩子 13 岁起我就天天照顾他，到头来他居然背着我签下转会协议，连个招呼都不打就擅自决定离开。我自认为不管是自己还是阿伯丁俱乐部都没有亏欠他什么，无论如何我都咽不下这口气。他甚至对最亲近的队友也施展这种瞒天过海的伎俩。如果埃里克觉得杯赛决赛前两个星期告诉我这个消息会让他离开得光荣体面，那他就大错特错了。那天训练结束后，我把他叫过来，告诉他不用再回来了。他在俱乐部惨淡收场，但这个遗憾的结局并不会遮掩他在阿伯丁过往表现的光芒。他在 4 次代表球队出场的决赛中都打进了关键进球，包括在哥德堡的难忘夜晚。除了速度出众、控球娴熟，他还拥有超凡的滞空能力，他仿佛能够悬浮在空中，顶出大力头槌。假如不是倒霉的背伤影响，他本可以再为国家队打好多场比赛。

哈茨在联赛最后一轮中 0：2 不敌邓迪联而将冠军拱手让给凯尔特人，士气一蹶不振，让我们在苏格兰杯赛决赛里捡了个便宜。我也为他们的主教练亚历克斯·麦克唐纳以及助手桑迪·贾丁感到惋惜。但他们开场的精彩进攻只换来一次击中门楣，转过头来我们立刻反击，由约翰·休伊特首开纪录，这彻底打乱了哈茨重整旗鼓力争夺冠的计划。最终我们 3：0 完胜，而且在比赛尾声，哈茨已经溃不成军，我们完全有机会进一步扩大比分。

星期一，我和凯西去拜访阿伯丁的副主席克里斯·安德森，他罹患运动神经元疾病，即将不久于人世。他看到我们带去的冠军奖杯，非常激动。看到他的精力快要被可怕的病魔消耗殆尽，我们非常难过。那也是克里斯生前我们最后一次会面。他去世时我正在美国新墨西哥州的圣达菲带苏格兰队备战 1986 年世界杯。克里斯是一位绅士，他百折不挠的积极态度让俱乐部受益匪浅，同时，他的现代精神也和迪克·唐纳德传统的做法相得益彰，得到了完美的平衡。在如此伟大的两个人手下工作，我真是三生有幸。

墨西哥世界杯决赛阶段结束后我返回球队，决定不再让威利·加纳担任我的助手。他还太年轻，没办法承担如此重大的责任。对于我这个不得已的决定，威利没有任何怨言，这让我松了一口气。阿奇·诺克斯表示很想回到球队里，这当然是我最满意的方案。之前诺克斯在邓迪担任主教练，也应该考虑一下他来到皮特德里后的地位。我提出让他担任联合主教练，双方一拍即合。

假如我当时能想到盖伊·福克斯（1605 年天主教阴谋组织的主要成员，该阴谋组织企图制造爆炸、刺杀詹姆士一世和英格兰议会上下两院的所有成员）的话，我也许就知道 11 月 5 日（盖伊·福克斯之日）并不是个适合保守秘密的日子了。1986 年的这一天，我把曼彻斯特联队的主席以及三位主管请到凯西的妹妹位于格拉斯哥郊外的毕晓普布里格斯的家里，尽量不让这次谈话走漏风声。可是跟体育界的著名人士待在一起而不被人发现可不是那么容易的事。博比·查尔顿刚出现在布里奇特家门口的马路上，立刻就被邻居认出来了。好在我们躲过了媒体记者，我生涯中最重要的一次谈话得以保密。

关于我跟曼联的第一次接触是在什么时间、以什么方式，有着各种各样的传言，现在差不多是时候把真相说出来了。如果关于过去的一些细节我语焉不详，那是为了照顾某些人的感受，尤其是迪克·唐纳德。老特拉福德在我之前的掌门人是罗恩·阿特金森，他在自传里声称是博比·查尔顿在 1986 年世界杯期间邀请我加入曼联的，这不是事实。不错，博比是在苏格兰输给乌拉圭的比赛之前在场边跟我说过话，但他只是说如果我有去英格兰的打算的话要及时告诉他而已。我既不觉得这是邀请我去曼联，也绝对算不上什么我去曼联的预兆。除了跟博比的这次简短交谈，11月5日之前我和老特拉福德之间没有任何联系，只有不着边际的传言而已。

戈登·斯特拉坎几乎每个星期都要给我打电话，说曼彻斯特那边已经传开了，我就是下一任主教练。但他这些不着边际的话没有任何官方的举动能够佐证，我也只是琢磨着斯特拉坎对这家超级俱乐部的运营状况指指点点的那些话而已。他说球队中存在这样那样的问题，尤其是队员里有越来越多的人喝酒、大罗恩（指主教练罗恩·阿特金森）对酒精的负面影响不置可否等等。照斯特拉坎说的，曼联的训练是一塌糊涂，队员都无所事事，等着阿特金森来在那日光浴床上开个会讲讲，再踢个小场地对抗就得了。

他们真正联系我的时候可吓了我一跳。说实话，11月4日晚上，我看到南安普敦在戴尔球场4∶1大胜曼联的新闻时，就知道阿特金森日子不好过了。当时曼联排名英格兰甲级联赛倒数第二名，这场大败又在球队的困境上浓重地描上了一笔。即便如此，第二天下午2点钟我办公室的电话铃声响起，问我要不要听阿兰·戈登（戈登·斯特拉坎的会计师）打来的电话时，我也完全没有料想到接下来会发生什么事。我一直都跟阿兰相处得不错，拿起听筒，还是我一贯的开场白："最近还行吗，傻小子？"可是电话那边传回来的声音却不是阿兰，而是个装腔作势的苏格兰口音。我听出来这声音是曼联的主管麦克·埃德尔森。他让我不要挂电话，交给了下一个人，马丁·爱德华兹。他把电话号码报给我，告诉我可以回个电话，验证一下这通电话是真是假。我一秒钟都没耽搁就拨打了那个曼彻斯特的电话号码。问我有没有兴趣入主曼彻斯特联队？是的，我毫不犹豫地回答。我们能不能当晚在苏格兰找个避人耳目的地方见个面？我说一个小时之内回电话。

我下一步就是把进展告诉告知阿奇·诺克斯。我们有过协定，如果我去一家英格兰俱乐部，他就来当我的助手。最后的难题是如何告知凯西。她十分震惊，坚决拒绝离开自己喜爱的阿伯丁。儿子们也都在阿伯丁长大，这里的生活是他们最为中意的。不过凯西明白曼彻斯特联队的邀请对我意味着什么，她也能猜到我跟马丁·爱德华兹约好晚上7点钟在拉纳克郡汉密尔顿的高速公路服务区谈话的结果会是怎样的。这个时候，我还给记者老朋友吉姆·罗杰打了个电话，一方面确认一下英格兰那边有没有什么小道消息，另外也咨询他的意见，如果我接下这个工作应该怎样面对媒体。

晚上 7 点整，马丁·爱德华兹来到服务区停车场，坐进我的车里，跟他一起来的除了博比·查尔顿、麦克·埃德尔森，还有莫里斯·沃特金斯，他时任曼联俱乐部的主管兼法律顾问。他们坐着马丁的车跟着我们来到凯西妹妹位于毕晓普布里格斯的家里。我们讨论了队员、教练组、转会预算等最关心的主要问题。最令我吃惊的是转会预算为零，马丁倒是说如果无论如何我都想要用钱的话就想办法增加一点。工资也让我大失所望，比我之前这一年挣得还少，因为阿伯丁的奖金制度还是很可观的。我提出现在的房子短期内可能卖不掉，问曼联能不能收购一下，被拒绝了。另外我还在阿伯丁有 4 万英镑贷款没还，本以为曼联能接过去，一样被拒绝了，让我找阿伯丁谈去。综合考虑这些因素，可以看出来金钱方面的回报与我热切想去老特拉福德的意愿完全不匹配。我是个被曼联的魅力深深吸引的主教练候选，我也对这个定位感到满意。接过曼联的教鞭，这是一个梦幻般的机会，让我实现从踏上足球教练之路的那一天起的梦想。我对他们提出的条件照单全收。第二天，马丁·爱德华兹和莫里斯·沃特金斯飞到阿伯丁与迪克·唐纳德和他的儿子，也是克里斯·安德森死后皮特德里董事会重要成员之一的伊恩见面后完成了正式的手续，双方也商定了补偿金的额度。

迪克最后尝试挽留我的一句话是："你如果想要，这家俱乐部都可以给你。"我们两个当然都清楚这不过是一句不会兑现的承诺，但我依然为此感到高兴，这句话也体现了他的作风。迪克是个不可多得的主席，我也清楚很难有机会再遇到这样的管理者了。在我父亲去世时迪克给予我的帮助令我没齿难忘。在工作方面，我刚刚来到俱乐部、诸事尚未理顺之时，他也全力为我遮风挡雨。阿伯丁的董事会很稳定，而在这些出色的管理层当中，迪克依然一直扮演一个支持我的角色。输球之后，记者堵在门口要问原因是什么，这时迪克就会走出来在他们面前跳起舞来："嘿，先生们，这场球踢得多好啊。"他年轻的时候在舞厅里可是数一数二的高手，舞厅也是他事业的重要基石，除此以外还扩展到了电影院、游戏厅、房地产等等，他们家越来越富裕，迪克的舞蹈水平也见长，根本不需要通知，脚步令人眼花缭乱的华尔兹说来就来上一段。有时队员在更衣室里准备比赛，他就脚尖点地、踏着轻巧的步伐飘了进来："你好啊，弗格森先生。今天感觉怎么样？"

"啊，主席。不错啊，您也挺好的？"

"嗯，是啊。今天球队怎么安排的？"我按顺序报上队员名单，一说出迪克不喜欢的队员名字，他就打断我，我已经习以为常了。

"你不会派他上场的吧，对不对？"

"不，他要上场的。"

"这样啊，好吧，这是你的球队。"于是他又跳着华尔兹从更衣室出去了，一点停顿都没有。

迪克的日常生活很简朴，根本看不出来他有那么多钱。有一天我随意看了一眼他的鞋，居然有一根黑色的鞋带上连着条棕色的，然后再接到一条黑色的上面。凯西和我刚把家搬到阿伯丁，四处寻觅地毯的时候，迪克又伸出了援手："来我家仓库看看吧，"他很痛快，"有一大堆呢。"

凯西觉得没多少东西可挑，可她无论如何都没有想到居然会这么少。迪克拿出来的地毯上全都有个大大的字母 C，都是给他那座名为卡皮托尔的剧院制作的。凯西和我赶紧逃出了仓库。迪克心情怎么样，从他那顶棕色的软毡帽的戴法就能猜个八九不离十，心情舒畅时就顶在脑袋侧面，有什么心事就放在脑袋瓜正中。比如我在任期间球队拿下全部 4 次苏格兰杯决赛，从汉普顿公园返回的路上，他那帽子怎么戴的不用猜也知道。但就算他再兴奋，也从来不会被冲昏头脑，一定要将自己细致认真的一面展现得淋漓尽致，并由此获得调皮的快感。我真的没有见过如此聪慧冷静的人。每次我们出征杯赛决赛时，总会为了装多少香槟上球队大巴出现些小插曲。我订的是 6 箱，可决赛前一天准备出发前往格拉斯哥时，主席告诉秘书伊恩·塔格特把 5 箱先放起来，只装 1 箱上车。趁着迪克换衣服准备出发的工夫，我把这个比例反了过来，偷偷装 5 箱上车，只有 1 箱存起来。1984 年杯赛决赛力克凯尔特人后北上凯旋的路上，球员和他们的妻子尽情享受着足量的香槟，但传递瓶子的时候都是偷偷的。凯西和我坐在前排，还有迪克跟他妻子贝蒂。我们身后的庆功会开始还悄无声息，后来渐渐声势浩大起来，这时迪克把身体靠了过来，问我：

"弗格森先生。"

"主席请讲。"

"今天咱们这是拿了几个奖杯？"

第十四章　在酒精中沉沦

　　我将面对的是在世界舞台上享有盛誉的球员，如何能保证他们会以最大的热情迎接我，尤其是当我对几个人直截了当地说推杯换盏的运动并不算是足球训练之后。

　　我心里很烦躁，脑子里只想着酒，但我绝不是想喝杯酒来抖擞精神什么的。我在前往曼彻斯特联队赴任的路上，一直都在想酒精会对人造成的伤害。之前戈登·斯特拉坎所说的曼联有好几个球员酗酒的情况已经得到了主席马丁·爱德华兹的证实，事态非常严重，必须尽快处理。来到新俱乐部面临的第一项任务就如此棘手，我完全放松不下来。而之前我在圣米伦和阿伯丁的第一天工作则没有任何不安，只要专心工作展现能力就可以了。这次倒不是说我对自己的能力没有信心，只是对队员将如何接纳我有些不确定。我从来没有在英格兰执教过，现在直接接过了英国甚至是整个世界上最大的俱乐部。我将面对的是在世界舞台上享有盛誉的球员，如何能保证他们会以最大的热情迎接我，尤其是当我对几个人直截了当地说推杯换盏的运动并不算是足球训练之后。

　　在很久很久以前，估计已经没有人记得准确的时间了，酗酒是英国球员的一大恶习，对身体会造成很大负面影响。饮酒的习惯最开始应该是从工人阶级球员那时形成的。在大部分球员所成长的家庭环境里，人们认为男人就是工厂或矿井里的轮班体力劳动者，劳累的工作结束后总有喝上几品脱酒的权利吧。在当今的球员里，也有很多顽固不化、保持着这种劳动阶层思维的人，甚至觉得从训练场直接奔去酒吧也没什么问题。而且人们普遍认为星期六晚上就标志着一个星期已经结束，哪怕醉成烂泥又有什么关系呢。但很显然，作为职业运动员在任何情况下都是不可以随意对待自己的身体的，这个不言自明的真理却没有在这个国家的足球界得到认可。加盟欧洲大陆俱乐部的英国球员经常发现，英国人的社交方式不仅得不到教练的认可，甚至在队友中间也吃不开。欧洲大陆的球员绝对不想把球队的成绩寄托在醉醺醺喝到天亮而不在乎自己场上表现的那些人。而英国的俱乐部和主教练对于饮酒的限制总是优柔寡断，下不了狠手。我刚到曼联就查阅俱乐部的规章，发现关于队员饮酒的规定是"比赛前两天"禁止，这让我大吃一惊。我立刻把这条毫无实际意义的规则修改为训练期间禁止任何形式的饮酒。我当然知道一定会有人违反这条禁令，但新的措辞至少表明了我的态度，之前的条文简直就像在怂恿队员喝酒一样。其实我接手的这些队员里，原来规定的那些喝酒时间都还不够他们逍遥的。

　　我在阿伯丁正式就任主教练是在星期四，安排第二天在曼彻斯特与队员见面，而不到48小时的时间里我们就要出战一场在牛津的客场比赛。但就是在这个星期四的晚上，居然也有一些队员大肆地喝酒，听说是前任主教练罗恩·阿特金森开告别晚宴。据我所知，阿特金森没有宴请所有队员，但没被叫去的队员也一样有好几个自得自乐开怀畅饮的。阿特金森这个告别晚宴的时机实在不合适，毕竟我们星期六有场比赛。他知道之前自己麾下的这些球员有几个忍不了自己的酒杯空着。我听到关于这场晚宴的消息时（在曼联总有些人会很积极地把这些信息传到主教练耳朵里），实在忍无可忍，这些肆意饮酒的球员根本不在乎第二天早上他们的新老板——我就要抵达俱乐部。

　　星期五我第一次见到他们时并不知道遭到了如此侮辱，在队员面前发表就任演说时还尽量言简意赅，没有宣读什么雄心壮志。但将队员集合到克里夫的力量房里时，我特别强调了一点，就是告诉他们要为罗恩·阿特金森的离职感到惭愧和懊悔，至少也对自己的前任主教练有个交代。如果他们打心眼里这么想的话，那还有挽留的机会。

　　看来我给他们留下的印象是这个教练没有什么自己的东西要讲。队员可能会认为我有点心神不宁的，那他们猜对了。而下个星期一开始，当我再次把他们叫到力量房里时，他们看到的弗格森主教练就像完全换了一个人一样。

　　我们刚刚客场0：2败走牛津，之后我又听说了星期四送别酒会的情况。我决定必须让球员知道，曼联不是一个社交俱乐部，而是个职业足球俱乐部。我告诉他们我的方针不会改变，只能你们改变自己的思维。有些队员听到我强硬的立场有些不以为然，但这不是什么问题。在这种重大的原则问题上我绝不会姑息。对牛津的比赛里我看到队员的身体素质极差，对于这个问题，高强度耐力训练还需要花很多时间来让他们逐步适应，但喝酒的毛病我可不会惯着他们慢慢改。当然，处理问题是一回事，解决问题又是另外一回事。解决总是要花时间的。在我就任曼联主教练两到三个星期之内，我又发现还有一些需要解决的问题，同样要花些时间。

除了体能问题以外，我们球队里还有一个问题是很多队员体重太轻，如此羸弱的身体无法在漫长的联赛争夺中始终保持有力的争冠势头。太多的队员本来应该在球场上攻城拔寨，现在却只能长期占据伤病名单的一角。感觉甚至敌人拿枪扫射我们都不会倒下比现在更多的人了。还有一个值得注意的问题是球队没有太多考虑现在阵容年龄老化后的问题，没有年轻的后备力量成长起来随时准备与现在的一线队球员争位置。等我发现球探体系一塌糊涂，青少年球员培养毫无规划时我更加担忧了。我担任主教练的理念一直是让俱乐部打下坚实的基础，保持在数年甚至数十年中的成功。昙花一现的成绩，比如杯赛中几场比赛发挥超常也许能拿下一个冠军，但这不是我所追求的。淘汰赛制里夺得的荣誉固然值得欣喜，也能让球队士气大振，但真正具有价值的还是在每年的联赛中保持冲击冠军的能力。

我入主曼联是1986年11月6日，这时球队已经连续19年无缘任何冠军，不用任何人说我也知道，如果我不能结束这个冠军荒，那我就是彻头彻尾的失败者。要想打造一支稳定强大的球队，需要漫长而艰苦的努力，这我当然清楚。球队需要彻底的改造，改掉所有能看到的问题，让我的影响力和自信心渗透到这个庞大组织的每一个角落。我要跟俱乐部的每个人建立个人关系，从球员到教练到后勤保障人员，还包括办公室职员、食堂大厨、餐厅服务员和洗衣女工。要让他们每个人都知道自己是俱乐部的一员，相信我们东山再起的日子即将到来。但在球队重建的过程中也要拿出一定的成绩来，不然恐怕我没有足够的时间来完成自己的计划。

在局外人看来，很多人认为我距离被炒鱿鱼只有一根头发丝的距离。他们都说如果不是1990年1月足总杯第三轮比赛中我们在城市球场以1∶0战胜诺丁汉森林，我早就下课了。有这种传言倒并不奇怪（那个赛季我们在联赛里一直排名末尾），但实际上，在星期日足总杯比赛前的星期五所发生的事情却与人们的猜测完全相反。当时马丁·爱德华兹把我叫到办公室谈话。当时俱乐部还没有成长为现在这么庞大的组织，跟主席聊聊天一般都是挺让人开心的一件事，但那一天的话题却非常严肃重大。主席对我承诺："就算输球也不会让你走人的。"这句话让我宽慰不少，但其实傻子也明白，如果没有从诺丁汉森林那场比赛开始的一波连胜，主席也很有可能顶不住要求解雇我的压力了。一路高奏凯歌夺得足总杯，第二年又在欧洲优胜者杯决赛中击败巴塞罗那登顶，我的帅位算是稳住了，也算为曼联走向更高的辉煌奠定了坚实的基础。鉴于此，我把上任起到在鹿特丹夺取欧洲冠军为止作为我在老特拉福德执教的第一个阶段。

这四年半时间里，对于上面讲到的问题，我一直在努力推行禁令，但沮丧多于欣喜。扫一眼最开始5个赛季的联赛最终排名表就会明白，我为什么会感觉进一步退两步。1987年爬到第十一名算是差强人意，我接手球队的时候可是倒数第二名的。1988年被利物浦压制，获得联赛亚军，这是鼓舞人心的大进步，虽然9分的分差体现出球队实力还不在一个档次上。之后1989年的第十一名和1990年的第十三名则不忍直视，1991年第六名的成绩也没能反映出我们在欧洲优胜者杯上夺冠的实力。但这里有一点要说清楚，只看这几年成绩的粗略统计并不能体现出当时俱乐部内发生的变化潮流以及实力壮大的过程，从数字上能看出球队明显进步的只有1992年距离冠军的一步之遥。改变大都伴随着痛苦，尤其是大牌球员被扫地出门、寄予厚望的年轻人因伤远离梦想等等。但还不容我为这些球员感到惋惜，我就经历了人生中最为强烈的痛苦。

那是我当上曼联主教练刚过两个星期，我每天都会给居住在格拉斯哥的母亲打电话，但这一天却没人接听。母亲那年年初刚被诊断为肺癌，所以又打了几次电话，依然无人接听时我就有些担心。很快，弟弟马丁的妻子桑德拉告诉我，母亲住进了南部综合医院。我立刻订了飞格拉斯哥的机票，并告诉了妻子凯西这个不幸的消息，当时她还留在阿伯丁，要等到达伦和杰森到第二年夏天学期结束。在北上的航班上，我回想起第一次听马丁说起母亲得了癌症之后和她聊天的情形。"哦，对了，"母亲装作若无其事地说，"我把烟戒了。"挺好的，妈妈，我在心里想。不过你要是早50年戒掉有多好啊。她从14岁起吸烟，终于尝到了苦果。到了医院，专科医生告诉我她最多只能活四五天，我头脑一片空白。母亲却出奇地冷静，似乎倒比平时更精神。她把我和马丁带到这个世界上，一直是我们人生的支柱，可现在她就要永远地离开了。也许她做好了心理准备，但我们还没有。我决定先留在格拉斯哥，住在弟弟的房子里，方便经常去医院探视。我脑子里都在想母亲一生的时光都哪里去了，心情极其沉重。她几乎整天都在工作，把整个人都奉献给了我父亲、马丁和我。熟知我们家的人都觉得我完全是父亲的翻版，的确我从他那里继承了很多东西，比如我的个性和顽固都随了他，或许他的聪明才智也有一部分传递到了我身上。而我的母亲则具有宽广的心胸和坚强的意志，如果这些因素帮助我取得了如今的成功，我也必须感谢母亲。

有一次去南部综合医院探视时，有一位跟母亲非常亲近的女士想单独跟她聊聊天，于是我走到走廊里呆呆地站了一会儿，注意到这座曾经光鲜的医院越来越荒芜了，不由得唏嘘不已。医院的破落和萧条至今还留在我脑海里，之后我也一直对保守党的国民健康服务制度持否定态度。前首相玛格丽特·撒切尔夫人积极推进医疗民营化，这完全是倒行逆施，与我们国家引以为豪的公共服务理念背道而驰。结果设施萎缩，医生和护士遭到冷遇。在南部综合医院的走廊里，我感到很难受，为什么母亲人生的最后日子要在如此恶劣的环境中度过啊，她完全应该享受更好的条件。同时，也对医院里各位出色的工作人员表示深深的同情。

星期五，在母亲入院三天后，医生说她的情况恶化了，这对于马丁和我不啻晴天霹雳。母亲本来就瘦小的身躯又缩了一圈，已经极度衰弱，只有意志和信念依然顽强如故。在父亲死后，母亲以坚忍的意志重新成了天主教信徒，当然她首先征求了我的意见。

"妈妈，这种事你不用问我的。"我回答。

"不，我不想让你为难。"她告诉我。

"妈妈，这都不用你担心。你就回教堂好了，也能舒坦点。"我们坐在她床边，她说已经准备好迎接死亡，这样就可以和父亲再见面了。她最后提了一个要求："流一点眼泪，想一想我。"

但母亲的头脑依然很清醒，因为她还要求马丁和我赶紧回家好好睡一觉，准备第二天的比赛。当晚马丁卧室的电话响了，我们都知道这意味着什么。我躺在床上，脑子里想着母亲，直到天明。没有落一滴眼泪。留给我落泪的时间还有很多，我只是想回忆她给我留下的美好时光。

虽然一下子重新返回足球的世界很难，但我只能硬着头皮上。我们面临的下一场比赛将会把1986年当时曼联身体素质上的劣势暴露得淋漓尽致。那个年代的温布尔登最擅长高空轰炸，也毫不掩饰面对我们这个软柿子时扬扬得意的样子，让我感觉派出如此轻量级的阵容试图获得冠军简直就像举着玩具枪上战场一样。我们的球队本来应该有更强的战斗力，但布莱恩·罗布森、保罗·麦克格拉斯和诺曼·怀特塞德偏偏都因伤不能上场。要他们三个同时处于健康状态是一种奢望，可都在伤病名单上却是家常便饭，想想就让人头疼。他们三个作为球员类型极不相同，性格也各有千秋，但在一点上一致，就是成天待在队医治疗室里。如果说还有什么共同点的话，那就是他们都绝对不是滴酒不沾的人。不过在喝酒方面三人也是各有各的喜好。

罗布森的职业精神和比赛中求胜的欲望很强，不会像另外两个一样喝起来就昏天黑地的。任何一个教练看到罗布森都知道他就是为胜利而生的英雄级人物。他的意志力超乎寻常，在球场上屡屡将不可能化为现实。在我 40 年执教生涯中合作过的球员里，他是给我印象颇为深刻的三四个人之一。技术方面来讲，他并不是哪一项极其突出，而是全方位的综合能力让他如此特别。看他的比赛总是让观众不由得屏住呼吸。既具备绝妙的控球能力，又能干脆利落地抢断，传球优雅准确，速度超乎寻常。在全盛期，有充足的体能和对比赛准确的阅读保障，他经常从中场直插对方禁区，取得关键性进球。最重要的是，他是一个无人可以匹敌的斗士。在老特拉福德，他的身上笼罩着一层光环。在我刚刚就任时，感觉球队的胜败基本是由罗布森是否上场所决定的，这也完全能够理解。而我一直不喜欢过多依赖某个当家球星，这样的球队不会有光明的前途。但我绝不会否认，罗布森在球场上的影响力比其他人高出许多，也远远不止是普通球星的那种程度。他对于我们甚至对于英格兰而言，都像是漫威队长一样的神级人物。有时我都担心他责任心过强会不会导致抢球时太拼命。假如那时他能长一点体重，也许就能少受些伤，但对于他本人和他的比赛而言，斗志永远是最根本的东西，没有任何办法能控制住他。但对于戒酒的原则性问题，我没有任何让步。我还特别使用了尖锐的词语提醒他，尤其是关于伤病恢复阶段饮酒对身体的害处。等身体一康复，他以自虐般的热情投入训练，酒精都变成汗水从体内蒸发掉了。而麦克格拉斯和怀特塞德对训练则是敷衍了事，没有罗布森这么好的效果。任何情况下喝酒都是不允许的，而在休养期间酒精对身体的害处更大，必然会导致康复期延长。罗布森不愿意彻底戒酒，经常让我不确定是否能跟他相处融洽，但这种紧张情绪与他为我们球队做出的贡献相比就不值得一提了。

对于两个任性的爱尔兰人，在喝酒的问题上我真是束手无策。诺曼·怀特塞德的酒瘾倒是不如保罗·麦克格拉斯严重，可在聚众把酒纵歌的时候，他总是那个大个子后卫的最佳拍档。他们两个如此具有天分的球员如此不爱惜自己，让我不仅愤怒，还感到悲哀。拥有这种天分的球员屈指可数，就这样被他们轻易地挥霍了。

我还记得第一次在克里夫训练场看到怀特塞德时的那种激动，那真的是最高水平球员的表现。我记得他年少成名，17岁就入选了北爱尔兰国家队。之前在墨西哥世界杯决赛阶段也看过他的比赛，但如此近距离观察还是第一次，让我领略了他的才能。诺曼当时21岁，却有着和年龄不相符的沉稳自信。扎实的基本功让他控球得心应手，有更多的时间思考判断，这是一项了不起的能力。不管比赛速度多快，不管面对的压力有多大，他都能不慌不忙，抬头观察局面，做出准确的判断。很少被对方断球，传球的角度和轻重都能让接球队友避免与对方无谓地拼抢。他的目光冷峻如钢铁，与其性格完全吻合。根本看不出来他在足球场外会有什么恶行，但只要把他放出去，就有可能狂躁到令人战栗。

为了让怀特塞德能够更多地发挥自己的能力，我研究了一下他为什么会有这么多伤病。作为足球运动员，他几乎是个天才，我们也想竭尽全力让他一直保持健康的状态。他说自己的不幸遭遇始于15岁左右，一个庸医把病情搞错了，错误的治疗给他的臀部和其他关节造成了终生难以痊愈的损害。之后他接受了10多次手术，最严重的应该是膝关节手术。他认为成年后自己速度缓慢就是这一系列处置不得当所致。

的确，速度缓慢是他非常明显的一个缺点。听说他高中时拿过短距离赛跑冠军，我不由得思考起来，假如他还保持着出众的敏捷性，那该是多么优秀的一个球员。不需要多么复杂的推测，他如果有了速度，那就是完美的。毫不夸张地说，他本应成为我见过的最优秀的球员之一，完全可以达到世界级水准。自然的，我也在想他是不是由于自己理想与实际境遇的天差地别而失意，靠酒精来麻痹自己。怀特塞德头脑聪明，每次调查是不是喝多酒了都老老实实地举手坦白。不管我怎么苦口婆心，收效都微乎其微，但至少在谈话中我能感觉到和他心灵之间的交流。

但是保罗·麦克格拉斯完全不是这样，跟他简直无法沟通。我不知道把他叫到办公室多少次，一遍又一遍告诉他酒精会对他的人生造成多么大的损害。他就老老实实坐在那里，应付着点头，但只要出了房间，就又变回了那个饮酒成性的他。当时他的足球生涯已经遭遇了慢性膝关节磨损的危机，而对于自己的行为会导致更糟糕的结果，他似乎毫不关心。我之前数年间处理球员严重个人问题的经验放在他身上简直是对牛弹琴。但我依然在努力着，不只是为了他，也是为了我自己。我清楚状态正常的麦克格拉斯对于曼联有多么重要。他是一个技术超群、感觉敏锐的后卫，具备与生俱来的球员天赋，在足球界与任何中卫相比都不落下风。但他糟糕的场外生活让这一切化为乌有。我作为曼联主教练执教的第一场比赛，0：2不敌牛津那场，接受了把他放在中场的建议，但他的体能实在太糟糕，我不得不中途把他换下来。他最适合的位置就是中前卫，如果他自己想抓住机会的话，其实可以发挥得不错。尤其是1987年12月，史蒂夫·布鲁斯以现在回想起来便宜得可怕的80万英镑身价从诺维奇城转会加盟，如此优秀的搭档本来是麦克格拉斯最好的表现机会，但他依然没有任何戒酒的打算。我挽救他的努力宣告失败，转而寻求更有能力说服他的人帮助。马特·巴斯比爵士都亲自跟他交流过，但就连如此温暖睿智的伟人都无法感化他。我们的队医弗朗西斯·麦克休以及教区的牧师也尝试过，我还跟麦克格拉斯的妻子聊过好几次，但一切都是白费功夫。这个大个子就像从没被我们忠告过一样，还是整天东倒西歪的。也许我当时应该找个精神病专家给他看看，还可以捎带上我自己，整天忙于处理层出不穷的酗酒问题，有时感觉自己真的该去查一查了。要是麦克格拉斯和怀特塞德两个人一起去酒吧寻欢作乐，那就实在太可怕了。 有一次麦克格拉斯在四季酒店闹哄完，开车出去没多远，一头撞进别人家花园里，自己伤得挺严重。我除了挂念他的伤情，还得担心他出院以后又要和跟腱受伤正在康复中的老朋友怀特塞德再次相聚。这两个人在足球场上越不活跃，在社交上就越能折腾。这个势头完全没有停止的意思，我知道痛苦的离别就在眼前了。

1989年1月，算总账的日子近在眼前了。那一周我们正在备战将在老特拉福德进行的足总杯第三轮对阵女王公园巡游者的比赛，这两个爱尔兰人把他们所有不负责任的个人纪录全都打破了。那周的星期二下午，我陆续接到失望的球迷打来的电话，说看到他们两个在柴郡的几家酒吧出没，这才知道他们俩逛了好几个酒馆。当天我就根据信息掌握了他们飘忽移动的线路。星期三上午的训练课上，我严厉地斥责了他们，并对他们按足球运动员协会荒唐规定中主教练惩罚球员的上限标准罚款。考虑到联赛中顶级球员的工资水平，怀特塞德和麦克格拉斯的违规行为应当以更具惩戒效果的规章加以警告。他们俩对罚款表示不满，星期三晚上又去喝了个酩酊大醉。第二天上午训练时麦克格拉斯在球场上连慢跑都摇摇晃晃的，显然是宿醉未醒，我只能把他撵出训练场。

我非常震惊。他们俩完全对自己和俱乐部不负责任，已经到了无法无天的地步。他们的愚蠢行为也立刻产生了实际的后果。本来准备这场杯赛的阵容就不太齐整，现在我把麦克格拉斯放进名单的想法也受到了冲击。可是球队中健康状态的队员实在太少，我也只能在名单角落里圈上麦克格拉斯的名字。在星期五晚上，格拉纳达电视台播放了对麦克格拉斯和怀特塞德的采访，隔着屏幕都能看出他们俩一身酒气。这节目真是令人作呕，格拉纳达电视台居然也大大咧咧就给放出来了。观众都能看出来这两个人醉醺醺的，电视台怎么会不清楚。经历了这两件事，我以为在对女王公园巡游者的比赛之前总不会再出幺蛾子了，结果他们俩又弄出事了。

　　星期六午饭时间有一名队员因患流感而被撤下名单，球队战斗力进一步下降。能用的队员只有13人，这时麦克格拉斯突然又告诉队医吉米·麦克格雷格自己无法比赛，简直就是把自己这一周的无耻行为算了个总账。我怒不可遏，亏我还为了他在自己的原则上做了让步，没有把他撤下名单，这简直就是给脸不要脸。就算他再怎么藐视俱乐部，目无法纪，又有谁能想到他在开球前几个小时才告诉我们不能上场？麦克格拉斯本应留一点努力让自己参加比赛的良知，但是他又让我和他的队友们失望了。

　　我只能遗憾地得出结论，保罗·麦克格拉斯和诺曼·怀特塞德在老特拉福德已经没有未来了。于是，8月的第一个星期，麦克格拉斯以40万英镑转会阿斯顿维拉，而比他早两天，怀特塞德以大约两倍的身价加盟了埃弗顿。我祝愿他们两个一切顺利，希望他们两个被拆开，放入新的环境后会得到刺激，唤醒他们踢球的动力。出于各种原因，我对怀特塞德有一种特殊的好感，看到他在埃弗顿第一个赛季打入13球还由衷地为他高兴。但好景不长，伴随他多年的老伤还是让他在20多岁早早退役，我所见过的颇有天分的球员之一就此告别了足球。

　　还好，保罗·麦克格拉斯在阿斯顿维拉的生涯要长得多，算是个圆满的结局。这里的教练格雷厄姆·泰勒成功地让他悬崖勒马，值得赞赏。之后麦克格拉斯不仅在阿斯顿维拉，包括在杰克·查尔顿率领的爱尔兰国家队中也表现不俗。听说泰勒专门安排了一个顾问监督他防止退步，比如把他的训练内容限制在力量房内，让超负荷的腿部得到休息之类的。这种降低强度的做法在曼联确实是无法执行的，我们每场比赛都像杯赛淘汰赛一样激烈，也必须给队员安排严密的训练计划才能让他们把身体机能发挥到极限。麦克格拉斯在这次转会后表现得越来越好，与其说是由于腿伤逐步康复，不如说是头脑的转变更为恰当。他离开曼联时很不情愿，而这次转会也让他意识到了这样下去自己可能一步步堕落，开始思考什么才是最重要的。麦克格拉斯在阿斯顿维拉获得了新生，我知道这种变化是不可能在老特拉福德完成的。在我们这里他逃避现实，主动跳进了怂恿自己通过酒精麻痹认识的坑里。估计当时他不愿意离开曼联主要就是想继续待在那个虚拟的世界中，但我知道如果这样下去，不管是他还是我们都不会有好结果。我总能察觉到他的脆弱，也对他成为自己性格的牺牲品感到遗憾。我绝对不是对他离开我之后取得的成功吐酸水，只是他不太冷静，在《世界新闻报》（News of the World）上大肆抨击我。

如果说我有什么过错，那就是容忍他放任自由的时间太长了。无论他在阿斯顿维拉做出了多大贡献，对于放他离开曼联我都没有一丝后悔。那桩转会很合理，跟 4 个月之前，1989 年 3 月我决定卖掉戈登·斯特拉坎是一样的。斯特拉坎在利兹联找回了锐不可当的感觉，但同样，假如他留在曼联，就绝没有可能重获新生。因为当时有无数征兆显示出他已经失去了为球队拼搏的欲望，回不到当初的样子了。

我第一次当斯特拉坎的教练是在 1978 年，我们在阿伯丁度过了一段辉煌的日子。1984 年他转投老特拉福德，过了两年当我也来到这里时发现当年在皮特德里的那个他变得让我有些不认识了，我很失望。当年他在苏格兰标志性的疯狂、自负都已经不见踪影，只有嘴上依然不饶人，对队友的尖酸刻薄还和以前一样。在比赛中他却销声匿迹，完全被罗布森、怀特塞德、麦克格拉斯等人遮住了光芒。当年的阿伯丁是一支了不起的球队，并不缺乏个性突出的球员，在其中斯特拉坎依然能独树一帜，吸引媒体最多的目光。他从自己的地位中汲取养分，到了曼联就似乎有些营养过剩，憋得自己喘不过气来。但我一直相信斯特拉坎有足够的才能，相信他还有继续努力找回最佳状态的价值。跟这个小个子球员的合同将在 1987—1988 赛季结束，我们非常希望他留队。我们的主席马丁·爱德华兹整个夏天都在忙着跟他商谈新合同。我们已经开始赛季前集训时，主席终于打来电话告诉我们斯特拉坎同意签下新合同，将于次日签字。听到这个消息我很高兴，也为不用寻找其他球员替代他而松了一口气。可等第二天斯特拉坎出现的时候，我们才知道他居然是来告诉我们他即将去法国与朗斯签合同的。

"给我等等！"我冲他大喊，"这可不行。你昨天不是已经答应主席签合同了吗？"

他轻描淡写地回答："那只是他自己的猜测而已吧。"然后头也不回地走了。

我坐在椅子上，半晌没有动，在脑子里整理这短暂而诡异的面谈内容，之后给主席打电话，询问之前跟斯特拉坎是怎么谈的。主席的回答非常干脆。

"戈登·斯特拉坎跟我明确达成了一致，他答应第二天在合同上签字。"

我又回想起斯特拉坎在阿伯丁上演的几乎相同的那一出。我帮他在英格兰寻找下家的时候，他却来了个间谍小说里的那一套，越过我跟德国的科隆签了合同。我没有责怪他，并且不想因为这件事改变我对他人格的评判，认为这只是他心智不成熟、做事不妥当而已。但现在斯特拉坎已经 30 多岁，作为久经沙场的老将居然能面不改色心不跳地出尔反尔，实在是太卑劣了。我终于认清了他是个彻头彻尾的小人。我们两个人一起度过了将近 10 年的时间，过去关系一直非常密切。但在那一刹那，我知道我不会信任他了。

看上去似乎关于我们二人之间关系的话题到此应该画上一个句号了，但后面却又出现了匪夷所思的转折。那个周末，我在星期日的报纸上读到朗斯主教练下课，新任主教练表示不需要斯特拉坎。我心里想，这要是事实的话，那可真是自作自受了。果不其然，当晚我的电话就响了，那边传来斯特拉坎轻佻的声音："你对转会破裂的边锋有兴趣吗？"朗斯的新任主教练不同意跟斯特拉坎签约，也就是说他还是我们队的队员。我的感觉很复杂，只能告诉他先参加球队训练，我去跟主席聊一聊这个情况。对于斯特拉坎未能转会成功，马丁·爱德华兹和我感觉仿佛吃了只苍蝇，这不是因为我们不认可他的能力，而是他找不到条件更好的下家才不得已又回来厚着脸皮求我们。但当一切尘埃落定，斯特拉坎签下新合同时，我对他的态度并没有怨恨。虽然我再也不会彻底信任他，但如果我能看到他像过去的斯特拉坎一样全身心地在球场上拼搏，我们还可以保持积极的同事关系。

1988—1989 赛季，我曾一度对他寄予厚望。尤其是客场 3：1 战胜西汉姆联的比赛里，他的表现令我印象深刻，不仅打入一粒精彩进球，还表现出精湛的控球技术，让对方无计可施。我们在联赛中陷入苦战，但我觉得林赛里斯特拉坎会给我们一点回报的。足总杯第三轮经过两场重赛，我们终于突破了女王公园巡游者这一关，每次跟他们踢比赛我都能想起保罗·麦克格拉斯和诺曼·怀特塞德拼酒的劲头，比奥运会还激烈。第四轮和第五轮分别战胜牛津和伯恩茅斯，下一场 1/4 决赛将在主场对阵诺丁汉森林。

在赛前新闻发布会上，我特别提到斯特拉坎将率领我们挺进决赛，踏入温布利球场。这也是为了让他意识到自己是球队的核心，一定要体现出自己的价值，过去在阿伯丁的时候这种意识对他帮助很大。但现实却和理想有很大距离，曼联在这场 1/4 决赛里 0：1 告负，斯特拉坎这场比赛大失水准，在我看来简直一无是处。他似乎很畏惧诺丁汉森林的左后卫斯图尔特·皮尔斯，虽然两个人的体格差距不小，但以斯特拉坎的正常水平，绝对能把球控制住，不会轻易交给对方的。比赛结束后，他对我说厌倦了曼彻斯特的生活，能坚持这么长时间都是为了我。我听出了过去他在阿伯丁效力时的倦怠情绪死灰复燃，这个小个子已经到了忍耐的极限了。

但我并没有为输给诺丁汉森林的比赛觉得厌烦，我只是感到愤怒、羞愧。亚历克斯·弗格森的球队中洋溢的激情到哪里去了？我们的球队技术出色，但很多球员缺乏追求胜利的旺盛斗志，士气低沉。队员间缺乏互相尊重的意识，"我为人人，人人为我"的观念不强，而这些在每个星期都要高强度作战的联赛中是不可或缺的。等过了一阵子头脑冷静下来，我开始尝试给顶级足球运动员所需要的意识下个定义："当你环视更衣室一周，看到的每个球员都渴望与你并肩作战时，这时你就知道这是一支真正的球队了。"而这个时期的曼联，我看一圈更衣室里的样子，没有办法拍着胸脯说这支球队体现出了我的气质或特点。我心里很清楚，这里的大部分球员缺乏争冠的决心和毅力，是时候采取行动了。小打小闹没有意义，我只能屡次拿出壮士断腕的决心。几个重要决定中的一个是让斯特拉坎去其他球队继续职业生涯，为他好，也为我们好。

斯特拉坎这样的球员要转会，自然不愁没有球队找上门来。沮丧地输给诺丁汉森林之后的星期一，正在谢菲尔德星期三执教的罗恩·阿特金森打来电话，表示想购买斯特拉坎。给刚输球的球队主教练打电话谈转会这一招有点老套，就是指望乘虚而入。所以我对阿特金森跟我玩这种心眼有点生气。但这算不了什么大问题，何况谢周三 [①] 也表现得很有诚意。在一本 1998 年出版的书里，阿特金森声称咨询斯特拉坎转会事宜时遭到了我的刁难，还说他严厉斥责了我，教训我不要把球员当傻子糊弄。仔细想想，我怎么可能一声不吭就听阿特金森咆哮，这太可笑了。实际上我并没有偏向于让斯特拉坎转会哪支俱乐部，对于阿特金森也没有先入为主的偏见。我跟他一直都相处得不错，实际

---

① 谢菲尔德星期三队的简称。

上在那之前几个月，利兹联的霍华德·威尔金森就咨询过操作斯特拉坎的可行性，这就让事态变得复杂了。我告诉威尔金森，斯特拉坎是非卖品，但如果情况有变的话会通知他们。于是我也履行了承诺，联系了利兹联，报价30万英镑，比阿特金森提出的高10万英镑。威尔金森毫不犹豫地答应了。我觉得自己为曼联做了一笔好买卖，毕竟这个32岁的球员赛季末合同就要到期了。

可阿特金森还没有死心，他又找上门来说不管威尔金森出多少钱，自己都同样可以拿出来。那么现在就看斯特拉坎本人的选择了。开始斯特拉坎是不想和威尔金森谈的，或许他已经打定主意加盟希尔斯堡（谢菲尔德星期三队的主场）去和自己的前任主教练聚首。我提醒他，客套聊两句也不会有坏处的，结果斯特拉坎一听到威尔金森提出的充满吸引力的条款细则，立刻就表示等不及在合同上签字了。可以说这个结果不论是利兹联还是球员本身，都十分满意。

1990年，依靠斯特拉坎的出色表现，利兹联勇夺乙级联赛冠军，顺利升入甲级联赛。1992年又在甲级联赛里突飞猛进，力压曼联，以微弱优势夺得冠军，斯特拉坎居功至伟。我们距离渴望了1/4个世纪之久的冠军奖杯仅一步之遥，很多人嘲笑是我把这么好的球员拱手相让才导致了这一切。这种无稽之谈当然不会让我在意。球员的发挥随着环境而改变是很自然的，这一点霍华德·威尔金森比谁都清楚，正是他后来把埃里克·坎通纳卖给了我。

戈登·斯特拉坎在埃兰路球场获得了新生，很大程度上归功于他在饮食控制和状态调整方面的自我管理，对于这一点所有的球员都会由衷赞赏。如果有人看到别人勇于挑战极限、追求无限可能而不为之鼓舞，那他实在是心灵太过贫瘠，已经无可救药。斯特拉坎给了我们迎头一击，这也很好。这还不至于让我的信心产生动摇，放他转会走人从长远的眼光来看一定是对球队利大于弊的。冠军被利兹联夺走固然让人心痛，但我们想要的锦标可绝不止三五个。

我刚开始执教曼联的几年里，追求这样的目标必然导致球员流动频繁，许多人进进出出。而在足球界里，诀别经常让人痛苦。我有时也被自己放走的球员的表现打脸，但我都会泰然处之。他们得以在其他球队继续自己的足球生涯，比如麦克格拉斯和斯特拉坎，他们给自己的命运打开了一扇新的大门。而让我真正感到伤心的，还是那些因伤陨落的足坛新星。雷米·摩西就是个典型的让人悲伤的例子，打我一上任起就非常喜欢他。这名球员非常好强，再加上卓越的组织能力和传球技术，本来可以成为我重建计划中重要的一枚棋子，但反复无常的脚踝伤病让我只能让他踢非常有限的几场比赛。后来他的膝关节也越来越糟糕，最终被迫退役。多么有前途的一个中场球员啊！不论从个人角度还是作为主教练，我都感到无比惋惜。

　　还有一些令人伤心的离别，比如尼基·伍德，刚刚迈入 20 岁的门槛，在一线队出场两次崭露头角之时，就由于慢性背部伤病而彻底告别了足球。右前卫托尼·吉尔也是，他比伍德还年轻一点，被人们寄予厚望，一次可怕的腿部骨折彻底葬送了他的前途。比利·嘉顿，一名极具天赋的中后卫，20 多岁就因为肌痛性脑脊髓炎（简称 ME，一种原因不明的疾病）而衰弱下来。还有两个守门员遭遇了严重的事故，加里·拜利已经是一名成熟的球员，在比赛中证明过自己，他在 1986 年随英格兰队出征墨西哥世界杯时由于训练中的一次意外而留下了严重的后遗症，一年后告别了足球。加里·沃尔什刚刚 19 岁就在一线队担任了主力守门员，但他很快遭遇了不幸。1987—1988 赛季的前半段就两次头部受伤，伤势极为严重，他母亲都来找过我央求让他退役。第二次受伤是在远征百慕大时，本来是想让球员们从联赛的压力中解脱出来，万万没想到这次旅途却成了一场梦魇。沃尔什的头部被狠狠地踢中，这势大力沉的冲击甚至让对方前锋的脚踝骨折了。这次重伤让沃尔什荒废了整个赛季，花了好几年才康复。为了找回状态租借加盟艾尔德里后，又带着脚踝伤病回到球队，屡次失败的复出表现让他的前途黯淡无光。之后依靠先进的骨移植手术让他的脚踝得以康复，但这时彼得·舒梅切尔已经占据了曼联不可撼动的守门员位置，沃尔什只能转会米德尔斯堡。他后来又辗转加盟布拉德福德城，在 1999 年 5 月球队升入英超的赛季中表现出色，让我很是激动。他在场上有一种大无畏的气概，和他顽强冲破逆境的勇气完全相符。

　　在百慕大发生的事故不光是沃尔什一个人。另一件是有一通找我的电话打到我们入住的爱博海滩酒店时我才知道的。一个操苏格兰口音的人说自己是百慕大首都汉密尔顿的警察局的华莱士探长，我立刻怀疑是不是诈骗电话，边应答边冲队医吉米·麦克格雷格使了个眼色。可我马上就知道他是货真价实的探长，他告诉我的事让我的血液几乎凝固了。克莱顿·布莱克摩尔因受到强奸指控而被逮捕。幸运的是俱乐部律师兼董事会成员莫里斯·沃特金斯，还有当时曼联的秘书莱斯·奥利弗正好在队里，我们三个立刻赶到警察局听取详细指控。如果判决有罪，布莱克摩尔将面临 10 年徒刑。我们获得探访许可去见布莱克摩尔，他抱着我失声痛哭，向我们讲述了事情经过。我们听过之后，确信他是被两个女孩子陷害了，警察是根据这两个女孩子的口供逮捕他的。我们待在布莱克摩尔身边，不停地安慰他，尽量多陪他一段时间。当他穿着囚服转身离去时，我们也感同身受地为他的处境而忧心忡忡。

　　我在俱乐部期间，莫里斯·沃特金斯一直让我极为敬重，在这次紧急事态下，他也废寝忘食地工作起来，争取让布莱克摩尔尽早得到释放。我明白，沃特金斯和我一样百分之百相信这个年轻人是清白的。这种局面下，我们的信心哪怕有一丁点动摇都会陷入难以挽回的局面。我还得做一件自己最不喜欢的事情，就是赶在媒体报道之前把这件事打电话通知布莱克摩尔的妻子。就算是无中生有的罪名，可我要怎么开口告诉一个姑娘她的丈夫目前遭到了警方的强奸指控？多亏了沃特金斯的不懈努力，案件迅速得到解决，布莱克摩尔被无罪释放。第二天坐在酒店的阳台上，我来到这个岛上后终于第一次有时间眺望海景，这时我想起当年曾经对阿伯丁俱乐部主席迪克·唐纳德说过，我要和这座北方城市丰富多彩的生活说再见了，因为我还想挑战极限，享受苦难。但当时我做梦也想不到在百慕大会遭遇这样的苦难。

第十五章　持续低谷

　　曼联必须找到前进的道路，而不管我的助手们提供多么大的帮助，最终让俱乐部走上正轨的只能是我自己。

　　与巨大的不幸相比，日常生活中的烦恼显得微不足道。在百慕大之后，面对1987—1988赛季让人轻松了不少，那个赛季我们状态不错，但最终仍以较大的分差位列冠军利物浦之后，而且在最可能夺冠的足总杯中梦碎海布里。那是足总杯第五轮的比赛，我们在最后1分钟获得了一个可以扳平比分的点球，但是尼格尔·温特本耍了个把戏干扰了布莱恩·麦克莱尔，让他错失点球。不过更让我生气的其实是博比·罗布森和英格兰国家队，他们居然在这么重要的比赛的前三天安排了一场在以色列的友谊赛。墨菲定律果然应验了，布莱恩·罗布森就在那次国家队训练中小腿受伤，从而缺席了对阵阿森纳的关键比赛。我不知道为什么国家队的主教练要这样征召球员，给我们俱乐部的教练带来了这么大的困扰。而因为国家队的主教练是罗布森，这让我尤其失望，因为他是一个真正的足球人，他应该懂得这些的。

　　布莱恩·麦克莱尔是个聪明人，罚丢点球对他并没有太大的影响。他于1987年7月来到曼联，是我的第二笔签约，这笔交易也让我受益10年。我第一个签下的球员是从阿森纳而来的维维安·安德森，他是一名性格坚定的右后卫，而且性格活泼开朗，他对球队的帮助远超25万英镑的身价，但可惜伤病使他没有达到应有的高度。而麦克莱尔的一大优势则是他很少受伤，我们为他而支付给凯尔特人的85万英镑真是非常值得。他体格强壮，体力充沛，而且在苏格兰的时候就证明了自己是个优秀的射手。他善于寻找进球的机会，而且当机会到来的时候他都会出现在正确的位置。更重要的是，他还会带动着队友一起提高。我曾经要求他在场上担任不同的角色，来充分发掘他的全能性，而不管在什么位置上，他都会全力以赴。有时候教练组的成员会低估他的贡献，但我从来不会，而他也知道这一点。当曼联在20世纪90年代开始成功的时候，没有人比战士麦克莱尔更配得上那些荣耀。

1987年的夏天在签下麦克莱尔之前，我告诉马丁·爱德华兹，球队需要签下至少8名新球员，这让他大吃一惊。俱乐部主席跟我说球队没有足够的资金来保证我想要的交易，这可让我高兴不起来，对于外人来说，曼联这么大的俱乐部居然没有足够的财政实力来解决阵容上的问题，也让人不可思议。于是我只好放弃了之前的计划，先从最需要补强的位置开始考虑。首先我关注的是锋线，当时球队里的前锋是彼得·达文波特和特里·吉布森，他们都很有天赋，但他们的身体和体能状况却达不到我认为可以赢取联赛冠军的程度。我想要强力而且可以持续稳定发挥的球员，所以我直截了当地签下了麦克莱尔，但当我想要继续从巴塞罗那签回在那里待得并不开心的马克·休斯的时候，却因为税务的问题被耽误了一段时间。所以我又转向在纽卡斯尔发挥出色的彼得·比尔兹利，但遭到了纽卡斯尔主教练威利·麦克福尔的断然拒绝。他声称即使我们出价300万英镑，他也不会放人，然而下一个星期这名小个子前锋就以190万英镑的价格去了利物浦，我想我有理由表示失望和茫然。

1987年的夏天对我们来说很有成果，然而我却把一名球员拱手送给了利物浦，而他也在那里成了明星，证明了我的错误，那就是约翰·巴恩斯。当时沃特福德的主教练格雷厄姆·泰勒觉得他们没法继续留住巴恩斯了，所以给我打电话说只要90万英镑就可以放走这个年轻的边锋，但我没有抓住机会。一部分原因是因为我当时对贾思帕·奥尔森抱有很高的期望。这名丹麦人从长期的伤病中痊愈之后，在训练场上展现了出色的状态，让我认为他即将迎来爆发的阶段，然而他却很快离开我们，去了波尔多。我选中的替代者是拉尔夫·米尔恩，而这次转会后来被球迷认为是一次失败的交易。但其实拉尔夫在邓迪联的时候发挥出色，只不过老特拉福德对他来说是个太大的舞台，让他无法驾驭。他是个不错的小伙子，所以我很遗憾他没有完全发挥出自己的才能。同时，约翰·巴恩斯也在场上一次又一次地惩罚我们，让我们因为没有签下他而付出代价。我不想给自己找借口，但必须要说，转会层面上，在英格兰足坛初来乍到的我并没有得到足够的帮助。当巴恩斯被放入转会名单的时候，我并没有看过他的比赛，所以我们的首席球探托尼·柯林斯去观看了他对阵诺维奇的比赛。那场比赛约翰发挥很好，并且打入一球，然而我们的球探部门给出的意见是，他发挥时好时坏，并不稳定。所以虽然我对签下他挺感兴趣，但最终没有得到足够的肯定和推动。后来我们与托尼·柯林斯解除了合作，他虽然能力不错，但是对我来说有点过于谨慎了。莱斯·克肖接替了他的位置，并且现在已经成为我们的青年队主管。

如果能来曼联的话，约翰·巴恩斯会是球队的一大财富。保罗·加斯科因也是如此，不过他就完全是另一种情况了。他最终没有穿上曼联的球衣是他的错误，而不是我们的。就我所知，他已经承诺过会与我们签约，所以当他改变主意的时候让我们双方都受到了伤害。当他在圣詹姆斯球场彻底击败我们的时候，我就决心要签下他了。那天我们在中场派出了摩西斯、罗布森和怀特赛德，但是20岁的加斯科因发挥得比他们都好，没人能限制住他。在回家的路上，我对助理教练阿奇·诺克斯说："我要签下他！"

1988年的夏天，赛季结束之后，我很快就要美梦成真了。纽卡斯尔还是非常不配合我们的会谈，所以我直接联系了加斯科因和他的经纪人梅尔·斯坦。我们进行了一系列严肃的会谈，想要在我们全家出去度假之前把交易确定下来。因为在那之前，凯西大病一场，让我们全家都非常担心，好在经过几个星期的治疗之后，她终于痊愈了，所以我们决定全家一起去马耳他度假。在出发之前，我收到了加斯科因的电话，让我心花怒放。"弗格森先生，你尽管去享受你的假期吧！"他说，"等你回来的时候我就会和曼联签约的。""太棒了，孩子！"我跟他说，"你会成为这个俱乐部最伟大的球员之一，我向你保证！"

之后的某一天，我正在马耳他的泳池旁躺着，脑子里想象的都是下赛季的阵容，我们有了罗布森和加斯科因，如果能再签下休斯的话，那我们就如虎添翼了。这时一个电话打断了我的美梦，在走回酒店的路上，我怎么也不会想到电话的内容会是什么。电话那头是俱乐部主席："加斯科因要与热刺签约了。"我惊呆了，所以当马丁·爱德华兹继续解释细节的时候我什么都没有听进去。后来我才听说，保罗改变主意是因为热刺给他的父母买了一套房子。不知道他的经纪人是否知道自己犯了怎样的一个错误，把保罗那种性格的人放到了伦敦去。也许他有些自毁倾向的特质让他不管在哪里都会惹上麻烦，但我相信如果他来了曼联的话，是不会遇到那么多问题的。我知道当他的主教练不是件容易事，但为了他的才华我愿意冒这个风险。我并不是特别了解保罗，但当我与他会面的时候，我能感受到他的弱点，他让我想要像一个兄长甚至父亲一样对待他。直到今天我都很后悔没能有机会帮助他实现更高的成就，充分发挥他的才华。

让我们感到安慰的是，在加斯科因签约失败的一周之内，我们终于从巴塞罗那带回了"火花"马克·休斯，转会费为150万英镑。除了能够增强我们的锋线以外，我认为这笔交易还回报了我们忠诚的球迷，迎回了他们心中的英雄。关于休斯当年为什么离队，我听到过各种版本，流传最广的一种是说俱乐部主席不喜欢他，所以当有人出价的时候，就立刻放走了他。但我必须说在我带休斯回来的过程中，马丁·爱德华兹没有一丝阻挠。在我刚来曼联的那些年里，马丁的支持至关重要，他从来没有干涉过我管理球队的事情。我们之间的工作交流非常顺畅，但球迷和他就没有这么融洽了。很多球迷讨厌他，所以我觉得自己需要在球迷和俱乐部之间起到桥梁的作用。我们的球迷是英格兰最忠诚坚实的团体，虽然球队从1967年之后再也没有在联赛夺冠，但他们还是一直支持着我们。他们不喜欢马丁，也许是因为马丁的父亲是马特·巴斯比爵士时代的俱乐部主席，所以他们认为马丁成为主席是因为家庭的缘故。当我刚来的时候，我并没有足够的立场来评判这些事情。但只要我和他之间保持顺畅的工作交流，一起来复兴这家伟大的俱乐部，就足够了。重新把休斯带回来对球队意义重大，他身体强壮、技术精湛、作风勇猛，可以给任何防线带来麻烦。他在更衣室里性格沉默，状态不好的时候会失去信心，但他永远不会被对手吓倒，尤其是在重大比赛的时候，他总能在各种大场面进球。他是个不折不扣的威尔士斗士。

当然，锋线再锐利，如果防线差劲也是没用的。我一直在努力改善我们的防守，最重要的是要有长期搭档、配合默契的后卫，这其实和锋线是一样的，锋线搭档必须在一个频率上，不过前锋配合失误也许只是错过一个进球机会，而防守队员的不默契则会带来丢球的严重后果。我接手的曼联的防线远远称不上稳定，主要原因就是源源不断的伤病困扰。有一次伤病实在严重，我不得不让布莱恩·罗布森去踢中卫，虽然他很不乐意，但仍然发挥出色。但他终归不能长期踢中卫，我知道要打造一支球队的中轴线，一对能够稳定出场的中后卫必不可少。

史蒂夫·布鲁斯是这个组合的第一人选，他长期稳定的发挥是我在曼联成功的基石。但其实在签下他之前，我们还曾有过体检方面的疑虑。X光检测发现他的膝盖有些变色，但我认为他之前的出场记录更有说服力——他在诺维奇的出场次数比当时曼联的两个中后卫加起来还多。而后来的事实也证明，史蒂夫是我执教过的最顽强最可靠的后卫之一。他意志坚强，而且为人谦逊和蔼，在球队中以身作则，赢得了全队的尊重和爱戴，他也在罗布森谢幕之后成了曼联历史上最成功的队长。将这样一个球员带入球队给了我巨大的满足，而放走了凯文·莫兰这样有才华的球员却让我难过，另外我们还卖掉了格雷姆·霍格和一名守门员克里斯·特纳，因为我们不得不平衡一下支出。凯文是我认识的最勇敢也最令人钦佩的球员之一，我很高兴他可以在别处继续他的职业生涯，而且还获得了一场纪念赛。

因为莫兰和霍格离开了，而年轻的比利·嘉顿经常受伤，所以我需要另一名中后卫。1988 年的 10 月，我从卢顿签下了经验丰富的北爱尔兰人马尔·多纳西，但我真止拥有一对高质量的中后卫组合是在 10 个月之后。为了签卜加里·帕里斯特，我们与米德尔斯堡的主席科林·亨德森进行了一整晚艰难的会谈。最终我们为这次转会支付了 230 万英镑，比我们的预算多了几十万，但后来的岁月证明，帕里斯特为我们做出的贡献远远超过了他的身价。他来球队的时候是一个 24 岁的身材纤瘦的年轻人，才华横溢，但因为经验不足所以有时候发挥不稳定。但他的体格和球技都迅速地成长起来，他速度很快，平衡感也很好，拿联赛中的任何一个人跟他交换我都不会答应。他和布鲁斯组成的搭档成了我们防线的基石，让全队都信心十足。

在他们身后的是吉姆·莱顿，是我在阿伯丁时代的守门员。1988 年，因为当时的守门员加里·沃尔什饱受伤病困扰，我把吉姆带来了曼联。他作风勇敢，经常做出不可思议的扑救，我唯一担心的就是他是否能应付英格兰比赛中常见的传中球。另外还有斯图尔特·皮尔斯，如果能从诺丁汉森林签下他我就更开心了。他勇敢、自信，还有不惧竞争的性格都很适合曼联，但布莱恩·克劳夫根本不给我机会打他的左后卫的主意。

事实上，不光是斯图尔特这件事情，克劳夫从来就不想跟我做任何交易。有一次马丁·爱德华兹和我临时去城市球场拜访，我们根本就没跨过接待室的门。当对方得知了我们的身份之后，又过了 10 分钟才告诉我们布莱恩不能见我们。这可不是足球圈里的人对待彼此的方式，但克劳夫就是这么"不同寻常"。我第一次见识他这种风格是在一场森林队主场对阵凯尔特人队的联盟杯比赛上，当时我还是阿伯丁的主教练，和我的助教阿奇·诺克斯一起在诺丁汉。比赛结束之后，布莱恩的助理教练罗尼·芬顿和我们在一起谈话，当我还是圣米伦的主教练的时候就认识罗尼了，他是个好人，当得知我还没有见过他的老板的时候，他说，"跟我来，我带你去见见他"。那感觉就像我们马上就要见到教皇一样。我们去了克劳夫的办公室，在那里待了 30 多分钟，开心地说着话，直到伟大的克劳夫一头撞了进来。

"阿伯丁的亚历克斯·弗格森。"罗尼介绍说。克劳夫走了进来，跟我握手之后坐在了我身旁。他看上去很疲惫，我知道他需要从外面的喧嚣中逃离出来，休息一会儿。在这些重要的比赛中，主教练除了要经历指挥比赛的辛苦，还要在赛后对付电视、广播和媒体的烦扰，十分辛苦。

"你觉得今天的比赛怎么样？"他问我。因为凯尔特人发挥更好，却输掉了比赛，如果我说实话的话肯定不怎么中听，但我还是决定要诚实一点。

"我觉得凯尔特人踢得不错，不过你的运气挺好，"我说，"但我相信下一回合在客场你们会取得好的结果。"这时克劳夫站了起来，朝门口走去。

"好了，我听够了。"他往肩膀后面甩了这么一句话。阿奇和我忍着笑离开了，但克劳夫确实让罗尼·芬顿很尴尬，他出来后一直在向我道歉。布莱恩·克劳夫的战绩足以证明他是英国足球史上最伟大的教练之一，也许他觉得这种粗鲁是他骄傲的另一种表现形式吧。

就在我们在城市球场吃了闭门羹的下一个星期，我尝试着签下皮尔斯，但克劳夫根本就不接我的电话，最后还是罗尼·芬顿向我们传达了皮尔斯根本不可能走人的消息。后来我想要从森林队签下中场球员尼尔·韦伯的时候，克劳夫再次断然拒绝，不过对韦伯来说，只要等第二年他合同到期之后就可以了。最终我们在 1989 年 7 月以 150 万英镑的价格签下了他，他双脚均衡，而且还能够进球，对我们来说是个不可多得的中场，然而令人伤心的是，当他代表英格兰队对阵瑞典队的时候却跟腱断裂，随后缺阵了好几个月。这是运动员非常严重的伤病之一，而他痊愈之后，也已经不是之前的那个他了。

签下韦伯之后 3 个星期，我们以 75 万英镑的价格从诺维奇签下了麦克·费兰。麦克是个精力充沛的多面手，能够胜任防线和中场的多个位置。我们希望他做一个角色球员，而他也表现得很好。而让我们有更多期待的是 2 个月之后签下的 21 岁的年轻人保罗·因斯。我们的首席球探莱斯·克肖考察了很久，而我在看了他为西汉姆联踢的比赛之后也很喜欢他。他双脚均衡，速度很快，擅长争顶，而且获胜欲望强烈。虽然他的耐力貌似有点问题，但我相信这一点可以改善。我和西汉姆联的主教练约翰·莱尔私交很好，所以我认为要开始转会会谈最好的方式就是先去他在埃塞克斯的家里拜访他一次。那天天气非常好，而他家的花园也非常漂亮，我从来没在这么优美的环境下跟别人谈论过转会的事情。一切都非常美好，直到我提起因斯的事情。

"不可能的，"他说，"他就像我的儿子一样。"

"我知道，但孩子总要离开家的。"我说。之后一个小时我一直在尝试说服他，但并没有成功。当我离开的时候，我已经决定，虽然我非常尊敬莱尔，但我还是要提出一份正式的报价，唯一需要确定的就是什么时候给出多少价值的报价。然而就在我要提出报价之前，传出了一个令人震惊的消息：西汉姆联解雇了约翰。足球圈里总是有各种令人震惊的解雇，但没有什么比这一次更令人匪夷所思，除了西汉姆联的董事会，也许没有人能理解这个决定。我打电话安慰约翰的时候，能够感觉到他遭受了不公正的待遇。在他为俱乐部奉献了这么多年之后，俱乐部的这种做法是不可原谅的。当我在苏格兰执教的时候，他经常给我打电话，说他北上来考察球员，并且让我开车送他和他的助手艾迪·拜利去球场。我总是期待着那些夜晚，而现在我担心这次打击会终结他的教练生涯。

莱尔被解雇打消了我心里对于报价因斯的愧疚，而在我们提出报价之后，约翰也给了我们很多帮助，他告诉了我们因斯的背景和性格，并且强调说一定要表达对他的感情。交易本身十分复杂，当最终完成的时候，所有人都筋疲力尽。在我们跟因斯会谈之前，他就自己穿上了曼联球衣，这对于厄普顿公园球场的新主教练卢·马卡里和球迷来说可不是个友好的举动。更为严重的是他的体检结果，当我们问起他之前的一次小伤的时候，他承认说有时候那个部位会很疼。我们非常担心，而转会也被暂时中止，这给保罗带来了巨大的打击，幸亏他的女朋友，也是他后来的妻子克莱尔努力让他恢复了过来。尽管我们所有人都尽了最大的努力去安慰他，但只有克莱尔能够真正地走进他的心扉。我不停地向他保证，转会不会就此取消的，而西汉姆联也承诺将为因斯之后一切的身体问题负责。最终的转会价格是 150 万英镑，而他每为曼联出场 15 次，曼联还要再支付 25 万英镑。这对于曼联来说是个不错的价格，而之后他的表现也证明了这次交易的成功。

因斯来到球队的时候离 22 岁的生日还差一个月，这也证明了我在球队年轻化方面所做的努力。我承认经验是成功必不可少的要素，但同时我也需要一批急于学习、不惧挑战的年轻人。1988 年 5 月，李·夏普在 17 岁生日的时候从托尔基队转会而来，很快就升入了一线队。李·夏普的到来说明了"业余球探"的重要性。一个叫作伦恩·诺德的记者从曼彻斯特退休之后就在托尔基居住，有一天他在看当地球队比赛的时候，听说了当地球队的青年队里有一个令人兴奋的年轻人，那就是李·夏普。别人对我说伦恩的眼光很不错，所以我们就听从了他的建议，开始观察李的进展。当阿奇·诺克斯、托尼·柯林斯和我一起去托尔基看他比赛的时候，我们对他的兴趣大大提高，他的表现让我想要立刻签下他。他快得简直可以捉住一只鸽子，而且他体格匀称，以后肯定能成为优秀的运动员。他是个优秀的传中手，而且敢于在比赛中发挥他的才华。他并没有彻底击败与他对位的后卫，但那是因为他的对手是一名经验丰富的职业球员。这场比赛中他展现出的优点远远大于缺点，所以我们必须尽快行动。托尔基的主教练是前热刺边后卫西里尔·诺尔斯，显然他有可能会把夏普的潜力告诉这家伦敦俱乐部，所以我们必须当晚就签下合同。当伦恩·诺德去找西里尔的时候，我对阿奇说："西里尔不答应这次转会的话，我就不让他下车。"后来也确实如此，被我们团团围住的西里尔最终答应了我们的请求，最终的转会费是6万英镑，而如果夏普进入一线队的话，我们还要继续支付18万英镑。当然，刚到9月，李的老雇主就收到了后续的付款。

签下像李这么年轻的球员并不寻常，基本上如果你希望年轻球员能够进入一线队的话，通常你需要在自己俱乐部内部培养，从我上任以来，我一直致力队伍的年轻化，首先要做的就是寻找有天赋的年轻人，但当时俱乐部的球探网络实在让人失望。乔·布朗是当时青年球探部门的负责人，而他在地域广大、人口密集的曼彻斯特市内只有5名球探。当我执教阿伯丁的时候，我在整个苏格兰有17名球探，而苏格兰的人口不到500万，曼彻斯特地区的人口和整个苏格兰不相上下，在这片出产足球运动员的土地上只有不到之前1/3的球探，简直荒唐。于是我召集起他们，开了一个会，我对他们说："我对你们街道上最棒的孩子不感兴趣，我感兴趣的是你们整个地区最棒的小球员。所以别一时兴起就带一些天资平平的孩子来见我，我可不愿意跟他们说其实他们达不到曼联的标准。只要你们能找到真正有天赋的孩子，我愿意等。"这些球探都是诚实的人，他们需要的只是一些鼓励，我也要让他们知道自己的工作是多么重要。曼联的每个人都知道我要打造的是一个完整的俱乐部，而不只是一支一线队。

对于在青训部门工作的人来说，最让人满足的莫过于看到一名充满潜力的新星从梯队中走出来了，瑞恩·吉格斯就是这样一个孩子。很多人都说自己是真正发掘了吉格斯的人，但对我来说，最大的功臣是哈罗德·伍德。哈罗德是我们的一名基层工作人员，1987年的某一天，他专程来到克里夫训练基地，对我说："有这么一个孩子，正在迪恩竞技队踢球，他是曼联的狂热球迷，不过现在正在跟着曼城训练。"也许我们也有几个球探注意过瑞恩·威尔逊，这是他改从母姓之前的名字，但没人真正地行动过，直到伍德向我强烈地推荐之后，我派乔·布朗去看看他的比赛，如果不错的话，就带这个孩子来见我。看了比赛之后，布朗对他的评价不错，于是安排了瑞恩到克里夫基地试训。我看了他的表现之后，比踏破铁鞋后终于发现一大块黄金的掘金者还要兴奋。我永远也忘不了第一次看到他的情景，当时他在场上脚不着地地飞奔，昂着头，步伐轻松自然，就像在风中追逐纸片的小狗一样。从那之后，我们就把瑞恩当作球队的财宝一样保护起来，阿奇、乔·布朗和我也都成了他家里的常客。他加入了我们的足球学校，而在1987年11月他14岁生日那天，他跟我们签下了一份学徒合同。回首往事，能够得到瑞恩让我觉得13年曼联生涯中的所有辛劳都是值得的。

发掘出瑞恩让我们尝到了甜头，于是1988年我们再接再厉，我任命布莱恩·基德为青训主管，确保我们能够接触到当地所有最好的小球员。布莱恩曾跟随曼联夺得过1968年的欧洲冠军，而目前正在从事社区工作。他又招募了17名球探，负责曼彻斯特及周边地区，而他们全都是曼联的支持者。这个平台给我们的足球学校源源不断地提供小球员，而阿奇和我也在这上面投入了大量的时间和精力。我们的球探网络越来越棒，来试训的孩子的水平也越来越高。球员试训的时候，我们还会让发掘他们的球探也参加，避免有些情况下这些孩子可能会因为惴惴不安而表现不佳。

1989年夏天，一个令人意想不到的人物突然闯入了曼联的生活，而他与惴惴不安这个词完全不沾边。他就是迈克尔·耐顿，整个人充满了强烈的自信。我第一次预感到耐顿的出现是在1988—1989赛季末，马丁·爱德华兹打来电话让我去办公室找他。在那里，他告诉我的消息让我半晌说不出话来。那个夏天，1989年4月15日，与95名利物浦球迷远征谢菲尔德观看客场对诺丁汉森林的足总杯半决赛时被希尔斯堡惨案夺去生命相比，在足球界、足球场上本身并没有什么事件值得一提。这次惨案以及随之引发的悲痛情绪让与足球相关的我们每一个人都意识到，我们一直以来最为看重的那些东西在生命面前显得多么微不足道。我们将永远铭记在希尔斯堡惨案中陨落的生命。但足球毕竟是很多人生命中重要的一部分，尤其是在利物浦这个地方，人们的注意力又渐渐地回到了足球比赛本身的魅力上。而这时马丁·爱德华兹所讲的话明显是经过精心设计的，为了让我产生震动。

他说："我打算把俱乐部卖了，你如果知道有谁想出 1000 万英镑买下来，并且保证再花 1000 万英镑翻修斯特雷福德看台，俱乐部就是他的了。"

我问他为什么要卖掉，原因很明显，他无法获得球迷的认可，只能这样做。我感到很遗憾。我们交情不错，我也很感激他在我担任主教练的两年半时间里一直对我很耐心。我劝他先考虑离开一年时间看看情况，可他态度非常坚决，于是我只能承诺在苏格兰找找有没有可能的买家。我问了不少人，可等到休假结束回到俱乐部，一进爱德华兹的办公室才知道，俱乐部已经被卖掉了。过了几天，爱德华兹介绍我认识曼联的新老板耐顿。之前他告诉过我耐顿曾在考文垂城踢球，并且保证不会做人员调整。从耐顿的外表完全看不出他以前踢过球——胖乎乎的，衣冠楚楚，还留着皇家空军军官式的小胡子。但我必须承认他有一种感召力，他所讲的对俱乐部的展望也让我印象深刻。我知道这桩交易已经定了，我面前的就是俱乐部的新任管理者。

新赛季揭幕战，老特拉福德洋溢着欢快的气氛。在令人眩晕的酷暑中，我们以全新的俱乐部管理层和全新的队员迎来了上赛季冠军阿森纳。比赛当天我的流程从不会变，赛前会议时间是 1 点半到 2 点，之后解散。我觉得如果把队员拢在一起傻等比赛开始，对他们唠唠叨叨个不停的话，那就说明我太不信任他们了。只需要讲清楚战术要点，让队员知道你希望看到什么样的表现，之后就看他们自己的了。在这个特殊的日子，我同样遵守自己的老习惯，回到办公室里喝杯茶。有时对方主教练还会过来，正好跟他寒暄几句。有时比赛结束后双方难免神经紧张，再说不管怎么样，还得面对媒体死缠烂打一个小时，之后才能坐下来喘口气。这回，乔治·格拉汉姆来到了当时我使用的小办公室，从更衣室外顺着走廊过去就到了。我跟乔治私交很好，在一起时还经常开开玩笑。我们正聊得开心，球衣管理员、我忠实的助手诺曼·戴维斯走进房间，告诉我俱乐部新任主席要拿一件球衣穿。我和乔治都笑了，让戴维斯把球衣带过去，再顺便跟主席讲一声出场名单我已经定好了。可不久，戴维斯又冲了进来，这时我还在猜测主席听到我的这番话后会想什么。

"我跟你说你肯定不信。主席走到场地上了，在颠球。"我倒吸一口气，打开监控视频，球场出现在屏幕上，那可不正是秃头耐顿在斯特雷福德看台前颠球吗？球迷看上去还挺买他的账，可我心里已经开始反感这位主席了。乔治·格拉汉姆当然也注意到了我的心理活动。

"人生多有意思啊，是不是？"他笑着对我说。我心里很不舒服，好在比赛的进程让我越来越振奋，最终我们4∶1完胜阿森纳。

下一轮是客场对德比，耐顿现象造成的影响愈发明显，比赛甚至因此被推迟，不少球迷闯入场地，当然也有很多依然留在看台上。毫不意外的，警察认为事态严重，来到更衣室通知我们球迷过度兴奋，这种状态下无法开始比赛。这时迈克尔·耐顿走了进来，听闻此事，自告奋勇向警方提出去控制局面。对这种勇气我只能表示欣赏，但结果也只能是越弄越糟。耐顿绕着跑道提醒球迷冷静，但只见大批球迷涌向隔离屏障与他握手，可他还很享受这种感觉。跟耐顿和球迷这边打得火热相比，董事会对他的态度却降至了冰点，大家并不信任他筹措资金收购俱乐部的能力。与朴次茅斯的比赛则几乎是与场外董事会的争执同时进行的，好在比赛里年轻的丹尼·华莱士首次代表球队出场就打入关键进球，帮助我们3∶2获胜，让球迷们有了另外的谈资。迈克尔·耐顿在曼联的故事终于收场了，他郁郁寡欢地离开，却根本没有吃一堑长一智，这从他后来在卡莱尔的行为就能看得出来。在气氛紧张的曼联董事会会议上耐顿成为众矢之的时，我有点为他感到惋惜。没有一个人站出来帮他说话，结果俱乐部经过这次风波，决定转为股份有限公司，虽然这也招来了不少反对意见。我认为当时的投票应该是集体一致通过的吧。我自己对于俱乐部公司化有一些反感，但毕竟离实质性发售股票的日子还远，我得先集中精神处理每天眼前的烂摊子。

9月底，球队成绩起伏很大，又偏偏在最糟糕的一天跌到了谷底。在缅因路进行的德比战中我们1∶5惨败于曼城脚下，这也是我教练生涯中最羞愧难当的一次失利。比赛后我直接回了家，躺到床上用枕头盖住脸，直到凯西回到家里。她还不知道比赛结果，问我怎么了。我清楚自己犯下了大错，必须认真审视之前的问题，探究败北的原因。队员的伤病的确有一些影响，但绝不是全部原因。是不是我的问题？我觉得训练效果很好，队员的身体状态也保持得不错。关于用人、赛前准备、战术，没有哪方面出了明显的纰漏。我在更衣室里也极其注意言行，不让队员感受到我对俱乐部的忧虑情绪。但很多比赛就是赢不了，尤其是从11月下旬到12月底，我们居然一场未胜。我将被炒的传言也开始沸沸扬扬，还说什么霍华德·肯道尔将要接替我。但博比·查尔顿爵士一直都表示，俱乐部董事从没有考虑过将我解雇，而且他们知道我将让曼联迎来新生。他的这番话当然令我很欣慰，但10年前的这段灰暗日子，是我人生中第一次感到在主教练位置上如坐针毡。

到了11月，我们前往珀斯，与圣约翰斯通打了一场友谊赛，庆祝他们的新主场落成。为了让球队提升士气，我把队员带到邓布兰打了几天高尔夫，让他们放松一下。我还邀请了马特·巴斯比爵士和博比·查尔顿爵士，知道他们一定会热情地与我交流并提出中肯的建议。这次休假效果不错，可比赛简直不能再糟糕了，我们踢得一塌糊涂，再怎么宽慰自己不过是一场友谊赛也无济于事。我非常沮丧，不想在酒店大堂多待一秒，立刻回了房间，只想躺在床上思考。我在失落的时候一直都这样做，封闭在自己独自一人的世界里来重新审视自己，很快就能走出阴霾。当天夜里，阿奇·诺克斯来到房间，说希望我多把问题讲出来让他一起分担。的确，我是倾向于自己面对问题，但这次我改变不了，我的性格让我认准一条路就不会回头。在那段最不顺的日子里，阿奇经常找我跟他和布莱恩·基德一起出去，但我做不到。在工作以外，我都把自己隐藏起来。需要解决问题的时候，外出对于我没有任何帮助。曼联必须找到前进的道路，而不管我的助手们提供多么大的帮助，最终让俱乐部走上正轨的只能是我自己。1989年12月足总杯第三轮对阵抽签，我们将面对当时令人胆寒的几支球队之一——诺丁汉森林，而且是在他们的主场。谁也没有想到这场比赛会成为曼联从低谷中崛起的转折点，但恰恰是在这场比赛之后，曼联和我都获得了新生。

第十六章　杯赛夺冠

我们在联赛中挣扎求生的窘境让各路专家们预言我的末日已近，即便是在杯赛中表现出色都无法挽救我的曼联帅位。

1990年1月7日，我们将在足总杯第三轮比赛做客诺丁汉森林的主场城市球场，在此之前各大报纸的体育版已纷纷断言我将结束在老特拉福德的统治。我们在联赛中挣扎求生的窘境让各路专家们预言我的末日已近，即便是在杯赛中表现出色都无法挽救我的曼联帅位。在英国广播公司（BBC）的节目里，吉米·希尔表示我们连赛前热身都一无是处。多年后，我和吉米·希尔起过一次冲突，我管他叫"傻瓜"，他试图息事宁人，在文章里说他和我始终相处融洽。

与希尔不同，我非常看好自己的球队击败森林队，鉴于半数以上的首发球员都将因伤错过这场比赛，所以我的乐观恐怕更多来自直觉而非理性分析。韦伯、罗布森、因斯、多纳吉、华莱士和夏普都将作壁上观，当然还包括我们重要的边后卫科林·吉布森，他在1985年由阿斯顿维拉转回曼联。尽管如此，冥冥中却依然有些什么让我坚信我们能赢，并将在足总杯上走得更远。比赛日当天早上，曼联当时的市场总监丹尼·麦克格雷格以1赔16的赔率给我们俩都下了注，赌曼联能拿下足总杯。老实说，我之前从来没下过这么大的赌注，但我的直觉强烈到我无法拒绝。在我们这场1∶0的胜利中，年轻的马克·罗宾斯决定性的进球被铭记至今，这当然合理，但更令我无法忘却的是追随我们去客场的球迷们那近乎挑衅的狂热。尽管之前球队的战绩令他们伤心，但他们昂扬而毫不停歇的歌声无疑激励了球队，给队员们注入了热情和信心。比赛始终在我们的掌控下，但下半场我们的创造力却也明显下降了，我常常觉得布莱恩·克劳夫对我们的胜利也有着某种间接的贡献。他不停地责备他的一名中场球员丢球，直到把他换下，就在那之后，马克·休斯的传球立刻找到了罗宾斯，后者的进球锁定了胜局。

赢下足总杯，这个独一无二的期待再次让我们的球迷激动起来，当然去往温布利球场的梦想同样令我激动，但同时在其中也混杂了一种忧虑，那就是曼联的未来过多地被寄希望于这样一种大起大落的淘汰赛中。在过去的差不多12年里，曼联赢下过三次足总杯，这使得球队和球迷都把前往北伦敦郊外这座球场的旅途视作他们唯一有资格去追寻梦想的路途。然而对我来说，足总杯赛只是让我相信我们能期望为俱乐部赢下更高的锦标赛。

当然，我绝对没有低估足总杯的意义，它为我赢得了更多的时间，我也衷心感谢我们在足总杯第四轮中能在赫里福德队莱地般的球场上小胜一球，感谢麦克·达克斯伯里在中场的精彩表现，他是一位诚实可靠的职业球员，他主要踢边后卫，但在其他多个位置也游刃有余。当时他已经步入职业生涯的晚期了，但在那个赛季的足总杯夺冠之路上，他贡献良多。我们的下一场比赛是在纽卡斯尔，这真是一场疯狂的比赛，典型的淘汰赛，胜利的天平左右摇荡，直到我们以3：2的比分险胜。1/4决赛是在布拉莫巷球场对阵谢菲尔德联队，虽然终场1：0的分差并不大，但事实上我们赢得挺轻松的。突然，横亘在我们和足总杯奖杯之间就只剩下两个对手了。

我们进入了半决赛，将要对阵奥德汉姆竞技，门将吉姆·莱顿的状态成了我最大的担忧，他丧失信心并且决断力成疑。我犹豫着是否不该在半决赛中让吉姆上场，但阿奇·诺克斯对此表示出强烈的反对，他坚持说弃用吉姆的决定会彻底毁了他。阿奇担任我的副手将近10年，相当值得信赖，因此哪怕他的意见跟我的判断相左，但只要他是认真的，我还是会听从，于是在是否派莱顿上场的问题上我也妥协了。与奥德汉姆的比赛甚至比对阵纽卡斯尔更惊险，不过大部分令人激动的瞬间是来自双方不计其数的失误。目睹这让人心烦意乱的种种，我开始庆幸还好我决定让伤缺颇久的布莱恩·罗布森、尼尔·韦伯和科林·吉布森回归赛场。在这场半决赛之前，伤愈的布莱恩没有踢过哪怕一场联赛，但在这一天，他是个巨人。他咆哮着指挥、威胁、利诱队友们直面对手的每一次挑战。他、韦伯和华莱士为我们打入了3个进球，在一场艰苦的马拉松般的加时赛后，比分定格在了3：3。吉姆·莱顿再一次为他的紧张付出了代价，尽管他不认为自己犯了任何错误，但是在奥德汉姆的两个进球中他本可以做得更好。重赛是另一个紧张而疯狂的故事，但好在我们最终以 2 : 1 获胜，马克·罗宾斯攻入了制胜球。在这场比赛里吉姆的表现要好过上一次，然而我的耐心最终还是被他在对阵森林队的联赛比赛中耗尽了，那场比赛里，半场未完他已经从球网里捡了 4 次球。

对于我们的足总杯决赛对手水晶宫队，我的评价是：勤奋进取的老派球队。他们的球员都是身体强壮肯拼命的好球员，但也许踢球的境界并没有那么高。没人能给冠亚军决赛打包票，但我确实认为我们的实力足以赢下这场比赛。当时的规矩允许球队大巴走温布利道进场，所以当我们慢慢沿着那条著名的大道驶过标志性的双塔入场时，瞬间被我们的球迷的喧哗和曼联的红色所淹没的感觉令我刻骨铭心。那是一个闷热的下午，球员们踏上球场时我千叮万嘱让他们务必记得要尽全力去掌握控球权。定位球是水晶宫的优势之一，我们在准备应对策略时已经伤透了脑筋。莱顿的角色当然至关重要，我们商量后决定，除非他有绝对把握拿到球，否则任意球时他不要选择出击。然而人算不如天算，水晶宫队还是靠任意球首开纪录，皮球被狡猾地送到小禁区里他们的大个子中卫加里·奥莱利头上，而当时吉姆还在茫然四顾。比分落后之下，我们给出了强有力的回应。事实上罗布森对突入禁区时机的精妙把握本应该给我们带来更多进球的，而不仅仅是扳平比分。之后我们控制了局面，马克·休斯踢入了他标志性的进球，让我们 2 : 1 逆转比分，这一瞬间我觉得我们已立于不败之地。我进入了那种重要比赛中令我深感刺激的阶段，我认为我的队员们的表现已经足够好了，这个比分也正是我梦寐以求的，我不停地瞟着手表，期盼主裁判能吹响终场哨，让我的愉悦功德圆满，此情此景，终场哨声将美妙如同仙乐。然而那天在温布利我并未如愿，替补登场的伊恩·赖特以一记绝杀拯救了水晶宫队，把比赛拖入加时。

加时赛的上半场我们再度落后，伊恩·赖特梅开二度，帮助水晶宫队 3 : 2 领先，一时间我们又身陷绝境了，温布利的草皮和闷热的天气都仿佛在跟我们作对。保罗·因斯在这场比赛里表现出色，但此时却不得不后撤到右后卫的位置，以便让他被抽筋折磨的腿稍微放松一下。但他不是场上唯一遭遇这个问题的队员，李·马丁——从曼联青训队一路上升并迅速站稳一线队首发位置的年轻边后卫，在场上同样因此几乎隐形。时间一点一滴地在流逝，我的感觉糟透了，眼看着失望的阴影袭来。然后马克·休斯站了出来，他真是个大场面球员，总是能扮演孤胆英雄的角色，他接到丹尼·华莱士聪明的传球后，以一个标志性的进球为我们赢得了重赛的机会。终场哨终于响起的时候，比赛双方都没什么可抱怨的，对于一场令人如此血脉偾张的比赛而言——连观众都已经筋疲力尽——平局的结果合情合理。

赛后在更衣室里，我注意到吉姆·莱顿双手抱着头，看起来心力交瘁。我走过去拍了拍他，但他没有任何反应。我感觉他看起来消沉颓丧，我让阿奇多留意他点儿。吉姆知道自己这场比赛的表现很糟糕，我想他深感无助。当晚的赛后庆祝中，我一直瞄他，希望能看到他打起精神来，然而一整晚他都闷闷不乐。我很同情他，但另一方面，一个会进一步打击他的决定也正在我脑海中逐渐成形。我知道这个决定会引起很大争议，但我也知道这是正确的决定。1989年年底，我们从卢顿镇队租借了一位门将莱斯·西利，以防伤病造成门荒，他在我们进军足总杯决赛的过程中替补莱顿登过几次场。此刻我觉得比起苏格兰正选来，这个东伦敦人在重赛中会是一个更值得信赖的选择。莱斯很骄傲，有时甚至是毫不掩饰的傲慢，所以我反而不担心他在温布利怯场。他是个比吉姆更好的门将吗？我不这么认为，不过他自己倒是这么认为，这有时在足总杯决赛里挺管用的。莱斯更擅长组织防线，但他不如莱顿勇敢，所以他们的优势和短板我都得考虑进去，不过我眼前始终浮现着莱顿赛后在更衣室里的样子。我想如果我派莱顿在重赛中出场，而他再犯个大错的话，这既会毁了他，也会断送我们的冠军。如果我不派他出场，当然他同样会备受打击，但假如他能鼓起勇气从低谷奋起，那么他是有机会走出这一段煎熬时光的。无论如何，事实上只有一个问题是真正需要回答的：吉姆·莱顿出场与否，哪种情况曼联更有机会赢下足总杯？不利于吉姆的理由太多了，我确信他的精神状态并不足以应对又一场严酷的温布利考验。

我知道弃用吉姆将引起多大的风波，所以在排兵布阵的过程中我始终把这张底牌扣在手里，只透露给了阿奇·诺克斯。阿奇不赞成我的决定，助理教练往往同球员们关系更好，对更衣室里的风吹草动更了解，从阿奇的描述我知道西利在更衣室里并不那么受欢迎。我能理解阿奇的担忧，但我记得乔克·斯坦说过，他最好的球队并不是由他最喜欢的球员们组成："有一半球员我都不想跟他们共进晚餐，但他们能为我赢下比赛。"我赞成乔克，你不能让对球员个性的喜好左右你的排兵布阵，我决定弃用吉姆也同我对他的个人观感无关。我为曼联工作，我对俱乐部和球迷的尊重要求我在做决定的时候更多站到曼联的立场上。我热爱曼联，我想要留在曼联享受作为曼联主帅的时光，很显然，这意味着我必须赢下足总杯，对俱乐部的耐心我没有任何不切实际的期待。重赛前夕的晚餐前，我把落选首发阵容的消息告诉了吉姆，他暴跳如雷，我为他深感难过。我尽我最大努力向他解释为什么我挑选西利作为首发，但他完全没兴趣听，当然这也正常。无论如何，至少我们这次谈话是私下的，没有球队其他人在场。

凭借李·马丁的进球，我们1：0赢下了重赛，虽然来自水晶宫队的粗暴犯规充斥着整场比赛。他们想靠着一脚接一脚的粗野铲球冲垮我们，而裁判阿里·冈恩虽然在周六的比赛里表现出色，但这次却好像被水晶宫队的风格大变搞得猝不及防。事实上，水晶宫队这一选择反而为我们的夺冠助了一臂之力，如果他们专注于踢好自己的球，他们本可以给我们制造更多麻烦。除了安迪·格雷的一脚任意球之外，他们根本没有制造出像样的机会，我们赢得相当惬意。比赛临近结束时，球场的气氛令人沉醉，我非常高兴所有的痛苦和努力都得到了回报。看着曼联队员们在终场哨响疯狂庆祝真是太棒了，我来这家俱乐部就是为了这个。我的儿子杰森不知怎么的溜到了球场里，几个工作人员和警察追着他跑，直到我告诉他们这是我儿子。杰森的两个兄弟看到他抛下他们，跑下走道，翻过护栏冲进球场简直目瞪口呆。

赢球的时候温布利的更衣室可真是令人愉悦。这是我第一次带队在温布利比赛，我发现自己已经不停地在想未来几个赛季不能错失这样的机会。媒体发布会的时候，如我所预期，记者们的提问都冲着莱顿的事而来，因此我倒不觉得太煎熬，在温布利火车站偶遇队员家属的那一刻对我来说才更艰难。当时我走向吉姆·莱顿的妻子琳达，想跟她聊两句，而她对我竖起了两根手指并背转身去，这让我深感刺痛。第二天的报纸头条形形色色，但都严厉指责我背叛了莱顿。这一指控好几年阴魂不散，从某种意义上说，莱顿因此被塑造成了悲剧英雄。我对这件事情的看法截然不同。对于那些把莱顿看作受害人而视我为迫害者的人，我只想问：如果我派上莱顿而丢掉了足总杯，然后被炒了鱿鱼，吉姆·莱顿会对此感到内疚吗？他会为此向我道歉吗？我相信这两个问题的答案都是"不"。坦白说，我认为吉姆是自私的，我从来没有见过有哪次他会举起手来承担过错。不，从来都是亚历克斯·弗格森的错。对于守门员来说，这是很常见的自我保护意识。大家都知道门将是一个极其专业的位置，任何最细微的错误都可能酿成灾难，这一点让门将们有理由更激进地去维护自己的立场。但当他们的状态摇摆不定的时候，这一点也并不能保护他们免于被批评。身处这一行，我们随时随地都会被指责，然而从吉姆的表现看起来，他并不接受这一点。我们的关系恶化至此我深感遗憾，但我并不认为我需要自责。在1990年的世界杯期间，我曾尽我所能去修复与吉姆的关系，他当时在位于意大利的苏格兰训练基地里，因为对阵巴西时的丢球而饱受指责，我打电话给他，试图劝解他不要被这些批评所困扰，然而他没有给我任何回应。在曼联，温布利夺冠之后的那个赛季，当我再次选择莱斯·西利作为我的首选门将时，我和吉姆之间的积怨变得更深了。之后吉姆先后租借去了谢菲尔德联队和阿森纳，最后以很少的转会费转会邓迪队。他的职业生涯沉寂了一阵子，但后来他又状态回勇，并在他40岁生日前一个月代表苏格兰队参加了1998年的法国世界杯。无论1990年的温布利之战曾如何伤害到他，终于都成为过去，对此我感到由衷的高兴。

赢下足总杯决赛并没有让曼联立刻脱胎换骨，但种子已播下。我原本担心会打造出一支心态只适合踢足总杯赛的球队，但这一疑虑迅速地被打消了，因为我清晰地看到，这一次举起足总杯所带给球队的影响是如此深远。我能看见像帕里斯特和因斯这样的新球员们，被这次胜利激起了强烈的求胜欲，而这将带领他们——同时也带领俱乐部——获取更高的成就。人们也得以了解麦克·费兰的水准，而不仅是把他看作一位球场多面手。此外，相信温布利的胜利同样能帮助丹尼·华莱士摆脱信心疑云，展露出他真正的潜质。丹尼是个可爱的孩子，才华横溢，但对于像他这样特别的球员，始终存在着是否适合在曼联这样的大俱乐部效力的疑虑，因为这也许会给他脆弱的自信心带来更多的打击。对于尼尔·韦伯的担忧则有着更切实的原因，他刚刚从严重的脚踝伤势里恢复过来，还没能回到比赛状态。我安慰自己说细致的季前训练会让一切好起来。不过总体来说，我对我们成年球员们的进步相当满意，然而更令人激动的是我从我们的一些年轻球员身上所看到的。我非常确信李·马丁几乎已经证明自己具有国脚的水准，而李·夏普则从上赛季的疝气问题中解脱了出来，重新以他非凡的速度让我们的左路进攻如虎添翼。我的儿子达伦从学童时代就和曼联签约，他也正在稳步提高，并且赢得了和一线队一起训练的资格。

我的三个儿子都展示出了成为球员的潜质，但达伦是其中最具天赋的一个。我的大儿子马克踢中锋，技术很不错，曾经效力于阿伯丁预备队。达伦的双胞胎兄弟杰森也踢中锋，但杰森更灵活，更有乃父之风，会在球场上为对手制造麻烦。他曾入选苏格兰学童队，之后还曾经在曼联青年队度过了一个赛季。不过他和马克后来都意识到，在足球以外的世界他们拥有更好的前景。杰森成了电视人，而马克则是曼彻斯特有口皆碑的财务分析师。达伦在球场上冷静，有大将气度，他的技术并不仅体现于合理的控球，还能传出精准而有想象力的传球，1990 年的时候，作为一名 18 岁的球员，他强烈地显示出在一线队站稳脚跟的能力。如果他踢不出来，我作为足球主教练的判断力在我太太——达伦的母亲——的眼里将一文不值。

如果说老特拉福德的其他年轻球员所带来的还只是审慎的乐观，那么一个才刚刚从学徒合同开始他足球生涯的瘦弱小男孩，他所引发的却是宗教般的狂热。瑞恩·吉格斯，对于他的表现，最诚实的反应一定是兴奋到发狂。从学童到成熟球员的成长对吉格斯来说轻而易举，10 月底的时候，他已经让整个球场因他而闪亮。在克里夫训练基地的某一天早晨，我让吉格斯代表预备队出场和一线队踢了一场球之后，队里的明星球员们纷纷为他所倾倒，跟我一模一样。热情爱开玩笑的大个子维夫·安德森在外形上跟吉格斯是两个极端，训练赛开始前他看见瘦小的吉格斯孤零零地站在边锋位置上，就嘲笑吉格斯不如先好好去填饱肚皮。但他很快就后悔了，因为吉格斯过他根本不费吹灰之力，紧跟着一脚怒射，大维夫的哀号简直像杀猪。"这到底是谁啊？"他急于想知道答案，不过有鉴于他的窘境，他问得可没那么文雅。从那天起，一线队的球员们不停地问我什么时候年轻的吉格斯能和他们一起出场。

毫无疑问，积极的变化正在老特拉福德发生着，当我们从奥德汉姆签来了丹尼斯·埃尔文以加强防线后，我觉得先不论球队的稳定性能否跟阿森纳或者利物浦一拼，但我们大概真的可以期待一个美好的赛季了。然而我们在赛季的第三场比赛就输给了桑德兰，随后又 0：4 蒙羞安菲尔德球场，这再一次提醒了我们需要追赶的路依然很长。不过好消息是我们顺利地进入了欧洲优胜者杯的 1/4 决赛，淘汰了匈牙利的佩奇工人队和威尔士的雷克瑟姆队，我们一共踢进 8 个球而 1 球未丢。

联赛杯同样也是我们的欢乐之源，在第三轮比赛里，我们无可争议地在主场 3：1 赢下了利物浦，第四轮比赛里，我们在海布里球场 6：2 血洗阿森纳的比赛甚至被认为是我 13 年曼联执教生涯中最精彩的表现。这场对阵阿森纳的比赛对双方来说都承受着额外的压力，因为它距离 10 月中旬在老特拉福德两队的遭遇战还并不久，当时的那场比赛里双方球员与其说在踢球，毋宁说在打架。最先起摩擦的两位有点令人难以置信，是安德斯·林帕和丹尼斯·埃尔文，而后尼格尔·温特本也被卷入，接着是布莱恩·麦克莱尔，他大概两年前在海布里被判点球的火气终于找到机会发泄了出来。很快整个事情就演变成一场混战，已经很难在涌动的人群里区分出谁在煽风点火而谁又在努力平息事端。之后，双方俱乐部都受到了处罚，阿森纳因为在此之前的另一次劣迹被加罚，一共扣了2分，我们则被扣了1分。有这样的前情在，伦敦的这场联赛杯对决当然不会有什么友好的氛围，但双方都努力确保不再上演毫无意义的全武行。那是一场纯粹的足球比赛，而且那一晚我们表现非凡。丹尼·华莱士贡献了他身披曼联战袍的最佳表现，然而那天晚上的明星却是李·夏普，他完成了帽子戏法，勇不可当。

另一个帽子戏法则帮助我们通过了在此之后的一轮联赛杯。事实上，对阵南安普敦的两回合比赛是属于马克·休斯个人的丰功伟绩。在戴尔球场的客场比赛中，他的绝杀帮我们1∶1追平比分免遭淘汰，而后的主场重赛，他又打入了我们所有的3个进球，帮助球队3∶2赢下比赛。在这两场对决里，年轻的阿兰·希勒光芒直逼休斯，在南安普敦主场他攻入一球，而在老特拉福德则攻入两球。第二场比赛里，阿兰·希勒主罚点球时的冷静显示出他是一名拥有非凡自信的球员，这也让我们记下了这个名字，留待下赛季仔细观察。当时更需要我们集中注意力的是和利兹联队的联赛杯半决赛，其中的第二回合比赛是在埃兰路球场踢，那儿的球迷总让人觉得好像他们没把我们撕碎我们就该谢天谢地了。不过其实我觉得利兹联球迷所营造的这种吓人的球场氛围对他们自己球员的干扰还多过对我们。这一点是如此的显而易见，所以我们在首回合2∶1领先之后，更打算乘胜追击。整场比赛里利兹联几乎没对我们造成任何威胁，而我们其实也并不需要最后时刻的进球——正是它让这次对阵有了一个酸涩而有争议的结局。李·夏普的进球现场看起来颇有越位嫌疑，但之后的电视转播显示了他是从自己半场起跑的，所以进球并无争议。毫无疑问，利兹联的铁杆球迷们并不会去确认细节，我们受到了来自场边球迷的一两次侵袭，青年队教练埃里克·哈里森当时正在替补席上，于是被主看台球迷袭击了。埃里克是约克郡人，但这并不能帮他摆脱被暴力对待的结果，那些火气大概是冲着我来的，埃里克不幸地替他的主教练吸引了火力。干得好，埃里克！如此的自我牺牲是不会被漠视的。据事后报道，还有更令人厌恶的行为，利兹联的球迷们把茶和其他饮料扔向了我们俱乐部的董事和他们的夫人们。利兹，这可真是个好地方！

我们在杯赛中双线高歌猛进，但联赛状态却摇摆不定，不过其中有两段时间我们表现得颇为坚挺——一次我们连续 10 场不败，另一次是连续 7 场——然而我们距离冠军的标准仍然太远，最后我们以第六名结束了整个赛季，这一排名公平地反映出了我们不稳定的状态。但无论如何，我能看到球队在稳步前行，量变积累到质变，再进一步我们很可能就会成为争冠球队的一员。杯赛的好表现为球队赢得了更多耐心和时间去进步。我们联赛杯决赛的对手是谢菲尔德星期三队，同时我们也期待着对阵蒙彼利埃队的优胜者杯 1/4 决赛。当我们面临欧战的时候，我会尽可能地提前去现场观看对手比赛，再结合来自我们的首席球探莱斯·克肖的报告的帮助，我能彻底了解对手的优势和弱点。早春3 月，离开英国前往法国南部绝非什么艰难旅程，尤其当我住进为这趟蒙彼利埃之旅而预定的美丽小酒店的白屋时，这一旅程变得愈发令人愉悦。白屋的老板让·菲利普·卡萨塔是一个有趣的人，是他把我带进法国红酒的美妙世界里的，自此之后这一爱好给我带来了无尽的乐趣。不过让·菲利普的殷勤好客并没有让我忘记我的初衷，我再次确认了蒙彼利埃仅是一支不错的球队，有一两名引人瞩目的明星球员。其中最抢眼的一位是哥伦比亚中场巴尔德拉马，他留着色彩鲜明的发型，不过我觉得他对于球队与其说是稳定的强点，不如说是奢侈的艺术品，因此出征客场时我充满了信心。

1/4 决赛的首回合开局对我们来说顺风顺水。开赛不到 1 分钟，李·夏普就依靠他风驰电掣的速度突入底线，然后倒三角传球给布莱恩·麦克莱尔，后者的进球帮我们取得了领先。之后有一段时间看起来我们像是要横扫法国对手了。但舒舒服服地赢球可不是曼联爱干的，我们得按下个按钮给自己调高难度，让比赛更富于戏剧性，于是我们拱手把对方重新送到了同一起跑线。我得承认，李·马丁的乌龙球极其不走运，当时场上情形看起来毫无危险的征兆，直到他突发奇想地捅了一脚，足球越过了门将莱斯·西利。李不是最自信的那种人，在他已被伤病拖累的这个赛季里本不应再被这样愚蠢的错误所打击。之前那个赛季，当他在温布利进球，帮我们锁定足总杯时充满希望的前景，在这一瞬间又都戛然而止。种种迹象显示出在曼联的优胜者杯之路上，类似情形将一再上演。我们努力想要让我们的表现合乎情理，但离开欧洲足坛实在太久，代价就是对手们在技战术上令我们望尘莫及。在我看来，再多的准备或建言都无法替代实战经验。对于英格兰球队而言，其中最不熟悉也最难以逾越的困扰之一就是，欧陆比赛中对手们会突然地改变他们的节奏。我们的球员可能正踢得一帆风顺，局面也看起来尽在掌握，但是突然间，对方球队像是齿轮飞转了起来，然后我们就大难临头了。我反复地给自己的队员敲警钟，告诉他们得时时刻刻保持专注，以防这样突如其来的提速，但我知道这没什么用，他们还是会一而再再而三地吃这一招。老特拉福德的平局令人震惊，而蒙彼利埃又手握一个客场进球的宝贵优势，曼联显然将在法国南部面对一场严峻的考验。因此对我们来说，练习如何耐心而贪婪地保持控球权变得尤为重要。当然，我们也期待一点小小的运气——事实上运气就快来了。

第二回合开赛没多久，我们就倒霉地因伤失去了保罗·因斯，我把克莱顿·布莱克摩尔从左后卫位置换到了中场，再换李·马丁替补出场踢原先克莱顿的位置。也许否极泰来，几乎就在克莱顿刚刚适应了他的新位置之后，皮球就正正好好地落在他面前距离球门不到30码的地方，他不假思索地一脚劲射。射门非常有力，运气也站在了我们这一边，法国门将巴哈贝让皮球滑出了他的十指关进入了球网。蒙彼利埃的球员们下半场入场时看起来心灰意冷，而我对小伙子们的中场讲话主题只有一个："别给他们机会拿球！"这话我自己都要听烦了，不过无论如何，这一点对队员们再怎么强调都不过分。我们的小伙子们没让他们自己失望，下半场他们把握住了局面，史蒂夫·布鲁斯的进球让我们以2：0的比分顺利拿下那晚的比赛。赛后的更衣室里弥漫着一种格外的喜悦，因为我们是在另一个球队的国土上赢下了一场欧战。成就感令球队的每一个人自豪，从球员到教练到装备管理员，尤其当伟大的米歇尔·普拉蒂尼也前来更衣室恭喜我们时，这种感觉更甚。

半决赛抽签的时候，我们都希望能避开巴塞罗那和尤文图斯，我们的祈祷见效了，最后抽到的对手是华沙莱吉亚队。准备在波兰的第一回合比赛期间，阿奇·诺克斯和莱斯·克肖承担了球探的任务。阿奇在承担这类职责时都看起来不怎么走运，尽管他控诉是我替自己安排了美妙的旅程，而把前往阴暗的足球角落的活儿派给了他。显然他前往华沙的旅行不太愉快，波兰保安们全程对他寸步不离，甚至有两个晚上直接住在他的卧室里，阿奇说他始终是背贴着墙睡的。并没有什么能保证我们一定能拿下莱吉亚，毕竟他们在波兰的比赛都赢得那么轻而易举。然而我们仍然有自信的理由，我们的状态正在上升，年轻的夏普开始飞翔，在宽阔的球场上奔驰对他犹如闲庭信步。如同对铁幕之后的球队的预期，莱吉亚的风格看起来颇为死板，但他们也有一两位很有天赋的球员，球队的表现主要依赖于他们的影响。我们的任务就是限制住这些球员提振士气的作用，我们踢得相当有侵略性，寻找一切机会喂球给夏普，让对手提心吊胆。我们创造出了一些机会，但没能抓住，忧虑伴随着上半场临近尾声而升起。之后，也许是因为我们毕竟是在客场作战，莱吉亚把握住一次反击的机会率先破门。关于我们的能力是否达到了欧战要求的担心再度袭来，同时我也在担心失去了布莱恩·罗布森的经验和领袖作用，究竟会给球队带来多大的伤害——他没能通过赛前体检。然而抚慰来得如此之快，重新开球之后，我们潮水般进攻到前场，布莱恩·麦克莱尔迅速扳平了比分。这是一个趁乱捡漏的进球，但是简直太棒了！几分钟后，莱吉亚被罚下一人，因为他在夏普突破并获得破门良机的时候放倒了他。这一判罚让莱吉亚泄了气，之后休斯和布鲁斯的进球更帮助球队带着稳妥的优势回到老特拉福德。

我们和谢菲尔德星期三队在温布利球场的林比卢斯杯 ① 决赛后的三天，就是我们优胜者杯半决赛的第二回合比赛。考虑到在温布利的比赛对球员的消耗将非常大，这样的赛程显然在给我们出难题。不过话说回来，首先我们总得踢好联赛杯决赛这种比赛，其次由于谢周三队的主帅是罗恩·阿特金森，所以媒体也必将热炒这场遭遇战。我想我当时是选择了一套错误的阵容，尽管我并不确定换一套阵容结果是否就会不同，但无论如何应该会让我们表现得更好一点。我的排兵布阵是建立在中场三人组韦伯、因斯和罗布森之上的，单纯就是因为自从他们都加盟曼联之后，这两年来他们三个组成中场的比赛我们就没输过。因此，把麦克·费兰留在板凳上也就有了充分的理由。但是在那天的比赛里，我们的中场右路缺乏突破能力，左翼的夏普又被对方经验丰富的罗兰德·尼尔森盯得死死的，我们的表现远未达到最佳。约翰·谢里登——一位曼彻斯特的小伙子，也是曼联球迷——的进球让我们一球落后，之后我们围攻谢周三的球门，但我们的前门将克里斯·特纳为谢周三力保城门不失。0∶1败北非常令人失望，但我不能让这样的阴影笼罩球队，不能让它影响到我们接下来那个星期三晚上的表现。保罗·因斯将因伤错过这场欧战，但无论是他的受伤还是温布利输球的沮丧，都无法抵消我们两球领先莱吉亚的优势。李·夏普上半场的进球，更是让我对最终的结果再无丝毫疑虑，波兰人最后扳平的进球已经不重要了，我们顺利地晋级决赛，将在鹿特丹面对巴塞罗那。

---

① 林比卢斯杯即联赛杯。1990—1992 年，英格兰联赛杯由林比卢斯（Rumbelows，英国的一家电器和电子产品连锁店）冠名，因此也称为林比卢斯杯。

很多老朋友前来观看这场半决赛（其中也包括了来自苏格兰的朋友们），于是我们不得不去更衣室继续庆祝。那晚对于阿奇·诺克斯和我来说，我们都感受到了深刻的喜悦，从阿伯丁开始我们俩就合作无间，而这一刻我们才真正觉得把曼联带到了原本应该属于它的位置。尽管我留意到通常会是派对焦点和灵魂的阿奇今晚稍显安静了，但我也只是略有些困惑，我并不担心，因为谁都难免会有低落的时刻，也总会有一些私人情绪让我们无法融入当下的情境中。然而第二天阿奇如此安静的原因就瞬间明朗了，我从沃尔特·史密斯的电话里得到一个坏消息，沃特刚刚接手了格拉斯哥流浪者队，他跟我说阿奇接受了他的邀请，会去流浪者队担任助理教练。我一直把沃特当好朋友，所以对他的作为我也很难恶言相向。沃特说："我总得做对流浪者队有利，也最可能帮我获得成功的事吧。"我竟无言以对。当我和阿奇谈的时候，我明白，显然流浪者队给出的薪水要远远高过曼联支付给他的，但我并不打算认输，我去找曼联的主席，提供给了阿奇一份更优厚的合同。在接下来的 24 小时里，我尽我所能地努力挽留阿奇，在我和他的几次谈话里，我甚至用同巴塞罗那的欧战决赛作为诱饵。

"你也许再也没机会参与到这样的一场比赛里去了。"我说，我以为这样的说辞至少能挽留他到鹿特丹的比赛之后再走，然而他还是很快离开了。

对于我和阿奇之后的关系，很多人有着想象力非凡的说法，比如我们自那之后再也没有说过话，这纯粹是胡说。我当时确实很失望，我们在老特拉福德共度过一段艰难时光，我认为他应该留下来和我一起看着我们的努力开花结果。不过有必要一提的是，在阿奇离开之前的一段时间里，我们已经不像在阿伯丁时那么亲近了，在阿伯丁时我们几乎每个周末都会一起出去喝一杯。现在，除了工作联系之外，我们渐行渐远，倒是他和布莱恩·基德的友谊逐渐加深。不过无论如何，我还是认为阿奇和我之间仍然存在着深厚的情谊。总之，这种失望的情绪伴随了我很久，我始终很难接受他的离去。人们总是把处于我这样位置的球队主教练想象成百毒不侵的样子，好像我们能轻而易举地走出挫折阴影，但事实上没人真的坚不可摧。阿奇离开的决定一度让我有深刻的无力感，但我没有时间为此哀叹，当时我最需要做的是确保球队的高昂士气不会因为他的离去受影响。

就在我们和巴萨在鹿特丹遭遇的前两周，我接到了一个有意思的电话，来自史蒂夫·阿奇博尔德，他是我执教阿伯丁时的旧将，一位非常出色的前锋。

史蒂夫曾效力于巴萨，现在也仍然住在巴塞罗那，他的电话让我得以在前往西班牙观战对手时安排一次机会和他见面。我通过录像带仔细研究过巴萨半决赛对阵尤文图斯的两回合比赛，但亲临现场是无可替代的。那场西班牙联赛比赛给巴萨制造了一点麻烦，而对我来说还有个好消息是，他们天才的保加利亚前锋赫里斯托·斯托伊奇科夫在比赛中肌腱严重拉伤，他蜷起的腿就像被枪击了一般，显然是没法出战优胜者杯决赛了。而他们著名的门将安东尼·苏比萨雷塔也将因为停赛而缺席这场决赛，所以当我步入餐厅开始与史蒂夫和他太太共进晚餐时，我的心情相当轻快，关于我们即将面对的巴萨球员，我有一大堆问题要问史蒂夫，比如：场上场下谁是球队的灵魂？哪些人容易紧张，会控制不住脾气？他的回答对我实在太有用了。不过史蒂夫接下来告诉我的事情也让我大吃了一惊，他说约翰·克鲁伊夫也向他打听我，尤其是问他在战术层面如何评价我。我问史蒂夫他是怎么回答的，他说他只能给克鲁伊夫一个诚实的答案，那就是我在战术层面上并没有什么短板。我说如果他能告诉巴萨主帅我正一筹莫展恐怕帮助更大点，不过我很清楚，大战前的言语就像风，比赛哨声响起后并不会有什么用。那一晚和阿奇博尔德夫妇的相处愉快至极，我打趣史蒂夫，说他能有这样的职业生涯全靠了我的指点，但这一切都没法掩盖我到曼联四年半后第一次面临大场面时跃跃欲试的心情，通往终点的路是如此让人自在。当然，面对巴塞罗那这样的对手，谁都不敢打包票说必胜，然而我始终觉得，进决赛就意味着你有权利去畅想夺冠。

重要的是确保队员们能处理好来自场外的压力，我得让他们把这次的挑战视作动力而非被其压垮。唐·范·达伦是我在荷兰的一位好朋友，他帮我们包下了鹿特丹市郊的一座酒店，这给我们的备战帮了大忙。我们受到的款待是无与伦比的，酒店员工尽他们所能帮助我们。他们腾出了一大间休息室作为我们的公共休闲区域，安置了撞球台、飞镖、问答游戏等设备，还有一台超大屏幕电视和精心挑选的体育及电影录像带。我经常被抱怨说在玩问答游戏时简直就像个恶魔，不过我确实没法说自己在争执答案时能够保持冷静。关于队员们的放松，没人比吉米·斯蒂尔做得更多，吉米担任凯尔特人和苏格兰国家队的按摩师好多年了，他能让球员从身体和精神上都更为健康，他是个天才。当时吉米已经年过 70 了，但对于把他请进我们团队这么明智的决定，我连一秒钟都没有犹豫过。我们使用酒店隔壁小镇业余队的设备进行训练，再一次的，我们被照顾得极为周到。备战这样一场重量级决赛的一个困难在于，一旦你到达当地后，你就很难再针对这场比赛和对手做什么有针对性的训练了，因为记者和其他不相干的人总会围在周围，确切的比赛计划得在抵达前就大致成型。

在我们的赛前战术讨论中，大家都士气高涨。对于巴萨，我发现在他们的所有比赛里，他们最重要的一招是在中场制造出多一个人的优势，要么是罗纳德·科曼从后防线前插，要么是米歇尔·劳德鲁普从锋线回撤，以占据对手中后场衔接处的位置。为了对付这一点，我做了两个布置：首先我要求史蒂夫·布鲁斯和加里·帕里斯特不要被卷入中场的混战，但同时，我要求他们上压防线，以使劳德鲁普没有足够的空间来攻击我们；而对于来自科曼的威胁，我安排布莱恩·麦克莱尔踢马克·休斯身后的位置，并随时准备在科曼前插时限制他的空间，这样将大大削弱荷兰人那一脚传球的优势。不过布莱恩并不会被限制在防守角色里，在我们控球时，布莱恩将依靠他的速度和位置感给巴萨制造麻烦。

球队大巴驶往体育场的一路，望出去街上都是身着红蓝二色的巴萨球迷，视野所及最令人感到温暖的只有马特·巴斯比爵士的微笑，他全身闪耀着自豪的光芒。当大巴停在体育场的主通道口时，现场的我们的球迷们陷入了狂热，他们围着大巴拍打着车窗，挥舞着拳头呼喊着他们对曼联的热爱。车门滑开，马特爵士带领我们走下车，喧哗声瞬间静止，取而代之的是礼貌的掌声，而马特爵士则庄重地向球迷们挥手致意。哪怕是教皇现身，场面也不会比此刻更端庄崇高了。我知道这个瞬间我将铭记终身。我紧跟着马特爵士，"我是和他一道的"，我想我的身体语言清晰地表达了这一点。进场之后，通常在比赛即将开始前我会和队员们保持距离，但今天这一原则变得难以坚守，因为我没地方可去。就在我四处乱逛的时候，竟然撞见了克鲁伊夫，我像在哥德堡一样，跟克鲁伊夫干了一瓶单一麦芽苏格兰威士忌。我带领阿伯丁在优胜者杯决赛战胜皇马那晚，我跟阿尔弗雷多·迪·斯蒂法诺也干过一杯。我希望今晚的比赛结果能让我一如 8 年前在瑞典般愉快。当球队正准备出场时，突然一个意外的故障延迟了比赛，这意味着小伙子们得重新回更衣室坐着。我注意到保罗·因斯有点紧张，他示意我们的青年队教练埃里克·哈里森陪他聊会儿天来稳定情绪。幸好我们有吉米·斯蒂尔，在大家最需要的时候，他就突然载歌载舞起来，"来踢球哟，让我们尽享音乐和荣耀"（Come to the ball, music and splendour for all），这歌词可不是我们年轻的小伙子们所熟悉的，但从惊讶到惊喜，他们渐渐地放松了下来，连因斯都露出了一丝笑意。

比赛上半场，双方都踢得很谨慎，尽管我觉得是我们表现更好，唯一的问题是作为一名典型的边锋，年轻夏普的跑位太容易被对方防守球员猜到，这就大大降低了巴萨右后卫米格尔·安赫尔·纳达尔的防守难度，尤其当晚他的速度一点不逊于夏普。夏普度过了一个伟大的赛季，因此显然这一晚就算付出一点代价也在情理之中，但我知道他有能力做得更好，如果在我们由攻转守时他能更快一点地落位到因斯和罗布森身边，那我们就能避免在中场以少打多。在发现科曼由后防线前插的战术失效后，巴萨越发依赖劳德鲁普的后撤来确立中场的人数优势。此外，我也觉得如果夏普可以更内收一点，像一个传统左内锋那样，恐怕这场比赛里他的表现也会更佳。从开场起，麦克莱尔就踢得令我满意，但他有如此表现我丝毫不觉得惊讶，因为无论你给他派什么样的角色，他都能轻而易举地适应。就这一场而言，他不仅仅是掐死了科曼前插的企图，他自己的无球跑位也让对方球员深感头痛。

　　下半场我们真正把比赛控制在了自己手里，夏普接受了我的建议，开始更多内收，于是纳达尔就变得顾此失彼。夏普进攻手段的多变给了我们更多渗透的法子，毫无疑问，下半场我们是踢得更积极的那支球队，不过回报却来得始料未及。当时我们获得了一个35码出头的任意球，和平常一样，这意味着我们的两位中后卫布鲁斯和帕里斯特将突袭到对方禁区里。不过其实这个任意球的位置和距离并不像是个得分良机，通常仅能给对手制造点压力。布莱恩·罗布森准备开球，我注意到巴萨门将的站位略靠前，于是想："把球踢到他控制区域以外。"罗布森开出的任意球非常刁钻，并没有远到门将完全够不着，但又给了布鲁斯足够的空间去跟门将竞争球权。这种情况下你知道的，布鲁西 ① 可不会退缩，他断过好多次的鼻梁骨可以回应任何对于他勇气的质疑。他果然抢在对方门将之前接应到罗布森的传球，我当时确信这个进球应该记在布鲁斯名下，但后来看电视回放才发现皮球越过门线那一下是休斯碰的。对于被巴萨清洗的休斯来说，这是怎样的一个复仇时刻啊，我想，报应不爽。

　　我们的第二个进球有轻微的越位嫌疑，不过中立球迷恐怕更多会记得的是马克·休斯令人赞叹的射门技巧。休斯在右路带球狂奔到最后，看起来已经严重偏离了射门的角度，但休斯可不是那种会因为看似不可能就放弃的人，而且按着他直来直去的脾气，他就这么准确地把皮球送进了球网，巴萨的门将

---

　　① 布鲁斯的昵称。

再一次看起来像是在神游物外。两球领先，比赛还有 15 分钟结束，优胜者杯貌似已经在对我们招手了，可惜曼联大概从来不喜欢轻松赢球这回事，5 分钟后，科曼的任意球破门用以牙还牙的方式把巴萨又从悬崖边缘拖了回来。我最大的担忧则来自我们门将的身体状况，莱斯·西利在 3 周前的联赛杯决赛中负伤，此刻已经显出筋疲力尽的征兆。我让加里·沃尔什加紧热身，打算万一要打加时就把他替换上场，当然我显然绝不希望这种情况真的发生。巴萨努力想要扳平比分，我到最后也只能祈祷，尤其是之前的比赛过程如此顺遂，我们的球员这时反而有点跟不上节奏了。克莱顿·布莱克摩尔曼联生涯的高光瞬间就发生在这一刻。作为俱乐部自己培养的青训球员，这个威尔士小伙有着非凡的能力，只可惜稍微欠缺了一点速度，这让他没法真正从他的中场位置上脱颖而出。这赛季他主要踢左后卫，倒是拿出了他迄今为止的最佳表现，而这一晚，在比赛还剩几分钟的时候，他门线救险踢走了劳德鲁普的射门，这个解围带来了他职业生涯的巅峰，或者这么说吧，只要世界上还有曼彻斯特联队在，他的这一脚门线救险就不会被忘记。

当主裁判吹响终场哨宣告我们欧战捧杯时，你在做什么？我想就算不如球队其他员工或球员的举止来得端庄得体，我欢腾跳跃疯狂庆祝的行为也应该不至于太让人吃惊吧。听到球迷唱起他们新发现的赞美诗《乌云总有金边》（*Always Look on the Bright Side of Life*），我甚至都忍不住假扮起乐队指挥来。对于每一个与曼联有关的人，这一刻都贵如珍宝。我们之后在酒店的庆祝传遍了全球，甚至直到今天依旧有人在谈论。单单就是那顿自助晚餐都令人难以忘怀，有的是时间睡觉，这一夜就让我们尽情欢庆，久久不散吧。

赛后第二天，陷入自己的乐观情绪中，我把新赛季目标和盘托出："我们要赢下联赛。"我骄傲地当众宣布。这是一个危险的声明，但对于当时我的所思所感，这也是一个无比诚恳的声明。我认为是时候动真格来挑战一下自己手下的这支球队了。但《曼彻斯特晚报》（*Manchester Evening News*）记者大卫·米克——由于长期跟曼联的新闻，他几乎已经成为俱乐部的一分子了——他对于我的自信就抱着合情合理的保留态度。

"您有点儿太乐观了吧，弗格森先生，您说呢？"他问我。在过去他目睹了太多失败，因此忧心忡忡，担心我的这一举动会给自己带来麻烦。

"大卫，如果曼彻斯特联队能赢下一座欧战奖杯，有什么理由它赢不了联赛呢？"我回答，"是时候放手一搏了。"

滂沱大雨并不能阻止曼彻斯特这座城市带给我们的美妙而动人的凯旋仪式。我们所有前往荷兰的人都仍然沉浸在肾上腺素飙升的亢奋中，在完成漫长的欢庆胜利的游行之后，我们已经准备好再来一次了。凯西和我随后去美国度了一个月的假，以庆祝我们25周年结婚纪念，这也给了我一次机会细细体味这个我到曼联后最快乐的夏天。我回顾球队从足总杯捧杯到赢下欧洲优胜者杯的这一年，我能看见球队的进步。而赢得桂冠也帮助我在处理自己的工作和管理球员上得到了更多的自主权。正如我曾说过，以后也会毫不犹豫再次重申的那样，只有通过不断的成功才能让一名球队主教练获得他必不可少的掌控权。实践我许下的关于联赛的承诺并不容易，但通过两笔夏窗的球员收购，我可以让这一愿景逐渐成形。通过这两笔签约，我也头一次认真地和国外的球员经纪人打交道，关于他们的奇异世界我将在下一章中专门介绍。

第十七章　跟经纪人打交道

　　对于球队主教练来说，跟经纪人打交道并不容易，时有陷阱，而且并非每一个都如鲁内·豪格那样有案可查。

　　"您还记得我吗？"说话的人是一名年轻金发男子，1991年他跟着一家挪威广告中介公司来老特拉福德参观，他们有兴趣在电视转播的比赛中出现在场边广告牌上。我实在想不起他了，于是他把名字告诉了我。和20世纪90年代英国足球有关系的人都会想要忘记这个名字：鲁内·豪格。我就这么认识了足球圈最声名狼藉的一位经纪人，在他还没有正式入行前。这位鲁内·豪格当然就是在著名的贿金丑闻中，付给乔治·格拉汉姆425500英镑，从而导致后者在1995年2月被阿森纳俱乐部解雇——自1986年接手阿森纳以来，格拉汉姆在阿森纳取得了令人瞩目的成功。乔治退还了所有钱款给阿森纳，还额外支付了4万英镑的利息，但他还是丢了工作并被罚禁止涉足足球圈一年。如今格拉汉姆在托特纳姆热刺东山再起，回顾这一段往事，他一定非常懊恼跟鲁内的交易。1997年《每日邮报》（*Daily Mail*）的一篇充满暗示性的文章把我也搞得很恼火，文章标题是这样的："被唾骂的足球经纪人逸事……还有他叫弗吉①的朋友。"我咨询了曼联的出庭律师汤姆·希尔兹，他不建议我告上法庭。

　　"这文章里他们可没说你不老实，"汤姆跟我说，"他们说的是你跟这个名声糟糕的经纪人是朋友，你很难说这就是诽谤。在曼联没人会怀疑你的诚实，你不如彻底忘了这码事。"这可不是我想听的建议，我不能容忍任何人中伤我的名誉，我还是想把他们告上法庭。但无疑汤姆·希尔兹说得很对，也很客

---

　　① 弗格森的昵称。

观，如他所说，在足球圈里，没人能质疑我的品行。

事实是，我跟鲁内完全谈不上是好友，但对于跟他交易我则不会有丝毫犹豫，因为他对于球员有着出色的判断力，也非常善于发掘天才。英超联赛里恐怕没几家球队老板或者主教练敢说自己从来没有受益于豪格的这一才能。只有一次，他以一种迂回的方式跟我提到了钱，我立刻打断了他，我几乎一字不差地记得我给他的回应："听着，鲁内，别跟我谈钱，要谈找球队老板谈。"自此之后，他再也没有跟我提过这个话题。

我确信涉足类似贿金事件的足球经纪人只是很少一部分。我自己在转会谈判中只碰到过两三次，对方以金钱作为诱惑，不过我给豪格的这种回应可以瞬间终结这类对话。有一次，一个意大利经纪人不顾一切地想把吉格斯带去意甲踢球，我们则跟他说无论多少报价我们也不会放走吉格斯，但他依然坚持生意总有办法谈。我只好反复强调吉格斯不可能离开曼联，然后这位经纪人问我有几个孩子。

"我有三个儿子。"我回答，并问他要知道这个做什么。

"弗格森先生，如果您肯把吉格斯卖给我，我们会照顾好您和您的儿子们，"他说，"他们以后都不需要再工作了。"足球圈的这一面对我来说是完全陌生的，我几乎以为他在跟我开玩笑。不过后来我告诉他对于这种提议我会怎么处理，他显然明白了我的拒绝比他的提议更严肃，便再也没有提过钱。

回到1991年的老特拉福德，鲁内·豪格完全有理由问我是否记得他。我们在1984年阿伯丁和纽伦堡的季前友谊赛里匆匆打过照面。鲁内当时在纽伦堡青年队担任教职。7年之后，尽管他供职广告圈，但似乎已经开始为经纪人生涯做准备了。他问我是否需要球员，我告诉他我急需一个右边锋，他提了一个俄罗斯年轻人的名字：安德烈·坎切尔斯基，他答应会寄录像带给我，是这位右边锋代表国家队出战意大利的比赛。看过后我立刻被这名球员所吸引，我打电话给豪格，想知道我们该怎么推进坎切尔斯基的转会交易。于是，我发现自己要进入千奇百怪的国外足球经纪人世界了。我们的目标有三个经纪人，一个来自俄罗斯的格里戈里·伊索伦科，一个来自德国，最后一个来自瑞士。我们好像一脚踏进了约翰·勒卡雷①的小说里。但球员的标价非常有吸引力，在马丁·爱德华兹和我去法兰克福看过坎切尔斯基代表俄罗斯对阵德国的比赛之

---

① 约翰·勒卡雷：英国著名间谍小说作家，尤其擅长写以冷战为背景的小说。

后，我更是确信我们捡到宝了，那一晚，他表现出了无与伦比的速度和耐力。正如我跟俱乐部主席打包票的那样，以 60 万英镑的代价我们将得到一个快速、灵敏、身体强壮的年轻球员，哪怕转手就卖掉也至少有的赚，绝不会亏本。看完比赛回到酒店，我们就赶紧联系他的经纪人完成这笔交易。他们有坎切尔斯基所属俱乐部顿涅茨克矿工队的许可，可以达成转会，所以进展相当快。按最终谈下来的条件，如果坎切尔斯基的出场次数达到某个数字，他的身价几乎将是 60 万英镑的两倍，但话说回来，这个出场数字定得颇高，如果真的达到了，那他也必定值得我们额外的付出。和坎切尔斯基谈个人合同反而更麻烦，因为所有的数字都得计算成税后，大部分外籍球员都会坚持按净收入来谈。为了避免任何违法嫌疑，这种情况下我们都会把税费计入支出，换言之，是曼联付出更多来确保球员的净收入，这样一切就都光明正大了。当解决了所有钱的问题，也确保了安德烈拿到劳工证后，我们终于能让我们的新援在 1990—1991 赛季最后一场比赛里登场亮相，他的活力和速度让我们充满信心，他必将给我们带来缺失已久的右路突破力。

这桩转会最后阶段在法兰克福签约时，鲁内·豪格也辅助性地参与其中。我觉得他之所以在场是因为他把曼联带到了谈判桌边。1991 年夏天我们在欧陆完成的另一笔重要转会里，鲁内则处于更为中心的地位，他代表彼得·舒梅切尔跟我们谈彼得从丹麦布隆德比队转会曼联的交易，我想这应该算是鲁内经纪人生涯的粉墨登场。我对舒梅切尔的兴趣始于某次我带队员们去西班牙短暂休整，碰巧跟布隆德比住同一家酒店。我们两支球队协调好时间共享当地的训练设备。我听说过布隆德比的大个子门将，但并没打算考察他，直到在西班牙的训练场上亲眼见到他本人，我立刻意识到自己看到的球员远超寻常。之后的几天里，我派守门员教练阿兰·霍奇金森去看了舒梅切尔的几场比赛。阿兰每次回来都对彼得赞不绝口，力主他适应英格兰足球毫无问题，而这一点对于大部分外籍门将而言是相当困难的。很快，整个斯堪的纳维亚半岛都知道我们对这个丹麦人感兴趣了，有不少经纪人打电话或发传真给我，宣称自己代表舒梅切尔。这可是经纪人界的老把戏了，通常是这么玩的：首先，经纪人甲先生打电话给我，说自己代表乙球员，问我是不是有兴趣，如果乙确实是一位好球员，那我很可能会表示有兴趣，于是甲先生就会去找他号称代表但通常并没有的乙球员，这次他会说是亚历克斯·弗格森和曼彻斯特联队授权他来谈的。这是个精巧的把戏，但如今大部分主教练是不会上当的，只有当情况正好也符合他们本身和俱乐部的计划时，他们才会顺水推舟。所以想用这套花招参与进舒梅切尔的交易里，经纪人们并没有丝毫机会。得知彼得和布隆德比的合同将在第二年 11 月到期，我们接触布隆德比就简单了很多。但在 1990 年夏天，布隆德比的开价远超我们预期，最后我们是在 1991 年 8 月以 50.5 万英镑完成的转会，这恐怕是 20 世纪最超值的交易了。他在曼联的绝大部分时间，球队也进入了黄金时代，并以在巴塞罗那的欧冠捧杯完美收尾，彼得·舒梅切尔本人则始终是世界最佳门将。

也许我应该早点猜到，我和经纪人之间最不愉快的经历是拜格里戈里·伊索伦科所赐，就是安德烈·坎切尔斯基参谋团的俄罗斯成员。格里戈里总是有意无意地传递这样一种讯息，即相比转会谈判惯常发生的地方，比如董事会议室或酒店套房，他对那些阴暗危险的世界更有心得。但我始终不清楚他是一个多么不守规矩的谈判者，直到 1994 年坎切尔斯基同意了一份新的 4 年合约，这份合约让他成为老特拉福德收入较高的几名球员之一。关于这份合约，我所不知道的是，其中包含了一个条款，可以使球员有资格分得未来转会费的 1/3。如果我知道有这样一个条款在，我会更理解为什么坎切尔斯基在随后几个月内会和曼联闹翻。不过远在这个问题暴露出来之前，我已经被格里戈里和我之间发生的事情所震惊。那是 1994—1995 赛季开始后不久，我们的首场电视转播比赛是某个星期一晚上做客城市球场对阵诺丁汉森林队。最终我们1：1 战平，我们的进球来自坎切尔斯基漂亮的凌空抽射。这是个公平的结果，所以在回曼彻斯特的大巴上，大家的心里都挺满足。我们回到老特拉福德已经差不多凌晨 1 点了，大家都忙着找自己的车赶回家。我答应了莫里斯·沃特金斯会送他去四季酒店，酒店靠近机场，也差不多在我回家的路上。就在我即将驾车离开停车场的时候，格里戈里·伊索伦科叫住了我，我摇下车窗问他要做什么。他说想跟我聊会儿，还说有一份礼物要给我。我说我早上会去找他取，但他说他一大早就要离开曼彻斯特，他会过一阵再给我打电话。几乎就在我刚把莫里斯送到酒店放下，我的手机就响了，是这位俄罗斯人打来的。

"我必须得今晚把礼物给您。"他说。我跟他说实在不方便，我都快到家了。"我就住机场的怡东酒店——只耽搁您几分钟时间。"他坚持。

确实只需要小小绕个弯，所以我同意了。当我在酒店大门口停下车时，格里戈里已经站在那里等我了，拿着一个包装精美的盒子。他进来车里，把包裹给我。

"给您和您太太的礼物，"他说，"希望你们喜欢。"然后他向我道晚安，下车离开。

我把包裹扔在后座就开车回家了。到家时凯西还在等我，如往常一样，尽管当时已经是凌晨1点半了。按老习惯，我解开行李，凯西把我的脏衣服扔去杂物间。然后我开始拆那个包裹，我以为会是俄式茶壶或者什么别的俄罗斯风格的礼物。拆开后我震惊了，盒子里装着钱，厚厚的好几叠。我大声叫凯西，她急匆匆跑过来，我们大眼瞪小眼地望着这一堆钱。过了好一会儿我们才想起来数，一共是4万英镑。我不知道该怎么办，但凯西跟我说我得把钱立即还给伊索伦科，这么做才合情理。蓦地，令人惊恐的念头在我脑子里冒了出来：假如我和伊索伦科的会面被拍下来了怎么办？这样一件疯狂的事情，我得有个目击证人。于是我们决定一早把这盒现金拿去俱乐部办公室。那一晚我们几乎没怎么合眼，9点钟我就带着包裹到老特拉福德了，就算盒子里装了个炸弹，我想大概也不会让我觉得更烫手。我把它拿到俱乐部秘书肯·梅里特那儿，当着他的面把钱都倒出来。他看着无数纸币堆在他办公桌上，听着我告诉他的事情经过，久久才从震惊中缓过来。我们打电话给莫里斯·沃特金斯寻求他的建议，他让我们把钱锁进俱乐部的保险柜里，然后当着俱乐部律师和我的个人律师——阿伯丁的保罗和威廉姆森律师事务所的莱斯·达尔加诺——的面，把整件事记录下来。莱斯和我们一样，觉得所有这些都不可思议。做完这一切，我开始疑惑，为什么伊索伦科要塞钱给我？毕竟我完全没有给过他任何超越常理的帮助。我甚至根本没有参与他和俱乐部主席关于安德烈合同的谈判。如果我能预见到尚未上演的坎切尔斯基风波，我大概也猜到这笔钱并非"多谢之前的帮助"，而更多是怂恿我"未来合作愉快"。这4万英镑躺在曼联的保险箱里差不多有一年，直到格里戈里再次在老特拉福德露面。尽管所有的文件存档都证明了我的清白，但在钱被还回去之前，它始终让我心神不宁。对于球队主教练来说，跟经纪人打交道并不容易，时有陷阱，而且并非每一个都如鲁内·豪格那样有案可查。但身正不怕影子斜，只要我们为了确保自己诚实的言行而愿意付出努力。

第十八章　只差一步

　　那一次带来的失望对于曼联是光辉黎明前的黑暗，因此现在回想起那个赛季，我并不觉得苦涩。

　　我曾许诺要赢得 1992 年最后一届老英甲联赛的冠军宝座，可是未能成功。我们失败的原因不少，但如果要说哪个最重要，我会毫不犹豫地指出是霍华德·威尔金森的利兹联在那个赛季的出色发挥。他们坚持不懈，在冠军追逐战的全程都神经紧绷。利兹联最终在积分榜上以 4 分的优势力压我们一头，我向他们致以诚挚的祝贺。那一次带来的失望对于曼联是光辉黎明前的黑暗，因此现在回想起那个赛季，我并不觉得苦涩。用借口掩饰失败和寻求造成失败的原因完全是两码事。于是在坦率地分析错在哪里之后，我把 1991—1992 赛季作为下一阶段的跳板，而不是作为一次失之交臂的机会沉甸甸地压在我们的心头。曼联球迷们看到心爱的球队连续 1/4 个世纪都没染指过联赛冠军，大概很难接受我们对冠军的冲击在最后阶段功亏一篑。许多媒体报道认为是我的失误造成了败局，我的确认为我肯定负有责任，但并不是像那些指责所说的那样。

　　我最主要的遗憾不是我做了什么错事，而是有些该做的我没有去做。我想如果当初我果断插手去做了，那么在冠军竞赛中我们就能获得一个优势，说不定最先冲过终点线的胜者就是曼联了。简单地说，当我冒出签下卢顿队的米克·哈福德的念头时，我就应该去实现它。可能对于许多人来说，米克不是足以打动他们的那种理想型曼联球员，特别是他已经年过 30 了。然而他的控球出人意料的好，这是他作为中锋角色勇往直前的技术保障；抛开这点不论，单就他在空中的头球威慑力便足够说服我肯定他对我们的价值了。当年我们未能战胜利兹联，是因为三大外部因素让我们举步维艰。那三点分别是：老特拉福德如同菜地的球场，赛季末期疯了般拥挤的赛程，以及简直不讲理的伤兵满营。因为最后一点，有一段时间 7 天内 4 场比赛的赛程让我们束手无策。现在我更加相信，米克的头球威力能够帮助我们应对那三大外因中的一个。

我们的球场地面是拖后腿的第一个原因。1986 年我来到曼联时球场的状况十分糟糕，这在我从苏格兰找来一名专家协助后改善了许多，从 1988 年到 1991 年的大部分时间里都保持得不错。可是到了 1991 年 12 月，球场地面突然就变坏了，变得一团糟。不要天真地以为对手在这样的场地上面临的困难和我们一样多，毕竟他们之中，像曼联这样注重流畅而有节奏地传球的球队并不多。对于专心于控球和顺畅地传地面球的球员而言，那样的球场如同噩梦。赛季前期我们势头凶猛，前 30 个可能拿到的积分里我们拿下了 26 分之多，进入圣诞节和新年那段时期之前我们仅尝一败——是在客场不敌谢菲尔德星期三。尽管元旦那天我们在主场的发挥大失水准，以 1：4 负于女王公园巡游者队，但其实我们队的状态并没有崩坏到在主场惨败的那种地步。状态下滑带来的恶劣影响在一系列平局之后终于得以确认，那些都是我们本应拿下的对手。我也认识到，过于依赖传球的代价有时会很高昂。显然我们应该添加一项备选的进攻手段，这一手段需要更多的传中以及一名勇猛的空霸型高中锋。我相信米克·哈福德就是能给我们带来空中杀伤力的那个人，于是我联系了卢顿队的主教练戴维·普利特。不过我没能表现出必须达成这个目标的决心。如果我当初能做到我应该做的一切，那么我们就会是那个赛季的联赛冠军。

事实上，1992 年 4 月 12 日，在温布利球场对阵诺丁汉森林队的林比卢斯杯决赛那天，我们依旧排在积分榜首位。我们以 1：0 击败诺丁汉森林队，过程比比分结果所示的更加轻松，这似乎预示着在那个赛季结束时我们应该会有美好的回忆，并且这种可能性要远大于相反的结果。此前在老特拉福德举行的欧洲超级杯中，我们也击败了当时的欧冠冠军贝尔格莱德红星队。任何参与过那场比赛的人都会疑惑，曼联到底是怎么赢下来的，我就是其中之一。南斯拉夫的巨星德扬·萨维切维奇在上半场发挥极其出众，我们在半场结束时还能保住平局简直是个奇迹。我必须做出一项战术改变，而"可靠先生"布莱恩·麦克莱尔再次承担起我委托的重任。我告诉他，他得回撤到中场压迫红星队的活动空间。他完成得很出色，我们得以很好地传控球从而控制比赛。随后他打进了全场唯一进球，于是我们令人惊讶地收获了一场胜利。我还把瑞恩·吉格斯派上场，让他感受一下欧战的气氛，这是一项额外奖励。赛季前期我们在国内比赛中取得了很好的成绩，我们之所以能屡屡斩获进球，很大程度上得归功于我们在两翼的渗透推进能力。如果说左路上有少年瑞恩（吉格斯）风驰电掣，右路上则有从乌克兰签约的安德烈·坎切尔斯基①。门前是彼得·舒梅切尔在镇守。保罗·帕克证明了他是一名强壮、快速又有很强战术纪律性的后卫，我们以200万英镑从女王公园巡游者买下他时我确认了这点。对于那个赛季前夏天的转会成果，我有足够多的理由感到满意。

我们在欧洲优胜者杯中早早出局，没能卫冕，就算赢下了超级杯也无法弥补这样的失败。一开始我们表现不错，解决了来自希腊的帕纳辛奈科斯队。但是到了第二轮，在远赴西班牙与马德里竞技队的比赛中，我们最后几分钟连丢两球，不得不带着0：3的比分回到老特拉福德。而主场1：1的平局意味着我们实实在在地出局了。

足总杯中我们也惨遭淘汰。第四轮我们在南安普敦获得一场0：0的平局，重赛回到老特拉福德，经过加时赛后我们又以2：2战平对手。最终我们成为足总杯中第一支因输掉点球大战而出局的甲组联赛球队，这真是一项不光彩的殊荣。在之前一轮比赛中，我们在埃兰路球场1：0击败了利兹联，由此而提高的期望值使得随后的失败造成了更加沉重的打击。值得一提的是，1991年1月15日进行的那一场比赛是18天之内我们在利兹联主场对阵他们的第三场比赛。出于某种奇特的巧合，联赛杯的一场平局将我们送到同一片充满敌意的领地上，1月8日在那里进行1/4决赛，曼联的联赛赛程自此开始变得十分残酷。我们三战两胜一平，那场平局是在12月29日，好歹也有分数入账。仅仅3天过后，我们在自己的草皮上（或者说是伪装成草皮的一块地上）惨败给女王公园巡游者。对方的中锋丹尼斯·拜利在比赛结束后感谢上帝让他有幸收获了帽子戏法。我不怪他，对手球员在老特拉福德取得帽子戏法的事实在罕见，每一次出现都会招致是否有超自然力量作祟的怀疑。拜利后来的确有点得寸进尺了，他居然兴高采烈地蹦到曼联更衣室门口，找我们的球员在比赛用球上签字。关于那场比赛有很多传言，不过都是些恶毒的废话。一条广泛流传的流言说，球员们没有拿出应有的表现，是因为他们在新年夜同我一起庆祝我的50大寿。那天晚上我们是在米德兰酒店，不过我可以肯定地告诉那些对此事

---

① 坎切尔斯基生于苏联的乌克兰地区，苏联解体后选择加入俄罗斯国籍。

感兴趣的人，球员们都早早去睡了。凯西为我组织了一个惊喜派对，我的许多朋友都从阿伯丁赶来参加。尽管如此，那一次庆祝对于我准备第二天的比赛没有任何负面影响，更不用说那些球员了。曼联对阵女王公园巡游者表现疲软的原因很简单，那天有几名球员患了流感。

当回溯起1991—1992赛季的中期，特别是和利兹联的连续三场碰面时，我发觉有一件有趣的事情。我们在埃兰路的几次遭遇战中，最大程度损害了我们赢得联赛冠军机会的，不是那场联赛的平局，而是我们1∶0赢下的那场足总杯比赛。那场比赛中，李·查普曼的一只手腕不幸骨折。霍华德·威尔金森意识到这位高个子前锋将会在赛场边待上一段时间，于是他从外面签来了一位法国人。我敢肯定，如果查普曼没有受伤，利兹联一定不会签下埃里克·坎通纳。所以，他们因祸得福，收获了一位最终为他们赢下冠军保驾护航的球员。1992年2月的这笔交易对我们来说则是坏消息。不过那时有谁能想到，不久以后我们才是坎通纳到来的终极受益者。

那个赛季的起起伏伏中，我有一种确定的感觉，我们正向着我为曼联设想的标准稳步前进。1991年8月，阿奇·诺克斯离任，布莱恩·基德被擢升到助理教练的位置上后立见成效。我们很快建立起紧密的合作关系，并在接下来的7年里硕果累累。不幸的是，布莱恩的这次晋升，反而给他在俱乐部首次夺得欧冠时期的队友诺比·斯泰尔斯造成了长期的不利影响。我任命诺比作为青年队教练，他也干得不错。基多[①]停止担任青训发展主管后，我想诺比作为一名出身本地的英雄人物，应该会是理想的接替人选。然而事实证明，这份工作并不适合他，并且因为青年队教练的位置已经被占据，这位小个子只能离开这家他心爱的俱乐部。这得怪我，我不该叫他更换职位的。诺比是个很棒的家伙，一位了不起的人，我为我的错误决定给他带来的伤痛感到由衷的抱歉。

联赛只剩下6场的时候，我还认为，即便是一星期4场比赛的恐怖赛程，也无法阻止我们留在保持了大半个赛季的领头羊位置。那个时间点上我们的伤病情况还在可控范围内。我们批准马克·罗宾斯做了软骨组织手术，布莱恩·罗布森因为恼人的小腿伤势无法比赛，不过大体来说我们的阵容还算完整。此后，其他球员就像被机关枪扫射似的一个接一个倒下了。这4场拥挤赛程的第一场，曼联1∶0拿下了南安普敦，而保罗·因斯受伤了。下一场是在

---

① 基德的昵称。

卢顿的客场比赛，因为糟糕的表现，我们将一球领先的大好形势拱手让人，最终艰难地得到一场平局。此役过后，保罗·帕克的严重伤势让他直接缺席了赛季剩下的 4 场比赛，李·马丁的一处旧伤复发，丹尼·华莱士则是另一名受伤者。在原有罗布森和罗宾斯两名伤员的基础上，转瞬间我们又失去了 4 名球员。代价高昂的卢顿之行两天后，我们坐镇老特拉福德迎来诺丁汉森林队，我除了要担心缺乏足够的健康球员外，马克·休斯的状态也不容乐观。他已经连续 14 场比赛没有进球了，对于一名信心就是一切的球员，我知道他很难从状态不佳的诅咒中脱离出来。他的状态下滑似乎要持续到赛季结束，所以复活节后的星期一和诺丁汉森林队的关键比赛前，我决定把他从名单中拿下，让麦克莱尔和吉格斯组成锋线搭档。我们在那场比赛中踢出的足球在我看来是数星期以来最好的一次，可是我们不幸对上了一名状态爆发的守门员马克·克罗斯利，他下半场不可思议地扑出了麦克莱尔的一记凌空抽射。结果我们 1 : 2 失利。

这场失利让球队蒙上了一层沮丧的阴影，我尽己所能地让大家的情绪好转起来。那段时间有许多批评说我在更衣室内很容易大发脾气，将焦虑的情绪扩散到球员之中。这是一派胡言。我肯定有时候会因为球队表现不佳而不高兴，并且会告知他们这点，这就是我的风格。我一直觉得如果心中有话就应该直接表达，所以一看到球员我便会把真实的想法说给他们听。说过之后，明天又是新的一天，我可以开始准备下一场比赛了。我不是那种把心中的感想冷却个两三天再拿出来说的人。我总是在忙于追逐生命中的成功。输给诺丁汉森林队的比赛过后，我表扬了球员们，他们应该为自己的表现骄傲。我告诉他们休息是十分必要的，特别点名强调李·夏普必须要好好放松。他在场下的行为有时让我担忧，不过到了赛季的这个关键阶段，我确信他一定会把我的指令放进心里。

星期三晚上同西汉姆联的客场比赛是 7 天内的第四场比赛，此时我们已是一支疲惫之师，而尼尔·韦伯发出的信号让我更加头疼。他已经不在状态了，我相信在和诺丁汉森林队的比赛中把他换下激怒了他。面对西汉姆联的这场战役，我只需要能够奉献全力的球员，于是我排除了韦伯。派上场的球员竭尽全力，克服了累人的赛程加上主裁判和边裁的一些奇怪的判罚带来的影响。上半场的一次判罚可能间接导致我们输掉了比赛。李·夏普在我方半场一次撞墙式二过一之后，单刀直入打进一球，结果他被判定为越位，这对我们的士气打击很大。比赛的最后阶段，我们已经用尽了不知从何而来的能量，正对西汉姆联的球门造成威胁。马克·休斯的一记倒钩被西汉姆联门将卢德克·米科洛斯科精彩地扑出。从这记扑救送给我们的角球开始，他们劫走控球权冲到前场，然后打进了一个我能想象到的最幸运的进球。传进我方禁区的那个传中还过得去，不过它直接飞向了加里·帕里斯特。加里稳稳把球踢出了禁区，但是恰好打到了西汉姆联的肯尼·布朗的膝盖上，然后从约 18 码处反弹回来洞穿了舒梅切尔把守的球门。尽管我的球员对对手继续施压直到最后一刻，我们的希望流失是显而易见的。我换上了我的儿子达伦，他的传球更加准确，因此给比赛带来了明显的改观，这是我乐意看到的。比赛的最后几分钟，一位穿着体面戴着软毡帽的男人大声叫我的名字："亚历克斯，亚历克斯！"我转过身看他，结果他叫道"去你的"，并且竖起两根手指对着我。这大概说明戴帽子的人未必都是文质彬彬的。

当我们意识到夺冠希望已经渺茫时，更衣室内的气氛就像殡仪馆内一样沉重。我告诉球员，他们没必要像现在这样大受挫折。他们是全国最好的球队，赛季前半段那没有其他球队能够比肩的表现就是明证。博比·查尔顿在更衣室内转了一圈，向每一名球员单独表达了谢意。博比做出这样的举动是非常值得赞赏的，也是我所期待的。现在我们要上高速公路回曼彻斯特去了——坐大巴需要 4 个小时。我们离开厄普顿公园球场时，看到一位闷闷不乐的曼联球迷坐在路边的石头上，哭得眼睛红肿。他抬头向上看，绝望地伸开双手，仿佛在说："到底发生了什么？"他就是安迪·格雷高里[1]，代表维冈和大不列颠时，在僵持局面下打出勇敢而精彩的表现，从而成为英式橄榄球联赛中最负盛名的英雄人物之一。我个人本就感到十分抱歉，当看到安迪·格雷高里处在那样的状态时，我差点为他哭出来。无论如何，与其沉溺于悲伤的情绪，不如行动起来。我必须起到领导作用，让人们知道我很坚定，没有被打垮。第二天早上，我如同往常一般早早在克里夫训练场等待球队的到来。毕竟我们还是有一线希望夺得冠军，尽管这希望小得可怜。我们必须寄希望于谢菲尔德联队或者诺维奇队能在利兹联剩下的两场联赛中击败他们一次。同时，我还得尽可能让我手下的这支疲惫之师准备好去安菲尔德与利物浦对战。

那是一段困难的时光，如果还有什么更糟糕的，那就是我周围有人给我造成了额外的不必要的麻烦。不过正如某种说法所言，当一扇门被关上后，还会有另一扇门摔在你脸上。令人不爽地输给西汉姆联后那天晚上，我出发去莫克

---

① 著名英式橄榄球运动员。

姆参加一个英格兰校园足球协会的集会，那时我没想过自己会成为多大的笑柄。我其实没有心情参加这种活动，只是因为我曾答应过会参加晚宴，所以我出席了。就餐期间，协会的一名成员对我表示同情，他忽然提到在星期一的晚上他看到李·夏普和瑞恩·吉格斯出现在布莱克浦。

"不可能，"我说，"我们那天下午才打过一场比赛，而且还要准备周三的另一场比赛。他们应该是在家里休息。"

可是那名学校官员相当坚定："不，弗格森先生，我确实看到了他们。李·夏普开着一辆路虎揽胜。"

听到他说出那句话，我当时就气得七窍生烟，以最快的速度离开了莫克姆。我直接开车去了夏普的家，把车停在离他家约 30 码的街道上，因为他的门外停着好几辆车，从房子内还传出震耳欲聋的音乐声。门在我面前打开的那一刻，我就怒气冲冲地闯了进去。屋内正举行着一场盛大的派对，里面至少有 20 个人在，包括吉格斯和 3 名青年球员。正是这些孩子的存在引爆了我的脾气，我的怒火一发不可收拾。我命令所有人从房里离开，每一名青年球员从我身边经过时，后脑勺都挨了我一巴掌。夏普跑得不见踪影，显然他躲进了楼上的卧室里。不用上去找他，我已经十分生气了。过了一会儿，夏普出现了，我把他和吉格斯叫进休息室里，然后骂得他们狗血淋头。

相比瑞恩，我的怒火更多地倾泻在李的身上，因为还有其他线索表明他的场外行为有所不端。我在他还太年轻的时候就让他有自己的房子住（夏普在这次胡作非为时才 20 岁），他弄成这样我也有责任。回顾我对李·夏普的处理，就会发现这是我执掌曼联的这些年中一段失败的经历。他和我共事的时期带给我的烦恼比保罗·麦克格拉斯的还多。这是一位曾有机会成为巨星的男孩，除了带球过人的能力，他几乎具有在顶级足球赛事中功成名就的边锋球员所需的所有特长。他的速度、传中、进球能力和传球技术都有很高的水准，还拥有很好的体格和体力。他在足球界是一颗冉冉升起的新星，可不久后我就判断，他生活方式的堕落速度更是令人瞩目。我从不同的渠道听到过一些有关他行为举止上的逸闻。面对我的质问，他立即否认自己的行为有问题。不过，当我听说他在布莱克浦的外出以及闯进那次派对后，他的这些辩解就失去了可信度。我曾试着警告他，堕落的生活会如何拖慢他的进步。"夏皮 ①，如果你要成为顶级

---

① 夏普的昵称。

的球员，你就得学会牺牲，"我告诫他，"如果你失去了你引以为傲的速度，你会逐渐沦为一名平庸的球员。这是你最大的财富，是你成功的主要助推力。不要以为拥有它是件理所当然的事情。"李现在效力于布拉德福德，我希望这支球队升入英超后会让李的职业生涯回春。他是一个讨人喜欢的小伙子，笑容明朗，而他在曼联期间没能兑现发掘自己的巨大潜力的诺言让我十分感伤。他本应该在老特拉福德成长为一名影响力巨大的球星，而不是像现在这样迷失了方向后，在 1996 年以 450 万英镑转会去了利兹联。

经过夏普这样的事件，我希望对年轻球员在足球之外的方面也施加影响力。我无意插手他们的私人生活，只是热衷于使他们理解他们在职业生涯中将会面对的危险，尤其是随心所欲地饮酒会有多大的危害性。我想，在不久的将来我们可以每天早上测试他们是否喝过酒，触犯这条的就直接回家。未来的职业合同也许会明文反对那些可能削弱球员履行职责的能力的行为。现在的足球界金钱太多了，曾经盛行一时的放纵风气又重新获得了生长的土壤。

不久之后，其他球员都听说了吉格斯和夏普在布莱克浦的欢乐聚会的事儿，他们对二人在同诺丁汉森林队和西汉姆联的比赛之间采用这样的放松方式并不感到多么惊讶。吉格斯和夏普辜负了他们自己和其他的队友，尽管年轻可以作为一部分借口，但是他们并不傻，也清楚地知道这样的行为是多么的不负责任。从那之后，瑞恩再也没有让我头痛过。他成长为一名优秀的年轻人，这些年来我一直为他感到骄傲。他为他的母亲琳长脸了。

我希望我可以略过 4 月 26 日对阵利物浦队的比赛的细节。球员们踢得很卖力，可是又一次没能把控球转换为进球。我们输了个 0∶2，利兹联也因此锁定了联赛冠军。我当时十分冷静，感谢了球员们，并向他们保证下个赛季我们一定能成功挑战冠军宝座。我说得十分诚恳，不过我也知道，如果要确保冠军，我还得加入另一项元素，让球队的实力更加深厚。至少，我还有一整个夏天来寻找我所需的卓越球员。

第十九章　终获联赛桂冠

坐在上赛季惜败的废墟之中，直觉告诉我，我们需要一名能够点燃老特拉福德看台，并且把球队带上具有统治力的新台阶的球员，或者至少是一名能在比赛陷入僵局时挺身而出打进关键球的球员。

一个人在和对方电话交谈的中途，如果旁边的第三方突然塞给他一张潦草写就的请求，让他完全改变话题，这人应该不会感到高兴。1992 年 11 月的一个阴雨天的周三，曼联的主席对于我的紧急要求却能泰然自若地处理，事后我们双方都有理由感谢我这次打扰所带来的结果。这通从利兹联打来的电话直接接到了马丁·爱德华兹的办公室，彼时我们正在讨论如何提升球队的攻击火力，以便加强对新赛季联赛冠军的竞争力。毕竟曼联都已经超过 1/4 个世纪没有碰过联赛冠军了。国内的最高级别联赛现在更名为超级联赛，虽然联赛的名字有了变化，但是我们赢下冠军的渴望依然没变。坐在上赛季惜败的废墟之中，直觉告诉我，我们需要一名能够点燃老特拉福德看台，并且把球队带上具有统治力的新台阶的球员，或者至少是一名能在比赛陷入僵局时挺身而出打进关键球的球员。我在马丁的笔记本上写下了一个名字，后来证明，这是史上与曼联有关的最重要的名字之一。

上个赛季在元旦过后，我们的进球效率就急转直下，以至整个后半赛季一共才打进 21 个球，要知道前半赛季我们进了足足 42 个球。我对两名英格兰前锋非常有兴趣，并且已经在尽力寻求让他们转会的机会。对于阿兰·希勒，早在 1992 年 1 月我就联系上了他在南安普敦的主教练，交流之后我很确定，1991—1992 赛季结束时我会全面得知希勒的立场。初夏时分，事情变成了希勒会随英格兰队外出比赛[1]，他会在回来之后再对自己的未来做出决定，然后南安普敦才会打电话告诉我。对此我不是特别高兴，不过事已至此，我也只能接受。为了以防万一，我还对另外一名引起我兴趣的前锋进行了询价，他就是谢菲尔德星期三的大卫·赫斯特。老实说，那时候我对赫斯特的热情甚至还要高于希勒。他们两人都是强力射手，只是基于比赛经验上的考虑，我才稍微偏向于24岁的赫斯特，他比希勒年长了将近3岁。不过这些细节在我联系特雷弗·弗朗西斯时都无关紧要了，因为这位谢菲尔德星期三的主教练没有理会我的请求。英格兰队的欧洲杯赛事结束后不久，一份小报上就出现了希勒获准和布莱克本流浪者队谈合同的消息。我很气愤，正是因为我以为自己得到了保证，南安普敦会在可以转会的时候及时告诉我，所以我才忍住没有去直接联系希勒。我再次找上在戴尔球场的南安普敦主教练伊恩·班霍治，他的回复是一个更加错综复杂的故事。我觉得我得赶快行动了，因为布莱克本主席杰克·沃克很有可能会在希勒身上砸下一大笔钱。莫里斯·沃特金斯和阿兰·希勒的经纪人梅尔·斯坦见了面，后者从加斯科因事件开始就是我们的老朋友了。不出所料，对方在金钱要求上很高，这还是可以克服的。下一步是直接和球员会谈，可是希勒已经定好第二天就要对布莱克本提供的合同做出最终决定了。我没有足够的时间去南安普敦和他面谈，只好通过电话联系他，这从来都不是一个理想的选择。我们的交谈并没持续很久，和这位有些傲慢的人交谈是件苦差事。他开门见山地问我："为什么你在这之前没有对我表示兴趣呢？"从他的角度看这是个合理的疑问。我告诉他，早在1月我就开始和他的俱乐部接触，并且也从那边得到保证，说希勒会知道我们对他感兴趣的。

"不，没人告诉过我这些。"他说。他在谈话中大致表明他肯定要去布莱克本，说不定已经给了那边承诺，甚至都可能已经签下合同了。他告诉我："肯尼·达格利什每隔一段时间就会打电话联系我。"我的解释是，在这样的情况下，我不会经常给球员打电话。我还补充说，我向南安普敦主教练保证过，在官方行动开始之前，希勒不会受到打扰。我必须说我很后悔给了那样的保证。1992年的那个夏天里，我还试图通过一件事来说服阿兰·希勒。

"如果肯尼还是一名球员，他会和布莱克本签约吗？"我问他，"如果曼联和布莱克本都想要他，我很清楚肯尼会做出怎样的决定。"可是他厉声回答

---

[1] 1992年欧洲足球锦标赛。

了我。

"我可不关心肯尼会怎么做，"他说，"问题是我想要什么，而不是肯尼如何。"好啦，完蛋了。

转会期结束之前我们还是签下了一名射手，不过交易的过程比较奇特。剑桥联主帅约翰·贝克打来电话，告诉我他们准备卖掉队中最好的球员戴恩·达布林，并推荐我买下他。约翰对戴恩做了一番热情洋溢的评价，然后问我是否准备看看视频资料来证明他的判断，他可以寄来录像带。对此我当然没问题，只是我还是很难想象我们在谈论一位可以在曼联打出影响力的球员。结果坐在屏幕前的我看到了一个大发现。我看过上千份关于球队和球员的录像带，可很少有能让我像那时候那样震惊的。首先让我大开眼界的是达布林的进球手段之繁多，他在比赛中的总体表现也让我惊讶。我抽出手头所有关于他的报告，发现一件趣事，那就是许多报告在指出他的主要长处上有所分歧，这说明他的优点很多。唯一明显的缺点就是他的速度不是特别快——仅仅是平均水平。考虑到他只有 23 岁，要价也不过 100 万英镑，这个大家伙真是白菜价，于是我很快完成了这笔转会。

戴恩到来后，我在他身上花了不少时间，来帮助他提升到我们为他设定的期望水平。赛季开始 3 场比赛后，我觉得他已经准备好为我们出场了。尽管头几场比赛的结果不尽如人意，但是他的首秀并未因此而推迟。球队在布拉莫巷球场 1：2 输给了谢菲尔德联队，在老特拉福德 0：3 败给埃弗顿，还在主场和伊普斯维奇打平，于是前 9 个可能拿到的积分里我们只拿到了 1 分，这艰难的开局让人忧心不已。第四场在南安普敦的比赛是个小小的转折点，戴恩在其中贡献很大。他展示了自己的坚忍，很好地领衔了锋线，并且与马克·休斯配合无间。第 89 分钟，他接到达伦·弗格森开出的任意球踢进制胜一球，真是意外的大惊喜。接下来我们在客场 2：0 战胜诺丁汉森林，达布林持续了良好的表现。我更加确信这 100 万英镑花得很值。他对自己的工作充满热情且尽心尽力，这让我觉得他正在取得的成功是不会消逝的。其他球员也相当欣赏他的认真努力，他很快在俱乐部里大受欢迎。这一切让接下来发生的事格外让人悲痛。戴恩第三次代表曼联出场是对阵水晶宫的比赛，却不幸遭遇了可怕的腿部骨折。为此指责造成此事的水晶宫球员是不公平的。他的铲球动作有些笨拙，但不是故意伤人，只是当戴恩被铲倒后俯趴在球场地上，这说明那一下把他伤得多么严重。9 月的第二天，戴恩的赛季就早早结束了。如果没有那次严重受伤，我相信他会在老特拉福德成为一名出色的团队球员。我还认为，只要有他在队中，我们就能赢得联赛冠军，因为他给我们的进攻线带来了一些不一样的东西，并且部分满足了我在仲夏时的分析中指出的球队需要。

不过即使是戴恩最狂热的支持者，也不会宣称他能够大幅度地促进球队进步。那时候我还没法知道，拥有这样能力的人不久就会加入我们。失去达布林后，我的第一反应是再次尝试下大卫·赫斯特。这一次特雷弗·弗朗西斯连我的电话也不接了，我只好给他发传真，结果导致特雷弗公开指责我。我本来可以不这么做，不过这样至少让我知道，试图打破谢菲尔德星期三那边的阻力是徒劳无功的。不幸的是没过几个星期，赫斯特就遭遇了毁掉他整个职业生涯的严重伤病。我对这位孩子深表遗憾，同时又止不住去想，如果当初他被允许转会来我们这儿，事情会不会就不一样了。回顾过去，无论是什么样的命运之神在操控足球这一游戏，有时候他打出的牌都有些残酷。

11月那个细雨蒙蒙的星期三下午，我和马丁·爱德华兹坐在他的办公室里，衡量着如何才能有效地提升球队，以达到摘得联赛桂冠所必需的水准。然而我们从没预见到即将会打出的那手好牌。我们先简单粗暴地剔除了死敌和主要竞争对手球队阵中的球员，这样思考的过程就大大简化了。像利物浦、阿森纳、曼城和利兹联这些球队的球员是完全没必要去考虑的，或许还有其他一两支球队也是不能触碰的禁区。彼得·比尔兹利是我很感兴趣的一名球员，他在埃弗顿的表现并不如所期望的那样杰出。我与主席先生正在谈论比尔兹利时，他的私人电话响了。接通电话，马丁发现对方是利兹联的首席执行官比尔·福瑟比。福瑟比询问是否有机会买下丹尼斯·埃尔文，这是肯定不可能的。收到这样的答复后，福瑟比和马丁把话题转移到了略为友好的闲谈上。就在那时，我的脑海中突然蹦出一个想法，并且立即有一种很奇怪的紧迫感。我在主席先生的记事本上潦草地写下这句话："问问他能否谈谈埃里克·坎通纳。"马丁一脸疑惑地看向我，我朝他用力点头，于是他照我说的做了。比尔起先犹豫了一阵，然后松口说在坎通纳身上做些交易大概是可以的。他说他得和霍华德·威尔金森先谈谈，并且保证一个小时内会再打电话过来。马丁放下听筒后立即问我："为什么是坎通纳？你是怎么想到要他的？"

"呃，是在这赛季的前两个月我们2：0击败利兹联的时候，比赛结束之后，布鲁斯和帕里斯特在浴室里对他赞不绝口。然后上周我和热拉尔·霍利

尔 ① 聊天，他对坎通纳的能力评价也很高。"接下来的几分钟里，我们的话题集中到坎通纳那出了名的叛逆（甚至可能有些破坏性的）性格上。我们必须考虑到他可能会带来太多棘手麻烦的风险。不过从霍利尔那里得知，坎通纳其实应该不是媒体所描述的那种大恶棍，所以我准备把筹码压在这位法国人身上。现在的关键问题则是利兹联是否真的准备卖他，以及要价是多少。我们没有等待太久，不到半个小时，比尔·福瑟比就打来电话，告诉我们，霍华德愿意卖掉坎通纳。之后不可避免的讨价还价环节也不长，利兹联那边起初要价130万英镑，马丁干得很漂亮，咬住100万英镑的价位并砍价成功。从此，曼联史上最辉煌的时期即将揭幕。

次日，我与马丁·爱德华兹同埃里克以及他的经纪人让·雅克·贝特朗在米德兰酒店会面。合同签约的过程十分顺利，马丁和让·雅克坐在套房的一隅商讨合同细节，埃里克和我则在房间的另一边谈论他在球队中的角色。因为我那一口感觉奇怪的混杂法语，以及当我说英语时难懂的苏格兰口音，我们交流得相当费劲，但我还是尽力保证他能充分了解我是多么想要他来，以及我对他有多么高的评价。这些对于埃里克很重要，他希望被人需要，因此他也很乐意加入我们。一般在这样的交谈中，主教练是应该说得更多的一方，球员则可以在比较放松的状态下了解主教练。而我学会了在做长篇大论的同时近距离观察球员。我从埃里克的双眼中看到，他十分渴望来曼联。我觉得他已经感受到，老特拉福德是能让他大显身手的理想之地。签约完成之后，我送让·雅克去机场，路上我想从他身上尽可能多地了解我的新球员。"他很诚实。"让·雅克如此强调。这句话让我对这位争议人物的到来信心更足。

随后的两天因为媒体的大肆报道而纷纷扰扰，以至人们都忘记了我们为坎通纳付出的转会费只有戴恩·达布林的那么多。我没法让埃里克在周六对阿森纳的比赛之前完成注册程序，于是他随我们来到伦敦看这场比赛。那个周六早上的9点半左右，布莱恩·基德来我房间告诉我埃里克想要训练。我那多疑的苏格兰天性让我感到疑惑，不过我还是告诉基德让他去训练。中午球队集合准备吃赛前午餐时，埃里克和布莱恩还在训练，没有回来。12点20分他们走了进来，埃里克走过去和其他球员坐在一起，我立即问布莱恩他的训练怎么样。布莱恩总结说埃里克的训练非常棒，在他补充说明细节时，我想起热拉尔·霍

---

① 时任法国队主教练。

利尔就坎通纳的话题对我说过："他喜欢训练，他需要努力地训练。"如果所言属实，坎通纳真是来对了。1：0轻松战胜阿森纳后，我们回到了曼彻斯特，我十分期待在之后的星期一亲眼看到埃里克的训练，然后他也没有让我失望。他的训练表现无可挑剔，不过那堂训练课结束后所发生的事才让我印象深刻。其他队友都陆陆续续离开克里夫训练基地的球场，而他走到我跟前，问我他能否找两名球员来帮忙。

"为了什么事？"我问道。

"为了练习。"他回答。我吓了一跳，这可不是一个寻常的请求。我一直以来都围绕着一个综合性主题安排训练课程，这个主题可能根据我想要的重点方向而每天改变。一般情况下，我会融入比赛中的许多基本元素——比如传球、控球、传中和射门。在这样的设计思路下，我会保证训练中不间断地进行各类活动，避免出现把球员晾在旁边不动结果感冒了的情况——由于这儿（曼彻斯特）的天气，这是很重要的考量。采用这套方法训练时可能会有问题出现，这样我得叫停训练并且向球员讲明战术要点。这些都会造成训练中的练习强度时常不够。我自然高兴地同意了埃里克的请求，很快找来两名球员从边路给他传球，再加上一名年轻的门将一起，让坎通纳练习半个小时的凌空射门。我想说这真是太好了。同一时间，已经走进克里夫训练基地室内的球员发现坎通纳没有回来，没过多久，球场上传来的踢球的砰砰声就告诉了他们原因。第二天训练结束后，几名球员留下来加入了埃里克的练习。而现在这成了我们训练常规中的一部分。坎通纳在曼联时，很多人宣称他是我们取得成功的重要催化剂，这没错。不过对我而言，他在比赛中做出的任何事，都比不上他让我明白练习的不可或缺。练习成就职业球员。

1992年12月6日，对阵曼城的同城德比战宣布了曼联的坎通纳时代已来临。虽然他是作为瑞恩·吉格斯的替补换上场的，他的存在立即照亮了老特拉福德。那高大笔直的背影和标志性的立领，传达出一种国王般的威严，他的每一次触球都让这座球场疯狂。一开始我有点没想到，他会坚持尽可能多地简单传球，在效力曼联期间的比赛中这一特点是很好的优点。没有人能在无中生有的穿透性传球上比他更有想象力，也没人能在传球撕裂密集防线上比他的技巧更高超。坎通纳和所有真正伟大的创造性球员一样，只在必要的时候做出华丽的举动。他的珍贵之处还在于能在重大时刻打进关键进球。他穿上曼联战袍后第一次展示这一点，是在12月下旬帮助我们逼平了切尔西。他的加入激励了士气，让我们变成了一支更好的球队，我对此毫不意外。前一个夏天里，在渴望有一个人能把我们本已十分强大的队伍带上另一个层次时，我在想象的就是一名和埃里克·坎通纳很相近的球员。我还看到，一些大场面即将到来。

曼联成功缩小了与诺维奇和阿斯顿维拉的积分差距。虽然1992年曼联冲击联赛冠军失败的回忆让很多人质疑我们这次是否能够成功，我依然坚信，我们注定会拿到冠军。暂时的挫折是有的，比如在1月底1：2输给伊普斯维奇，再比如一周之后在主场面对勇猛的谢菲尔德联队那场艰难的比赛，直到最后关头才靠着坎通纳的进球取得胜利。我祈祷埃里克在下一场去埃兰路的比赛中也能做出这样的贡献，可是他首次回到老东家的经历是一次折磨。那里对他和曼联的敌意之强烈，没有亲眼见过的人怕是不会相信的。他在和利兹联的大个子中后卫乔恩·纽瑟姆的一次小冲突中吃到黄牌。我想这位法国人更愿意把这场比赛抛之脑后。在那样的情境下，我对一场没有进球的平局感到满意。

任何一支冠军之师都要面临的真正考验，就是攻下像安菲尔德这样的坚固堡垒。3月6日，我们在利物浦的主场2：1战胜了他们。这让包括我们在内的所有人相信，我们离冠军更近了一步。可三天后我们就一球小负奥德汉姆队。球队倍感压力，我则不停地告诉球员，其他球队也处于压力之下，如果他们相信自己和自己的能力，那么一切都会好起来的。

这一赛季的巅峰对决是在3月14日，我们坐镇老特拉福德迎来阿斯顿维拉的挑战。积分榜上我们还落后阿斯顿维拉几分，不过在近来状态上比他们稍微强一点。整个星期我们都在战术训练上下苦功，这一战术里吉格斯的突破能力是重点，他被安排在右翼，不过也会伺机横插到他更为擅长的左边路上。李·夏普负责面对强悍的后卫厄尔·巴雷特，我对他的期待也很高。我们设想的策略是让攻击手们着重冲击保罗·麦克格拉斯和肖恩·蒂尔的身后。他们都是出色的后卫，不过都不太擅长转身追防。曼联打出了一流的水准，这样的表现就算我们领先好几个球也不会轻易满足。可是我们错失了一些绝佳的机会，加上马克·博斯尼奇的上佳表现一直将我们拒之门外。下半场第8分钟，比赛被推向高潮，阿斯顿维拉依靠史蒂夫·斯汤顿的精彩进球取得领先——那一脚射门的力量之大让我感到喘不过气来。那一刻，摄像机捕捉到罗恩·阿特金森在面无表情地剔牙的经典姿势。大罗恩的这一行为给我一种居高临下的感觉，就好像这只是某一天待在自己的办公室里想问题一样。仅仅4分钟后，他就有更多需要思考的了，因为我们的付出终于获得了回报，将比分扳平了。坎通纳一记头球回敲到球门的另一侧，马克·休斯一头将球砸进了球门。此后，双方都未能继续改写平局的比分。

赛后新闻发布会上，我宣称那一天我们是更好的球队。当我吹嘘我们看起来有多么强大，以及暗示说我们在赛季的决定性阶段是最强的球队时，这些话实际上都是说给联赛中的竞争对手听的，而不是给那些记者们。内心深处，我知道我们还有很长的路要走，在那个阶段，你得祈祷一切都还来得及。虽然我们在这里那里丢了一些分数，但是联赛领头羊阿斯顿维拉同样也在丢分，依然处在冠军竞争集团的诺维奇也是如此。3 月 24 日诺维奇击败阿斯顿维拉，这不仅帮了他们自己，也帮了我们。4 月 5 日我们打出了几星期以来的最佳表现，在卡诺路球场的六分战中 3：1 痛击诺维奇，并在积分榜上反超了他们。

复活节那周可以决定联赛奖杯的得失，那是一片曾将许多球队的雄心壮志炸飞的布雷区，这段时间内似乎没有一场容易的比赛。我们将在老特拉福德对阵经验丰富的谢菲尔德星期三，而阿斯顿维拉要面对的是与考文垂队的德比战。根据过往的数据统计，考文垂没有机会获胜，所以我相信周六的晚上阿斯顿维拉队会继续留在榜首。为了继续保持紧随其后的位置，我们必须赢下主场的这场比赛。上半场我们似乎就应该能埋葬谢菲尔德星期三，但是一直没有进球的运气；进入下半场后，我们大概得为丢失如此之多的机会付出代价了。如果一支球队在一场比赛中持续保持在攻击状态，那么它就很容易让自己球门大开。我们就犯了这样的错误，让对手突入禁区，接着保罗·因斯鲁莽地铲倒了克里斯·沃德尔，给了他们一个点球机会。随后约翰·谢里登一蹴而就。整个比赛的流畅性被频频打断，我开始怀疑这场比赛大概赢不下来了。双方的队医都忙得不可开交，有几名球员需要接受治疗。之后当值主裁判迈克尔·佩克居然也不得不下场，换上他的是一旁的边裁约翰·希尔迪奇。希尔迪奇上场 4 分钟就判给谢菲尔德星期三那个因斯送出的点球，这没什么好争议的，明显是一次犯规。这一次裁判的换人对我们也有一项益处，因为从中场休息到这次换人之间，我向希尔迪奇抱怨了场上在浪费时间，因为伤病造成较长时间的比赛中断都是不能忽视的。我敢肯定我的游说对比赛末尾的伤停补时的长度有所影响，这也是赛后的争议点所在。

比赛结束前 20 分钟，我将"神奇队长"布莱恩·罗布森派上前线，他的活力和果敢立即带来了改变。这一手换人不成功便成仁，好在最终结果是值得的。曼联对对方的球门进行狂轰滥炸，而时间在一分一秒流逝。我们在斯特雷福德看台的右侧再次赢得一个角球，我想这应该是我们的最后一次机会了。随着罗布森朝球门冲去，我的目光和希望都放在了他一人身上。尽管其他的球员也都有机会，但是根据之前错失机会的表现，或许他们得留在球场上直到半夜才能进球吧。史蒂夫·布鲁斯再一次让人记起他的勇猛，他在对方的一名后卫身前一记大力头球攻门，然后目送着足球坠入球门远端的上方。而前冲的罗布森撞上了守在门柱边的谢菲尔德星期三左后卫菲尔·金。比分变成1∶1，我估计比赛还剩下大约7分钟，这时同一联赛里的其他比赛都结束了。我得知维拉公园那边打成了一球未进的平局，这是个好消息。我试图告诉布莱恩·罗布森让球队冷静下来。现在我们无论如何都要保证不能再丢球了。不过在那样的情况下，老特拉福德球场里充斥着巨大的声浪，我觉得球员恐怕只能通过读唇语来接收指令了。自从我们扳平了比分，我就站在边线上指挥比赛、称赞和激励小伙子们，对他们中每一位可能听到的人都送上表扬。我们在左侧底线附近获得一个任意球[1]后，谢菲尔德星期三的主帅特雷弗·弗朗西斯向主裁判示意时间已经到了。瑞恩·吉格斯一脚将球传出，球似乎在碰到对方一名后卫后向着球场另一侧的边线外飞去。加里·帕里斯特冲出来截回了控球权，然后还没抬头看就一脚漂亮的传中把球送入禁区。谢菲尔德星期三的尼格尔·沃辛顿碰到了球，足球略一折射正好到了布鲁西[2]的前进路线上。这位大乔迪[3]抓住了稍纵即逝的机会。当球飞进球网的角落之时，我正好和球的飞行路线处在同一条直线上，看到克里斯·伍兹徒然地飞身扑救。进球后的场面一片混乱喧嚣，所有在场的人都会记得布莱恩·基德的庆祝动作[4]。现在我们掌握了主动权，在只剩5场比赛的情况下领先1分。

比赛结束后，特雷弗·弗朗西斯抱怨了补时，尽管在我的办公室里他是用玩笑的口吻说的："你们的制胜球可是用下一回合的时间打进的呢。"事实上那额外的几分钟是完全合理的。当晚我看了下半场比赛的录像，并用秒表记录了所有因为伤病和换人造成比赛中断的时长，结果发现伤停补时应该有12分钟那么长才对。

我们没有停下来细想登上联赛榜首的事情。两天后的星期一，我们在海菲

---

[1] 应该是角球。

[2] 布鲁斯的昵称。

[3] 形容出生在英格兰东北部的人。

[4] 曼联进球后，基德跳着冲进球场内，跪地高举双拳庆祝。

尔德路球场 1∶0 击败考文垂巩固了我们的位置。阿斯顿维拉也持续了火热的状态，同一天他们在海布里球场战胜了阿森纳。切尔西算是我们的苦主，本以为在主场迎战他们会是场艰苦的战斗，结果却犹如阳光下的漫步一样轻松惬意，3∶0 的比分说明了一切。我们因此更加信心高涨。下一个对手是正在苦苦挣扎于保级的水晶宫队，他们采用消极防守的战术可以理解，只是上半场的比赛场面相当乏味。中场休息时我告诉球员，布莱克本正 3∶0 领先阿斯顿维拉，这个消息让他们像打了鸡血一样。打起精神的曼联击垮了水晶宫。马克·休斯标志性的凌空抽射让我们在 64 分钟时领先；比赛末尾时，法国天才（坎通纳）用一记精妙的传球助攻保罗·因斯打进一球。终场哨响，随队来到客场的曼联球迷一片欢腾。他们知道，只要我们在最后一场主场比赛中击败布莱克本流浪者，老特拉福德就将等到近 26 年来的首个联赛冠军。

电视台相信这一值得铭记的赛季即将迎来高潮，决定转播 5 月 2 日星期日的阿斯顿维拉与奥德汉姆之战，以及次日晚上我们的比赛。阿斯顿维拉的这场比赛绝不轻松，因为奥德汉姆为了留在超级联赛，每一个积分都生死攸关。我想了想，还是不准备看这场比赛的直播，那肯定是一种煎熬。于是我和大儿子马克一起去莫特拉姆庄园的高尔夫球场，那里离我在柴郡的家不远。前几个洞我没法专心打好球，马克知道我的心还挂念着维拉公园球场那儿，于是对我说："忘了那边吧。就算他们赢了，你们也只需要明天取胜就能拿下冠军。如果不能在老特拉福德赢下比赛，那么你们也不配当冠军。"为了让我能集中在高尔夫上，马克说如果我平均每一洞只有一个差点 ①，他就给我 5 英镑，这激起了我的好胜心。再之后我们便玩得很高兴了。在第 14 个洞的球穴区你可以看到一大片绵延的柴郡风光，这是这座高尔夫球场上的最佳风景。我正眺望着远山，等待排在前面的 4 名日本人完成他们的击球，这时马克说："我觉得是阿斯顿维拉赢了吧，如果他们输了，肯定会有人告诉我们的。"我想马克说得对，不过就如他所说的，明天晚上我们就能决定自己的命运，因此我相当放松。我们的赌局到了一个关键时刻，我只要在第 17 洞打出平标准杆的成绩就能赢得赌注了。一记劈球把球打到洞口 20 英尺范围内，我的心情已经处于家庭氛围中，开始毫不留情地取笑马克。忽然，我听到汽车急刹车的声响，然后是沿着草地旁的卵石小路跑上来的脚步声，接着一位脸上挂满笑容的小伙子出现了。

① 高尔夫球中，实际杆数比标准杆数多的部分。

"弗格森先生？"他叫我。我转过身看他，他大声欢呼："曼联是联赛冠军了！"我和马克拥抱在一起，带来这个大好消息的信使也加入进来。天哪，这感觉真棒！接下来的一杆球就没必要再打了。我们从第18洞的球道上走下来，而我的思绪飘回到了1962年，那年阿诺德·帕尔默在特伦赢得了英国公开赛冠军。我记得他从两侧拥挤的球迷人群间大步迈向最后一处球穴区的样子。这就是我现在的感受，像一名真正的冠军一样大步走上球道。经过那群日本人时，我注意到他们中有一人的高尔夫球帽上有我们赞助商夏普的名字。我告诉自己，他肯定是一名曼联球迷。于是我自豪地告诉他："曼联赢得了联赛冠军！"

　　"呃……你说什么？"我觉得自己像个傻子，便转身离开了。

　　"这反应挺不错啊。"马克说。谁在乎呢？我拿出手机给凯西打电话。在这样的时刻你会意识到谁是你生命中最重要的人。这些年来她忍受了很多，一直为我这里那里地担心，现在她可以品味这成功的时刻了。

　　回到家，看到门外围着一大群摄影师，我生平第一次没有在意这样的打扰。他们拍完照片走后，马拉松式的庆祝活动拉开帷幕，人们在老特拉福德彻夜庆祝直到第二天一整天。我们3∶1战胜了布莱克本，但这更像是一场派对而不是一场足球赛。马特（巴斯比）爵士是最高兴的人，他无比自豪地看到心爱的球队再一次赢得了联赛冠军。布莱恩·罗布森在一份小报上发表了一篇文章，文中他认为，从前一个赛季残酷的失望到这一个赛季的凯旋，这样的变化可以从我身上找到原因。他感觉1993年我更加放松。我没有意识到这个，不过我知道在这个成功的赛季里，我在观察球员上下了更多的功夫。在压力紧张的时期观察特定的球员，找出哪些人需要安慰和打气，这一行动让我在准备每场比赛时更有效率。同一时间内只关注一两个球员，这样才能对他们有真正深刻的了解。我的管理方式在不断改进。我曾经有很长一段时间都在训练场上事必躬亲——指导训练课、安排训练计划、制订季前日程、带领热身活动等等。而现在，随着我主帅工作中的优先事务有了变化，观察艺术已经有了更重要的地位。

　　如果像布莱恩·罗布森所说的，曼联提升到冠军球队的水平反映了我的成长，那么埃里克·坎通纳的重大贡献同样是毫无疑问的。他的存在和带来的风格对于这支球队是无价的。我在他到来的时候，就决心忽略过去所有把他描述为坏孩子的言论攻击。我对他的评价基于我们共事期间他的表现，因此每隔一段时间我就会和他交流来进一步了解他。很快我就发现，他并不像很多人认为的那样是个过分自负的人。他也需要支持和鼓励，就像大部分球员一样，他喜欢别人说他是特别的一个。不可否认的是他完全值得所取得的成功，因为他不仅天赋异禀，在比赛中也竭尽全力。他在训练中的表现使我百看不厌。有一次，我观察了他一整节训练课，讶异于他的高度集中力，事后我向他提及了这点。

"所有伟大的球员都有很好的集中力，"他说，"以及想象力。"无论是比赛中还是谈话时，埃里克的丰富想象力都是毫无疑问的。

第二十章　初尝双冠

我签字的唯一理由是，我热爱做曼彻斯特联队的主教练。我已经为曼联的未来打下了长久的根基，我无法想象自己如何弃之而去。

支付给曼彻斯特联队主教练的薪水还不及英超其他几位主教练，这是正确的吗？1993—1994赛季初，这对我来说是一个合理的疑问，甚至6年后的今天情况依旧。不过我的理由在俱乐部主席看来似乎不值一哂。第一次，但并非最后一次，我跟马丁·爱德华兹在关于我合同的问题上意见相左。哪怕不是结束了曼联26年未曾问鼎联赛的窘境，主席先生坚持他提供给我的合同毫无谈判余地这一点，恐怕也会让我深感费解。作为英国最大的俱乐部，也是世界最大的两三家俱乐部之一，如果曼联支付给主教练的薪水落后于联赛死敌们，这显然是不妥的。我知道这回事是因为乔治·格拉汉姆把他和阿森纳的合同细节都提供给我了。足球圈里并没有太多秘密，况且乔治和我的私人关系确实很好，但他肯把合同中所有的隐私信息都与我共享，依然是非常慷慨大方的举动。根据这份合同的数字显示，我的薪水连乔治的一半都不到。我的会计师阿兰·贝恩斯把这些事实都展示给了马丁，但主席先生好像不愿相信我们告诉他的关于乔治合同的细节是事实，他说他会联系阿森纳的首席执行官大卫·邓恩来求证条款的准确性。

对于他的反应我并不高兴，就算我们把乔治这档子事暂且丢开，跟我自己手下的球员比，埃里克·坎通纳的薪水是我的3倍，我觉得这既不公平也不合理。我没有年年唠叨自己赚得少，恰恰相反，在捍卫自己的价值这件事上，我很容易感到难为情。如今我51岁了，我开始意识到我的未来并没有很多经济保障。我在老特拉福德已经干了7年，应该没有必要再来证明我的忠诚，而近两三年来球队的成绩也很难再指责我的工作成果不如人意。尽管如此，主席先生拒绝再做任何一点点让步，而我则不得不接受这份略有改善的合同，但我的报酬还是远低于格拉汉姆或者坎通纳。我签字的唯一理由是，我热爱做曼彻斯特联队的主教练。我已经为曼联的未来打下了长久的根基，我无法想象自己如何弃之而去。我觉得我大概已经被自己对这家俱乐部和这份工作的激情所困。

而在为曼联赢下了俱乐部历史上的第一次联赛和足总杯双冠之后，这种激情只会愈发深刻。1993 年 7 月，我们以签下罗伊·基恩加强中场强度的方式，宣告了我们继续提升球队的决心。我想签下这位 21 岁的科克①人很久了，正好诺丁汉森林队的降级迫使他们不得不出售罗伊，于是我们就介入了。上赛季接近尾声的一个星期六上午，我在一份小报上看到说罗伊跟肯尼·达格利什碰了面，很快就会转会布莱克本流浪者队。我马上打电话到诺丁汉森林队主教练弗兰克·克拉克家，跟他求证这件事。弗兰克对这则报道大发雷霆，说俱乐部并没有许可任何人接触罗伊，如果这件事属实的话，那肯尼是在违规操作。

"弗兰克，如果错过罗伊，我可没办法接受，"我说，"你知道我这几年来有多想买他，不过我说到做到，在你们挂牌之前我不会打扰他。"弗兰克在这件事上很是帮忙，我必须深表感谢。当我最终得到接触罗伊的许可后，我立即通知了俱乐部主席和莫里斯·沃特金斯，让他们去尽快邀请罗伊的经纪人兼律师迈克尔·肯尼迪前来曼联。我则亲自联系罗伊，安排他第二天私下来我家里会面。他到来之后，我清楚地告诉他在曼联未来的辉煌岁月里他的角色有多重要，而我相当确信好日子就在眼前了。如果罗伊和达格利什之间真的有过接触，我下决心要避免阿兰·希勒事件的重演。我的绝对优势在于，这是一名顶级球员，他注定要加盟一家最好的球队。这位年轻的爱尔兰人有着令人印象深刻的决心，我确信他不会被杰克·沃克的甜言蜜语哄走。随着基恩的加盟，我对称霸英格兰足坛充满信心。

从 1/4 个世纪没有联赛冠军的压力中解脱出来，队员们踢起比赛来不再束手束脚，甚至开始证明自己是史上最佳的一支曼联队。鉴于巴斯比时代的曼联队所达到的成就之高、次数之多，要说 1994 年是史上最佳恐怕会有诸多质疑，但我毫不怀疑他们足以媲美任何一支曼联。就算是 1999 年成就三冠壮举的那支——他们一路杀进诺坎普决赛的历程看得我都心惊，但我依然无法断言

———————————
① 科克：爱尔兰第二大城市，罗伊·基恩的家乡。

说他们比 5 年前的前辈们更优秀。我会说，如果目下的这支曼联队可以证明他们的精神强度和稳定表现，那他们可以跟 1994 年的那支曼联队一争高下。在三冠那年他们做到过，证明过他们那势不可当的激情以及灵活的战术适应力，无论是在对阵阿森纳的足总杯赛中，还是在对阵尤文图斯和拜仁慕尼黑的欧冠比赛里，这都是相当不可思议的。现在通常人们会把 1994 年和 1999 年这两支曼联相提并论，认为是我带过最好的两支球队，尽管我还是希望诺坎普的奇迹能让 1999 年的这支曼联队更进一步。这两支球队之间的一个显著区别是，首夺双冠的这支曼联队，在纪律和管理上所暴露的问题给我更多挑战。如今我们也有脾气火爆的球员（比如罗伊·基恩和保罗·斯科尔斯就因为停赛错过了欧冠决赛），但总的来说，1994 年的那支曼联队更有火气。如果我们对这支令人怀念的球队的组成来做一个分析，我们会发现有一些深层次的特质是在很多球员身上都存在的。除了非凡的技术之外，他们往往还拥有强壮的身体、勇气、坚忍的性格、速度、力量，以及决心。他们都是那种具有赢家特征的人，因此作为这枚硬币的另一面，在不少情况下他们也会变成糟糕的失败者。太多的急火攻心，有时会让球队整体上变得容易暴躁。当然，其中仍然有一些球员个性沉静，比如帕里斯特、帕克、埃尔文和麦克莱尔，他们几个都毫无疑问是赢家，但同时冷静理智，他们就很少犯规。但另一群，比如布鲁斯、因斯、罗布森、基恩、休斯、坎通纳和舒梅切尔，把他们放在一间空房间里他们都能吵得起来。他们被旺盛的斗志所驱动，我很珍视这一点，在我看来，正是这一点帮助他们每一个人成为一名真正的曼联队员。当他们几个凑到一起时，咄咄逼人的氛围可能会让人无法掌控，1993—1994 赛季，球队的犯规记录几乎要到不可接受的程度。以至终于有一天，我不得不把这帮家伙都叫进我的办公室，严正警告他们，"没有下一次了，"我说，"否则别想再上场——同意吗？"他们坐在我面前，个个身体强壮面容坚毅，我则对他们下达最后通牒。事后我想，我如果不是这个世界上最勇敢的主教练，就必定是最疯狂的。

显然，在首夺双冠这样历史性的成功赛季里是没有太多低谷的，但我们的欧冠经历还是带来了最深的沮丧。第一轮比赛顺风顺水，我们主客场都轻取匈牙利的霍恩维德队，但第二轮抽到土耳其的加拉塔萨雷就简直是噩梦了。在老特拉福德的主场比赛里，我们纯属自作自受，本来开场 15 分钟时我们已经两球领先局面大好，但紧接着，我们就又开始了老一套的自毁，我们由压迫性的控制比赛变成了自我放纵，队员们开始追着球跑并轻易地丢球。场上已经

完全不是曼联的势头和节奏了，加拉塔萨雷不会错过这种良机，把比分反超为
3：2，最后总算依靠埃里克·坎通纳的绝杀把比分勉强追平。在伊斯坦布尔
的次回合比赛，则是我所有客场经历中感受到最多烦扰和敌意的体验。初抵机
场，迎接我们的就是骂骂咧咧的球迷和充满挑衅的标语，我们仿佛被关在笼子
里供围观的熊。在球场上，这种气氛达到了顶点，甚至维持秩序的警察比球迷
更吓人，因此，也许当看到瑞士主裁判的每一次吹罚都偏向土耳其人时，我们
也不应该再有丝毫讶异。终场时，坎通纳用手势表达了他对主裁判的观感，这
让主裁判大为恼火。伴随着终场哨，法国人领到了一张红牌并因此要停赛一
场，而这场停赛让我们付出了来年欧冠再度铩羽而归的代价。0：0的平局终
结了我们1994年的欧战历程（加拉塔萨雷在老特拉福德的3个进球让他们得
以靠客场进球数优势晋级），而埃里克更是以头上被警棍砸了个大口子来结束
这不幸的一天。

　　我必须这么说，在之后几个月里的多次冲突中，坎通纳就不是这么无辜的
一方了。1993—1994赛季的下半段，他着实给球队带来了几次非常令人失望
的犯规。其中之一是在足总杯第四轮，我们做客卡诺路球场战胜诺维奇队时
发生的。他铲倒了他们的中场球员杰里米·高斯，不仅动作凶狠而且令人费
解，因为高斯当时毫无威胁。更糟糕的是那次他踩踏斯温顿队的技术型中场约
翰·蒙克尔，这也是我头一次对他发火。我绝不会宽恕他上述的劣迹，但在他
因为跟托尼·亚当斯争夺球权就可笑地被罚下后的那周里，我则对他充满了同
情，在这件事情上我是毫不犹豫地站在坎通纳这边的。足总杯第三轮跟谢菲尔
德联队的比赛里，马克·休斯也被罚下，当时我也对休斯抱着同情的立场，但
似乎那次我袒护了不应该袒护的一方。谢联的大个子后卫大卫·塔特尔整场比
赛都在踢休斯，所以当休斯因为报复被罚下场时，我觉得这对休斯不公平。坦
白说，休斯那一下我的视线被挡并没有看清楚，而在赛后的新闻发布会上我又
有点太急于站在休斯的立场帮他说话。那晚后来当我通过录像带重看比赛时，
我简直不敢相信自己所看到的，休斯差点儿要把塔特尔踢成太监了。所以大家
明白了吧，我发现我必须告诉我好斗的小伙子们，我已经受够红牌了，是时候
让他们控制一下野蛮的举止了。

　　当然，总的来说，1994年这支令人赞叹的曼联队把他们非凡的技术和好
胜心用在了正当的地方，事实上，原本联赛杯也是有可能被收入囊中的。他们
杀入了决赛，但最后1：3败给了罗恩·阿特金森——我之前那一任的曼联主

帅——所执教的阿斯顿维拉。在这场温布利的对决中，我们又不幸地拿到一张红牌，但就算是中立球迷也会同意我的看法：因为安德烈·坎切尔斯基的被动手球而把他罚下场未免太苛刻了点。不过如果国内的赛事中必须要牺牲掉一项的话，那最好还是联赛杯。足总杯的征程带给了我们无数心跳加速的瞬间，但我们最终捧杯的经历将会被铭记，因为它完美地展示了一支真正有水准的球队应该是什么样的。令人伤心的是，这支曼联队的完整阵容和巅峰状态只存在于这一年。在温布尔登队的主场以3：0大胜主队的勇士们，现场看过这场比赛的人一定都不会忘记1994年这支曼联队所达到的高度。给这场比赛定下基调的一幕是这样发生的：起先是维尼·琼斯下脚狠铲坎通纳，但坎通纳马上就以一记惊世骇俗的凌空抽射还以颜色，而维尼只能无助地目送足球破门。这告诉了维尼，在球场上恐吓一个王者只会自取其辱。第三个进球则在电视上重播了无数次，我记得一共传了有27脚球，最后以丹尼斯·埃尔文教科书般的射门结束。那一天我们看起来几乎不可战胜，但之后彼得·舒梅切尔努力给我们的1/4决赛添了点儿难度，他在距离球门40码开外放倒了一名查尔顿队球员，并因此被罚下场。这次，马克·休斯的贡献比谁都大，他稳定军心帮助我们以3：1晋级。他同样也是半决赛的英雄，在温布利面对顽强的奥德汉姆队，是他在最后时刻的绝杀扳平，替我们保留了一线生机。缅因路球场的重赛中，我们4：1轻取对手。

　　因为正处于联赛卫冕的关键时刻，足总杯决赛对阵切尔西的比赛反而可以先搁在一边了。鉴于上个赛季球队奉献了太多让人饱受惊吓的赢球，当然也有几场令人目瞪口呆的输球，这倒是让我和球迷们能比较淡定。事实上我带过的每一支曼联队，都让我领教过他们的施虐狂本色。本赛季联赛最值得铭记的比赛是：我们凭借坎通纳雷霆万钧的任意球1：0赢下阿森纳；德比战3：2战胜曼城，上半场我们还0：2落后，下半场法国大师梅开二度，并且贡献出了值得拍下来作为教学片的表演。我们在3月5：0大胜谢菲尔德星期三队的比赛则向所有人宣告，在联赛争冠的关键阶段我们已经一飞冲天，之后我们1：0赢下利物浦，2：0击败曼城，以及最关键的，在埃兰路球场2：0擒下利兹联。5月1日，依靠在波特曼路球场2：1战胜伊普斯维奇队的比赛，我们锁定了联赛冠军。之后的那个周末，对我们家来说是一场长久的庆祝仪式，因为我儿子杰森的妻子塔尼亚生下了我和凯西的第一个孙子杰克。

　　一场4：0大胜切尔西的比赛后，在温布利球场捧着足总杯奖杯列队绕场而行，实在是我们这个难忘赛季的最完美收官。坎通纳射进的两个点球，以及休斯和麦克莱尔的进球，让比赛如闲庭信步。唯一的不和谐音符大概是我竟然发现自己没法在决赛名单里给布莱恩·罗布森腾个位置，很多人觉得对于这么一位伟大而忠诚的队员，连替补席都不让他上未免太过无情，但对于安排麦克莱尔和夏普作为替补我是有足够理由的。夏普是很自然的一个选择，他能覆盖球队的左路攻守。因此，我不得不在罗布森和麦克莱尔之间二选一，去填补球队的其他空缺。他们俩都从来不会让我失望，但罗布森即将转会米德尔斯堡担任球员兼教练，而麦克莱尔还会跟我们在一起。我当时认为我做出了正确而职业的决定，但我得承认，现在我的决定恐怕会更感性一点。

曼联赢下了 1992 年的青年足总杯，我们有一批令人激动的出色年轻球员已经准备好争夺一线队的位置，俱乐部的未来看起来无比光明，但无论新球员们会有多棒，他们也很难超越我手下这支杰出的 1994 年的曼联队。令人伤感的是，对阵切尔西的这场足总杯决赛是这支伟大球队的谢幕演出。

第二十一章　陷入困境

在我眼中，前途一片光明。事实上等待我们的将是一片泥沼，但即便现在回头来看，这种因为天才崭露头角而带来的乐观情绪也是合乎情理的。

1994—1995赛季初，一批不到20岁的青年才俊在老特拉福德脱颖而出，在我整个的执教生涯中，从未如此看好这样一批年轻球员。他们的潜力再加上现有球员，成就了双冠王大业，使曼联步入了自我入主以来的巅峰时期。在我眼中，前途一片光明。事实上等待我们的将是一片泥沼，但即便现在回头来看，这种因为天才崭露头角而带来的乐观情绪也是合乎情理的。他们的迅速成长使球队实力显著提升，任何的挫折都应当只是暂时的。一个没有奖杯而充斥着争议的赛季的确让人难以容忍，但即便是在士气跌至谷底的新年伊始，我仍能从自己为球队奠定的坚实基础中得到些许安慰。

早在1993年1月，我就已经为8位青年才俊提供了职业合同。他们连续两年杀入青年足总杯的决赛，回报了我对他们的信任。但最让我兴奋的是当中最出色的几个孩子已经到了向一线队发起冲击的时刻。不少人认为他们能够像之前的吉格斯一样顺利完成角色转换。对于尼基·巴特、保罗·斯科尔斯和加里·内维尔来说，的确如此。基斯·吉莱斯皮、加里·内维尔的弟弟菲尔，以及大卫·贝克汉姆也逐渐进入考虑范围。在客场对阵维尔港的联赛杯第一轮比赛中，我主要使用了青训营的毕业生们（再加上埃尔文、基恩、大卫·梅和麦克莱尔的经验助阵），他们用一场2∶1的胜利作为回报，保罗·斯科尔斯独中两元。第二回合比赛我又派上了两名小将，克里斯·卡斯帕和约翰·奥凯恩，这次我们2∶0获胜。下轮比赛在圣詹姆斯公园球场对阵纽卡斯尔联，他们非常出色，仅仅在最后10分钟因为体能下降而输掉了比赛。现在看来，我让年轻人具备了参加最高水平比赛的能力。他们需要被细致地监管，以确保对他们的要求不会过高。所有具备超强能力的年轻球员都渴望展翅翱翔，但如果主教练过度消耗他们的积极性，那么他们很快就会砰然坠地。我在圣米伦和阿伯丁执教时提拔年轻球员的经历让我警惕于这种危险。那些苏格兰小伙子中的一些人极具天赋，也不乏拥有成功职业生涯者，但也有人过早地耗尽了自己的天分。他们的遭遇给我上了永生难忘的一课。

当我们在 1994 年秋天再次出征欧洲赛场时，欧足联在那个赛季的一个规定让情况变得很复杂：每个俱乐部只允许派上 5 名外籍球员。我的第一反应是这个限额制度对我们没什么影响，坎通纳、舒梅切尔和坎切尔斯基都能轻松入围。然而事实上，我们名单中的每一位非英格兰籍球员都被视作外籍球员，这让我们非常头痛。我的首发阵容里大多数球员都不是英格兰人，基恩、埃尔文和吉莱斯皮来自爱尔兰，休斯和吉格斯是威尔士人，而麦克莱尔是苏格兰人。在新规的限制下，我们很难派出最强阵容，最终导致在最希望赢得的一项赛事中折戟沉沙。同时，这项赛事有了新的赛制，新的冠军联赛加入了 4 个小组、每组 4 队的小组赛，头两名出线进入 1/4 决赛。如果说与巴塞罗那同组让我们感到兴奋，那么加拉塔萨雷的存在确实有震慑作用。小组里还有哥德堡，我们重返欧陆赛场的首战告捷，在老特拉福德 4：2 击败了这支瑞典球队。接下来伊斯坦布尔的客场也不像一年前那么"地狱"，0：0 的结果可以接受。

巴塞罗那造访曼彻斯特前，我们以 1 分优势领先西班牙豪门。我在 1991 年鹿特丹优胜者杯决赛中的对手约翰·克鲁伊夫一如既往地派出进攻型阵容：两名边锋紧贴边线，拥有闪电般速度的中锋罗马里奥独自在中路活动。最让我担心的就是如同眼镜蛇一般敏捷的巴西人，我必须在殚精竭虑限制他的同时，用积极的策略去赢得比赛。因为拥有足够强的锋线球员，我有信心击败巴塞罗那，但前提是我们的防守必须有效且富有纪律性。我没有让自己信赖的队长、中后卫史蒂夫·布鲁斯首发，这让大多数人惊讶，但这么做有足够的战术理由。我坚信保罗·帕克是盯防罗马里奥的最佳人选。帕克矮小灵活、坚忍顽强、速度奇快，他在女王公园巡游者效力时早已习惯盯人防守。他是这支曼联队中最能专心致志完成盯人防守的球员。那场比赛我们本应令人信服地拿下，如果不是两次关键时刻的注意力不集中，我想我们能赢。我们统治了前 25 分钟的比赛，除了马克·休斯的头球进球之外本应取得更多入球。然而我们的中场球员突然走神，何塞·马里亚·巴克罗摆脱保罗·因斯后送出直塞，罗马里奥从帕里斯特和埃尔文之间杀出，单刀破门。这个失球让我很生气，因为我给帕克的指令是必须全场紧盯罗马里奥。更严重的问题是英国球队习以为常的区域防守，我们习惯于在对方攻击手进入不同区域时相应地改变跟防球员。帕里斯特告诉帕克他来盯罗马里奥，结果却发现巴西人早已绝尘而去。最气人的是，我们花了三天时间演练把区域防守调整为盯人，就是为了防守罗马里奥。若非这个调整非常必要，我不会去这样冒险。我不厌其烦地告知球员们，欧战赛场上注意力高度集中是何等必要。严谨的战术执行力是欧洲大陆球队相对于我们的优势。如果把我们的失败归结于能力不足，有些自视过低。

那场比赛我们最终主场2∶2战平巴塞罗那，赛后我们很后悔没能在这个激情澎湃的老特拉福德之夜取得胜利。事后回想，我在思考球队究竟有多怀念坎通纳。前一赛季对阵加拉塔萨雷的比赛中，他因言语攻击裁判而遭禁赛，无法及时复出迎战巴塞罗那。这是个巨大的损失。坎通纳一直被广泛批评，认为他在欧战中未能奉上显著表现。虽然他在欧洲确实从未达到在英格兰国内的高度，但我想至少部分原因是球队所展现出的综合弱点。我相信他在诺坎普会给球队带来相当大的帮助。

作为主教练，除非他赢下比赛，否则一切用人、战术、换人或其他任何决定的理由都会被抨击。我们在巴塞罗那被4∶0痛击之后，我所做的任何事情都被视作错误。首当其冲的是，我放弃舒梅切尔而起用年轻的加里·沃尔什。这个决定的原因很简单，我认为外援名额用在非门将球员上更有价值。所有失球都不是沃尔什的责任，相反他表现得很出色，但是没有批评者愿意考虑这个事实。我们的惨败是因为巴塞罗那踢得更聪明，更有耐心地执行他们的战术。我在半场休息时在更衣室大发雷霆，因为我们在中场表现得太过幼稚。我在赛前备战中提出了三大要点。第一点是建立在我对巴塞罗那造访老特拉福德时的观察，他们的两名边后卫阿尔伯特·费雷尔和塞尔吉面对我们的边锋带球突破时应对自如，但当我们利用无球跑位进入威胁地带时，他们的转身回追非常吃力。我告诉坎切尔斯基和吉格斯，一旦有机会就在向内侧传球后直插边后卫身后。我的第二个要求是尼基·巴特必须压缩对方防线身前的中场空间，限制约瑟普·瓜迪奥拉和罗纳德·科曼之间的呼应。为了降低科曼的影响力，马克·休斯需要回撤干扰他。然后是最关键的第三点，保罗·因斯必须确保跟住巴克罗或者吉列尔莫·阿莫尔的前插，让罗伊·基恩对付另外一人。保罗对于此类指令的反应让我担忧。我觉察到他不再想做一名后腰，虽然这个位置上无人能出其右。我很清楚他现在给自己定位为攻击型中场，这简直是对于他的长处的完全误读。能够精力充沛地不断往返于两个禁区之间的球员实属凤毛麟角。我把罗伊·基恩带到曼联，正因为他是其中之一，他的体能储备足以与布莱恩·罗布森相提并论。保罗根本没有这两人的体能耐力。但把他放在后防线身前，没有人能够比他更快更准地将球拦截。当对方以为觅得良机之时，没有人能像因斯那样有效地夺回球权。他的长项在于防守，但却拒绝接受这个事实。在巴塞罗那那个令人不快的夜晚，这种抵触情绪显露无遗。虽然把过多的责任推给保罗是极不公平的，但他对于场上职能的模糊不清显然促成了我们噩梦般的表现。

现在我们在下一场欧冠客场对阵哥德堡的比赛中背负极大压力，场地很糟糕，耐心和纪律性的缺失再次让我们尝到苦头。尽管表现不佳，但我们仍然依靠马克·休斯的进球把比分扳回到1：1，然而随后我们倾巢而出，两次被对方反击进球。雪上加霜的是，保罗·因斯因为抗议判罚而被意大利裁判红牌罚下。我们在1：1时犯下愚蠢的错误，一场平局本可以确保我们小组出线。

这种失败，抑或让人意志消沉，抑或让人渴望卷土重来。我们中的绝大多数急不可待地希望再次向俱乐部足球的最高荣誉发起挑战，同时这也更加燃起了我们在联赛中卫冕的斗志。这并不容易，肯尼·达格利什搭建的布莱克本非常难对付。我很满意球队的阵容，但也注意到很多球队面对我们时改变了战术，尤其是在做客老特拉福德时。绝大多数球队龟缩半场，虽然不怎么光彩，但也并非意料之外。我们边路的两名飞翼坎切尔斯基和吉格斯，以及队长坎通纳在中路传身后球的能力，让对手后撤很深，保护自己的禁区。为了解决这个难题，我决定引进一名前锋：此人要么速度奇快，能够在狭小空间内创造机会；要么擅长背对球门拿球，同时拥有转身过人的能力。引进一个符合要求的前锋需要一大笔转会费，事实上我们应该在赛季开始前就一掷千金。趁着成功时期斥资补强是个很不错的方针，作为双冠王的我们，本应如此操作从而走在其他竞争者的前面，我称之为"拒敌于千里之外"。除了考虑引进一名前锋以增加锋线选择之外，我们其实也应该加强一下防线的厚度。保罗·帕克的膝伤日渐严重，很快便要终结他的职业生涯，这个空缺很难去填补。在夏季休战期引进几名球员可以让他们利用季前赛的时间来熟悉我们的战术，这本可以让我们占得先机。然而现实中，我们在新年后才开始非常严肃地寻找新前锋人选。我们这么做并不是针对马克·休斯，但他毕竟31岁了，我必须为未来考虑。在我看来，他完全没有成为冗员的危险。

有两名前锋让我看到了增强球队进攻的潜力，他们拥有截然不同的特点——纽卡斯尔联的安迪·科尔和诺丁汉森林的斯坦·科利莫尔。安迪速度快、跑位灵活，可以受益于坎通纳的短传；科利莫尔则有能力拿球转身冲击对方防线。与科尔的最早接触被凯文·基冈否决后，我付出了艰苦的努力，希望就科利莫尔转会同诺丁汉森林队的主教练弗兰克·克拉克达成协议。这笔交易在那一天险些谈拢，我打电话过去准备为科利莫尔开出很高的报价，但弗兰克因为流感提前回家而没有回电。于是我回头去跟凯文谈科尔的转会，在电话里唇枪舌剑之后，他说可以接受 600 万英镑外加基斯·吉莱斯皮。我要求一个小时的考虑时间，其实我当即就能答应下来。我不会因为吉莱斯皮的问题而黄了这桩交易。我很欣赏年轻的基斯，但老实说并不认为他能成为顶级球员。再说，安德烈·坎切尔斯基最近刚刚续约，所以吉莱斯皮只是他的替补。假使我能预知接下来几个月坎切尔斯基身上将会发生的事，我是不会让基斯离开的，我可以另寻方法完成科尔的转会，凯文显然并不反对出售。我特意宽慰了基斯的母亲，告诉她我并非随意抛弃她的儿子。从我和吉莱斯皮太太多年的交往中，我了解她对我的信任，我不能让她失望。我确保凯文会好好照顾基斯。无独有偶，科尔转会后马上迎来了曼联做客圣詹姆斯公园对阵纽卡斯尔的比赛，媒体不可避免地大肆猜测科尔和吉莱斯皮会有怎样的表现。我和凯文都做出了情理之中的决定，他们应该避开这样无谓的压力。一周后，科尔在老特拉福德上演处子秀，在布莱克本面前表现平淡。埃里克·坎通纳则以惊艳的发挥统治了比赛，他最后的绝杀缩小了布莱克本在积分榜上对我们的优势。第二天，埃里克的经纪人让·雅克·贝特朗与俱乐部主席会面讨论新合同。花园里的一切都那么美好。埃里克在曼联很开心，我们也很高兴他愿意待在曼联直至退役。没有人能够预见即将发生在我们身上的灾难。

作为一名骄傲的苏格兰人，我把 1 月 25 日视作一个特别的日子，那是罗伯特·伯恩斯的生日。但 1995 年的这一天之所以难忘，却与我们的民族诗人无关。哪怕是伯恩斯在世，恐怕也难以用辞藻来描述那个周三晚上在南伦敦塞尔赫斯特公园球场发生的事情。我们与水晶宫的这场比赛，赛前准备一切如常，我们期待着再次缩小与布莱克本的积分差距。我们预见到水晶宫会强调身体对抗，但并未因此过于忧虑。我们的优势在脚下技术，如果对手踢得很硬朗，曼联球员们也能够从容面对，不被吓倒。我希望他们勇于拿球，即使对方飞铲不断，只要裁判足够出色和强势，我也没有意见。但如果裁判太弱，比赛就很容易陷入混乱，更不用说可能出现的严重伤病，从而影响球员或者球队的长远计划。不幸的是，这场比赛的裁判就相当弱势。我和阿兰·威尔基并无私交，我相信他是个好人，但却不是个好裁判。他无法控制住水晶宫两名中后卫理查德·肖和克里斯·科尔曼的粗野铲球动作，导致了接下来的一系列麻烦。我并不认为肖是个很脏的球员，但他拉扯对方球衣的频率实在高得让人难以置信。这是个让创造型攻击球员深恶痛绝的犯规动作。当晚他更是变本加厉，三次用骇人的动作铲翻科尔和坎通纳。科尔曼不甘寂寞，用一次极其糟糕的铲球把科尔放倒在中线。所有这些都逃过了威尔基先生的判罚。我知道，如果在场上被侵犯的球员是我，绝对会想办法回击。但作为主教练，对足球会有完全不同的视角，我认为报复行为是不可接受的。我告诉球员们，最佳的解决方式是踢得比对手更好。在塞尔赫斯特公园球场的中场休息时，我再三对坎通纳强调了这一点。"不要和肖搅在一起，这样正合他的意。你得让他碰不着球，用传球避开他。否则他会越铲越来劲儿的。"

在下半场开始前，我向主裁判抗议对方上半场的铲球动作。威尔基先生像看怪物一样地看着我，似乎他并没有意识到事情的严重性。下半场开场仅仅 4 分钟，坎通纳决定对肖进行报复，很明显的故意踢人。突然间威尔基先生就想起了自己的职责，冲过去掏出红牌。埃里克的愚蠢让我勃然大怒。又一次，他的暴躁性格让自己和俱乐部蒙羞，也损害了他作为顶级球员的名声。这是他来曼联后第五次被罚下，虽有对手的百般挑衅，但这样的回应仍然是可悲而愚蠢的。他最糟糕的出格举动都并非事先预谋或者精心设计，而是来自瞬间的失控。这些往往发生在当他认为自己被冤枉，而裁判又无动于衷的时候。然而，他这种试图"替天行道"的行为又总是那么的明显而幼稚，结果只能是即刻引火烧身。在那个晚上，没有人可能预想到他对于被罚离场的反应将会是多么的光怪陆离、骇人听闻。当他退场时，我让球衣管理员诺曼·戴维斯上前陪同，走向位于 70 码以外，球场另一端的球员通道。我正忙于重新排兵布阵以应对少打一人的情况，全神贯注地盯着比赛，错过了主看台前全武行大戏的开端。过了一会儿我才知道埃里克攻击了侮辱谩骂他的一个水晶宫球迷：他高高跃过广告牌，用鞋钉当胸一记飞踹。当我发现冲突的时候，法国人已经向对方挥起了拳头，混乱好一会儿才平息下来。比赛本身反而变得次要，大卫·梅为我们取得领先，对方最后阶段扳平，比赛以 1：1 收场。赛后我对坎通纳大发雷霆，我对他的这种怒火之前只出现过一次——前一个赛季他踩踏斯温顿队的约翰·蒙克尔的那一次。而埃里克只是坐在那里，一言不发。令人惊讶的是，当时我并不完全了解事件的严重性。一个警督过来通知我警方会就此进行全面调查，我仍旧没有意识到一场风暴正在形成。在返回曼彻斯特的航班上，思绪万千的我依然不明就里。人们怀疑我怎么可能那么长时间都不知情。他们觉得，"肯定有人告诉他了"。事实并非如此。

当我回到家时，用我太太凯西的话说，我仍然禁闭在自己的世界里，即便儿子杰森也无法让我高兴起来。

他问我："你在电视上看到了吗？"

"还没。"说完我就往卧室走，杰森跟在身后。

"简直糟糕透顶。"

我不耐烦地答道："杰森，我现在不想听。明天一早我能看个够。"之后我就睡了。

通常我很快便能入睡，但这晚是个极少的例外。这也是意料之中。凌晨4点，我爬起来看比赛录像。眼前的画面令人震惊。这么多年来我都没能为埃里克的爆发找到合理的解释，但我感觉对于红牌和之前裁判种种不作为的怨愤才导致他的出格举动。我在人生中也有很多次因为情绪爆发失控而后悔。那天上午，克里夫训练基地被各路电视台和平媒记者围得水泄不通。出了基地大门你便无从躲藏。一整天我都在开会和接电话中度过，但最重要的会晤是当晚在阿尔德利埃奇酒店，马丁·爱德华兹、公司董事会主席罗兰德·史密斯爵士、莫里斯·沃特金斯和我一起商讨俱乐部该采取何种对策。我们一致认为曼联的回应必须强有力地保护俱乐部的声誉，并同意对埃里克禁赛4个月，这意味着他的赛季提前结束了。

在商讨过程中英足总多次来电，表示认可我们的禁赛处罚力度。然而几天后他们又传唤埃里克，指控他破坏联赛形象。纪律处罚听证会在圣奥尔本斯的一家酒店进行，并演变为一场闹剧。最典型的问题来自听证会主席、来自奥德汉姆的伊恩·斯托特。

他问埃里克："你是个功夫高手，这是事实吧？"埃里克自然被问得摸不着头脑。我和莫里斯好不容易忍住笑意，替他做了回答。

"不，他不是什么功夫高手。"

最终公布的处罚结果让人震惊。足总在我们对埃里克禁赛4个月的基础上又追加了 4 个月。我认为这绝对是量刑过重，而且我相信职业球员工会——他们整日以保护会员利益自居——应该站出来反抗。坎通纳的麻烦还没完，他需要在克洛伊顿刑事法庭出庭面对指控，媒体再次蜂拥而至。曼联安保官内德·凯利陷入疯狂的围堵，但他出色地完成了使命。法庭判处坎通纳入狱两周，但通过上诉，转为 120 小时的社区服务。

在面对这场没完没了的折磨时，坎通纳表现出了他坚毅的性格力量。社区服务给他增添了不应有的负担。他本应给学校的小朋友们进行足球训练，他会很享受这个过程。然而迎来的却是不同年龄不同性别的混合部队，根本无法进行有效的指导。训练课简直就是一个让很多人跟他见面的幌子。我开始怀疑他是否能够继续在英格兰踢球。

在我为阻止 1994—1995 赛季演变成一个又一个灾难而挠头的时候，却发觉麻烦源源不断。最让我精疲力竭的问题来自球队内部。安德烈·坎切尔斯基在小报上开炮，理由是他得不到足够的上场时间。他的确没有经常登场，但那是因为他一直腹部有伤，我认为他应该休战以避免高强度的运动。当坎切尔斯基最初抱怨腹部不适时，我们的队医大卫·费弗尔没能发现任何问题，随后与专家的会诊也是同样结果。关于伤病的报道与他本人态度发生巨大变化的时间不谋而合。他曾经带到老特拉福德的微笑、亲和力和感恩情怀都到哪儿去了？他不再是那个我们从乌克兰发掘出来的小伙子，要知道他在那儿的周薪才 6 英镑。现在的他是一个愁眉不展、闷闷不乐的年轻人。没有哪个主教练喜欢从报纸上读到来自本队球员的批评，尤其当批评的内容是空穴来风时。我以违反队规的名义罚了坎切尔斯基的一周工资。虽然医学检查再次没能发现问题，他仍然抱怨着腹部伤势并且要求进行疝气手术。他随即提交了转会申请，俱乐部立即驳回，我们的关系迅速恶化。他的行为举止让人费解，毕竟他刚刚签下三年新合同。如果当时我知道他的合同里有这么一条——未来转会费的 1/3 归他本人所有，也许我就不会觉得他的行为那么不可理喻了。

经纪人在现代足球里的繁盛造成了很多让人头痛甚至心碎的问题，但如需了解转会市场纷繁复杂的最新情况，这些投机者们还是有用处的。我在荷兰的一个线人打来的一通电话引起了我的注意，他问："你真的要卖掉坎切尔斯基和因斯吗？"我告诉他这绝不可能。关于坎切尔斯基的传闻并非出自我所说甚至所想。我跟他的确有矛盾，但并不想卖掉他。不过，因斯的传闻引起了我的好奇："这消息哪儿来的？"

我被告知因斯的经纪人已经和一些意大利俱乐部有过会谈，表示希望转会。虽然无法证实这个消息的真实性，但足以说服我为因斯态度的变化做好准备。我已经对他在更衣室的态度很不满。他给自己起了个傻傻的绰号："别叫我小因了，叫我大佬。"这绰号可不怎么受欢迎。自打来到老特拉福德起，他就有些趾高气扬。我想这其实是他用来掩饰内心深处缺乏安全感的方式。在他年轻还不成熟时，我可以给予他理解和支持。每个人年轻时都经历过这样的心路历程。某天我会梦想自己是威利·沃德尔，或是斯坦利·马修斯，很多时候我又幻想自己是偶像丹尼斯·劳。但每个人都会长大。保罗·因斯到了该成熟的年纪，不该再有自称"大佬"之类的荒唐事情。在球场上，我已经开始担忧他在刻意改变球风，用更多的时间插上助攻，却又不能及时回防。显然，他完全得意忘形了。

失去坎通纳后，我们继续争夺冠军变得困难。但积极的信号是布莱克本那边似乎有些紧张，毋庸多言，我自然不会轻易放过我们的对手。我很关注竞争对手的主教练在比赛后的采访，这是我的习惯。他们说了些什么倒不重要，但我会从他们的脸上寻找蛛丝马迹。我发现肯尼·达格利什的面部语言和赛季初大不一样。肯尼对媒体说的话都很得体，但却似乎并不乐在其中，于是我觉得说几句刺激他的话应该没错。于是我说布莱克本完全掌握着主动权，如果丢掉冠军那只能是他们自己犯错。也许这只是个老套的心理战术，但值得一试。我们和布莱克本的竞争延续到赛季的最后一天。我最期望的情况是双方直接交锋，但事实上两队都要面对棘手的客场比赛——布莱克本对阵利物浦，而曼联遇到西汉姆联。赛前有传言说肯尼作为利物浦史上最受景仰的球员，会在安菲尔德得到"方便"。我认为那是胡说八道。我一直都很尊重利物浦的传统、他们的自尊心和职业精神。布莱克本在默西塞德一定会遭遇顽强阻击，我和肯尼都深知这一点。

关于我们在厄普顿公园的那场比赛，也许我犯下了一个战术错误，把马克·休斯放在了替补席。我不想被他们出色的中场球员掌控比赛，于是决定派出三个中场制衡对手。我坚信对方终归会体能下降，那时我再遣上休斯完成最后一击。我跟休斯坐下来聊了这个想法，他虽然很失落，但表示理解。战术是否成功，结果说了算。那一天，我们的战术并不成功。上半场西汉姆联屯兵后场，偶尔打打反击；我们虽然占据控球优势，但只有安迪·科尔一脚射中门柱。然后，毫无征兆的，他们依靠迈克尔·休斯的进球取得领先。半场时我换上马克·休斯，下半场我们摁住西汉姆联猛攻，占尽优势，但却只依靠布莱恩·麦克莱尔打入一球。我们太不走运了。当安菲尔德球场传来利物浦扳平的消息（他们最终 2：1 获胜）时，我们知道只要再进一球就能成功卫冕，那种兴奋让人急不可耐。裁判没有判给我们一个明显的手球点球，但我得承认我们拥有足够多的机会去赢下一场比赛。最后 15 分钟里，我想每个曼联球员都拿到了破门机会，但球就是无法越过门线。赛后的更衣室里，我们的球员们都已筋疲力尽、无比沮丧，但我为他们感到自豪，他们已倾尽所能。博比·查尔顿代表俱乐部发表了充满激情的讲话，大家都很感激。当然，我们不能沉迷在悲伤的情绪中。尽管过往几个月磨难重重，但我们仍然稳步进入又一个足总杯决赛当中。现在，我们和埃弗顿的终极对决一周后就将在温布利拉开帷幕。

我们的足总杯征程从 1 月份开始，前两轮比赛正好分别在坎通纳飞踹水晶宫球迷事件的前后进行。无巧不成书，我们的半决赛对手居然又是水晶宫。之前的事件意味着这场在维拉公园球场的比赛有很大的球迷闹事隐患。水晶宫主教练阿兰·史密斯和我都在赛前呼吁各方保持冷静。双方 2：2 战平，但与赛后一名水晶宫球迷在与曼联球迷的对峙中不幸丧生的消息相比，任何比分都不再重要。重赛中我们依靠布鲁斯和帕里斯特的两粒进球轻松获胜。美中不足的是，罗伊·基恩在比赛中吃到红牌，加雷斯·索斯盖特的铲球动作很危险，罗伊以蹬踏回敬。水晶宫的危险铲球的确太多，但这不能成为基恩行为的借口。旺盛的斗志是罗伊作为球员最为杰出的基本特质，但他必须学会把脾气控制在可以让人接受的范围内。

每当我们进入杯赛决赛时，赛前周二的董事会会议总是气氛轻松。董事们都很期待又一次的温布利之旅，大家相互之间开着玩笑。但在 1995 年我们与埃弗顿的决赛前 4 天的会议上，轻松的氛围却在最后阶段骤然改变。我在会议尾声宣布将会出售保罗·因斯，得到的反应大多是震惊和恐慌。我解释说自己在过往的 5 个月里密切观察着保罗，他的态度和场上表现已经到了一个我无法容忍的程度。这个决定并非一时意气用事。我的心情也很沉重，但必须确保自己对于球队的控制。我认为保罗已经无法达到我的要求。他并不是一个坏人，性格中也有很多优点，但如果一个球员认为他可以不受主教练的约束，那么结果只能是一个词——再见。我确信不会为这个决定后悔，而随后的足总杯决赛更坚定了我的决心。埃弗顿的制胜进球再度证明保罗把我的赛前布置当成了耳边风。他带着球一路向前突破，身后留下大片空当。我祈祷他能把球传给边路的埃尔文，然而因斯选择绕过对方高大凶猛的中卫戴夫·沃特森。沃特森干净利落地断下球来，分给瑞典边锋安德斯·林帕，后者面前是大片开阔区域。林帕直接面对我们的两名中卫，而保罗却远在千里之外，我当时就有了不祥的预感。果然，最终保罗·莱德奥特头球破门。

任何时候输掉决赛都让人痛苦，而输给一支像埃弗顿这样实力一般的球队更是让人无法接受。即便如此，埃弗顿主教练乔·罗伊尔的功劳不可磨灭，他奇迹般地把球队带入温布利。他完全配得上最终的荣耀，我对他由衷地赞赏。埃弗顿门将内维尔·索夏尔的出色发挥也赢得无数赞赏。胜利者的更衣室充满了欢声笑语，而在我们的更衣室里，我毫不留情地谴责了球队的表现。如果有些球员在球场内外辜负了队友们的信任，那么他们在老特拉福德的日子也就屈指可数了。

第二十二章　头号公敌

我再次发现，待在自己的私人世界里才是最好的选择。

卖掉保罗·因斯的决定是我个人做出的，老特拉福德的每个人都在时刻提醒着我这个事实。我处于孤立无援的境地，球迷们对于因斯被抛弃感到愤怒，他们视因斯为球队近年来取得佳绩的重要因素。我完全同意这样的观点，但也必须根据自己的判断做出决定：保罗在态度上的根本转变，他在场上坚持要踢一个自己并不适合的位置，这些使得他在球队里的作用迅速降低，卖掉他是绝对合理的。随着国际米兰和曼联的转会谈判迅速深入，意大利俱乐部的老板马西莫·莫拉蒂带领代表团来到老特拉福德。他们同意支付 600 万英镑转会费，并保证两家俱乐部在未来两年内踢 4 场比赛，为曼联带来更多收益。下一步需要因斯参与到谈判中。我到莫特拉姆霍尔酒店时，他正在那里打高尔夫。当他走下球场看到我时，我觉得他并不惊讶。我向他介绍了最新情况，并告诉他莫拉蒂正在曼联主席办公室等他的电话。当我接通马丁·爱德华兹的电话时，他说意大利人想跟保罗通话，于是我把电话递给因斯。他讲话时的语气让我心里一震，那是熟人间谈话的语气。保罗一直让球迷们相信是曼联要赶走他，那简直是信口开河。不错，我是想让他走人，但假如他坚持留下，我不可能逼他转会。你不可能强迫保罗·因斯做任何违背他意愿的事情。我相信他和经纪人已经和意大利方面接触几个月了。我听说在 1995 年足总杯决赛输给埃弗顿后，因斯曾对人宣称他要去意大利踢球。即便如此，我还是因为"赶走因斯"的罪名而被当作头号公敌。我孤立无援，俱乐部也没有任何表示。这种腹背受敌的感觉，所有希望在足球俱乐部谋得主教练职位的人都应该有这种心理准备。

我再次发现，待在自己的私人世界里才是最好的选择。我和凯西的假期来得正是时候。我们跑去美国，在那里我可以享受不被人认出的惬意生活。但是因斯的问题还是横跨大西洋紧随而来。我觉得每天和俱乐部保持联系是必要的，在其中一天的通话中，我察觉到主席非常焦急。身在曼彻斯特的马丁·爱德华兹因为打算出售因斯而备受非议，他希望我能够重新考虑这桩交易。同时他表示布莱恩·基德也觉得不该卖掉保罗。这让我有些惊讶，布莱恩从没跟我说起过这样的想法。

主席问我："你能跟因斯聊聊吗？你可以劝他打消离开的想法。"这个要求让我陷入沉思。我对于因斯的解读是否太严苛了呢？我知道自己有时可能太固执，而这件事情绝不能武断地处理。即便身处大洋彼岸，我也能感觉到曼彻斯特的人们被情感因素所牵绊，但我们需要一个冷静的、客观的评估。然而，我越是深入分析，越坚信自己最初的决定是正确的。我不断地问自己："为什么要在执教生涯的这个阶段为这种事情困扰呢？"近年来的成功让我有资本按照自己一贯以来的想法去掌控球队架构和战术。那是我不会放弃的东西。我承诺主席，会在美国给因斯打电话。不过，在外界看来，通话内容可能对于劝他留队没什么说服力："保罗，你怎么想的？你不适合意大利足球。只有英格兰足球最适合你。"我不知道这种有些激将法的说辞是否更加坚定了他加盟国际米兰的决心。尽管曼彻斯特一片恐慌，但我的确希望他离开。当他去米兰的消息最终被证实时，我感到高兴。

不久，我好好享受假期的计划再次被马丁·爱德华兹打破，他在电话里告诉我马克·休斯去切尔西了。这是个令人震惊的消息。

我问马丁："这是怎么回事？"

我被告知马克在退役津贴问题上跟俱乐部有分歧，所以他迟迟没有和我们续约。在新的博斯曼法案生效后，合同即将到期的马克有权选择走人。与流传的说法相反，我并不希望他离开。当然我能理解马克的想法。安迪·科尔的加盟肯定让他忧心，但毫无疑问，我希望他能留下。休斯的离开让我觉得全世界都在与我为敌。但随后发生的事情让这些关于足球的烦心事都变得微不足道。凯西和我在一个凌晨接到曼联俱乐部秘书肯·梅里特的电话：我们19岁的外甥斯蒂芬在一场事故中丧生。这场悲剧让我们的美国之旅提前结束，我们立刻飞回格拉斯哥陪伴凯西的妹妹布里奇特和她的丈夫约翰。

老特拉福德疯狂的夏天远没有结束。1995—1996赛季初，安德烈·坎切尔斯基去埃弗顿的转会简直是个灾难。他的合同里有个神奇的条款，转会费的 1/3 落入他自己的腰包，还有很大一部分要支付给他的老东家顿涅茨克矿工俱乐部。这使得我们陷入了和埃弗顿冗长而艰辛的谈判。双方你来我往，莫里斯·沃特金斯还飞去俄罗斯一趟，最终各方达成一致，我们从交易中得到 500 万英镑。但这桩转会里最让我难以忘怀的，是在与坎切尔斯基和他的经纪人会面时，曼联被告知如果不放人，会造成严重的后果。当坎切尔斯基的经纪人格里戈里·伊索伦科再度造访时，我很高兴有机会退回他不恰当的礼物：4 万英镑。但他却不情愿接受。

"别这样，亚历克斯，这是给你的。感谢你为我所做的一切。"我可没为他做过什么，一切都是按照转会交易的基本模式进行的，没有任何特殊照顾。但他仍坚持要我收下那笔钱，最终我只好给主席打电话。马丁的处理非常得当。

"听我说，格里戈里，亚历克斯不能收下这份礼物。收下就等于毁了他的声誉。"这事就算告一段落，我松了口气，却很困惑为什么要给我送钱。后来我得到了些许答案：有一次马丁、莫里斯·沃特金斯和我在主席办公室会见格里戈里、安德烈以及他的本土顾问乔治·斯坎隆，斯坎隆当时是利物浦理工大学现代语言学的系主任。会议气氛很快开始有了火药味，格里戈里要求我们卖掉安德烈。双方唇枪舌剑达到鼎沸，格里戈里冲着主席吼道："如果你现在不卖掉他，你就别想再活多久了！"听得出来他不是在开玩笑。谢天谢地，会谈随后很快结束。我们需要时间来考量这次会面释放出的危险信号。显然马丁需要考虑的东西是最多的，他是直接被恐吓的当事人。

他问莫里斯："我们该怎么办？"

见多识广的莫里斯回答得很简练："卖掉他。"事已至此，我也非常赞同。我知道，在基斯·吉莱斯皮已经加盟纽卡斯尔的情况下，马上又卖掉坎切尔斯基会让我们在右前卫位置上缺人。但他的态度已经差到完全没有必要强留了。为了支付给顿涅茨克矿工的那 100 万英镑，坎切尔斯基的转会拖了很久，他最终在 8 月 26 日首次代表埃弗顿出场。在他全心全意效力曼联时，坎切尔斯基在边路的速度和力量是我们的宝贵财富，但从他后来在态度和行为上的转变来看，夫默西塞德郡是更好的选择。

三个大牌球员相继离队，媒体自然不会让我有好日子过。《曼彻斯特晚报》针对我是否应该被解雇进行了民意调查。我一直很支持他们的工作，而这就是他们给我的回报。多年来，我时常打破陈规，为他们的跟队记者大卫·米克提供了很多内线消息。大卫是个可靠的记者，丰富的经验令他准确地判断哪些东西适合被写进文章，但我没想到他的同事们如此热衷于给我找麻烦。我有足够的理由担心自己在曼联的位置，这种忧虑在我找马丁·爱德华兹谈新合同时再次加深。也许我没选对时机，但我的确对于自己拿着比乔治·格拉汉姆低得多的薪水而愤愤不平。和马丁·爱德华兹的对话总是直接而愉快的，但不能提钱，否则就麻烦了。很明显，我们俩不可能达成一致。他建议我去找罗兰德·史密斯爵士和莫里斯·沃特金斯聊聊。我期望着这次续约谈判能够比和马丁的会谈更有成效。我的财会师阿兰·贝恩斯安排好会晤时间，我和他一起到史密斯爵士在马恩岛①的家中，希望就合同修改达成一致。莫里斯·沃特金斯也在场，爵士夫人乔安在露台上为我们准备了冷饮和三明治。我以为这是个完美的会晤，然而这个想法并没有持续太久。史密斯爵士切入正题，问我对于新合同年限和薪水的期望值。我解释说自己现在 54 岁，觉得还有 6 年的时间可以为俱乐部效力，所以希望曼联能够提供一份直到 60 岁的合同。至于薪水，我认为自己应该是英超联赛里薪水最高的主教练。乔治·格拉汉姆被解雇前拿着当时的最高薪水。被阿森纳解雇后，乔治很爽快地给了我一份他的合同复印件。我在马恩岛的会晤上把它交给了莫里斯，这让谈判变得戏剧化。其实早在 1993 年的上一轮薪水谈判时，我就提到了自己与格拉汉姆的对比，当时俱乐部向阿森纳董事会的大卫·邓恩求证，后者的答复让曼联高层对于乔治提及的薪水数字表示怀疑。现在，白纸黑字的证据摆在了他们面前。我表示很乐意接受乔治在阿森纳的薪水，一分不多一分不少。我并不认为这要求很过分。然而会谈的气氛却因为史密斯爵士的一个让我很不舒服的问题而彻底改变。

他说："你觉得自己现在是不是心有旁骛？"我问他这是什么意思。"俱乐部有些人觉得你在工作上不如以往那么专心致志。"我告诉他，我根本无法理解为什么有人会发表这种言论。

"无论是主席还是其他人，都从来没有质疑过我对于这份工作的忠诚。如果真有这样的问题，马丁早就跟我提起了。"

这个话题的突然出现使得会谈完全偏离了原来的主题，我要求史密斯爵士告诉我这些言论从何而来。他三缄其口不愿多说，但这种忧虑纯粹是无稽之谈。当时我的分析是，人们对我卖掉保罗·因斯感到不满，于是无论我做什么都要被质疑。会谈的最终结果是俱乐部不能与我续签新合同，这事得等到第二

---

① Isle of Man，英国皇家属地。

年 6 月，薪资委员会将提供一份合同。我续约 6 年的要求被直接驳回，他们说从没有一个教练签下超过 4 年的合同。有道理。同时我被清楚地告知，退休后在俱乐部谋求一个职位的要求也是不可能的。他们说不希望重蹈当年马特·巴斯比爵士的覆辙。这种态度让我困惑。以我执掌曼联的经验，如果能在继任者需要时给予必要帮助，岂不是比直接让我和俱乐部一刀两断更好？这才是合理的判断。我本希望能够带着谈下新合同的喜悦回家，但最终却是带着失望、迷惑和担忧离开马恩岛。我的头脑飞速运转着，希望在这次混乱不堪的会面里找到些许积极因素，让我找到继续执教曼联的动力。第二天，俱乐部的一位挚友警告我说："你得知道这里是什么样的——他们都喜欢听人搬弄是非。即便是球场上的英雄也不能幸免。"出生在曼彻斯特的史密斯爵士曾不止一次向我提及："曼彻斯特人只有把别人拉下马才高兴。他们享受这样。他们不喜欢看到别人太过成功。"

能够安抚球迷不满情绪的最简单办法，就是杀入转会市场寻找因斯、休斯和坎切尔斯基的替代者。我的确考虑过这个方案，尤其是坎切尔斯基在右边路留下的空缺。但转会市场上并没有可行的适合人选。我很欣赏托特纳姆热刺的达伦·安德顿，但他刚刚跟俱乐部续约。除他以外，我找不到其他满足我们要求的右前场球员。我确信尼基·巴特能够填补中场的空缺，而大卫·贝克汉姆的潜力也让我放心。他是个比较晚熟的球员，但逐渐崭露头角。虽然我还不确定到底让他踢右路还是中路，但他绝对会成为球队里非常重要的一员。还有保罗·斯科尔斯，他拥有如同坎通纳一般的后插上得分能力，也可以作为类似休斯的锋线球员。斯科尔斯显然没有上述两人的力量和经验，但他球技出众，富有战斗精神，如果能够克服哮喘症造成的困难，他在曼联的前景一片光明。

当我们在 1995—1996 赛季揭幕战 1：3 输给阿斯顿维拉后，可以预见地遭到了媒体的口诛笔伐。阿兰·汉森说出了那句著名的"你永远不能依靠小孩赢得任何东西"。事实上他这话并没什么问题。在最艰难的赛事中，一支以经验匮乏的年轻球员为主的球队是很难取得成功的。但在老特拉福德，"巴斯比男孩"已经证明有例外情况的存在，而我们即将见证又一批出色的年轻球员打破陈规。很快，我们就对输给阿斯顿维拉后受到的荒谬批评做出了回应。在接下来的星期三，斯科尔斯和基恩的进球帮助我们主场 2：1 击败西汉姆联，紧随其后的四连胜让专家们的态度来了个 180 度转弯。我们一直到 11 月才遭遇第二场失利，现在这支年轻的球队成了神奇的代名词，即便习惯了虚幻曙光的曼联球迷们也开始相信他们正看到新一代巴斯比男孩的崛起。几个月以来,我第一次感受到了工作的快乐。然而,尽管夏天的折磨正逐渐消逝,我仍然觉得自己的帅位比在老特拉福德的其他任何时期都要不稳(即便现在我也不认为那是个错误的感觉)。我没有真凭实据,所以也许是我多疑吧,但我觉得爱德华兹太容易听信他人的说辞。从来就不缺想讨好曼联主席的人,马丁的平易近人使得他接触到了很多毫无价值的传闻。我相信这当中的绝大多数都被马丁无视了。对于不同意卖掉因斯和坎切尔斯基的人,他们真的以为我会违背曼联的利益做出决定吗?真是荒唐。

这支年轻球队所取得的成功带给我巨大的满足感,不仅因为我对他们潜力的信心得到了证明,更因为他们在比赛中展现出的成熟度。吉格斯、巴特、贝克汉姆和内维尔兄弟在那个赛季的绝大多数比赛中登场,而斯科尔斯的出场次数也没有相差很多,他们得到了很多当之无愧的赞扬。正当一切顺利时我们突然又在坎通纳身上遭遇了麻烦。根据去年 1 月埃里克·坎通纳在塞赫斯特公园球场事件后的禁赛规定,他被禁止参加任何官方组织的比赛——友谊赛、慈善赛……什么比赛都不行。但他可以参与训练赛,于是我们在克里夫训练基地组织了一系列与附近球队的比赛——奥德汉姆、罗切代尔、伯雷等。我把计划告诉埃里克,希望能够鼓舞他,并让他知道我们每周的计划,直到 10 月初他能够解禁复出。这些训练赛计划刚开始,媒体就走漏了风声,很快我们收到了兰卡斯特足协的处罚信,他们认定坎通纳参加的是友谊赛。这让本来就很沮丧的坎通纳彻底放弃,他告诉俱乐部想回法国踢球。一听到这个消息,我立刻冲到他在沃尔斯利的酒店房间。他一个人在房间里,床边放着个空的食物盘。

"你不去餐厅吃饭吗?"我问道。

"不,我在那里没有片刻安宁。我喜欢待在房间里。"现在我明白禁赛对他的影响有多深,更同情他对于足协最新处罚的反应。我开始认同他想回国踢球的决定。那个晚上我在床上跟凯西谈到埃里克的决定,她对我如此轻易就放弃坎通纳表示非常惊讶。

"这么轻易放弃可不像你的作风,尤其当你的对立面是官方权威的时候。"

她的话让我辗转反侧,很少见地失眠了。第二天一早我联系了埃里克的经纪人让·雅克·贝特朗,告诉他我准备飞去巴黎。我告诉他我们必须见面,让他听听我的一些想法。凯西点燃了我的斗志,轻易放走埃里克的想法已抛到九霄云外。

飞往巴黎前夜，我在伦敦出席了一个新书发布会，几家报纸代表也在晚宴现场。现场氛围很轻松，在享用美食美酒时我放松了警惕，走漏了第二天要去巴黎见埃里克的消息。一石激起千层浪，第二天舰队街的记者们在希思罗机场和飞机上对我围追堵截，在巴黎更是有大批人马等待我的航班落地。我以迅雷不及掩耳之势冲出记者们的包围圈，奔向市区。我刚在乔治四世酒店安顿下来就接到了坎通纳律师的电话，他的名字同样是让·雅克。他说晚上 7 点半来接我，服务员会来房间通知我。7 点半，敲门声准时响起，打开房门，服务员告诉我："跟我来，弗格森先生。"我跟随他穿过走廊，走下楼梯，再穿过厨房从酒店后门出来，让·雅克拿着两个头盔候在那里。他把其中一个递给我："快，戴上它。"然后我们骑着他的哈雷在小巷中穿行，最后抵达目的地。那是个餐馆，埃里克、让·雅克·贝特朗和一个秘书在里面等我们。餐馆里再没其他人，老板挂出了打烊的告示牌。他一定非常看重埃里克，才会愿意放弃一整晚的生意。我们聊得很愉快。埃里克很高兴见到我，并且听取了我的想法。我跟他提及我和太太的交谈，那番谈话如何促使我来到巴黎，说服他不要因为压力轻言放弃。我向他承诺会找到办法缓解困局，鼓励他说莫里斯·沃特金斯正在探寻对策，而同情他的声浪正在快速扩大。我相信他希望得到我的支持，说服他一切都会好起来。这正是我此行的目的。我的另一个建议是他必须搬出酒店，找一个合适的房子，这方面我已经为他做了些准备工作。他很赞同这个关键的建议，而那晚剩下的时间我们在一起回忆以往那些精彩的足球比赛中度过。我向来因为自己能够熟记比赛双方、进球者和比赛日期而引以为傲，但让我惊喜的是，他同样具备这样的能力，对那些 20 世纪五六十年代的经典时刻记忆犹新。我和埃里克在那家偏远的餐馆里度过的这几个小时，是我执教生涯中最具价值的行动之一。

1995 年 10 月 1 日，坎通纳回归曼联之战的对手是利物浦，这场比赛毫无疑问地在赛前被过分渲染。利物浦主帅罗伊·埃文斯很有必要地提醒公众，他的球队也是这场比赛的一部分。但埃里克替补登场后就立刻制造了我们的进球，其他任何人都没办法抢走头条。他游弋到空旷的边路，停好球，抬头观察片刻便为插上的尼基·巴特送出绝妙传球，后者挑过利物浦后卫菲尔·巴布，将球从门将大卫·詹姆斯身下送入大门。谁能写下这样的剧本？利物浦球员们也不负主帅期望，在这场宿敌间的鏖战中，他们在下半场中段取得 2∶1 领先。然而笑到最后的还是埃里克，吉格斯在禁区内被绊倒赢得点球，坎通纳一蹴而就将比分定格在 2：2。

　　曼联在那个赛季逐渐展露出强劲的夺冠势头，而埃里克在复出后展现出的状态也许是他整个曼联生涯中最出色的。从 1 月 22 日起到我们拿下联赛冠军，我们以 1：0 赢得了 7 场比赛，其中 5 场是由坎通纳进球。他做出了非凡的贡献，但在任何一个成功的赛季，球队整体表现才是最为重要的，我们的每一名球员都有杰出的表现。我们的年轻小伙子们继续席卷全英格兰，而在他们身后，彼得·舒梅切尔持续不断地拿出顶级表现，让我确信他是我见过的最棒的门将。如果不是他的神勇发挥，我们不可能拿到这么多 1：0 的胜利。他在对阵争冠主要对手纽卡斯尔联队的比赛中恰如其分地拿出了最为鼓舞人心的发挥。

　　整个赛季纽卡斯尔都状态神勇，但在我们造访圣詹姆斯公园球场前，他们有一两场比赛没能拿下。与之相反，我们此前拿下了五连胜，而且在去东北迎战喜鹊①的前一轮比赛中，我们在伯顿公园球场 6：0 狂扫博尔顿。我们充满自信，然而上半场比赛却被踢得找不着北，前 20 分钟没有丢球简直是个奇迹。舒梅切尔的发挥让人难以置信，他一次又一次地将纽卡斯尔的进攻拒之门外。我们在上半场行将结束前才完成第一次真正意义上的进攻。走进更衣室，我和球员们都长出一口气。有人说主教练的价值就在中场休息时那 10 分钟到 15 分钟的时间内。这种说法过于简单化，但在这种场合下却颇有道理。并不是只有大吼大叫才能让球员们充满动力，不是所有球员都能用同一种方式来激励。有些人能够自我激励，但有时也需要被点醒。这场比赛就是这样的情况，所以我给更衣室里的所有人传递了相同的信息。我让大家扪心自问，是否满意上半场表现出的水准，凭这 45 分钟的表现我们有没有展现出纽卡斯尔那样的争冠渴望？下半场我们像换了一支球队，终于开始展现自己的实力。状态的迅速提升为我们带来进球，埃里克接到菲尔·内维尔的传中，凌空将球射入球门对角。这个球摧毁了对方的自信。他们开始变得紧张（赛季初段他们风卷残云般的表现现在已经很难看到），我深知对方输给我们会进一步加快这个趋势。最终的冠军总是能够在关键的三四月以 1：0 艰难取得。他们也许并不是踢得最出色的球队，也不是踢得最漂亮的球队，但他们展现出的是克服压力拿到成绩的精神和毅力。毫无疑问，我们正在做到这一点。

---

　　① 指纽卡斯尔联队。

冲刺过程中，主教练可能要面对和球员一样大的压力，争冠竞争者主帅之间往往会发生心理战。我经常被指责向对手实施心理战，我必须承认有些时候的确如此。不过，我在 1996 年 4 月 17 日与利兹联的赛后采访被广泛认为是针对纽卡斯尔主教练凯文·基冈的心理战，这个说法是错误的。当时我们一路高歌猛进，而他们却有一泻千里的危险。我所担忧的是 4 月 29 日利兹联在埃兰路主场面对纽卡斯尔时，是否能像在老特拉福德这般负隅顽抗。在那场主场比赛前，我接到《每日邮报》的大卫·沃克的电话。他提起了和我私交不错的利兹联主教练霍华德·威尔金森，问我能否给深陷困境的后者一些鼓励。大卫·沃克和我讨论了利兹联近期的糟糕成绩和惨不忍睹的联赛排名，一致认为利兹联球员们似乎并没有展现出为主教练而战的斗志。我决定这些话留在和利兹联的赛后再说，以免让人觉得我在试图为霍华德开脱。

那场比赛中利兹联球员的努力程度与他们过往几个月的表现大相径庭，他们似乎从阻止曼联再度夺冠的机遇中汲取了全新的能量。赛后我评论道，如果他们在整个赛季都能拿出这种态度，那么联赛排名会好很多，我希望他们在 12 天后对阵纽卡斯尔的比赛中也拿出这种斗志。我至今认为这么说并没有问题。利兹联在埃兰路的确踢得很顽强，最终 0：1 输给纽卡斯尔，和在曼彻斯特的那场球结果一样。我认为自己对利兹联表达的关切提升了他们的战斗力。我在 4 月 17 日说的话绝非有意指向凯文·基冈，而完全是针对霍华德·威尔金森的球员们。但凯文却认为我在针对他，并在战胜利兹联后在摄像机前爆发。我原以为他不会这么没安全感，因为很多人的感情牌都打向他那边，老特拉福德之外的几乎所有人都在支持他夺冠。我有一种感觉，在利兹联对阵纽卡斯尔的前一天，我们 5：0 重创诺丁汉森林，这把凯文推向崩溃边缘。我们能够在联赛的关键阶段这样摧毁对手，也许这让他意识到曼联已经冠军在握。

4 月 29 日当天，我和利物浦主教练罗伊·埃文斯在一起吃午饭，《星期日邮报》(Mail on Sunday) 的鲍勃·卡斯和乔·梅林也在场，他们要发表一篇关于两队间即将到来的足总杯决赛的报道。和以往一样，每次卡斯和梅林在场时，午餐总能持续到晚上。当我回到家面对凯西的怒火时，在埃兰路的那场比赛已进入最后时刻。于是我坐在最喜欢的座位上观看收官阶段，希望利兹联能够扳平比分。终场哨响后，我开始向凯西解释晚归的原因。话说到一半，就被凯文的突然爆发打断。天啊，我同情他。之后看到重播时，我才开始慢慢消化他所说的话。一开始，我甚至有些负罪感，但随后我告诉自己没有做错任何事情。我针对比赛的公平性发表了言论，我有权利这么做。我再次强调，我的那些话并非指向纽卡斯尔或者凯文，而是针对利兹联球员。此前我和凯文一直关系不错，在他执教纽卡斯尔早期我还曾给过他一些建议。尽管他对我的攻击让我有些失望，但我觉得这是压力导致的。直到赛季的最后一天，巨大的压力依然存在。我们需要在米德尔斯堡至少拿到一场平局，才能确保4年内第三度夺冠。在抵挡住对方比赛初段的几次进攻后，我们3∶0轻松获胜。这对埃里克·坎通纳来说是个巨大的个人荣誉，他在禁赛8个月后重返赛场，作为队长引领这支王者之师。接下来的周末，如果他能在温布利捧起足总杯，这个5月将变得更加梦幻——还是说，连续两年夺取双冠王的梦想不太现实呢？

我们在足总杯初始阶段踢得一点也不轻松。第三轮我们需要踢附加赛才淘汰了桑德兰，第四轮战胜雷丁还算轻松，接下来对阵曼城的局势就很紧张了，他们首先取得领先，我们靠一个可疑的点球判罚扳平比分。下半场我们提升了比赛节奏，依靠李·夏普的进球拿到应得的胜利。第六轮我们在老特拉福德2∶0淘汰南安普敦。半决赛对阵切尔西，尽管我们的中卫组合布鲁斯和帕里斯特因伤缺阵，并在上半场意外地被路德·古利特先进一球，但我们后来居上，安迪·科尔和大卫·贝克汉姆的进球让我们进军决赛。埃里克·坎通纳一路回追到门线上头球解围的画面，将会长久地留在人们的脑海里。

温布利球场的杯赛决赛是个荣耀的场合，但只有赢球才算数。输球的经历很残忍，前一年决赛我们0∶1输给埃弗顿时有深切体会。1996年将要面对默西塞德郡双雄里更强的那支，我们可不想再输球了。决赛对手是死敌利物浦，这也让我们的备战更加积极。我承认有些担心对方的战术系统：三中卫坐镇，两名翼卫在边路向前助攻，锋线上的斯坦·科利莫尔经常回撤拿球，而史蒂夫·麦克马纳曼则从中场前插。鉴于温布利的草坪很容易让球员疲劳，我考虑排出与他们相同的阵型，以免对方占据控球优势。赛前的星期四，我召集舒梅切尔、防线4名球员、埃里克·坎通纳和罗伊·基恩开会。我并不习惯和球员们探讨技战术，但我想听听他们对于变阵想法的反应。正如我所担忧的，他们并不认同。彼得觉得尽管利物浦在和我们的近期交锋里占据控球优势，但并没有对他的球门构成太大威胁。我并不这么认为，他们在老特拉福德2∶2逼平我们，在安菲尔德2∶0取胜，不过公平地说那些丢球和双方的阵型没什么关系。罗比·福勒包办了他们的4个进球，无论你用什么阵型，他这样嗅觉敏锐的射手都会给对方带来麻烦。他们的翼卫并不能对我们构成太大威胁，但我担心中场被拉得太开，让利物浦能够轻松把球交到科利莫尔、福勒和麦克马纳曼脚下。埃里克建议用罗伊·基恩坐镇防线身前，在他身前再放三名中场球员，这样可以降低科利莫尔回撤拿球的威胁。这是个很棒的主意，我们也根据这个战术进行了演练。这场比赛的最佳球员人选毫无悬念。罗伊·基恩的发挥让人难以置信，不过他和队友们的自信心在赛前就得到了增强——利物浦球员们身穿奶油色西装现身，就像一群烤面包的。这样的景象让我们的小伙子们为之一振。我留意到罗伊·埃文斯脸上尴尬的表情，值得一提的是，他和他的教练组都穿着深色的西服。

那场决赛完全算不上一场精彩的比赛。中场休息时我一直在强调我们需要加快比赛节奏。我们不能让比赛慢吞吞地进行，那更适合他们的两名中场球员杰米·雷德克纳普和约翰·巴恩斯。然而下半场局面并没有太大变化。比赛死气沉沉，直到幸运女神的光顾。我并不觉得最终的结果对利物浦不公平，双方难分伯仲，但对埃里克·坎通纳来说，这是诗情画意一般的美丽故事。大卫·贝克汉姆也许是我见过的最棒的定位球专家，但甚至连他的状态都被糟糕的比赛所影响，罚出的所有角球都落入身材高大的利物浦门将大卫·詹姆斯手中。比赛将近 90 分钟时，贝克汉姆再次准备主罚角球。我对身边的布莱恩·基德说："他要是再把球踢到詹姆斯手里，我就立刻把他换下来——加时赛没他什么事了。"活见鬼，球还是向门将的控制范围飞去，但当詹姆斯跃起摘球时，大卫·梅也同时起跳。后者的冲击让詹姆斯只能把球击出到弧顶位置，坎通纳正埋伏在这里。接下来我们见证的，是埃里克勤奋训练的最具戏剧性却又最真实的写照。球来到他身前时处于一个很尴尬的高度，他需要迅速的脚步移动和完美的身体重心调整才能完成有威胁的射门。坎通纳踢出一脚完美无瑕的凌空抽射，球直窜网底，这是我在训练场上看到他展现过无数次的技巧。还有比这样赢得冠军更棒的方式吗？利物浦无力回天，我们得以再次庆祝双冠王的荣耀。罗伊和他的教练组自然失望至极，但仍然表现出了极佳的风度。

当晚我们的庆功派对是我参加过的最棒的此类活动之一，我的心情比前一晚开心了许多。前一晚，因为俱乐部与我续约的事情，我在电话里和莫里斯·沃特金斯大吵一架，我非常愤怒。他们坚持赛季末再谈的态度本就很让我反感，现在又拿"我们不会不管你的"这样的空话来搪塞。第二周，我的会计阿兰·贝恩斯和薪资委员会谈判，我在家里等待合同的细节条款。关于我要求的薪水数额的争吵延续了一整天。老实说，这太可悲了，没有更加准确的词来形容了，从某种角度来说是我自己的错误造成了现在的局面。董事们知道我不希望离开。我为重建曼联付出了太多，想要抽身实在太过痛苦。但这次事情已经到了我不想再被愚弄的地步，我觉得也许必须辞职才能保住自己的原则底线。我不会让之前的合同闹剧再次上演。谈判持续了 6 个小时，双方才终于达成一致。我觉得自己的身价仍未得到完整体现，但无论如何已经比现有的合同提高了很多。

度过了我 22 年执教生涯里最具挑战性的两年，我在一年前做出的那些艰难决定都被证明是对的，我倍感欣慰。足球圈内极少有主教练能够取得对球队的完全控制，而这些极少数必须努力去维持这种控制。保罗·因斯威胁到了我对球队的控制。我并不自以为是，但我现在希望老特拉福德上上下下可以接受我当初的判断。没有人会比我花费更多精力去分析我们如何能够持续取得成功。现在我们的主要目标是在欧洲赛场证明自己，这支令人兴奋的年轻球队有潜力做到这一点。这个值得铭记的赛季里仅有的瑕疵，就是老兵史蒂夫·布鲁斯转会伯明翰。史蒂夫与主席达成的协议允许他以自由身离队。得到这个消息时我正在法国度假。他的离开让我深深地陷入悲伤：他是个令人钦佩的球员，也是曼联最忠诚的公仆。

第二十三章　旗帜的离去

　　在那个星期四，埃里克来找我的时候，我的直觉已经告诉我他要说些什么，但我并不打算轻易接受他的决定。

　　1997 年的春天，我在连续两天内遭受重创：那感觉就好像先被一记重拳直中腹部，紧接着一记勾拳命中脑袋。4 月 23 日晚，我们在欧冠半决赛被多特蒙德淘汰。第二天早上，埃里克·坎通纳告诉我他决定就此退役。即便是我们即将在 5 年内第四度问鼎英超的大好局面，也无法抵消这两个消息所带来的痛楚。在那个星期四，埃里克来找我的时候，我的直觉已经告诉我他要说些什么，但我并不打算轻易接受他的决定。

　　已经有好一阵子了，我在坎通纳身上发现了一些令人担心的变化。他很压抑，似乎并没有享受踢球的乐趣。尽管从来不是个外向的人，但他拥有一种充满活力的存在感，他的全心投入潜移默化地感染着其他队友。但现在不知为什么，他的朝气不见了，就像是他的一部分已经跑去了其他地方。这在那年早些时候我们和巴塞罗那的慈善赛中表现得尤为明显。那场比赛与我们的赛程并不冲突，于是我同意带他和约尔迪·克鲁伊夫参赛①。从西班牙回来后坎通纳和克鲁伊夫成为密友，现在我发觉是这趟旅行让埃里克开始考虑去巴塞罗那生活，他后来也是这么做的。除了对他情绪的担忧，他的状态也不及平日的高标准，尤其当我察觉到他体形的细微变化时，这种忧虑又加深了。他身材魁梧，需要持续高强度的严格训练才能保持体形。但现在他才 30 岁，已然有了发福的迹

---

　　① 荷兰人和捷克的卡尔·波博斯基是我们 1996 年夏天最主要的签约，后者在英格兰欧锦赛上让我们印象深刻。

象。我忧心忡忡地叫埃里克过来聊聊，想知道他是不是遇上了什么麻烦。以往无论我们谈论的是他如数家珍的欧洲足球，还是他自己的状态，我们的会面总是积极而卓有成效的。但这次他的话语中少了那份活跃。但他表示说没有遇到什么问题，我也向他强调接下来的几周对曼联非常关键，尤其在欧冠赛场。我希望这次会面消除了所有顾虑，这位杰出的法国人能够重整旗鼓。

新赛季我们的走势应该很对他的胃口，他一直相信自己有能力站在更大的舞台上。尽管一路跌宕起伏，但到了4月初，我们面临着绝佳的机会。在前一年秋天的欧冠赛场上，我们在老特拉福德丢掉了曼联40年欧战主场不败的傲人纪录。10月底，土耳其的费内巴切在这里1∶0击败我们，那是我执教生涯中至今不能释怀的一大污点。11月中旬，尤文图斯又在老特拉福德以相同的比分在我们的伤口上撒了把盐。我们需要在奥地利战胜维也纳快速才能跻身八强。在那个寒冷的夜晚，我们的每一位球员都挺身而出，尤其是彼得·舒梅切尔。他在上半场做出的那个单手飞身扑救，可以与1970年世界杯戈登·班克斯扑出贝利的头球攻门相媲美。吉格斯和坎通纳的进球让我们拿到了必需的胜利，但我对那场比赛最深的记忆却并不美好。罗伊·基恩的膝盖被对方的鞋钉划开了一个露骨的大口子。我挺怕这类东西的，我们的队医在更衣室为他缝合伤口时我根本不敢看。让人惊讶的是，罗伊竟然只休战了几个星期。

欧冠小组赛出线后到1/4决赛之间的3个月时间是让人充满期待的。这种对欧战赛事的持续期盼，对我们的联赛状态也时常能起到很好的提升作用。1996年10月，我们在一周之内连续以0∶5和3∶6被纽卡斯尔和南安普敦屠杀，联赛卫冕的能力遭到质疑。两场灾难之后我们又在主场1∶2输给切尔西，各路专家开始排队为我们挖坟掘墓。但我绝不相信上赛季的双冠王转瞬间就变成了受气包。有些人也许觉得我们力挺贝克汉姆、巴特、斯科尔斯、吉格斯和内维尔兄弟，有过度信赖年轻球员之嫌，但我深知这些小伙子们不仅球技出众，也同样拥有坚忍的意志。很快他们就证明了这一点。在得失球总和4∶13的三连败之后，他们带领球队战胜阿森纳，开始了一波16轮不败的征程，扭转了争冠形势。

1996年年底，我在老特拉福德已经执教了整整10年。这个里程碑令我有机会回想这10年里我的工作发生了哪些变化。从凯西的角度看，最烦人的变化是我待在家里的时间越来越少了，因为作为曼联主帅的责任之一，我需要参加越来越多的社会活动。作为俱乐部的形象大使有时让人筋疲力尽，但却也无法避免。而从更广的角度来看，1986年至今，我察觉到球员不断增强的话语权、经纪人带来的麻烦、媒体永不知足的需求，这些都会让未来干主教练这一行倍感痛苦。如果说这里面有一个我最讨厌的行当的话，那一定是足球记者，尤其是小报记者，当遇到截稿压力时他们可以不顾一切。多么丰富的生活啊！执教10年让我思考应该何时离开这个职位，但我的内心斗争并没有持续多久。清晨醒来却不用去训练场，这样的场景让我想想都觉得害怕。退休年龄这个词对我来说就是个诅咒，这个概念应该被立法废除。年龄并不能决定一个人是否精力充沛。我才55岁，自我感觉非常良好，已经受够了别人追问我打算什么时候退休。

为了庆祝我的10周年纪念日，趁着英格兰国家队比赛日，俱乐部里比较闲，我带着凯西在伦敦待了几天。我们非常想去西区看话剧《艺术》(*Art*)，演员阿尔伯特·芬尼、汤姆·考特尼和肯·斯托特得到如潮好评。芬尼出生在索尔福德①，那里是曼联球迷的大本营，而斯托特是苏格兰人，所以我特别想看这部剧也许不仅是出于欣赏艺术的目的。我们为了买到票而大费周章，最终我的一个希腊朋友索迪里奥斯·哈西亚克斯以超高价格买到两张票。当我和凯西来到剧院时，很惊讶地发现剧院经理在等候我们，并告知阿尔伯特·芬尼的女友佩妮想邀请我们小酌几杯。她怎么知道我们要来？佩妮的回答很有趣。那天上午阿尔伯特家的门铃响起，他打开门发现是自己的送报商，一个铁杆曼联球迷。后者异常激动，因为他听说亚历克斯·弗格森正想尽办法弄到票："你得想办法帮他弄到啊。"和我平时遇到类似请求一样，阿尔伯特也无能为力。但这个小插曲使得凯西和我在演出后被邀请到这位明星的更衣室里。

芬尼一直是我最喜欢的演员之一，虽然这是我们第一次见面，但之前我从他的密友、索尔福德艺术家哈罗德·莱利那儿已经听说了很多关于他的事情，我预感和芬尼见面将会很开心。事实的确如此，凯西和我都很喜欢看《艺术》，但老实说，之后更衣室里的小聚才是我们伦敦之行的亮点。阿尔伯特打开了一瓶唐培里侬香槟，庆祝我在曼联执教10周年。汤姆·考特尼和肯·斯托特也加入了聚会，同时还有惊喜嘉宾琼·普莱怀特②，她看上去美极了。让我印象最为深刻的是，他们并没有一般认为的那种演艺明星的做派——互称"亲爱的"

① 索尔福德位于大曼彻斯特地区，紧邻曼彻斯特市，是曼联球迷聚集区域。

② 英国资深女演员。

以及其他各种浮夸的行为。他们都是脚踏实地的人。

当曼联的赛季进入决定性的收官阶段时，我也必须脚踏实地。欧冠1/4决赛的抽签中，我们避开了再次遭遇尤文图斯的情况，但却迎来了仅有的另一支在小组赛保持不败的球队——波尔图。这支葡超冠军队拥有一帮实力很强的巴西球员，3月5日在老特拉福德的首回合交锋之前，媒体和球迷中发出一些担忧我们是否能够应对的声音。战术安排很重要。我确信吉格斯会起到举足轻重的作用，于是我没有让他踢熟悉的左边锋，而是做出了微调。同时，我相信如果派出三前锋，让坎通纳后撤组织进攻，会增添对方对吉格斯和坎通纳的忌惮。我的战术要求很简单：把球交给坎通纳，让吉格斯利用好两名前锋科尔和索尔斯克亚让出的空间。我们那晚的表现令人赞叹，尽管对方门将高接低挡，我们依然4：0大胜。梅、坎通纳、吉格斯和科尔的进球意味着，只要认真对待第二回合，我们已经基本拿下半决赛席位。我们也这样做到了，尽管在葡萄牙沉着应战，却也最终互交白卷。

在老特拉福德的惊艳演出堪称绝佳之作，教练团队里的每个人都为参与其中而激动不已，但我们也付出了代价。身心俱疲的球员们在赛后的庆祝有些过头，以至在那个周六丢失了我们维持了很久的英超不败纪录。客场1：2输给桑德兰后，球员们在更衣室垂头丧气。不用别人说什么，他们自己有愧于心。我因为冒险对阵容进行轮换调整而饱受指责，但这可以理解，我并不介意。由我来承受非议总好过让非议落到球员们头上。

我们的联赛夺冠之路很快回到正轨，可以把精力集中到最重要的目标——在1968年拥有贝斯特、查尔顿和劳的那支曼联队之后，再一次夺得欧冠。尽管足总杯对我们的意义没那么大，但第四轮重赛被温布尔登淘汰也算是个小小的挫折。最沉重的打击来自我们在欧洲顶级的俱乐部赛事的半决赛中，对阵多特蒙德两回合所发生的一切。我们距离慕尼黑奥林匹克球场的决赛仅仅一步之遥。"慕尼黑"这个名字深深地铭刻在曼联的历史当中，它让我有了一种从未感受到过的期盼。没有能够走完那最后一步，是极其痛苦的。那两场比赛中我们的运气差到极致，一个典型的例子：客场比赛前夜，彼得·舒梅切尔和大卫·梅在最后一节训练课里受伤。虽然替补门将雷蒙德·范德胡和中卫罗尼·约翰森的表现都很好，但临阵换将让我们在上半场缩手缩脚，没有能够把握局面上的明显优势。然而，我们失败的任何理由都只能归结于一个事实。在顶级的足球比赛中，你必须要保证把握机会的效率。在半决赛中，我们错过了太多机会。两回合我们都毫无疑问是表现更好的球队，但却都以 0：1 告负。

埃里克·坎通纳在多特蒙德踢得非常沉闷和游离，我对此不得其解。我怀疑自己对待他的方式是否有所改变。我一直都和他保持经常的交流，尤其是在他加盟早期和禁赛 8 个月的那段黑色时期。我们离开德国时，他的沟通意愿很强，我在想是否自己之前与他聊得不够多。我们之间并没有隔阂，随着他在我们近年来取得的成绩里成为举足轻重的角色，我觉得应该让他来担起自己在球队里日益重要的责任。多特蒙德的比赛后，我很疑惑。为什么他这么压抑？当然，有人批评他没有在欧战的大场面有过出色发挥。我并不完全同意，很多时候埃里克踢得非常出色。但我承认有某种因素，也许是心理障碍，阻止他成为世界上最好的球员。我确信他有那种能力，但他的性格中有一些元素阻碍他完全展现出令人难以置信的天赋。

在老特拉福德的半决赛第二回合，多特蒙德可能都无法相信他们的运气。我们大把大把地浪费着进球机会。我们最少有 15 次直面门将的机会，却无法把球送入网中。我们似乎被诅咒了。但现实点说，我再次对坎通纳的状态感到失望。他面对空门时的犹犹豫豫是整晚表现的缩影，几个月前这种情况都无法想象。阴谋论者说他的状态全无是因为他和安迪·科尔互相看不对眼。对此我根本不予置评，但他们的确是浪费门前机会最多的两个人。也许他们俩不是一对好搭档，仅此而已。也许因为安迪还没有完全适应曼联，他对于和坎通纳配合有些紧张。也许他们两人之间没有化学反应。两个人都不爱说话，他们需要被信任。最初我觉得很难真正了解安迪，但他绝对是个正直的人。当他充满自信时状态非常神勇，要达到这种状态，他必须得到像我这样的人的信任。我丝毫不相信他或者埃里克·坎通纳会因为私人恩怨而牺牲球队利益。我们的欧冠梦想再次终结后的第二天，埃里克来见我，我问他为什么认为在 30 岁就要放弃足球。他的回答很模糊，大概意思是觉得自己已经在足球圈做了所有能做的，希望尝试另一种生活。我告诉他应该仔细思考这么做的后果，并建议他跟父亲聊聊。他和父亲非常亲近，也许他的父亲有机会劝说他放弃退役。

在英超赛季最后几周，阿森纳、利物浦和纽卡斯尔（新任主教练肯尼·达格利什治下）都在追赶我们。但我们已经建立了一定领先优势，并未真正感受到威胁。最终我们积 75 分，而三个主要对手都是 68 分。拿到 5 年里的第四个联赛冠军的确值得高兴，而且 1997 年的这支队伍很年轻，还有足够的进步空间。以这批球员的成长势头，用不了多久就能赢得欧冠冠军，我很有信心。

但一想到埃里克·坎通纳，我就不那么乐观了。赛季收官阶段，他仍然表现得像一个不再热衷于足球的人。看着他双眼无神的样子和渐渐发福的体形，我必须承认也许他选择退役的决定是对的，在因为走下坡路而刺痛他的骄傲之前急流勇退。但我仍然抱有期望，希望他的问题有一些深层次的诱因，一旦得到解决，他也许能恢复到之前的状态——让他在异国他乡成为一个传奇的状态。然而，在联赛最后一场结束后的第二天上午，我接到了秘书琳的电话，说两天后埃里克想在莫特拉姆霍尔酒店见我。我心里做好了最坏打算。当我们在酒店的一间私人办公室面对面坐下时，双方似乎都有片刻迟疑，不知该从何说起。但我从埃里克的脸上立即读出了"放弃"二字。他非常的坦率，他想要退役，并且已经考虑了一段时间，现在的决定是不会改变的。当我再次问起原因时，他不再像之前那样含糊其词，而是提到了老特拉福德内部的两种趋势让他不再抱有幻想。第一点是他觉得自己被曼联营销部门利用，他不会继续接受这种待遇；第二点是他觉得曼联在购买球员上野心不够。这两件事，我都感同身受。

在我尝试接受失去坎通纳——我执教的最有天赋、最让人兴奋、最有效率的球员——的时候，我仔细考虑着他对于董事会购买大牌球员态度的抱怨。曼联坚持工资封顶制度，这极大束缚了我在球员转会市场的作为。我理解在工资方面需要合理的制度，俱乐部必须考虑整体的支出结构。但天才不等人，我深信如果有两三个突出的球员能够将球队提升到新的高度，那么这几个球员应当被列入特殊薪资范畴。如果这些出众的球员是曼联成为天字第一号俱乐部的关键，我相信队友们会接受收入上的差异。球队处于巅峰，每个人都能从中受益。近年来，我很希望签下罗纳尔多、加布里埃尔·巴蒂斯图塔和马塞尔·德塞利，但因为曼联的工资政策，我没有办法为这些顶级球员提供足够大的合同。我认为工资方面的限制让我们无法在 20 世纪 90 年代成为欧洲足坛的强者。成为上市公司自然对俱乐部各方面都有影响，只要涉及钱，随之而来的就是一套有严格限制的流程。在公共有限公司里工作有时让我沮丧。我理解股东们的利益必须被认真考虑，尤其对那些重金投入俱乐部的投资者。但每个主场比赛的那 55000 名球迷呢？他们投入了自己的情感和忠诚，其中一些人自掏腰包跟着我们走遍全球。他们要求的唯一回报，就是看到一支成功的球队。球队不成功，球场可能都坐不满，球队商品和餐馆的收入也会随之大幅缩水。话说回来，我相信各位投资人早已赚得盆满钵满。对曼联来说，唯一的前进方向就是成为欧洲领先的俱乐部。但这需要花钱，曼联将来会意识到如果继续被工资封顶所限制，我们将无法到达应有的高度。

　　与此同时，我必须在公共有限公司的框架里运作，这有时真的很让人疲倦。我原以为，根据我来到老特拉福德后出色的买卖记录，我会得到更多的回旋余地。1996—1997赛季前，我把李·夏普以450万英镑的价格卖给利兹联（休斯、因斯和坎切尔斯基已经离队），这意味着曼联在两年内已经有1900万英镑的转会费入账。我在职已经接近10年，转会交易的赤字总额大概在400万英镑。考虑到其他俱乐部花了很多钱却不及我们万分之一成功，这是个非同寻常的数字。即便重要球员离开，我们在场上的效率也不会受到影响，这是最让我感到鼓舞的。近三个赛季我们失去了帕克、布鲁斯、因斯、罗布森、休斯、坎切尔斯基和夏普，却仍然是国内最好的球队。但没有了埃里克·坎通纳也会是一样吗？这次，我们失去的不只是一位球员，而是一面旗帜。

第二十四章　飞驰的阿森纳

就在我写下这段文字的同时，越来越多有说服力的证据表明，他的冷漠间接地帮了我们大忙。

每当为曼联追逐一名球员时，我都会全身心投入，但如果被拒绝，我不会为此心碎。我知道更好的机遇也许就在转角处。1988年夏天，保罗·加斯科因突然放弃我们而选择托特纳姆热刺，当时的确有一种被抛弃的感觉。但很快保罗·因斯的加盟成就了曼联队史上最出色的球队之一（而且，尽管听上去有些唯利是图，但我们把他卖到国际米兰时的确赚了600万英镑）。在被加斯科因拒绝一年后，我们又被格伦·海森耍得团团转，为了这名瑞典后卫我们一路追到了意大利。后来海森在利物浦并不是很成功，但错过他让我们更加坚定了从米德尔斯堡买下加里·帕里斯特的决心——看看后来帕里斯特在曼联踢得多么出色。当阿兰·希勒选择布莱克本而不是我们时，曼联俱乐部上下都表示惋惜和不解。但塞翁失马焉知非福。如果我们买下了希勒，就不大可能再签下埃里克·坎通纳。希勒能像伟大的法国人一样点燃老特拉福德吗？我不这么认为。所有这些经验，还有其他范例，告诉我在足球世界里，被拒绝没什么大不了的。所以1998年，当年轻的荷兰天才中锋帕特里克·克鲁伊维特对我们毫无兴趣，甚至不愿意与我们接触时，我毫不怀疑他会是日后的输家。就在我写下这段文字的同时，越来越多有说服力的证据表明，他的冷漠间接地帮了我们大忙。它确保我能够毫无阻碍地去达成自己长期以来的目标——从阿斯顿维拉签下德怀特·约克。我更希望同时买下克鲁伊维特和约克，但只要其中一人被排除，那我根本不会考虑放过另一个的可能性。最终我们完成了目标的一半，但却是更好的那一半。在曼联仅仅一个赛季，德怀特就已经跻身全欧洲技术最出色、效率最高的锋线球员行列。

可以预料，我签下约克的过程存在各种障碍。没有人觉得阿斯顿维拉主教练约翰·格雷高里会放走这样一位球员。真正拖后腿的是，我需要去摆平一些我方阵营制造出来的麻烦。1998 年世界杯，我把在法国南部的家庭度假与球探工作合为一体，同时也做一点世界杯的广电和新闻报道。我打电话回英格兰询问俱乐部主席，希望了解约克那桩复杂而又经常让人沮丧的转会谈判有没有进展。我直截了当的问题，却迎来了电话另一端的些许迟疑。当马丁·爱德华兹终于回答时，他的话让我震惊。

"呃，我们不确定买他是正确的选择。"

"什么意思，我们不认为他是正确的选择？"我质问道，"谁是我们？"

他的回答是："一两个董事，还有布莱恩·基德。"

我瞬间火了："布莱恩·基德？到底谁是主教练？"马丁说布莱恩觉得约克的过人能力没有我想的那么强。"布莱恩·基德从来没有跟我说过这些，为什么他不跟我说而跑去告诉你？"我很想知道答案。主席说布莱恩并没有当面跟他这么说，而是告诉了俱乐部里的其他人。我问"其他人"是谁，马丁说他无可奉告，并表示我的助手"上赛季发了不少牢骚"。我追问牢骚的具体内容，马丁说布莱恩觉得球队的训练强度不够。我提醒说，布莱恩就是球队训练的主要负责人，这样的抱怨太奇怪了。紧接着，马丁的话让我更震惊。

"我想你跟布莱恩之间有些问题，你应该跟他谈谈。他今早来见我了，希望允许他跟埃弗顿接触。"坐在卡普费拉悬崖顶上的别墅里，看着眼前的地中海，耳朵里却听到曼彻斯特发生了如此戏剧性又让人不安的事情，这样的感觉很奇怪。

我告诉主席："布莱恩想去埃弗顿，一点可能性都没有。我很惊讶，因为他从来没有向我表达过要当主教练的想法。但先不说这个，我不理解关于德怀特·约克和训练强度的抱怨。"马丁的看法是布莱恩本来就是个爱抱怨的人。

他说："我想你应该跟他聊聊，除非你想放他走。"我强调说主要的顾虑是必须确认自己的助手是全心全意地辅助我，并且满意这份工作。然后我回到这次通话的另一个让我烦恼的话题。既然布莱恩对约克持保留意见，我想知道他是否有其他自己中意的前锋人选。

马丁告诉我："呃，他喜欢西汉姆联的约翰·哈特森。"

"哈特森——你开玩笑的吧？"我大喊了起来。"主席，你是认真的吗？你觉得约翰·哈特森够曼联球员的级别吗？"马丁承认这个名字被提起让他很惊讶。

我需要谨慎地思考下一步的路，我试着通过分析布莱恩的行为来判断他的想法。他是否也向俱乐部其他人抱怨了呢，如果是，那么是哪些人，我又该做何反应呢？下任何决断之前，为了公平起见，我需要听听布莱恩自己的说法。当我接通他的电话，向他转述马丁·爱德华兹的话时，他嘟嘟囔囔的，于是我重复了我的问题。

"你都跟谁说了？"

他回答："一个人都没有。"我接着问他是不是真的不支持买入德怀特·约克。

他说："我觉得他没你想的那么能盘带。"我问他能否说出英国任何一名球员在这方面比约克强。无论怎样，他为什么不早些提出这个想法呢？我们一致同意，无论是否签下约克，帕特里克·克鲁伊维特能够为我们提供近期缺少的身体优势。布莱恩对于他想跟埃弗顿接触的原因很坦诚："埃弗顿准备给我开的工资是这里的3倍，为什么我还要为曼联工作？"我可以理解他的想法。

"如果只是钱的问题，你为什么不来找我呢？你想让我帮你去多要些钱吗？"他说如果我介入此事，他会很感激。

我打到英国的电话加起来超过了一个小时。这场电话马拉松结束后，我思绪万千。想法之一就是很生气自己在曼联的日常训练里给了布莱恩太多权力。这个问题的出现，源于我作为主帅所累积起来的所有附加责任。每天上午我的生活被数不完的会议和电话占满，反而没办法专注于球员每天所需要的细节。要是在几年前，我的助手跟其他球队眉来眼去，我的反应会更加强烈。年龄真的会让人变得温和，更加理解他人。我认为布莱恩·基德是一个复杂的人，经常没有安全感，尤其是对于自己的健康。他很忧虑自己的执教水平，担心我是否需要他继续做助手，担心一旦我退休后他会怎么样……这些是他每天都会担心的主题。我时不时地会鼓励他，告诉他没有什么好担心的。我还不打算退休，我觉得他的训练课很棒，还有最要紧的，我希望他继续担任我的助手——这一点毫无疑问。现在事情发展到这一步，我略有担忧地对布莱恩疑中留情。他在我身边工作了7年，我们的合作卓有成效，老实说，我不想再发生人员变动。我想，这又是年龄逐渐增大的例证吧。

我接下来给主席的这个电话，告知了我和布莱恩交换意见的梗概，他求我两天后飞回伦敦，把基德和约克的这两件事情说清楚。我知道如果中断假期，凯西会愤怒出离，我自己也并不想去伦敦待一天。我在海滨度假胜地享受着美好的时光，凯西和我幸福地看着我们的孙辈和他们的父母、叔叔、阿姨们一起在泳池边玩耍。但俱乐部的事情的确重要，于是那个周五我还是飞回了希思罗，随后被直接接到了汇丰银行。在那里，曼联公共有限公司的主席罗兰德·史密斯爵士为他、马丁和我的会晤安排了一个房间。我原以为会议的主题是讨论布莱恩·基德和德怀特·约克，然而马丁·爱德华兹的开场白是一大段关于我的演讲。他称赞了我的执教能力，但表示在老特拉福德的成功让我成了一位名人，以至我不再像以前一样专注于工作。我新近爱上赛马这件事显然得到了不大好的反响。我几乎无法相信自己的耳朵，但还是让马丁和史密斯爵士说完了他们的观点。最后我问道："你们是不想让我干了吗？"

"哦不，不。"两人都迅速矢口否认，再次称赞了我的执教能力，坚持说他们只是给我建议。但我有问题要问他们。

"你们知道在这家俱乐部执教 11 年半有多困难吗？你们不明白我能够坚持下来的唯一办法就是找一个足球之外的消遣方式吗？"我提醒马丁他经常要求我每周休息一天。他承认的确如此，但他的意思是让我休息，而我却总是到处跑。我回答说："但也许这就是我的放松方式，让自己沉浸在赛马这样的另一番乐趣当中。"

在我的休闲方式上，双方各执一词，于是我们把话题转向约克。我明确地向他们表示，在曼联没有人比我更有资格来评估一个球员。自从来到这里，我拥有非常良好的引援记录，这些被引进的出众球员再配搭上我们培养的青训人才，共同让曼联成了统治 20 世纪 90 年代英格兰足坛的力量。这个名单上精英荟萃：休斯、麦克莱尔、布鲁斯、帕里斯特、埃尔文、舒梅切尔、夏普、因斯、坎切尔斯基、基恩、坎通纳。同样他们需要记住，在 1998 年夏天（那时我们已经用破后卫纪录的身价引进了荷兰中卫雅普·斯塔姆），曼联通过卖出球员收回的资金已经足够填平我花出去的钱。

我告诉马丁和史密斯爵士："如果你们不认为我是决定俱乐部应该引进哪些球员的最佳人选，那我干脆现在就一走了之。"似乎这句话让关于约克的辩论告一段落，但我却对自己的处境高兴不起来。回想起来，如果这些发生在前几年，我的自尊心和脾气根本容不得这样的闹剧。

我们会晤的下一个议题是布莱恩·基德的位置。这时布莱恩已经在房间外等候召唤了。我直接问爱德华兹，他是否觉得我的助手在动摇我的权威。

他答道："我觉得布莱恩就是缺乏安全感，喜欢抱怨。但他必须停止在老特拉福德的办公室里四处抱怨了。"马丁随后询问我的看法。

"我知道他喜欢喋喋不休地抱怨团队里的其他同事，但我对于他没有跟我谈起德怀特·约克感到失望。"

马丁让我决定布莱恩的去留："这完全由你决定，但如果你想让他走人，现在就说出来，这样我们就没必要跟他谈新合同了。"

我向他解释了自己对于整件事的看法，告诉他我最不想做的就是重新去找一个助手。球员们都喜欢布莱恩，我们俩的合作也卓有成效，没有必要做出改变。我的看法是，这件事闹到这种程度，布莱恩应该也闹够了。我们讨论了他的新合同，我提出的建议被接受了。布莱恩进来后，我觉得有必要在史密斯爵士和马丁面前向他强调，曼联和我都不会容忍助理教练的丝毫不忠。

布莱恩的反应很激烈："我很惊讶你居然问我这个。我从来都对你很忠诚。"

我说："好的，只要这是你的真心话，我们可以开始讨论细节了。"

接下来，我让他们三个留下来确定布莱恩新合同的细节，自己先回法国。途中我突然意识到布莱恩比我更加轻松地拿到了更好的工资待遇。他今年3月才续签了一份新的4年合同，现在马上又要签一份新合同。去年1月，史密斯爵士曾经承诺俱乐部会在1997—1998赛季后给我新合同。但当时我们位于英超榜首，顺风顺水。随后阿森纳超越了我们，拿到了联赛和足总杯的双料冠军。现在我被告知，新合同还在"考虑之中"。我相信，和伦敦会议开头对我的批评一样，续约的延迟很大程度上是因为我们下半赛季的战绩不佳。这很不公平。虽然阿森纳后来居上的表现很杰出，但毫无疑问，连续遭遇伤病才是我们后继乏力的主要原因。在马丁批评我注意力不集中之后，我说："如果我们赢得了联赛冠军，现在我们就不会再谈论这个了。如果你足够坦率，你就会承认伤病是我们丢掉冠军的主要原因。"对我来说，这的确是事实。

1997—1998赛季第九轮，我们的新任队长罗伊·基恩在埃兰路球场右膝严重受伤。这似乎是我们赛季走势的一个预兆。事实上，在球队最有影响力的球员长期缺阵的情况下我们做得非常不错，在英超一路领先，直到赛季后期遭遇更严重的伤病问题。但是这种核心球员缺阵带来的实力下降，任何球队都无法幸免。对于我们来说，这种负面影响在欧冠1/4决赛这种关键时刻尤为明显。罗伊受伤后很快就被确诊为十字韧带严重损伤，他将会错过赛季余下的比赛，而且需要一个旷日持久、细致观察的恢复期。这样的情况下，最让人揪心的是球员的未来。想要完全康复，罗伊需要极大的耐心，这个词并不经常和我们的爱尔兰勇士联系在一起。令人惊讶的是，他被证明是个完美的病号，不仅主动配合治疗，更是成为遭受同样伤势的小将特里·库克的最好榜样。在伤愈复出的艰难道路上，两人结伴而行。

基恩是在 0∶1 输给利兹联的比赛中受伤的，那场比赛也打破了我们从卫冕之路开始以来的不败金身。揭幕战我们在白鹿巷球场 2∶0 赢球，新近从托特纳姆加盟的泰迪·谢林汉姆被老东家球迷骂得狗血淋头。"犹大"也许已经是最温和的叫骂方式了。他在下半场罚丢点球，主队球迷们更是欢呼雀跃。我们在比赛后段连进两球，他们就高兴不起来了。尽管谢林汉姆已经年过 30 了，但对我们是个合理的补充。他的临门一脚很不错，尤其是头球，同时拥有很强的战术意识，并能利用出色的传球能力为其他进攻球员创造进球机会。他的加盟能够帮助我们填补埃里克·坎通纳留下的巨大空当。

罗伊·基恩仅仅参加了一场欧洲赛事，在斯洛伐克我们 3∶0 轻松战胜科希策。随后我们将在老特拉福德迎来上赛季的老对手——强大的意大利巨人尤文图斯。我们的冠军联赛小组中还有荷兰的费耶诺德，但最大的威胁显然来自尤文图斯。在面对欧洲大陆顶尖球队时，我总是向队员们强调保持精神高度集中的必要性。1997 年 10 月 1 日，我的警告在开赛 40 秒后就成了耳边风。尽管亚历山德罗·德尔·皮耶罗的进球展现了大师般的技巧，但这么早丢球是个沉重打击。雪上加霜的是尼基·巴特随后因为偏头痛被迫离场。尼基最开始出现这种症状的时候，我们担心他的问题很严重，最终确诊为偏头痛时几乎让大家松了口气。但它会让患者短暂性地出现头晕眼花、视线模糊等症状，那场比赛尼基完全无法坚持下去。幸运的是，球员们在重新调整阵型后发挥出了不可思议的水平，在又一个欧战之夜的奇幻氛围下，泰迪·谢林汉姆扳平比分，对手开始招架不住。尤文图斯的核心齐内丁·齐达内被罗尼·约翰森压制，下半场我们的表现飙升，保罗·斯科尔斯和瑞恩·吉格斯各进一球。终场前齐达内一记精彩的直接任意球破门，但这场 3∶2 的胜利证明我们可以在最强大的对手面前踢出高水准。

类似的出色状态使得我们在主客场双杀费耶诺德。安迪·科尔在鹿特丹上演帽子戏法，但荷兰人整晚都在绝望地凶猛飞铲。这样的场面难免有人受伤，令我们沮丧的是，丹尼斯·埃尔文成了受害者，他被保罗·博斯维尔特亮鞋钉的飞铲放倒。足球圈里没有谁比谦逊的爱尔兰人更受欢迎，他是职业球员的典范，低调、甘当无名英雄，这种类型的球员是所有成功球队的基石。博斯维尔特的动作简直是在犯罪。然而经验丰富的匈牙利裁判桑多尔·普尔居然连黄牌都没给。欧足联在赛后理所应当地处罚了普尔，禁止他执法接下来的欧冠赛事。在都灵①的最后一场小组赛前，我们已经提前进入1/4决赛。考虑到我们的联赛赛程，我在对阵尤文图斯的比赛里进行了轮换。很多人认为我们应该对意大利巨人赶尽杀绝，但老实说，我并不担心在淘汰赛中再次跟他们交手。在阿尔卑球场②，我们前60分钟发挥还行，但尤文图斯在最后20多分钟掌控了比赛，我们艰难地取得进球，勉强跻身1/4决赛。

在冠军联赛和英超双线作战从来不易，我们的小伙子们在1997年下半年的表现让我感到自豪。伴随着我们在欧战赛场的成功，我们在国内踢出了一些高比分的精彩比赛。我们对阵巴恩斯利打入7球，打进谢周三6球，客场打进温布尔登5球（很少有人在他们的地盘这么干），4球战胜布莱克本。进入1998年，我们已经大幅领先所有对手，势如破竹。我们在足总杯的首战是到斯坦福桥迎战切尔西。我们把切尔西踢得满地找牙，5：0领先后放松下来，让切尔西戏剧般地扳回3球。2月的最后一天，我们再次回到西伦敦，当时切尔西看起来将是我们联赛争冠的主要对手。阿森纳渐入佳境但积分落后较多。我们在斯坦福桥依靠一个罕见的菲尔·内维尔的进球全取三分，巩固了领先优势。但我们为这场胜利付出了代价，加里·帕里斯特一直有问题的背部终于支撑不住了，突然之间，伤病有可能成为我们争冠的一大障碍。2月对我们来说是残酷的。在这之前，除了赛季初受伤的基恩，我们没遇到过什么严重的伤病问题。我们经验最丰富的后卫帕里斯特肯定将缺席数周，而在他背部受伤前7天，我们跟德比的联赛中，瑞恩·吉格斯伸出左腿去勾一个大卫·贝克汉姆的传中球，随即痛苦地握住自己的韧带。最终伤势确认为韧带撕裂，吉格斯也将缺阵几个星期。这些只是一系列糟糕伤病的开始，但已经影响到了我们和摩纳哥的欧冠1/4决赛，之后更是严重地影响了我们的英超征程。从那时起到赛季结束，我们的队医每天都在加班。我们经常缺少关键球员，即便是我派上场的有些球员，尤其是保罗·斯科尔斯和加里·内维尔，他们能上场完全是因为比

---

① 意甲球队尤文图斯的主场所在地。

② 意甲球队尤文图斯主场。

赛欲望和较高的耐痛属性。

在缺兵少将的情况下，我们对3月4日客场0：0战平摩纳哥的结果还算满意，但是那个修建在停车场上的球场草皮实在太硬了，丹尼斯·埃尔文受伤错过了周六客场0：2输给谢周三的联赛。对阵摩纳哥第二回合比赛前4天，阿森纳做客老特拉福德，这场比赛被所有人视作决定联赛冠军走势的重要战役。他们从12月中旬开始就保持不败，而且剩余的联赛场次比我们多。如果阿森纳击败我们，就将首次把联赛夺冠的主动权握在手中。他们凭借奥维马斯终场前的进球获胜，我们心服口服。他们在整场比赛中都是表现更好的一方。还有更糟糕的，彼得·舒梅切尔在比赛最后时刻来到阿森纳禁区参与进攻，随后在回防时鲁莽地做出铲球动作，拉伤韧带。于是周三的欧冠生死战，舒梅切尔、吉格斯和帕里斯特缺席，斯科尔斯和加里·内维尔带伤上阵。正常情况下，我都不会让他们出场。我一度寄望于排兵布阵的调整和战术安排能够掩盖球队的弱点，然而开赛仅仅6分钟，我们在己方禁区前沿大意丢失球权，摩纳哥队身材瘦高的年轻中锋大卫·特雷泽盖一脚技惊四座的劲射直入网顶。奥莱·冈纳尔·索尔斯克亚在下半场初段扳平比分，但我们寻求反超的尝试缺少活力和信心，考虑到之前让人筋疲力尽的艰苦赛程，这并不意外。安迪·科尔和泰迪·谢林汉姆在17天内踢了6场比赛，他们的表现尽显疲态。我为他们感到遗憾，从我的角度出发，接下来由于英格兰国家队比赛日而形成的一个10天休整期来得再好不过，我和我的团队有机会来分析赛季的形势。

我们能不能引进些球员来为球队注入新的活力呢？进入我考虑范围的一位球员是阿根廷人阿里埃尔·奥尔特加，他在瓦伦西亚效力但据说跟教练闹翻了。我被告知瓦伦西亚同意把他出租，直到第二年12月。但是这桩交易很复杂，要求我们立即支付100万英镑，如果我们在1998年年底决定留用他，那么需要再支付600万英镑。曼联董事会对此并不感冒，正当我希望依靠引进新球员让联赛争冠之路重回正轨时，谈判却宣布告吹。我很沮丧，但也只好依靠现有人马，倾尽全力试图反超现在的英超领头羊阿森纳。至少舒梅切尔、帕里斯特和吉格斯伤愈复出，我们也取得了几场不错的胜利：3：0战胜利兹联和水晶宫，3：1客场战胜布莱克本，2：0胜温布尔登和巴恩斯利。但主场战平利物浦和纽卡斯尔的结果意味着追赶阿森纳彻底无望。我无法不赞赏新科冠军和他们的主教练阿尔塞纳·温格。他们在主场取得十连胜，只有真正出色的球队才能在我们这个艰难的联赛里拿到这样的成绩。他们在每个位置上都有出色的球员，阿尔塞纳·温格居功至伟，他把本土球员和外援融合成了一支团结、强大而充满动力的团队。他的法国老乡帕特里克·维埃拉和埃玛努埃尔·佩蒂特在中场左右逢源，而后防线上的老将们把丰富经验发挥到了极致。球队的精神领袖是托尼·亚当斯，一位经典英式中卫——勇猛、可靠，不仅做好自己分内的工作，也能组织激励身边的队友。

经历了令人疲惫不堪的 1997—1998 赛季，我迫不及待要去海滨度假，但就像我在前文所述，曼彻斯特的种种麻烦搅乱了我和家人的假期。现场观看世界杯倒没那么烦人，但比赛没怎么提起我的兴趣。和前两届在美国和意大利举办的比赛一样，法国世界杯没有涌现出让人眼前一亮的球员。现代足球是否充斥了太多压力，让我们无法像以前那样在世界杯决赛圈看到极具魅力的新星冉冉升起呢？ 1986 年墨西哥的迭戈·马拉多纳会是最后一个吗？罗纳尔多被认为是下一个超级球星，但这位年轻的巴西人在法国的遭遇让所有足球圈的教练和队医们胆战心惊，也让商业大鳄们明白他们不能一直像吸血鬼一般地赚钱。我给所有前往观看世界杯的团队成员的指示是找到一个还未成名但拥有绝对潜质的球员。但没有一个人引起我们的兴趣，让我们觉得不可错过。我对这个伟大赛事的未来有些担忧。

我为《星期日泰晤士报》撰写的世界杯专栏引发了不少争议，尤其是我批评英格兰队主帅格伦·霍德尔对大卫·贝克汉姆的严厉态度。我完全不能认同霍德尔坚持让大卫出席新闻发布会的行为，后者还没有从落选英格兰首战突尼斯先发阵容的震惊中缓过神来。我认为更合情理的做法应该是私下给予他鼓励，让他把国脚生涯中最沮丧的一刻转化为动力。在我看来，让他被满屋记者追问，对集中精力夺回主力位置毫无帮助。格伦为自己辩护，并声称我批评同行是不道德的行为。简直胡说八道。我完全没有批评他在足球方面的决策。我在报纸文章中开篇就写到，如果他认为达伦·安德顿比大卫·贝克汉姆更好，那么球队的排兵布阵就不应再有任何争论。这件事情只能霍德尔一个人说了算。但让一个情绪极不稳定的 23 岁年轻人去面对一群记者在伤口上撒盐，而不是给他空间来缓解沮丧情绪，这是另一码事。我认为这是人际关系处理的失败案例，我对自己在这件事情上的表态没有任何后悔。

媒体里有些人尝试在霍德尔和我之间制造争端，但我们之间没有什么大问题。我对于他担任国家队主教练的基本观点是，他没有足够的经验来应付这样一份工作。我从不认为他能力不足。事实上，他对足球很有见地，如果年长 10 岁，也许他能够带领英格兰队取得成功。除非拥有博比·罗布森或者特里·维纳布尔斯这样的履历和经验，任何人执教英格兰队都是不可能完成的任务。在我看来，特里·维纳布尔斯对各种要求和压力的处理非常得当，也充满自信。在俱乐部不愿放国脚参加国家队友谊赛的冲突中，他的处理非常机智务实。他知道不可能确保所有人都来报到，所以他会提前给俱乐部主教练们打电话，询问哪个球员是他们最不想放走的。他建立的这种友好关系保证了没有哪个讲理的俱乐部主教练会在欧锦赛或者世界杯真正来临时驳了他的面子。特里的经验，尤其是他在巴塞罗那执教的经历，让他有了年轻的格伦·霍德尔不具备的优势。我希望格伦能够早日从被英足总解职的打击中恢复。我认为他被解职的缘由给了人们一个错误的印象 [1]。我祝他好运。

6 月底我从尼斯飞回曼彻斯特，才听说大卫·贝克汉姆在英格兰与阿根廷的世界杯淘汰赛中被红牌罚下。"这真是糟糕透顶。"他刚在对阵哥伦比亚的最后一场小组赛中向格伦·霍德尔证明了自己的能力。随着世界杯进入淘汰赛阶段，他很可能成为赛事中最令人兴奋的球员之一，但他愚蠢地用脚踢向迭戈·西蒙尼，再配上阿根廷人浮夸的滑稽倒地，贝克汉姆在圣埃蒂安被红牌逐出。10 人应战的英格兰顽强抵抗，却再次倒在了点球大战中。赛后，英格兰媒体和有些所谓"球迷"对于贝克汉姆愚蠢错误的反应，让我怀疑这个国家对待体育的态度已经完全癫狂了。哪怕是他犯了杀人罪或者叛国罪，恐怕也不会比现在遭到更多的诽谤中伤。报纸上的很多内容像是出自杀戮成性的人之手。这让我觉得恶心，我担心大卫如何面对世界杯后对他经久不息的恶意追踪。现在我们都知道他的处理非常得当。我尽可能地给他提供帮助，曼联的所有人都是如此。毫无疑问，他的家人给予了他最好的支持。但是，他在过去这一年里应对个人和职业层面双重压力时的表现，完全归功于他自己。他在球场上表现出的勇气和超凡毅力，就像他被长达数月的无理谩骂包围时所表现出的决心和忍耐力。他成了英格兰队不可动摇的关键球员，去年夏天那些在报纸上指责他是叛国贼、恨不得他直接下地狱的人，现在却根本停不下来对他的褒奖。这些伪君子的行径恰恰映衬出大卫在长时间的折磨中所展现出的人格力量。

他会第一个站出来承认在法国的闹剧之后，他的状态并不好。但他从不逃

---

① 2000 年欧锦赛资格赛英格兰队表现不佳，霍德尔备受压力。其间他在《泰晤士报》访问中，直指伤残人士因为前生犯下罪孽以致今生受苦，引起轩然大波，首相托尼·布莱尔亦出手干预，致使英格兰足总不得不终止与霍德尔的合约。

避挑战。他在场上时刻都在要球，这就是一个伟大球员的标杆。我记得布莱恩·基德讲过他作为曼联球员时的一个故事：1966—1967赛季末，曼联在争冠路上遭遇了一场极其困难的客场比赛。有些球员很紧张，其中一两个甚至赛前怯阵。但在他们走上球场前，博比·查尔顿说："把球给我，没问题的。"布莱恩确信博比凭借一己之力为曼联赢得了那个赛季的冠军。所有看过大卫·贝克汉姆踢球的人都知道他时刻准备着承担责任。也许他看上去只是个小帅哥，但在这个外表英俊、衣着时尚的大男孩的外表下，是让人敬仰的钢铁般的意志。没有这种意志，他不可能在近两年私生活被侵犯的逆境下维持在球场上的高水准。

自从他和维多利亚恋爱，当然现在后者已经是他的太太，他开始涉足娱乐圈，但与此同时他又必须面对作为球星的严格生活方式。他们俩认识没多久就进入疯狂的热恋，自然而然，他把自己的感情摆在了第一位。1997年，在我们前往参加与多特蒙德的欧冠半决赛的球队大巴上，我不得不命令他关掉手机。很显然他很想念新女友，于是不停地给身在美国的维多利亚打电话。我相信，和一个闻名全球的流行歌星恋爱，一开始的确是件很令人激动的事情。但我想，当公众的目光越发集中在他们身上时，这对名人夫妇的身份会成为一个噩梦。它绝对改变了大卫，前些年那个充满欢乐的年轻人不见了，取而代之的是一个安静而隐秘的人，很少有人能够读懂他的内心世界。有段时期，他在私生活里的大量旅行让我感到困扰，担心他得不到足够的休息。每周往爱尔兰跑两三趟去见维多利亚，这并不是理想的赛前准备方式。我不得不向他强调，他需要对自己的事业负责，对队友负责。幸运的是，这已经不再是个问题。现在维多利亚和大卫已经带着刚出生的儿子布鲁克林在柴郡安家，生活恢复到正常节奏。

没有人应该轻视大卫·贝克汉姆。有时我会不同意他在生活中的一些决定，但他也是个很固执的人，不管亚历克斯·弗格森怎么想，他会根据自己的想法做决定。我的确希望能够在年轻球员们的成长过程中加以控制，但你无法不欣赏他的坚定。这种坚定在很多时候给予我很大帮助。每当球场上出现关键时刻，你可以用生命下赌注，大卫·贝克汉姆绝对不会让你失望。

第二十五章　不可思议的三冠王

没有哪个主教练能保证让自己的球队成功，但是如果他不坚持自己的想法的话，那他一定不会成功。

没有哪个主教练能保证让自己的球队成功，但是如果他不坚持自己的想法的话，那他一定不会成功。在我们这一行，如果哪个教练害怕做出艰难的决定——比如换下某个表现不佳的明星球员，或者挑战不合理的球队文化——那他获得成功的可能微乎其微。1998 年的夏天，我下定决心要在转会市场上有所斩获。我们的球迷为球队付出了巨大的心血，他们每周末都挤满了球场，他们有权在老特拉福德看到最好的球员。我们理应是联赛中最好的俱乐部，我们也必须保持最佳的阵容。当时我们已经 30 年没有获得欧洲冠军了，即使赢得了很多国内冠军也弥补不了这一点。媒体把欧冠奖杯称作我们的圣杯，考虑到我们当时对欧冠冠军的渴求，他们这么说也没错。从 1986 年上任算起，这将是我第五次带领曼联走进这项欧洲顶级赛事，之前几次参赛留给我们的都是失望的回忆。之前两年我们分别打入了半决赛和 1/4 决赛，但因为之前一个赛季阿森纳拿到了国内的双冠王，所以我们必须参加预选赛，才能出现在欧冠的 6 个小组之中。

这个赛季我们必须压过阿森纳，所以我就必须说服球队管理层在转会市场投入资金。1997—1998 赛季结束的时候，我与马丁·爱德华兹和财务总监大卫·吉尔见了一面，他们告诉我转会预算是 1400 万英镑。当时我们已经花掉了约 1000 万英镑引进雅普·斯塔姆，所以肯定没有足够的资金引进德怀特·约克了。但不管俱乐部其他人怎么想，我都下定决心要买入这名前锋。另外在 1998 年 7 月，我们还以约 400 万英镑的价格买进了瑞典边锋杰斯普·布隆姆奎斯特，他也是我一直想要的球员。最终解决资金问题的方法是把约克的交易放在8月中旬，转会窗关闭的前几天。这样，这笔1260万英镑的交易使用的就是下一个财年的预算了。尽管我还想要在锋线上购入一名国际球员，但现在至少我已经尽尽了最大的努力来改善阵容。现在回头看看，如果当时没有冒着财政风险引进斯塔姆、约克和布隆姆奎斯特的话，那个赛季的三冠王是毫无希望的。

当然也有人离去，那就是过去9年之中对我们一直非常重要的加里·帕里斯特。加里是非常优秀的球员，他的离去也让我们感到伤心。但是他知道，他在球队的位置已经开始动摇，来自米德尔斯堡的转会合同也是很不错的选择，因为那是他家乡的球队。

那个赛季的伊始，我们并没有看到多少辉煌的迹象。在赛季前的慈善盾杯上，我们被阿森纳以3∶0的大比分击败，批评声不绝于耳。他们认为我花大价钱买来斯塔姆就是一个错误。他在那年夏天的世界杯上犯了一些错误，但那是因为荷兰队的防守阵型并不适合他。也有人认为他在对阵阿森纳时的状态说明他没法在英超立足。但我知道那都是一派胡言，斯塔姆速度很快，并且意志坚定，身体强壮，技术也很好，再加上他沉稳的性格，他很快就会成为这个联赛中最好的中后卫。在这么重要的位置上有他这么优秀的球员，是所有教练梦寐以求却又很少有机会得到的，上千万英镑的转会费非常值得。

慈善盾杯输给阿森纳我并不在意，但9月20日在海布里球场以相同的比分再次输给他们就让我不能接受了。那是我们赛季上半程遭受的三场失利之一，考虑到第三场失利（12月19日2∶3输给米德尔斯堡）还是发生在我们的主场，我们那一年的夺冠之路确实起步艰难。但是从另一个角度来说，国内比赛的踉跄也是我们为了在欧洲赛场更进一步所愿意付出的代价。在预选赛中淘汰掉来自波兰的LKS罗德兹队之后，我们被分进了一个死亡之组，面对巴塞罗那，拜仁慕尼黑和舒梅切尔的前东家，来自丹麦的布隆德比。对付布隆德比我们很轻松，主客场总比分11∶2，两次击败了他们。跟巴塞罗那和拜仁慕尼黑我们4场比赛全部打平，但比赛场面精彩纷呈。最后一场对阵拜仁慕尼黑，场面也许并不刺激，但那也可以理解，因为双方都知道，只要保持记分牌上1∶1的比分到终场，两队就会携手晋级1/4决赛。场内的球员都知道这一点，除了舒梅切尔，所以在比赛的最后10分钟，当两队球员都开始降低比赛强度的时候，他还在大声地敦促队友继续进攻，他可真是个攻击型的守门员。

舒梅切尔当时肯定已经决定在赛季结束之后离开球队了，当他在11月发表声明的时候，对全队都是一个打击。但我们必须尊重他的决定，因为他的身体状态已经开始下滑，他想要在一个对抗不那么激烈的联赛度过他职业生涯的最后几年。当他在1999年夏天转会去里斯本竞技的时候，他带走的是我们最美好的祝福，我们永远不会忘记他对球队的付出。我不认为有比他更好的守门员了，他是曼联历史上重要的人物，他在曼联的生涯以三冠王结束真是再合适不过了。

我们在小组赛中打出的大比分令整个欧洲都感到兴奋。我们两次与巴塞罗那3：3打平，这两场比赛也许不是防守战术的教科书，但那种开放、进取的精神绝对令世界着迷。我也为球队在诺坎普表现出的决心和热情所打动。在巴塞罗那，约克和科尔证明了自己是多么致命的一对组合。自从加入我们开始，德怀特就证明了自己作为锋线球员所具有的全面能力。他似乎不费什么力气就能控制好足球，就可以用敏捷的盘带过掉对手，也可以用富有想象力的传球撕破防线，还是一个绝佳的终结者。他不惧激烈的身体对抗，对比赛的热情也通过那永远挂在脸上的微笑表现出来。毫无疑问，他的到来使科尔受益匪浅。他们在场下是好朋友，而在场上，德怀特的多样性和创造机会的能力又使科尔的速度和射手本能完全释放出来。那个赛季他们一共联手打进了53粒进球。

1998年12月初，在我们备战对阵拜仁慕尼黑的最后一场小组赛的时候，传出了布莱恩·基德想要离开球队，去布莱克本做主教练的消息，让我非常震惊。我是从《曼彻斯特晚报》的斯图尔特·马其森那里听到了消息，说马丁·爱德华兹拒绝了布莱克本接触布莱恩的请求。当我去跟布莱恩谈的时候，我以为他会想要留下。在跟俱乐部主席通紧急电话的时候，我吃惊地从马丁·爱德华兹那里得知，布莱恩的经纪人迈克尔·肯尼迪，也是基恩的经纪人，要求球队允许布莱恩与布莱克本谈合同。马丁·爱德华兹问我有什么想法。

"马上就要和拜仁慕尼黑比赛了，这时候不能失去他。"我说道。我希望球队主席能在第二天与布莱恩的会谈中解决这件事情，因为在这个节骨眼上失去我的助教对球队完全没有好处。但第二天下午，布莱恩给我打了电话，说事情并没有解决，而且听上去他的态度是无法挽回了。"他们一直在说的只是对曼联的赔偿。"他在电话里说。

那天我们在联赛杯中对阵托特纳姆热刺，当布莱恩来到白鹿巷的时候，比赛都已经快开始了。他并没有跟我多说什么。几分钟之后，球队主席来到了更衣室并把我单独叫到了一旁："他还是想走，"马丁跟我说，"迈克尔·肯尼迪今晚就会给布莱克本打电话，明天他们就会碰面谈合同了。"我问马丁有没有跟布莱恩谈留下来的条件，马丁说："我们提出多给他一年的工资，但被拒绝了，他说他想要证明自己。"这让我意想不到，因为布莱恩从来没提过他想要做主教练。比赛结束之后，我把他叫到了一个小房间，建议他应该仔细考虑自己做出的决定，当我们分别的时候，我们同意第二天早晨再继续讨论。结果第二天我确实跟他谈了，但当时他已经在去布莱克本的路上了，他去意已决。

很自然的，一线队的球员们对于他的离去感到遗憾。他是一个优秀的教练，在准备球队训练的时候一丝不苟，我一直承认他的贡献。我们共事的 7 年是曼联的黄金时代，他负责训练球员，并且与他们保持了良好的关系，这对球队大有裨益。球队里的每个人都能感到基德对他们的欣赏。当我让布莱恩选择出场球员的时候，他自然也有自己的喜好。因为他之前做过青训的负责人，所以他更青睐自己一手带入球队的球员。他的前任阿奇·诺克斯在我上任的头 5 年里给我打下了良好的基础，作为诺克斯的继任者，布莱恩也继续保证了之后的成功。他杰出的工作肯定会在曼联的历史上留下光荣的印记。显然，去当时还有可能降级的布莱克本担任主教练是一个冒险的决定，但我想对他来说，在接近 50 岁的年纪，如果想要成为主教练的话，确实应该抓住现有的机会。不过我对他的新工作还是心怀担忧，因为杰克·沃克并不是一个有耐心的人，他并不知道布莱克本想要重现 1995 年联赛冠军的辉煌有多难。

我和布莱恩的关系一直很好，尽管在 1995 年和 1998 年的夏天他有时会向俱乐部的其他人抱怨一些事情，这样其实削弱了我对球队的掌控，但我相信他的这些作为也没太出格，这仅仅是他性格的一种表现罢了。我绝不希望布莱恩背离我，因为当我从曼彻斯特的社区工作中将他发掘出来的时候，他的年薪大概是 1 万英镑，这跟他离开曼联时候的收入是完全不能同日而语的。在接下来的几年里，他会逐步了解到自己是否能胜任主教练的工作。当然，执教布莱克本和执教曼联完全是两回事，何况布莱恩在曼联的工作也并不是主教练。他的性格并不适合做出艰难的、不受球员欢迎的决定。

在那场对热刺的比赛中我知道基德决意要离开了，那场比赛也成了我们那年在联赛杯中的最后一战。热刺 3：1 击败了我们，并且最终夺冠。不过并没有什么可悲伤的，因为我们参加联赛杯主要是为了锻炼年轻球员，而我们确实达到了这个目的。当时我们即将晋级欧冠的 1/4 决赛，联赛中的竞争也如火如荼，而且足总杯的比赛马上就要到来，在这种情况下，我们实在没办法继续参加另一项赛事了。不过对于整个 12 月的成绩，我们确实很不满意，那个月我们一共踢了 8 场比赛，输了 2 场，平了 5 场，只赢下了 1 场，3：0 击败了诺丁汉森林。我们疲态尽显，在主场我们被生机勃勃的切尔西全场压制，最后幸运地拿到了 1：1 的平局。但 3 天之后的 12 月 19 日，我们就没那么幸运了，我们在主场输给了米德尔斯堡。我缺席了那场比赛，因为比赛前一晚，我弟弟的妻子桑德拉因为癌症去世了，我立即和马丁还有他的女儿劳拉一起飞去了格拉斯哥。在那个心碎的时刻，我很想知道为什么我们对待足球那么严肃。

当然，当我回到克里夫训练基地，看完了比赛录像之后，我直言不讳地向球员指出了他们的问题，他们缺乏注意力，并且在比赛中漫不经心，最终导致了可笑的失球。我告诉他们，我们必须马上开始改变现状。球员们的反应很棒，在那个赛季剩下的比赛中他们保持了 33 场不败，最终拿到了足球界最具分量的 3 个冠军奖杯，并且在夺冠途中战胜了利物浦、切尔西、阿森纳、国际米兰、尤文图斯和拜仁慕尼黑这些强队。

1998 年的年末，谁也没能想到我们下半赛季会取得怎样的成绩。但是当我每天看着小伙子们训练的时候，我意识到不同寻常的事情即将发生。新年前后我开始着重对他们进行体能训练，我不知道球员们是否欢迎我这么做，但当他们夺得三冠的时候他们就会知道，良好的体能是他们最强大的武器之一。

当时有声音要求我赶快找一个布莱恩·基德的继任者，但是我并不着急。吉姆·莱恩的经验、对这项运动的了解和尽职尽责的态度使他非常适合这项工作，而且我和他非常熟悉，他对球队又非常忠诚，确实是一个绝佳的选择。但当时他已经 50 多岁了，我觉得如果要找一个长期的助理教练的话，应该找一个年轻人。他也同意我的观点。

我希望继任者到来的时候，球队处于最佳的状态，这样他就可以更好地融入工作中。1 月份我们开局不错，赢下了所有 5 场比赛并且打进了 16 个进球。我们在足总杯的比赛中淘汰了米德尔斯堡，报了联赛中的一箭之仇。但是更棒的是，我们在下一轮的足总杯比赛中主场战胜了利物浦。那场比赛我们开局不利，开场才 3 分钟，迈克尔·欧文就攻破了我们的球门。整个上半场比赛中，我们的球员激情有余，但战术不足。所以半场的时候我向他们强调，对手可以限制约克，多人盯防不让他创造机会，所以我们要把阵型拉开，迫使杰米·雷德克纳普和保罗·因斯从防守位置上离开。在攻入利物浦禁区之前，不要想着一味地把球给约克。下半场我们采取了这种战术，让对手的中前卫疲于奔命，于是当比赛还有 15 分钟的时候，因斯不得不被替换下场。他不是受伤了就是筋疲力尽了。我们全力进攻，但是在全场球迷的声浪中，一直无法破门。罗伊·基恩两次击中了门框，看上去我们今天就是缺乏运气。但是当比赛进行到第 88 分钟的时候，大卫·贝克汉姆送出一记完美的任意球，安迪·科尔头球摆渡给约克，后者打入了扳平的一球。当时比赛只剩下 2 分钟了，大部分球迷都认为肯定要重赛一场了，但就在这时，雅普·斯塔姆从后场长传，保罗·斯科尔斯接球之后为索尔斯克亚创造了绝佳的机会，挪威射手敏捷地抓住机会，击碎了利物浦的杯赛之梦。这种逆转也成了我们那个赛季的象征，我们接下来 5 个月的征程也证明了这一点。

评论界在分析一支球队的优劣的时候喜欢过多地从技术和战术层面去品评，这点总是让我哑然失笑。他们这样把足球作为抽象的事物去讨论，却忘了足球是由有血有肉的球员去踢的。战术是很重要，但你不能仅凭战术获胜。比赛是靠人赢下来的，冠军球队能赢球是因为他们是一支真正的队伍，个体被拧成了一股绳，有着相同的精神。球员之间互相支持，弥补各自的缺点。他们互相依赖，互相信任。主教练应该加强这种认同感，他应该在球员之间建立这种纽带，当球员们都合为一体的时候，球队能迸发出的能量是无限的。1999 年的曼联有大量的天才，但他们之间的团队精神才是我最欣赏的。

除了击败利物浦以外，我们在 1 月份还在主场以 4：1 的比分击败了西汉姆联，客场 6：2 大胜了莱斯特。对阵莱斯特的时候，约克在上半场就完成了帽子戏法。1 月的最后一场比赛，我们靠着约克最后 1 分钟的进球战胜了查尔顿。而查尔顿在那个赛季最终降级，我很同情他们的主教练阿兰·柯比什利，他理应得到更好的结果。

我们 2 月第一场比赛的对手是德比郡，吉姆·史密斯知道我想要的可不只是 3 分。他的助理教练史蒂夫·麦克拉伦是我用来接替布莱恩·基德的第一人选。我曾经让我们的前青训教练埃里克·哈里森和青训主管莱斯·克肖在全英格兰寻找既有执教能力又有职业道德的教练，他们都一致推选史蒂夫。当我评估他的资质的时候，我也确定他就是我想要的那个人。德比郡也同意让他的职业生涯再走一步。我想要在欧冠比赛重新开始之前就和他见一面，他很快就在工作上留下了自己的印记，让我十分高兴。

球员们很快就向麦克拉伦展现了自己的实力。在我们1：0击败德比之后，他迎来了作为曼联人的第一场比赛，客场对阵诺丁汉。索尔斯克亚在那场比赛中证明了自己简直是来自地狱的替补。在比赛最后的10分钟之内他打进了4个进球，比赛的比分被定格在8：1。但接下来在足总杯的比赛中对阵富勒姆就没那么容易了，凯文·基冈的球队给我们制造了足够多的麻烦，最终我们靠着安迪·科尔的进球才勉强晋级。接下来我们在联赛中主场迎战阿森纳，这是争冠路上的关键战役。上赛季就是如此，在争冠的关键战役中，阿森纳1：0击败了我们，也把命运的主动权掌握在了自己手里。今年我们不允许历史重演了。可惜最终的比分是1：1，双方握手言和。其实我们是发挥更好的一方，但托尼·亚当斯顶住了我们的进攻。我对亚当斯评价很高，大家简直要以为我们是亲戚了。我从来没有与他共事过，但我觉得自己十分了解他，因为我认为他很像我手下的一些球员，有着无与伦比的决心和意志，可以对比赛施加巨大的影响，就像我在阿伯丁时执教的威利·米勒和斯图尔特·肯尼迪，还有之后的布莱恩·罗布森、罗伊·基恩、史蒂夫·布鲁斯和马克·休斯一样。托尼·亚当斯是阿森纳的心脏，他们取得那样的成就也就不足为奇了。

在欧冠淘汰赛的抽签中，我们很想避开国际米兰。圣西罗球场对任何一支球队都是严峻的考验。但是那个赛季，我们似乎在所有赛事中都会遇到最强大的对手。第一回合在老特拉福德，我们想要在去客场之前取得优势。比赛之前，我们在联赛中先后战胜了考文垂和南安普敦，胜利给了我们信心，但对阵拥有罗纳尔多的球队就是另外一回事了。在他的巅峰时期，他可以毁灭任何一个防守球员，我必须打消球员对他的恐惧和担心。结果证明我多虑了，罗纳尔多身体状态不好，不能参加在老特拉福德的比赛。我想球迷和我都松了一口气。对阵国际米兰我们在战术上有两个优势：第一点就是对手并不擅长防守传中球，而我们有贝克汉姆；第二点是防守方面的，国际米兰喜欢从中场开始防守反击，这意味着我们的边后卫的站位需要比中后卫靠前，而对手喜欢把两个攻击球员尤里·德约卡夫和罗伯特·巴乔隐藏在主攻手伊万·萨莫拉诺身后，他们有足够的经验和技巧，所以我们不能给他们天才的中场球员哈维尔·萨内蒂和迭戈·西蒙尼任何空间来创造机会，当我们丢失球权转为防守的时候，我们必须放弃边路，而集中在中路防守。在这两方面，球员都贯彻了我的战术，当第7分钟约克接贝克汉姆的传中取得领先的时候，比赛就进入了我们的节奏。上半场结束之前，这两个人又用相同的套路再次打入一球，最终我们

2：0拿下了比赛。我在赛后接受采访时谈到，如果能在意大利取得进球，那我们就肯定晋级了，我相信我们能够在客场进球。

足总杯的第六轮，我们对阵切尔西，再次证明了如果我们要夺冠的话，就必须战胜那些最强的对手。切尔西在老特拉福德的战绩一向不错，所以即使在主场，战胜他们也相当困难。但是对我来说，更重要的是下周三去安菲尔德对阵利物浦的比赛。利物浦有10天的休息时间，而且之前在杯赛中输给了我们，他们一定会倾尽全力对待比赛。所以对阵切尔西我雪藏了科尔和约克，菲尔·内维尔被我派上场盯防吉安弗朗哥·佐拉。这个小个子的天赋是切尔西进攻的来源，我相信如果菲尔能够防住他的话，切尔西的进攻就会被切断。有人觉得我会对一场没有进球的平局感到失望，但其实平局意味着对阵利物浦的比赛被推迟了，这样我们周三晚上就会去斯坦福桥对阵切尔西的重赛，而不是去安菲尔德面对经过了充分休息的利物浦。在斯坦福桥，约克的两粒进球击败了切尔西，尤其第二个进球，是年度最佳之一，很少有人能以那种流畅和精准完成最后一击。

不管是精神上还是身体上，我们都保持了前进的势头。安迪·科尔对阵老东家纽卡斯尔的两粒进球使我们保持在积分榜的首位。而我们飞往米兰的时候，心里也没有丝毫恐惧。在圣西罗球场，受到考验的不仅仅是球员的能力，还有他们的自信和勇气。3月17日晚上的成功，象征着这支曼联在我治下向前的最大一步。罗纳尔多会首发，所以我安排罗尼·约翰森和罗伊·基恩坐镇中场，切断巴西天才最喜欢的空间。我们知道罗纳尔多和巴乔都不喜欢在前场拼抢，所以我要求边后卫加里·内维尔和丹尼斯·埃尔文充分利用球权。事实也正如我所料，我们在比赛中掌握了大量的球权。

老实说，我们在开球前就获得了一定的优势，因为罗纳尔多虽然身穿蓝黑球衣，但他的心思并不完全在比赛上。在两支球队等待进场的时候，彼此之间的气氛十分激烈。西蒙尼在疯狂地朝着队友大喊大叫，并且瞪向我们的球员。在这种时候，我们就很庆幸那个丹麦人在我们一方，当舒梅切尔提高音量的时候，整面墙都颤抖起来了。就在这个紧张的时刻，我观察到罗纳尔多站在远处，背靠着墙，好像这发生的一切都跟他毫无关系一样。他看上去那么茫然，出于父亲的本能我想要过去对他说点什么，但最终我没有，因为由我去说有点不合适。

果不其然，那场比赛之中，罗纳尔多形同梦游，最终被替换下场。我们的球员保持了专注，没有被球场内的噪声、扔下来的橙子和硬币干扰。虽然尼古拉·文托拉上场之后立即打入了一粒进球，我也没有过多的担心。因为我的替补席上还坐着保罗·斯科尔斯。约翰森发挥得很好，但是已经疲惫不堪，所以我让斯科尔斯换下了他。我很幸运能有斯科尔斯这种不惧任何大场面的球员，在狂热的球场中，他仍然那么冷静，在第88分钟的时候，他打进了让我们晋级的一球。晋级之后，我们感到自己不惧任何欧洲对手，在心底我们甚至盼望着能够对阵尤文图斯。这并不是自满自大，傻子才会无视老妇人①的实力，但我们近几年内已经4次对阵尤文图斯，并且从他们身上学到了很多。

现在我们在联赛领跑，并且打进了欧冠和足总杯的半决赛。媒体开始炒作我们三冠王的可能性，但我们只能说比赛要一场一场地来，我们必须专注于眼前的比赛，否则就会付出代价。我们在联赛中战胜了埃弗顿，打平了温布尔登，接下来就要在主场迎战尤文图斯了。

曼联有着世界上最好的球迷，作为曼联的雇员，我们感到肩上对于球迷的责任重大，有的时候这也成了球员的压力。有时候球队需要耐心的战术，但球迷的欢呼声很容易就让球员们发起了冲锋。在4月7日对阵尤文图斯的时候，我们就出现了这个问题。尤文图斯利用了我们的急躁，在上半场撕碎了我们的防线。我们的基本战术很简单，就是在中路保持三名球员，让贝克汉姆或者吉格斯轮流出现在边路，拉扯对方的阵型，创造机会。当有一个人在边路的时候，另外一个人就应该回收到中路，跟罗伊·基恩和保罗·斯科尔斯一起防守。但是受到球迷气氛的巨大鼓舞，贝克汉姆和吉格斯两个人都前压得太多了，留下罗伊和保罗两个人对阵尤文图斯的3名中场球员：狄迪尔·德尚、埃德加·戴维斯和齐内丁·齐达内。雪上加霜的是，加里·内维尔和丹尼斯·埃尔文也被安东尼奥·孔蒂和安杰罗·迪利维奥压制住了。上半场孔蒂攻破了我们的球门，但其实我们本应该丢3个球的。

中场休息的时候，我们好好布置了一下战术。下半场贝克汉姆主要回收到中路，抵消尤文图斯在中场的人数优势，而吉格斯负责在边路穿透对方的防线。我们夺回了主动权并且有机会赢下比赛，但考虑到我们上半场的糟糕表现，我对1∶1的最终比分也可以接受。媒体批评我们上半场的表现，我很认同，但如果有人说我们会在这项赛事中止步不前，那他一定是没有好好看下半

---

① 尤文图斯的绰号。

场的比赛。有了下半场的表现，我对我们的都灵之旅信心十足，齐达内不会再拥有他上半场得到的那么多空间了。

在出发去往意大利之前，我们在维拉公园面对足总杯的对手，也是我们整个20世纪90年代最强大的竞争者阿森纳。因为我们多线作战，所以我们希望在90分钟之内结束比赛，但最终我们打平，所以需要重赛。但我们其实被边裁吹掉了一个好球，我在中场休息的时候朝着边裁发火，但真正应该负责的是主裁判大卫·艾勒里，他本应该意识到边裁的错误。3个半星期之后，我们会更加遗憾，因为我们再次遇到了艾勒里先生。不过现在我们最头痛的是在备战都灵的紧要关头，还要准备与阿森纳的重赛。

我决定在重赛的时候轮换阵容，这时候泰迪·谢林汉姆和索尔斯克亚就是约克和科尔绝佳的替补。比赛在布隆姆奎斯特突破左路的时候就应该结束了，但我们仅仅是由贝克汉姆在阿森纳禁区边缘打入了精彩的一球，其他的机会都浪费掉了。不过我们对于阿森纳的头号威胁丹尼斯·博格坎普限制得很好，直到他的射门幸运地打在斯塔姆身上，变向攻破了舒梅切尔的十指关。紧接着，基恩因为对马克·奥维马斯的一次犯规被罚出场，进球和红牌给了对手极大的鼓舞，而那也是基恩第三次被大卫·艾勒里出示红牌。慢动作显示那个判罚稍显严厉，但当时我的当务之急是组织剩下的10个人抵御阿森纳的狂轰滥炸。就在我以为我们撑过去了的时候，菲尔·内维尔在禁区内的犯规给了对手一个点球机会。但当舒梅切尔扑出了博格坎普的点球的时候，我觉得我们至少可以撑过加时赛，进入点球决胜。

接下来半个小时的加时赛让人筋疲力尽，如果说有史诗般的平局的话，那这场比赛肯定位列其中。而替补上场的吉格斯让这场史诗变得更加光辉。维埃拉传球失误，吉格斯在我们半场15码的地方得到球，我当时就想："去攻击迪克逊!"因为我已经发现这名边后卫的疲态。但吉格斯几乎过掉了他前面所有穿红色球衣的人，他的速度和双脚平衡的运球让他摆脱了4名阿森纳球员的围追堵截，在60码的长途奔袭之后，最终以一记雷霆般的射门，攻破了阿森纳的大门。考虑到这场比赛的重要性和胶着程度，考虑到当时比赛已经临近尾声而我们只有10人应战，这肯定是整个足球史上最精彩的进球之一。在与阿森纳的重赛之前，我和吉格斯进行了一次一对一的谈话，我告诉他，他的攻击手段多种多样，但千万不要忘记他最突出的一项天赋，就是直接冲向防守队员并且击败他们。当然这里也有我的责任，因为在过去几年之中，我一直在鼓励他发展自己的多样性，改善对比赛的视野，对空间的利用，和对传球时机的把握。我很高兴看到他的长足进步，但不希望他忘记自己能够跻身世界顶尖攻击型球员行列的最本质的天赋。上天赋予了他太多的天赋，速度、平衡感、球感、勇气，不管他是带球过人还是从空隙中接球撕破防线，都会让防守球员晕头转向。他想要成为更全面的球员，所以有时候他会藏起自己的天赋，但在 4月 14 日击败阿森纳的那天，他完全释放出来了。

在我们继续坚持了 11 分钟，最终拿下了比赛之后，更衣室里沸腾了。庆祝胜利也要靠经验的，舒梅切尔一早就把自己的衣服藏到了衣柜里面，于是当我们离开维拉公园的时候，他也许是唯一一身上没有被洒满香槟的人。

阿森纳并未服输，他们觉得被淘汰之后就可以专心联赛并且最终夺冠了。这样想当然也有道理，但我们的球员可不同意。在接下来的周三我们主场对阵谢周三的时候，索尔斯克亚、斯科尔斯和谢林汉姆的进球让我们 3：0 拿下了比赛。在我们奔赴都灵的时候，球队士气高涨，这可是我们 31 年来第一次看到欧冠决赛的门槛。我对尤文图斯有无比的敬意，他们从前场到后场都是现象级的球员，我希望曼联以他们为榜样。球员时代就非常成功的卡尔洛·安切洛蒂① 已经接任马尔切洛·里皮②，成了阿尔卑球场的主教练，而且干得很棒。但我仍然觉得里皮不在对方的教练席上对曼联是件幸事。里皮是个了不起的人，看着他的眼睛，你就知道他是一个职业、自制的人，他的眼神中严肃带着智慧，没有人能够小瞧他。更可气的是这个家伙还长得十分英俊，让我们每个人都自惭形秽。虽然尤文图斯肯定会想念这位主教练，但从我听到的情况来看，安切洛蒂也得到了一致好评。

遗憾的是吉格斯因为在对阵阿森纳的时候脚踝受伤，所以缺席了都灵的那场伟大比赛，我认为那是我治下的球队最精彩的一场表演。球队贯彻了我多传球、保持节奏的要求，而早早就两球落后使得这场比赛的过程更加荡气回肠。我对我们的第一个失球很不满意，齐达内得到了太多的时间和空间，可以从容地传球给菲利普·因扎吉，让后者破门。我们的防守不应该那么松懈。当因扎吉的射门打在斯塔姆脚上变向破门的时候，我有点发愣，但并不认为比赛就此结束了。比赛只进行了 11 分钟，我们还有时间。

---

① 意大利著名足球教练。

② 意大利著名足球教练。

现在最重要的是保持冷静，但在主裁判严厉地处罚了基恩之后，这变得非常困难。那张黄牌意味着即使我们打入了决赛，基恩也无法参赛。我认为我对这位爱尔兰人的评价已经高于任何一名足球运动员，但他那天在阿尔卑球场的表现让我对他的敬意又超越了以往。在他被出示黄牌之后，他更是使出了双倍的努力要把球队带入决赛，尽管他已经无法参加。那是我在足球场上看到过的最无私的表现，他覆盖了球场上的每一寸草地，宁愿累死在球场上也不愿输球，他鼓舞了整支球队。能执教这种球员是我的荣耀。当他接到贝克汉姆的传球头球攻门的时候，我感觉是他的意志将足球带入了对方的球门。中场前约克的另一记头球让我们扳平了比分，凭借客场进球数，我们已经一只脚踏入巴塞罗那了。我已经放松下来，把获胜作为了唯一的目标。下半场我们顶住了对手的攻势，而且我们的防守反击也给尤文图斯造成了很多麻烦。当约克穿透了他们的中后卫防线的时候，我知道进球要来了。德怀特被守门员拽倒了，但球滚向了安迪·科尔，他冷静地将球打进。我很遗憾把斯科尔斯换上了场，而他也拿到了一张黄牌，缺席了最后的决赛。这真是让人心碎，他和罗伊只能参加足总杯的决赛了。这项在温布利的古老赛事的决赛居然变成了一个安慰奖项，可见我们那个赛季有多么成功。

但在下一场比赛中对阵纽卡斯尔的时候，我们更揪心的是激烈的联赛冠军之争。没人能知道我们和阿森纳谁会最终夺冠，赔率表也一直在波动。切尔西也曾经一度是夺冠热门，但最终伤病拖垮了他们。维亚利在斯坦福桥干得很棒，他们下赛季一定会卷土重来的。他和温格一道，向整个英超展现了外籍教练的实力。在比赛结束之后我喜欢和维亚利交谈，他对比赛的细致观察让我惊讶。利兹联的大卫·奥莱利也是如此，他信任自己的年轻球员，而球员们也没有让他失望，他们让足球变得很有乐趣。他们在4月25日的埃兰路球场给我们制造了不小的麻烦，因为斯塔姆有国家队比赛任务，所以我尝试了新的中卫组合，大卫·梅和韦斯·布朗。他们需要时间磨合，所以利兹联上半场占尽优势，并且打进一球。但下半场的比赛反映出我们球队的性格，安迪·科尔为我们扳平了比分。下一场对阵阿斯顿维拉的时候，丹尼斯·埃尔文错失了一粒点球，让我们十分紧张，但好在最终我们2：1拿到了3分。

随着和利物浦的比赛临近，我相信这种传统竞争的氛围会激发出球队的最佳状态。但当我知道原定的主裁判保罗·杜尔金因为受伤而缺席比赛，替代他的就是大卫·艾勒里的时候，我乐观不起来了。比赛中我们早早地取得了领先，贝克汉姆又一次送出了绝佳的传中，约克在后点头球破门。下半场的时候，布隆姆奎斯特在禁区内被卡拉格放倒，这一次埃尔文没有错过点球，我们两球领先。利物浦踢得虽然不错，但是并没有创造出什么真正的机会，看上去我们赢定了。但是在布隆姆奎斯特从厄尔文·莱昂哈德森脚下干净利落地铲球之后，主裁判居然判给了利物浦一粒点球。这粒点球即使考虑到利物浦的主场因素也太过牵强了，利物浦利用点球缩小了我们的领先优势。随即，丹尼斯·埃尔文居然因为拖延比赛吃到了第二张黄牌，被罚出场。电视回放证明，裁判哨声刚响的时候，埃尔文就已经把球传出去了，完全没有延误比赛，这次判罚简直荒唐。这张红牌不仅使我们的夺冠之路岌岌可危，更是剥夺了埃尔文参加足总杯决赛的机会，而他是整个英国足坛最受尊敬、最懂得克制自己的球员之一。即使是利物浦的死忠菲尔·汤普森也认为这次判罚实在过分，而向我道歉。就在比赛还有 1 分钟结束的时候，保罗·因斯扳平了比分。他曾在曼联效力，但离开曼联的时候闹得很不愉快。可以想见，他大肆庆祝。希望他享受那个过程吧，因为他的竞技水平已经在大幅下滑了。在赛后采访中，我在心中对大卫·艾勒里发誓道："我不会让这个人毁了我们的冠军的。"

接下来的一周，我们靠约克的进球 1∶0 在米德尔斯堡身上取得 3 分，这也使我们和阿森纳在积分榜上愈加胶着。我们进行了 36 场比赛，拿到了 75 分，净胜球也一模一样，竞争真是到了白热化。但如果比进球数的话，我们则遥遥领先。我们比阿森纳多进了 20 个进球，这也反映出我们那个赛季的进取精神，我们更配得上那个冠军。当然我们希望领先优势能更大一点，利兹联帮了我们的忙，5 月 11 日星期二，他们在主场 1∶0 击败了阿森纳。第二天晚上，我们客场挑战布莱克本，如果赢球就会有 3 分的优势，而最后一场对阵热刺我们则是主场作战，只要打平就能夺冠。与布莱恩·基德做对手的感觉很奇怪，而如果布莱克本不能取胜的话，他们则会降级。所以当他们排出单前锋阵型的时候，我很吃惊，他们在中场放了三名球员，看上去不是想要取胜，而只是为了不让我们赢球。在比赛的大部分时间里我们都控制着局面，但没能进球，这让我很恼火。阿森纳在接下来的周日肯定会主场击败阿斯顿维拉，所以我们在最后一场对阵热刺的时候就必须取胜。一场没有进球的平局对我们来说只是糟糕，但对布莱克本来说则是灭顶之灾。赛后我走进布莱恩的办公室的时候还心怀忧虑，但幸运的是，他的心情并没有很坏。他一边招待我们的工作人员，一边跟我们回忆着他在曼联时候的美好时光。我不知道他会不会后悔离开了那一切。

作为我的好朋友，也作为阿森纳同城对手的热刺的主教练，乔治·格拉汉姆似乎应该希望曼联夺冠，而不是阿森纳。但作为曾经在阿森纳拥有辉煌生涯的一员，乔治有着强烈的求胜欲望，他的球队一定不会轻易投降。但没想到的是，先送出大礼的是我们，我们送给莱斯·费迪南德一粒可笑的进球。随后我们由贝克汉姆扳平了比分。半场休息的时候，我用安迪·科尔换下了谢林汉姆，泰迪并不是很高兴，我不怪他，但我发现对方的后卫约翰·斯凯尔斯因为伤病缺席了一段时间的比赛，这个时候体能已经跟不上了，安迪的速度正好可以打开缺口。换人的决定对于主教练来说就像地雷，有的时候会伤害到你，有的时候不会。这一次的换人取得了立竿见影的效果，科尔刚一上场就打入了反超比分的一球。下半场热刺并没有真正威胁到我们，但我们不停地浪费机会，也让我揪心，尤其是伦敦传来消息说阿森纳也取得了领先。最终，随着主裁判一声哨响，我们终于如愿以偿地成了联赛冠军。尽管足总杯和欧冠的冠军奖杯光彩夺目，但在这个国家，最重要的头衔仍然是联赛冠军。那一晚我欣喜若狂，而且对自己说，我们一定能够拿到三冠王。

第二天，我和吉姆·莱恩、史蒂夫·麦克拉伦一起去了圣奥尔本斯，参加联赛教练的年度晚宴，我也获得了当年的两个主要奖项，能够得到同行的肯定总是让人高兴。我并没能空闲很久，星期二的时候，球队就已经在温莎备战星期六的足总杯决赛了。决赛之后我们会在伦敦住一晚，然后返回温莎，继续准备星期一在巴塞罗那举行的欧冠决赛。球队的精神状态高涨，但有几名球员的身体状态却不尽如人意。球队中好像流行着好几种病毒，大家的症状也各不相同。两个内维尔一直鼻塞，罗尼·约翰森则是喉咙发炎，但最严重的是斯科尔斯，他除了伤风之外，胸腔也有些问题，再加上他一直以来的哮喘问题，真是雪上加霜。他不得不吃很多药，因为他已经错过了欧冠决赛，所以不到足总杯决赛之前的一刻，我们都不能把他排除在阵容之外。我也因为要挑选出两套杯赛决赛的阵容而感到头疼。第一场决赛肯定会消耗我们的精力，让我们无法百分之百地投入巴塞罗那的决赛中。尼基·巴特是我肯定不会放在足总杯决赛的球员，因为基恩和斯科尔斯都在欧冠决赛停赛，所以他在巴塞罗那对我们至关重要，我不能冒险让他出场。斯塔姆和约克我也要留着对阵巴塞罗那，但当我询问贝克汉姆他是否需要休息的时候，他坚定地说，"不，老板，我要上场。"他一贯如此。

好在足总杯决赛的那天早上，病毒好像已经撤退了，我们队里已经没有严重的病号了。但比赛刚刚开始，我们就再次遭受了伤病困扰，加里·斯皮德的镰刀脚放倒了基恩，看来1999年基恩真是跟决赛无缘，他在坚持了一会儿之后只好下场了，这时比赛只进行了8分钟。我考虑过派布隆姆奎斯特上场，但在对阵巴塞罗那的时候，我们需要他大量地奔跑，我不想让他几乎打满整场比赛。最终我冒险派上了谢林汉姆，而把首发的索尔斯克亚从锋线移到了右边路。效果是立竿见影的，泰迪上场才3分钟，就接到斯科尔斯的传球，为我们取得了领先。我也欣喜地看到贝克汉姆在中路的位置上也发挥得游刃有余，整支球队都像我赛前布置的一样，保持了良好的节奏和控球。

我们控制了比赛，对手虽然在下半场开始的时候有过一阵反击，但立即被我们的第二粒进球化解了。索尔斯克亚抢到球之后传给了谢林汉姆，后者对斯科尔斯上半场的助攻投桃报李，而斯科尔斯一记低射在18码之外攻破了球门。看来同样是错过了欧冠决赛，斯科尔斯运气比基恩要好。我们本来可以继续扩大领先优势的，但我对现在的结果已经感到满意，并且我们还要留着力气对阵拜仁慕尼黑，所以我在下半场比赛中派上了斯塔姆和约克，让他们找找比赛的感觉又不至于太过疲劳。总的来说，那一天进展顺利，而6年之内的第三个双冠王也确实值得我们庆祝。那天晚上球员们并没有多喝，到凌晨1点半的时候，即使我没有催促，他们也自觉地去睡觉了。他们知道，要创造历史的话，可不能宿醉。

星期天我们就离开了伦敦，来到一个安静的乡村训练场。球员们看上去精神饱满，他们已经能够很好地应对拥挤的赛程了，尤其是这段时间，每场比赛都意义重大。吃过晚饭之后，球员们坐下来观看我们今年两回合对阵拜仁慕尼黑的录像集锦。所有值得一提的片段全部被汇总进了40分钟的录像，这也是我们赛前看的唯一的录像。在这个时候，如果给球员们看大量的战术录像，反而会使他们心思混乱。我对首发阵容已经心里有数，但对于贝克汉姆和吉格斯的使用还有些矛盾。自从在都灵的第二回合，基恩和斯科尔斯停赛之后，我就一直想把吉格斯放在中路，他的速度和穿透力会给对手制造足够的麻烦。但如果把他放在中路，我们就要牺牲一部分对中场的控制。在基恩和斯科尔斯都不在的情况下，贝克汉姆是最有可能承担中路职责的人，但如果把他放在中路，我们又会失去来自右路的精准传中。

各种利弊让我绞尽脑汁，但我最终认为，在中路稳定的高标准的传球是曼联的立足之本，而且如果我把吉格斯放在右路对阵拜仁的左后卫迈克尔·塔奈特，他的速度也可以给对手造成威胁，而且对方一定以为贝克汉姆会出任右前卫，这样也可以打他们一个措手不及。这样让贝克汉姆在中路，吉格斯在右路，我就可以在左路放上布隆姆奎斯特，保证球队进攻的宽度。

我们对决赛的准备十分充分，甚至把我们的厨师杰斯普·杰斯帕森和营养师特雷弗·李都从老特拉福德带到了西班牙。另外同行的还有我们的医生麦克·斯通，两位理疗师大卫·费弗尔和罗伯特·司怀尔，还有我们的按摩师吉米·库兰。两名球衣管理员阿尔伯特·摩根和亚力克·怀利也随队出征。俱乐部秘书肯·梅里特负责这些组织工作，让我和麦克拉伦、吉姆·莱恩可以专心地准备比赛。他的助手肯·拉姆斯登负责媒体方面的工作。我们的酒店非常好，窗外可以看到大海，大家喜欢聚到理疗室，那里欢声笑语，就像在克里夫训练基地一样。阿尔伯特·摩根是这些工作人员里唯一的曼彻斯特本地人，也是球队忠实的球迷。他特别擅长缓解球员的紧张心情，当然也包括我的。随着比赛日益临近，我从紧张变成了兴奋。就像我在这本书开头就说过的，拜仁就是我理想中的球队，他们身体强壮，组织紧密，而当他们在第 6 分钟就取得进球的时候，这些特质更被展现得淋漓尽致。

当马里奥·巴斯勒准备主罚那个任意球的时候，马库斯·巴贝尔在人墙末段挡住了尼基·巴特，当时我就想冲上场去，告诉尼基不要中计。但我无能为力，人墙已经打开了一个缺口，舒梅切尔也没能挡住那粒进球。过于急躁也是我们早早丢球的原因之一，我们并没有像客场对阵尤文图斯时那样展现出流畅、有穿透力的足球。小伙子们并不怕大场面，但欧冠决赛毕竟是另一个层面的事情，尤其是还有三冠王的希冀和压力在他们肩上。我觉得约克看上去比以往任何时候都紧张，何况盯防他的还是一名非常优秀的防守球员——托马斯·林克。盯防科尔的萨穆埃尔·库福尔更是出色，我认为他是拜仁在决赛中发挥最好的球员。这对在联赛中的最佳拍档，在那个夜晚哑火了，而我们整场比赛的控球优势并没有转化为进球。

但是整体而言我们是发挥更好的一方，同样也是踢得更积极的一方。在进球之后，拜仁踢得很保守。即使在我们急于扳平比分，从而在防守上露出了很多破绽，被两次击中门框的情况下，他们也并没有大举进攻而压倒我们。他们试图防守，而并不是像很多媒体所说的那样"精妙地控制了比赛"。马丁·爱德华兹后来告诉我说，拜仁的主席贝肯鲍尔在观看比赛的时候就非常焦虑，担心自己的球队会输球。后来贝肯鲍尔对我说，我们配得上那场胜利。他确实没说错。

不同于很多媒体的意见，我对于把贝克汉姆放在中路而把吉格斯放在右路的决定感到满意。没有人会否认贝克汉姆在中路是最有效率的球员。与之相比，埃森博格近乎隐形。吉格斯在右路的表现也迫使他们的边后卫塔奈特频频要求支援，他在右路施加的压力让对手在下半场精疲力竭。我们控球领先，所以对手要保持领先优势变得越来越困难，到了比赛最后关头，他们的好几名球员都已经没有力气了。比赛还有23分钟的时候，谢林汉姆替下了布隆姆奎斯特，在左路给他们造成了更多的麻烦。但是，当比赛进行了90分钟之后，我必须开始准备做一个有风度的输家了。当第四官员举起补时3分钟的牌子的时候，我站在边线外，这时我们得到了一个角球，只见我们疯狂的丹麦人从我眼前一阵风一样冲到了拜仁的禁区。"他这是要干吗？"我对史蒂夫·麦克拉伦说。但你不能责怪彼得，当时比赛只剩下2分钟了，而这是他在曼联的最后一场比赛，他说不定想进个球呢。他分散了拜仁防守球员的注意力，当贝克汉姆的角球飞过来的时候，他们并没有把球解围出禁区。球到了后点，约克顶到了头球，但球却向索斯滕·芬克飞了过去。芬克慌乱之中解围失误，球又到了吉格斯脚下。吉格斯在禁区线上右脚射门，但有点偏，幸运的是，泰迪就在球的路线上，他反应敏捷，将球捅入了球门。整个球场都疯狂了，我当时就想，冠军是我们的了。遭受了巨大打击的拜仁球员蹒跚着回到了自己的位置上，而麦克拉伦已经开始准备下一步的工作了，他说："现在我们来想想加时赛怎么办吧，回到4-4-2阵型……"这时埃尔文在我们的半场拿到了球，我说："史蒂夫，比赛还没结束呢！"丹尼斯长传到左边角旗附近，索尔斯克亚为我们赢得了又一个角球。拜仁的球员们疲倦地布置防守位置，而接下来的一切变得那么不可思议又不可避免。贝克汉姆的角球来到了球门近点，谢林汉姆的头球摆渡并没有顶上力气，但已经足够让足球飞向小禁区，在那里，索尔斯克亚完成了最后一击。

接下来则是狂欢，直到现在，光是想起那个进球就让我狂喜。那时，我们全队的人都疯狂了，赛后采访我的记者肯定没有听清我的胡言乱语，不过我可不在意听上去像个白痴，我就是世界上最开心的白痴。

吉格斯是第一个向我冲过来的球员，在他13岁的时候我就认识他了，现在他已经25岁了，是老特拉福德资历最老的球员，他提醒着我，我25年的执教生涯有一半都献给了曼联。现在的工作人员里面，马丁·爱德华兹是唯一的我来的时候就在俱乐部的人了。

俱乐部主席跟我一直关系不错，但近年来我们经常出现纠纷，主要还是经济上的问题。有时候是因为我想要买进优秀球员，保证曼联的竞争力；有时候是因为我自己的工资问题。我觉得我应该拿到更体面的工资，但马丁对于钱的问题总是非常警惕。他不想跟我谈新的合同，所以我觉得跟罗兰德·史密斯爵士和莫里斯·沃特金斯谈是一个更方便也更轻松的方式。他们俩和博比·查尔顿爵士一样，在我的工作遇到摩擦、阻力的时候帮助我解决了很多问题。我也知道马丁的工作并不容易，公司组织架构的变化使我们沟通的机会变少了，不能再像以前那样保持稳定、健康的对话。在掌管竞技方面，我的主席给了我最好的支持，他从来不干涉我的决定，对于我的青训政策他也非常支持。并且他也坚持不懈地扩建球场，球迷也应该感谢他。

天空广播公司也曾有机会入主曼联，但计划在政府的干预下流产了。我感觉这个俱乐部是如此的珍贵，如此的唯一，所以不能出售。曼联应该成为足球世界的领军力量，但如果要做到这一点，我们必须改变球员的薪资结构。明星球员的收入必须高于其他球员，要求大家薪水都一样是不合理的。

终我一生我都应该感谢曼联，对于我这种热爱足球的人，这里就是我最好的归宿。当那年夏天传出我将会被授予爵位的消息的时候，我不禁回想起我和足球一起走过的这些岁月。从在高湾的童年，我要穿着别人给的球鞋才能参加街道的比赛，一直到现在。我对于爵位感到高兴，但我认为这是对于我的家庭、朋友和所有同事的表彰，更是对曼联全体成员，从球星到餐厅的服务人员的表彰，是他们在这么多年中一直帮助我、支持我。

也许我属于那种有雄心壮志的人。有时候我开玩笑说，从一个人想要的完美假期就可以看出他的性格，有的人想去布莱克浦，有的人想去西班牙，有的人想去月亮上。我就是最后那一种人。我时常想起我幼时家乡的那些人，我童年时最棒的假期旅行就是去艾尔郡的塞尔特考特斯住上两个星期，就像我前文提到过的一样，高湾的一些家庭连这种旅行都负担不起，他们只能去当地的公园里感受一下绿色。对于那些人来说，这样就足够他们暂时摆脱造船厂的噪声和污垢了。他们的生活与雄心无关，一切都是为了生存。但是在他们中间，我能感受到不可思议的温暖，温暖之中蕴含着忠诚。我多么希望自己能够再次回到那时，去感受童年高湾的那种社区的感觉。那样的生活非常艰难，但无与伦比的价值蕴藏其中，那就是忠诚，我从高湾学到的忠诚，是我一生的立足之本。

第二十六章　在世界舞台上

也许几年之后，当我离开曼联的时候，我会觉得 1999 年的春夏是我职业生涯的巅峰，但现在我可不这么想，继续取得新的胜利才是我的本性。

2000 年的夏天在我的人生中添加了浓重的一笔。在三冠王的庆祝活动结束之后，有人觉得我已经没有继续前进的动力了。根据某些媒体所说，我会丧失对冠军的渴求，也无法驱动球队继续前进了。虽然还没人夸张到说我要退休了，但确实有声音认为在 57 岁的年纪，经历了如此成功的赛季，我是时候放慢自己的脚步了。

也许这些说法都有一定的道理，但对我来说远远不是这样。在经历了诺坎普的奇妙一夜之后，尽管我承认三冠王是我足球生涯的一个高峰，但我绝不认为这是最后一个高峰。也许几年之后，当我离开曼联的时候，我会觉得 1999 年的春夏是我职业生涯的巅峰，但现在我可不这么想，继续取得新的胜利才是我的本性。当然，每个人都会老去，但我觉得现在我还没有变老的感觉。所以我觉得，三冠王是一个让曼联可以再攀高峰的平台。确实，我们赢得了欧洲冠军奖杯，那为什么我们不再赢一次呢？我们已经是欧洲的冠军了，那为什么我们不去冲击全世界的冠军呢？

当然，我们很快就有机会去实现这一目标了。获得欧洲冠军之后，我们就可以参加 11 月底在东京举行的世界俱乐部冠军赛，对阵南美洲的冠军帕尔梅拉斯。这次参赛给我和曼联都带来了美好的回忆，但也有不如意之处，那就是我的好几名球员都因此遭受了伤病。但当我夏天在法国休假的时候，我可不知道会有这些问题。我躺在泳池边，老实说，要让我不去想足球是很难的，我一闭眼就能看到索尔斯克亚的那个进球。只可惜进球来得太晚，我没有太多时间回味获胜的感觉。我想到了法比奥·卡佩罗，他的米兰在1994年冠军杯决赛中完胜了巴塞罗那，比赛还有30分钟的时候，他的球队就已经4：0领先了，他有足足半个小时去感受这种冠军即将到来的感觉，而我只有大概30秒。所以我希望再赢一次冠军杯，让我至少有10分钟左右的时间去感受胜利的感觉。所以我根本就没想过要在2002年之前退休。

在接到通知说我将要被授予爵位的时候我正在度假，这个消息让我思考自己是否配得上这个荣誉。我必须承认，我的妻子并不想成为"凯西夫人"。她喜欢保持低调，喜欢和家人朋友待在一起。她从没想过要跟我的工作扯上什么联系，所以她担心授爵之后会对她平静的生活有所影响。当遇到重大事件的时候，弗格森家族总是聚到一起做决定，我们的三个孩子马克、杰森和达伦都坚决认为我应该接受这个荣誉。

一个直接的影响就是我会错过曼联的季前赛。那年夏天我们去了澳大利亚、中国的上海和香港，这是俱乐部历史上行程最长的季前赛了。当教练组还在评估这次旅程是否太过于耗费精力的时候，我正在白金汉宫参加仪式——当然，女王并没有告诉我曼联应该买哪些球员。1999年7月14日对于弗格森家族来说是特别的一天，在白金汉宫的仪式结束之后，我们去了萨沃伊酒店进行了家庭聚餐，在这个经常挤满了政治家的房间，我和家人一起享用了王室的招待。那天锦上添花的是，我的一匹赛马还赢得了雅茅斯的比赛。

当我们回到了工作的正轨之上的时候，马克·博斯尼奇从阿斯顿维拉转会而来，接替舒梅切尔的位置。他小时候曾在曼联受训，所以他很了解我们的方式，当时他已经27岁，正处于比较成熟的年纪，舒梅切尔就是27岁的时候加入我们的。马克在阿斯顿维拉踢了好几年，所以也有足够的英超经验。不过其他方面的消息就不是那么好了，罗尼·约翰森要接受手术，所以会缺席几乎整个赛季。这对挪威小伙子是个巨大的打击，因为他已经证明自己是斯塔姆的理想搭档。

紧接着，我们另一名来自斯堪的纳维亚半岛的球员布隆姆奎斯特也遭受了伤病的袭击。从漫长的季前赛回来之后，他向我们的理疗师报告说自己的膝盖疼痛。检查结果认为他的膝盖需要手术，这个结果让我们十分失望，因为我认为布隆姆奎斯特一定会成为球队中重要的一员，而获得冠军杯也让这个害羞腼腆的年轻人提升了自信。这次伤病十分严重，他必须接受一个大手术，缺席整个赛季，这对他真是个巨大的不幸。

接下来，医生的诊断报告又让我们的防线再次遭受打击。我们前途光明的年轻后卫韦斯·布朗也受到了背部伤病的困扰，这让他也缺席了几乎整个赛季。而大卫·梅也遭受了一系列的伤病。起初在一场对阵维冈的友谊赛中，他摔倒之后伤到了膝盖，紧接着他又伤到了腿筋，最严重的是他接下来又跟腱受伤，真是很难找到一个比他运气还差的球员了。这4名球员轮番受伤，上一次他们同时出场比赛还是在巴塞罗那的冠军杯决赛，那时罗尼和布隆姆奎斯特首发，大卫和韦斯替补。没人知道足球生涯中你什么时候就会遭遇坏运气。

我们1999—2000赛季的开局还有另外一个问题，那就是博斯尼奇的身体状态。我们明确地告诉他，他必须减重，老实说他也确实有所行动，但很快他又伤到了腿筋和肌肉。所以我们找来了马西莫·泰比。我的兄弟马丁曾去看过几次泰比的比赛，虽然他不是意大利最好的门将，但马丁认为他可以为我们效力。所以我们迅速地跟维琴察达成了交易，在8月底跟拉齐奥的欧洲超级杯比赛之前完成了转会。

有人批评我们在那场比赛中没有使出全力，但我们当时需要面对的是9天之内的4场比赛，我必须做出调整，所以在对阵拉齐奥的时候，我没有派出最强阵容。0∶1输给了意大利人让我们很失望，但是那段拥挤赛程中的三场联赛我们全都赢下来了，这让我们感到一丝慰藉。联赛的第一场，我们就在海布里2∶1战胜了阿森纳，这对我们的卫冕之路非常重要。

泰比的经历证明了加入曼联可以对一名球员的状态产生多大的影响。有的人来了之后就会被俱乐部的积极氛围影响，很快地融入其中，但有的人很难做到这一点。有时候他们在比赛中出现了一两次大的失误之后，就很难恢复过来。泰比就是这样。他在安菲尔德的首秀确实犯了个大错误，并且导致了失球，但是他下半场顶住了压力，发挥不错。当时我看到了一线希望，认为这种坚忍的个性有助于他在曼联立足。但从那之后，他的发挥急转直下，在3∶3打平南安普敦的比赛中，他出现了一个巨大的失误，并且从那之后一直在电视上被重放。这种事情很容易让人开始怀疑自己，最终在一个星期之后的斯坦福桥，他再次出现失误，让加斯·波耶特轻松打入一球。很明显，泰比和曼联彼此并不适合，很快他就回到了意大利，在熟悉的环境之中重建自信。

0∶5输给切尔西的比赛表现出我们的不稳定性，曼联经常遭遇这种莫名其妙的大败。这本书前面提到过，我们在1996年10月曾经连续地0∶5输给纽卡斯尔，3∶6输给南安普敦，1∶2输给切尔西。但是三连败之后我们稳定了下来，最终夺冠。所以在对阵切尔西的比赛之前，谁都没有想到会输得这么惨。

当然对于比分我非常恼火，尤其是在赛前接受采访的时候，我提到切尔西今年的阵容并没有大规模地补强，所以他们和去年差不多。我的言论被切尔西的支持者认为是小瞧了他们的球队，所以不出意外的，在曼联惨败之后，他们就十分开心地对我展开了攻击。我非常尊敬的年轻教练维亚利对我们的能力提出了质疑，但最猛的火力自然来自肯·贝茨。不过他就是那种喋喋不休的人，联赛中的每个人都忍受过他的尖锐批评，他在俱乐部出版物和周日小报上的文章也是战火纷飞。不过这场比赛对我们的帮助也许还大过对切尔西，因为我们吸取了教训，开始专注于争冠。当然我说切尔西和去年一样也不完全准确，他们去年在联赛中名列第三，而这个赛季他们只得到了第五名。

那个赛季我们的开局很不稳定，在被切尔西击败 3 个星期之后，我们又 1∶3 客场输给了热刺。好在我们在对阵伦敦最强悍的对手阿森纳的时候取得了重要的胜利。上半场的前 25 分钟我们发挥得不错，但后 20 分钟阿森纳逐渐压过了我们。在上半场结束前，我们终于付出了代价，弗雷德里克·永贝里攻破了我们的球门。中场休息的时候，我强调要保持注意力，尤其是在防守定位球的时候，并且要求球员攻击对手脆弱的左路防线，因为他们的托尼·亚历山大·亚当斯缺席了比赛。不过我说的话并没有取得立竿见影的效果，下半场阿森纳继续压制着我们，并且差点打进了第二个球。好在罗伊·基恩挺身而出，扳平了比分。这个进球鼓舞了我们的士气，让我们更为自信地压上进攻，而基恩也帮助我们打入了第二个进球。不过比赛结束之前，他和维埃拉再次发生了冲突，幸亏主裁判格拉汉姆·波尔制止了他们。

与利物浦和曼联这两个北方巨人的比赛也总是充满了激情。9 月 11 日在客场对阵利物浦的比赛，是泰比和米卡埃尔·西尔维斯特的首秀，这对他们确实要求太高了。年轻的西尔维斯特知道他肯定会受到客场球迷"热情"的对待，因为他在夏天转会的时候拒绝了利物浦的邀请，而来到了曼联，但法国后卫对这种压力处理得很好。而泰比就像我说过的，发挥好坏参半。我们上半场发挥不错，屡次给利物浦造成威胁，还造成了他们两个乌龙球。但是下半场利物浦改变了战术，布置了 3 个中后卫，而让他们的右后卫宋专门盯防科尔，科尔不胜其烦，最终因为报复动作而被罚下场。之后的比赛变得更加激烈，好在我们守住了 3∶2 的比分，最终取得了关键的胜利。

虽然我们在安菲尔德和海布里都取得了客场胜利，但球队的状态依然不稳定。随着对阵帕尔梅拉斯的比赛临近，我认为这种洲冠军之间的比赛对球队是很好的考验。有些英国俱乐部在对待这种国际比赛的时候不会使出全力，但我们不同，对我来说，这是检验球队在世界足坛的实力的好机会。当然我也知道，对这场比赛的全力以赴也会给我们的国内赛程带来不小的困扰。

我们必须仔细地安排行程，因为我们 11 月 23 日在冠军杯中要客场对阵佛罗伦萨，之后还要飞回曼彻斯特进行恢复，而 30 日就要去日本参加比赛，接下来的那个周六还要回到老特拉福德迎战埃弗顿。所以我们最晚也要 26 日星期五早晨才能出发去远东。如何减轻时差的影响是一个大问题，有人说应该在最后一刻出发，这样时差的影响最小，但我坚决反对，尤其是从斯图尔特·韦伯那里听说了他 1981 年参加的诺丁汉森林 0∶1 输给乌拉圭民族队的经历之后，他告诉我说，在最后一刻到达绝对是一个灾难。其他经验丰富的教练如里皮、范加尔也都这么认为。所以我决定尽早赶赴日本。但当我们到达日本的时候，我们才知道，对手在 10 天前就已经到了，看来他们对待这场比赛非常认真。

对手备战如此认真，也让我变得严肃起来。我必须尽全力准备这场比赛的阵容和战术，才有机会战胜他们。史蒂夫·麦克拉伦准备了一些帕尔梅拉斯近期比赛的录像，我们一起研究，一旦想到对手可能会如何对付我们，我们就解释给球员们听。通常他们会使用 4-4-2 的阵型，这对巴西球队来说并不罕见。但他们的 4-4-2 并不呆板，他们的中前卫并不提供宽度，所以他们的 4-4-2 看上去更像是 4-2-2-2，两名中场球员挡在后卫线之前，而另外两个中场球员拖在锋线之后。他们主要靠攻击型的边后卫提供宽度，这种阵型很难克制。我们决定在中路放一名攻击手，而在边路由贝克汉姆和吉格斯来进行攻击，这样来压制他们的边后卫。中锋我选择了索尔斯克亚，而 3 名中场球员斯科尔斯、基恩和巴特可以给他提供足够的支持。这套阵型的关键在于贝克汉姆和吉格斯必须压制住他们的边后卫，让他们参与防守。但我们都没想到帕尔梅拉斯采用的战术和我们在录像中看到的完全不一样，所以打乱了我们的安排。

我们的录像证明对手的前锋会严格地在中路活动，但在实际比赛中，他们经常游荡到边路，直接和我们的边后卫加里·内维尔和丹尼斯·埃尔文对位。必须承认，这种变化给我们带来了很大的麻烦，因为内维尔和埃尔文被压制住了，所以贝克汉姆和吉格斯不得不更多地参与防守，而他们的边后卫则频频压上进攻。我们的赛前布置完全没有奏效，不得不坚持到半场休息的时候再重新安排。比赛过程中我们尝试着跟球员交流，但教练席和边线离得太远了，球员们根本听不到我们在说什么。上半场对手创造了很多机会，让我如坐针毡。好在博斯尼奇的上佳表现让我们没有比分落后。

然而，好像是为了提醒我们，赛前的布置其实是有效的，在一次反击中，吉格斯穿插到了对方边后卫的身后，并送出了一记传中，对方守门员只好出击，但是拦截失败，基恩一蹴而就，让我们取得了领先。尽管如此，中场休息的时候我们还是必须做出调整。上半场我们的控球几乎全都在自己半场，而两个边路球员不得不参与防守，导致索尔斯克亚在前方被孤立了。我需要找到一种办法，像赛前想要的那样压制对方的边后卫，所以我用约克替换下了索尔斯克亚，因为约克可以后撤拿球，将攻击线联系起来。他的上场使得吉格斯和贝克汉姆可以向前穿插，于是比赛变得完全不一样了，帕尔梅拉斯不得不开始防守。我们在中场的传球削弱了对方的阵型，尤其是吉格斯，抓住了我们赛前分析的对手的弱点，帮助我们创造了很多机会，并最终赢得了比赛。这场比赛是两种足球风格的碰撞，我一直认为曼联和巴西式的踢法有着相通之处，我们都强调才华，愿意冒险。能在东京赢球让我非常高兴，那是我最满足的时刻之一。

在比赛结束之后，我和对方的教练斯科拉里进行了愉快的交流。我之前看过关于他的报道，都把他写成了野蛮人的形象。他们说斯科拉里很不好惹，不是跟你激烈地争论，就是要跟你打官司。我觉得与这样一个充满激情的人的见面一定令人难忘，而事实也确实如此，但不是因为他激烈的性格，而是因为他完美的教养。他对我十分亲切，而我也安慰他说，在足球世界中运气也是重要的因素，他点头微笑，然后走出去安慰他的球员们了。

巴西媒体很吃惊我们并没有大肆庆祝，因为如果是他们国家的球队赢得了比赛的话，他们会一直狂欢下去。虽然我们表面上没有狂热地庆祝，但内心深处大家都感到十分满足。教练组意识到这场比赛的重要性，并且为球队的表现感到骄傲。从球衣管理员到理疗师和医疗人员，每个人都对这场比赛的胜利做出了贡献。但最关键的还得说是我们的助理教练托尼·库顿，他花了大量的时间和守门员们一起训练，而看到博斯尼奇今晚的表现他也非常满意。对我来说，一位老朋友的到来也让我非常开心，那就是艾迪·汤姆森，他曾经执教过澳大利亚，当时在日本工作。他和他的妻子参加了我们的庆祝派对，当然，就像一个真正的苏格兰人一样，他在恭喜我的同时也不忘了讽刺我，说我是他在球场上见过的最脏的球员。我只好指出那仅仅是因为我在遇到他那样的恶棍的时候需要保护自己。

从任何角度来说，东京之旅都是一次绝妙的经历，并且提醒我们这些来自英格兰的足球人，这项运动正在飞快地发展变化着。在二三十年前，谁会想到日本这个国家会对足球如此狂热呢？而他们也为足球贡献了很多，而不仅仅限于组织这项赛事。我相信他们在2002年的世界杯上一定会有所作为。他们已经在其他运动项目上展现了自己的实力，1964年的奥运会就证明了这一点，还有精彩的国际赛马比赛——日本杯。

有人说我故意把与帕尔梅拉斯的比赛安排在和日本杯同一个星期举行，这真是无稽之谈。但我也承认，在比赛之前带领全队去观看这项世界著名的赛马赛事，和15万观众共享那种兴奋，也不是什么坏事。我与一名著名的中国香港驯马师伊万·阿兰，还有他的名叫"中国城"的赛马保持着良好的关系，很高兴我在东京遇到了他。在日本杯的比赛前夜，伊万带我吃了精致的日本料理，而且要求我在明天的比赛中一定要支持他的赛马"原住民"。"它肯定是前三名之一。"他保证说。我喜欢这种自信，于是怀着期待入睡了。第二天当我们全队来到赛场的时候，受到了非常好的接待，而"原住民"也不负众望，取得了第二名的好成绩。

不爱好赛马的人很难理解，那天在赛马场上的放松对我意味着什么。我们背负着巨大的压力来到了日本，而赛马场上的一天让我释放了压力，把心思重新转回到足球上来。22年来我一直痴迷这项运动，当你的工作需要承受巨大的压力的时候，你必须找到另一种方式来放松自己。1989年是我在曼联最糟糕的岁月，我学会了给自己创造一个封闭的空间来安静地思考。在管理岗位上，你需要时不时地切断自己与狂热的外界的联系，来安静、客观地考虑你所做出的决定。有时候在我跟员工交谈的时候，我也会退回到自己脑海中的密闭空间中，他们以为我没有在认真听，但其实我人脑的一部分正在记录他们的谈话。一旦说到了重要的问题，我就会从那个空间中出来，并且做出回应。但我知道这个习惯让我身边的人不容易接受，凯西就经常说我生活在另一个世界，对此我无法否认。

赛马对于我来说就是一种把我带去另一个世界的方式。我对这项运动的戏剧性感到兴奋，而参与其中也让我释放了工作中的压力。每次去赛马场，我都会觉得自己的精力得到了恢复，让我更有活力地面对足球世界抛来的难题。但当我们从日本回来之后，我们面对的难题可不是几场赛马就能解决的了。作为足总杯的卫冕冠军，曼联放弃了这项赛事。各路批评和指责如风暴般席卷而来，而不用说你也知道这些批评的矛头指向了谁。

第二十七章　让旗帜一直飘扬

上赛季我把那个数字改成了 5 块，而现在，我又可以修改这个数字了。你知道的，这个习惯我愿意一直保持下去。

退出足总杯的比赛给曼联带来的争议是灾难性的，而且损害了俱乐部的声誉。但基于俱乐部主席向我摆出的事实，我们没有别的选择。国际足联决定在 2000 年 1 月于巴西举办国际俱乐部联赛，我们受到了巨大的压力要求我们参赛，因为去南美洲参赛被认为是一项爱国的行为。但当媒体发现我们不得不从足总杯这项最古老的淘汰赛中退出的时候，给我们压力的足总和政府官员却消失不见了，之前向我们保证过的"官方支持"自然也不见踪影，于是我们的退赛又变成了一桩丑闻。那些强烈劝说我们去里约参赛的人没有一个站出来为我们辩解。人们认为我们要么是因为贪婪（但他们并不知道跨大洲参赛要支付高昂的费用），要么是因为狂妄，才会抛弃了国内的足总杯而跑到南美去参赛。

但事实是我很在意足总杯。经过残酷的淘汰赛而最终抵达温布利对我一直有一种浪漫的吸引力。而 1990 年的足总杯冠军也是我执教曼联生涯的转折点，让我对这项赛事更是抱有特殊的感情。而近年来，足总杯的影响力日渐减弱，我也感到很痛心，我希望尽我的一切力量来阻止这项杯赛的没落。所以说我不重视这项比赛完全是无稽之谈，我非常希望曼联能够卫冕。我尝试了许多种办法，最终仍然不能两全，我们只能去参加南美的比赛。

据我所知，起初曼联内部没有人想要去巴西。然后罗兰德·史密斯爵士被邀请参加了一次与足总的会议，当时的体育大臣托尼·班克斯也出席了那次会议。在会议上史密斯爵士得知，如果我们拒绝参赛，那么拜仁慕尼黑会代替我们去巴西。而当时英格兰和德国正在激烈地争夺 2006 年世界杯的主办权，所以如果拜仁参赛，那对英格兰将是非常严重的政治挫折。而这项所谓"世界俱乐部冠军赛"①是世界足联搞出来的新事物，世界足联很看重这项赛事。所以这样一来，如果曼联不去参赛，似乎英格兰就会丢失很多选票，从而帮了德国人的忙。当马丁·爱德华兹后来去参加足总的会议的时候，他们又向他强调了这一点。

但要配合他们 2006 年的计划对我们来说并非易事。我们已经知道，足总杯第四轮比赛的时候我们会在巴西，所以马丁·爱德华兹让我决定，是否愿意让青年队参加这一轮比赛。第三轮比赛被提前到了 12 月 11 日，所以没有问题，我们可以用正常的阵容出战，但是是否应该让青年队出战第四轮，去面对那些强大的对手呢？在我和教练组长时间的讨论之后，我们决定不能冒着长期的风险而派上青年队。万一他们抽签抽到了利物浦、利兹联、阿森纳或者曼城呢？如果大比分被击败，他们将很难从那种阴影中恢复。

《每日镜报》（Daily Mirror）是批评我们最起劲的媒体之一。为了把情况解释清楚，马丁·爱德华兹与他们的一位高级代表见了一面，他带回来的消息是，如果我们同意派出青年队参赛，那《每日镜报》就会改变立场，号召全国支持我们。在和教练组从各个角度都考虑过之后，我告诉马丁，我不能让这些连预备队比赛经验都没有的孩子去面对足总杯的比赛。马丁向《每日镜报》的编辑皮尔斯·摩根转达了我的观点，摩根和他手下的人决定把火力从俱乐部主席转移到我身上来，于是现在所有的一切都是我的错了。但他们的质疑并没有让我怀疑自己做出了错误的决定。就算我们选择了青年队出战，《每日镜报》的支持又有什么意义呢？其他的小报又会如何报道呢？我必须从长远的角度为这些孩子打算，做出正确的决定。

我不得不说我对于足总和政府的做法感到很失望，当时要求我们去巴西的人现在都噤若寒蝉，他们怎么能这样做呢？他们应该承认自己在我们退赛这件事情上所扮演的角色。是他们为了给英格兰拉票才冒出来找我的，我当时还在好好地休假呢。

去巴西的征程对我们来说喜忧参半，对球员们来说，能逃离英国的寒冬而在里约热内卢待上两个星期自然心情愉快，而马拉卡纳球场又是球员们梦寐以

---

① 真正的世界俱乐部冠军赛应该是我们在日本对阵帕尔梅拉斯的比赛，尤其考虑到这次在巴西参赛的队伍还包括来自墨西哥的内卡萨队和来自澳大利亚的南墨尔本队。

求想要表演的舞台，但是说实话，比赛时的天气条件并不是太好，而媒体也批评我们太不平易近人。其实那是因为我们与指派给我们的媒体联络官磨合得不好，所以在公关方面遇到了一些困难，有好几天我一直想要开一个新闻发布会，但是根本没人为我们安排。国内的媒体终于抓住了机会，大肆宣传我们会给英足总带来负面的效果，甚至可能会给英国大使馆抹黑。我认为如果有人对我们不满的话，那消息一定会传到我这里，然而我并没有收到任何消息。很明显，不管是当地媒体还是英国国内的媒体都对我们不太满意。但我必须要说，这一切都是因为赛会的组织工作做得不好，如果他们明确提出要我每天开一个发布会，我也肯定会同意的。

因为种种原因，当我说我来到里约很高兴的时候，很多记者并不相信。但我说的是实话，我喜欢那个地方，而且很愿意在以后故地重游。但是曼联的表现却让我高兴不起来。这项赛事才刚刚成立，参赛者水平参差不齐，整项赛事也并没有我们在日本与帕尔梅拉斯对阵时那样的气氛。但这些并不是我们糟糕表现的借口，我们去那里是为了赢球而不是为了凑数的，但我们遭到了迎头痛击。

在我们第一场比赛对阵内卡萨队的时候，贝克汉姆被红牌罚下，让我们十分被动。在38℃的高温下逆着阳光比赛让我们很不适应，被打入一球，就在我们慢慢地掌握了局面的时候，贝克汉姆被罚下了。一开始我以为贝克汉姆抬脚是为了保护自己，但电视回放表明，那是一次糟糕的铲球，他理应被罚下。我们10人应战但表现出色，约克在错失一粒点球之后终于为我们扳平了比分。

我们第二场对战瓦斯科达伽马队，如果说贝克汉姆缺席了这场比赛很不幸的话，那加里·内维尔则是因为参加了这场比赛而变得不幸，让我也深感遗憾。他在上半场就两次失误送出大礼，让对方打入两球，而埃德蒙多再接再厉，在上半场结束之前将领先优势扩大到了三球。我们在下半场表现得十分英勇，奋力追赶，最终由尼基·巴特在终场前10分钟打进了挽回颜面的一球。

也许任何辩解都是苍白无力的，但我仍然要说，达伽马队如此顺风顺水部分源于他们赢了猜边，所以他们的半场是球场内有阴影的那一半。我们迎着太阳进攻、防守，刺眼的阳光让我们非常痛苦，对阵内卡萨的那场也是如此。不得不说，猜边的小小运气在一定程度上对足球的结果有着巨大的影响。我们在对阵南墨尔本的时候终于赢得了猜边，防守队员可以在阴影中防守了，那场比赛我们也顺利拿下。可惜我们最终名列小组第三，只好打道回府。迎接我们的是已经习以为常的言论，那就是竞争对手们又在鼓吹的：曼联在卫冕时得到了优惠待遇。

自从我们宣布退出足总杯的比赛之后，抱怨声就不绝于耳。不过大部分的怨言都很快消失了，大多数俱乐部在知道事情已成定局之后就专心于自己的工作了，但阿森纳和他们的主教练温格并非如此。他们坚持不懈地激烈攻击着我们。他们认为，退出国内杯赛让我们的赛程变得宽裕，而球员们在巴西晒了两个星期的太阳，也让我们在夺冠征程上处于不公平的位置。我不知道这些言论该从何说起，上赛季我们参加了足总杯的每一轮比赛，并没有给我们造成太多困扰。而且让我再提醒一下各位吧，1999—2000 赛季唯一打比赛比曼联更多的球队其实是切尔西。所以批评我们赛程宽松简直是无稽之谈。不要忘了，我们是那支在星期二飞越半个地球来到日本对阵南美洲最强的球队，然后又飞回英国参加周末的联赛的球队——在那种情况下，所有球队都热切地盼望着我们会在周末丢分呢。然而，在那个周末，我们 5∶1 击败了埃弗顿。退一万步说，就算我承认球队跑到里约待了两三个星期对于卫冕确实有益处，但其他的争冠者也只能怪他们自己。如果我是他们，我会利用这两三个星期拼命争取联赛分数，在积分榜上甩开曼联，让曼联回国之后面临巨大的压力。然而恰恰相反，当我们在里约参赛的时候，其他竞争者并没有得到很多分数，错失良机。确实，我们的球员在里约的游泳池旁休息了几天，但别忘了，我们还要飞行跨越半个地球，而且还要在 38℃ 的高温下踢好几场比赛。这怎么可能有助于我们争冠呢？这又不是去郊游。

我以为指责我们因为去了里约所以最终夺冠就够滑稽的了，没想到温格还有更荒唐的言论。他认为他的球队在争冠中处于劣势是因为他们有太多在伦敦的德比战役要踢。当我第一次读到这种言论的时候，我还以为他在开玩笑。全英超的球队都以击败我们为荣，所以我们的每一场联赛都有像德比一样的氛围。好吧，就算我们更严格一点，不说所有的比赛都是德比，那我们对阵利物浦的比赛总不比德比战役更轻松吧？还有利兹联呢？如果阿森纳把他们对阵温布尔登的比赛也称作德比的话，那我们对埃弗顿也应该算是德比大战了。

我很遗憾温格非常不情愿承认我们的实力和成就，他吹毛求疵的言行也对联赛中其他的主教练造成了不好的影响。任何人只要看看赛季末我们两队之间18 分的分差，都不会明白为什么他还是不愿意承认我们的冠军实至名归。当他们1998 年成为双冠王的时候，我毫无保留地赞美他们赛季末的强大冲刺，并且为他们鼓掌。我会把那赛季争冠失败的一部分原因归结为我们严重的伤病情况，但我也承认荣耀属于阿森纳。并且就像我在这本书前面提到过的，我向这支卓越的球队和他们卓越的主教练致敬。也许在老特拉福德和海布里之间，欣赏和承认只是一条单行道吧。

其实我很希望进一步了解温格。真正认识他的人告诉我说他是一个好人，但我想也许我是很难发现这一点了。他跟你会面的时候好像在内心深处上了锁，在赛后也从不跟你喝一杯。在我成长的环境中，我相信不管竞争多么激烈的俱乐部，他们的主教练之间都应该保持风度，在尘埃落定之后一起聊天、喝酒。我们谁都不想输球，但足球这条纽带将我们联系在一起，不管是谁遭遇困难的时候我们都会为他担心、难过。

在英格兰，也许没有哪两家俱乐部像曼联和利物浦一样互相敌视了，但比赛之后我们之间的氛围其实无与伦比。确实，我和肯尼·达格利什之间曾有过非常激烈的争论，但那都是一次性的事情，那只是两个互不服输的苏格兰人在互相竞争罢了。更多的时候，两家俱乐部的员工之间的氛围就像罗尼·莫兰和我的关系一样融洽。我会把他叫作"光头老浑蛋"，这还是在我很礼貌的时候，而他对我的称呼，如果去掉脏字的话，也许只剩"自大的"一个形容词了，我们俩在场边的时候，教练席上简直要开战了。但是当终场哨音一响，我们之间就只剩下微笑和善意的调侃了。对于罗尼这种人，我有着崇高的敬意，正是这样的人把利物浦变成了一个伟大的俱乐部。

另外值得一提的是利兹联，我总是揶揄他们红酒的质量太差，但我知道，正是他们勤恳真诚的工作人员给埃兰路球场带来了一个崭新的、活力四射的时代。在西汉姆联，我特别愿意与哈利·雷德克纳普相处，他是教练圈里最有趣的人之一，而且非常好客。更别提德比郡的吉姆·史密斯了，他是足坛的传奇人物，能与他相伴而谈是我工作中的乐趣之一。我还可以不停地列举下去，因为我喜欢所有的主教练，能与各种类型的主教练相互交流、相互理解，是比赛日的精髓之一。

从足总杯退赛的波澜还未平息，媒体又找到了一个让曼联上头条的办法。但因为他们的报道实在太荒唐了，所以很快也就销声匿迹了。米希尔·博思写了一本书，声称马丁·爱德华兹说我是个花钱很糟糕的人。博思据称是一个调查型的记者，但我看他的调查能力实在不怎么样。马丁给我写了一封信，坚决地否认自己曾经说过那样的话。其实我从一开始就没相信过俱乐部的主席会这样说我，因为首先马丁根本不清楚我的私人财务状况，所以这种评论根本无从说起。其次，如果说的是我在曼联的工作的话那就更加可笑了，因为马丁在曼联的持股，他本人的财富近 10 年来已经增长了 1.2 亿英镑，所以这种故事完全是信口雌黄，也许博思只是从什么地方听到了一些虚假的传言，然后又自己加工了一番吧。毕竟对于我们这种大俱乐部来说，这种流言每天都会有很多。

在 1999—2000 赛季，保住得来不易的欧洲冠军是我们最大的愿望，而在两轮小组赛之后，我们的形势很乐观。第一轮小组赛中，我们 6 场比赛共积 13 分，而在第二轮小组赛中，我们面对瓦伦西亚、佛罗伦萨和波尔多，只在客场输给了佛罗伦萨一场，而且回到老特拉福德之后，我们狠狠地回击了他们，那场比赛是曼联整个赛季最精彩的表现之一。虽然加布里埃尔·巴蒂斯图塔早早就打入一球，但那并没有影响我们的信心。我们踢得快速而又有穿透力，最终以 3:1 获胜。而 3:0 在主场战胜瓦伦西亚的比赛也同样令人开心。在主客场两次战胜波尔多之后，我们在瓦伦西亚的主场拿到了一场平局，让我们保持在了积分榜第一的位置上。

1/4 决赛我们抽签抽到了皇家马德里，这让球迷们回想起了两家俱乐部历史上的碰撞。1957 年，当马特·巴斯比的年轻球队慢慢成长起来的时候，他们与皇家马德里的对阵精彩纷呈，虽然最终以两回合总比分 3:5 败北，但要知道，当时的皇家马德里正在称霸欧洲足坛，并且连续 5 次捧起了欧洲冠军杯。慕尼黑惨案中止了曼联冲击欧洲冠军的脚步，但是死里逃生的巴斯比再次建立起了一支才华横溢的曼联，最终在 1968 年击败本菲卡，登上了欧洲最高的领奖台。而在那次比赛的半决赛中，曼联曾以两回合 4:3 的总比分淘汰了皇家马德里。现在，30 多年过去了，皇家马德里再次挡在了曼联成为欧洲冠军的路上。

对我而言，从 1999 年 7 月之后这 9 个月的时间真是让人不可思议，从诺坎普，到东京，再到马拉卡纳，直到现在要在伯纳乌面对皇家马德里，这里可是迪斯蒂法诺和普斯卡什成为欧洲冠军的地方，从那之后，每支球队都梦想着能捧起那一座冠军奖杯。然而，比赛并不如我们所愿，我们最终与对手 0:0 打平。很多人都认为在客场取得这个比分可以接受，但我并不这么认为。也许我就像那些经验丰富的老农民一样，能从腿痛中预感到每次下雨。而这次，我确实有不好的预感。

在老特拉福德举行的第二回合，我们事事不顺，运气差到了极点，回顾这场比赛，我不得不说，皇马是注定要晋级到半决赛的。从他们开场后的阵型就可以看出来，他们使用了 3 名中后卫，2 个翼卫，3 个人顶在前面，史蒂夫·麦克马纳曼在右路游荡，而费尔南多·雷东多作为唯一的中前卫。"真的假的？"我对自己说，"这种阵型不可能赢的。"然而恰恰相反，他们运转良好，并且凭借着基恩的乌龙球领先了我们。其实我们的进攻也很出色，但他们 18 岁的年轻守门员伊戈尔·卡西利亚斯·费尔南德斯有如神助。随着我们浪费的机会越来越多，我开始想要转换阵型，可惜我犹豫得太久了。如果我早一点变阵为4-3-3，让两个人拉开宽度，中间还有一名中锋的话，我们肯定能拿下比赛。如果有 3 名中前卫，我们就可以重点盯防雷东多，而且当劳尔·冈萨雷斯从锋线回撤到中场的时候我们也可以应对。相反的，我们给了对手太多攻击我们的机会，再加上我们糟糕的防守，在刚过半场的时候我们就已经 0：3 落后了。这对于老特拉福德是不可想象的，尤其是我认为当我们发挥出色的时候，应该比对方更有威胁。在终场前将比分追为 2：3 也只是一个安慰罢了，虽然那一年皇马最终第八次捧起了欧洲冠军的奖杯，但我坚持认为如果和他们踢 10 场比赛，我们能赢下 7 场。然而事实就是，他们在那天晚上击败了我们。

那天晚上给我们的教训就是，如果我们想要持续地在欧洲获得成功，就必须提高对于对方反击的防守水平。在英格兰，我们更习惯进攻防守都大开大合，全队压上或者全队收缩，然而在欧洲大陆，他们的球队更多的是只有两三名球员来进行反击，而全队压上的进攻次数在每场比赛中寥寥可数，所以这就更具有迷惑性，容易打我们一个猝不及防。所以如果球队不能保持专注应对这种反击的话，是不可能统治欧洲赛场的。

虽然我们蝉联欧洲冠军失败了，但我很高兴地看到我们没有让别人染指联赛冠军。虽然在赛季中我们一度发挥不太稳定，但到了三四月份之后，情况明显好转。我们不仅踢得很流畅，而且球员们的精神状态也很健康。8 月份客场战胜阿森纳和 9 月份客场战胜利物浦让我们在争冠途中充满了动力，而 2 月末客场挑战利兹联的比赛，对球队的心态也非常有帮助。

虽然大卫·奥利莱的青年近卫军总是媒体关注的焦点，但那场比赛媒体的注意力却被贝克汉姆吸引了。他没有出现在周五的训练课上，而我对他给出的理由并不满意。他跟我说年幼的布鲁克林·贝克汉姆生病了，通常我都会很同情，因为孩子的事情对父母来说高于一切，但这一次我并不满意，因为我们都知道那个周五维多利亚并不在伦敦。我认为贝克汉姆这样做对他的队友并不公平。尼基·巴特、菲尔·内维尔和索尔斯克亚并不常出现在我们的首发阵容中，但他们对待训练仍然兢兢业业。如果他们知道贝克汉姆可以随意安排自己的日程，他们会怎么想？所以我不能把贝克汉姆放进那天的比赛名单中。然后在第二天他与我碰面的时候，他让事情进一步恶化了，那天我近年来很少有地大发雷霆。一开始他并不认为自己需要解释些什么，这让我大为光火，我从来不以出格的方式提醒别人谁才是主教练，但当我的地位受到挑战的时候，我必须有所行动。大卫一直是大家关注的焦点，所以当我把他从出场阵容中拿掉的时候掀起了一些波澜，但我并不以为意。对我来说很简单，不管是多么大牌的球员，只要做错了事，就必须付出代价。而这件事情大卫确实做错了。有人认为对阵利兹联的比赛非常重要，所以贝克汉姆必须出场，但如果规矩和原则这么容易就被抛弃的话，它们还有什么意义呢？

但这件事的后续影响是非常正面的。我对这件事情的态度让大卫意识到他到底应该如何准备比赛，像他这样违反球队纪律，自己回到南英格兰，对我、俱乐部和他的队友，还有忠实地支持他的球迷都是不公平的。而且在足球层面来说，对他自己也是不公平的。当他意识到他在柴郡的住所才是他工作的基地的时候，对他本人的足球生涯也是有好处的。我经常想起他的父母，还有他们为大卫所做的一切。当他还是个孩子的时候，每次我们去伦敦比赛，他的父母都会带他来看，并且与我交流了很多次。他们当时很担心贝克汉姆会不会继续长个儿，我也总是向他们保证他肯定能长到一米八多。大卫是一个懂事的孩子，他很感激父母为他的付出，也不会让他们失望。他热爱足球，生活中完全不能失去足球。

对利兹联的比赛，我把斯科尔斯放在了右路，代替贝克汉姆，而尼基·巴特和基恩搭档中路。没有人愿意在右路失去贝克汉姆这样有影响力的球员，但我相信聪明的斯科尔斯也一定会胜任这个位置。当安迪·科尔让我们取得领先的时候，我已经确信至少我们不会输球了。我感觉球员们的注意力非常集中，让利兹联英勇的年轻人无计可施。对利兹联的胜利让我们继续在争冠中保持主动，在打平温布尔登和利物浦之后，我们破纪录地 11 连胜，如愿以偿地捧起了 8 年中的第六个英超冠军奖杯。

我们在对阵南安普敦的时候就提前 4 轮锁定了冠军，这对于一个竞争激烈的联赛来说真是不可思议，而最终我们与第二名的分差也达到了惊人的 18 分。而我也早早地开始为将来做准备，确保在接下来的赛季中，我们能以更强的实力去面对英超和欧冠。

在路德·范尼斯特鲁伊还在埃因霍温的时候，我们就开始关注他了，他有着惊人的射手天赋。而在 4 月 23 日主场对阵切尔西的比赛之前，我们就准备与他签约了。那天晚上我和路德还有他的女朋友共进晚餐，史蒂夫·麦克拉伦、吉姆·莱恩、雅普·斯塔姆和他的妻子艾利斯，还有路德的经纪人罗杰·林瑟也在场。气氛很融洽，而且很明显能感觉到路德很愿意加入我们。我们开玩笑说，路德加盟我们唯一的问题就是，俱乐部又多了一个荷兰人。"4个荷兰人了，"我抱怨说，"这让我怎么办啊？"斯塔姆纠正我说："你不能算上约尔迪——他是西班牙人。"

当时我们还不知道，范尼斯特鲁伊的右腿膝盖出了些问题。他自己描述的症状让我觉得是内侧韧带的问题，就像我的职业生涯中遇到过的伤病一样，所以我并不是特别担心。但其实他的情况严重得多，甚至会威胁到他整个的职业生涯。尽管现代医学已经有了长足发展，比如基恩就从相同的伤病中恢复了过来，而洛塔尔·马特乌斯更是在 32 岁的时候还从这种伤病中痊愈，但我还是认为路德应该在签约之前进行全面的检查。这时候让我担心的是埃因霍温已经向外透露了转会的信息，我认为这并不合适，应该由买家俱乐部而不是卖家俱乐部来宣布关于转会的消息。

埃因霍温的声明导致了第二天对阵切尔西的比赛变成了路德转会消息的背景。比赛也很奇怪，双方发挥都不是太好，最终我们 3：2 获胜。考虑到我们在主场对阵切尔西的历史战绩，我对这个比分还是很满意的。我想这应该才是我 13 年的曼联生涯中第四次在主场击败切尔西。赛后的记者发布会的重点也迅速地从比赛本身转到了路德身上，媒体问我为什么要签下范尼斯特鲁伊，我解释说我们在保障球队的未来。如果现在不签下他的话，两年之后我们肯定会后悔。教练组成员都看过他的比赛，而且一直认为他潜力巨大。吉姆·莱恩看了荷兰对阵德国的比赛之后说，"他两年之内一定会成为世界级的射手"。我喜欢听到这种话。

记者们的下一个问题就是，如果路德来的话，那么谁会走呢？我不愿意让媒体猜测我的锋线，我们已经打造了令人生畏的攻击线，而我并不打算削弱它。我的一个担心是泰迪·谢林汉姆，他的经纪人正在跟俱乐部谈，但是还没有明确地告诉我们他想要如何。传言说他会离开球队，但我并不希望这样。我知道他对于自己的出场机会并不满意，但我认为对他来说，在职业生涯的这个阶段，我们的做法是对他有利的。有选择地让他上场对我们是巨大的帮助，而我也很开心地得知他同意续约一年。

路德进行进一步检查的那天我正在西班牙休假，但我的心思全在他的体检上。中午我跟麦克拉伦通电话的时候，一切正在有条不紊地进行，于是我关掉了手机。当下午茶的时候，我再打开电视和手机，天空体育正在从老特拉福德做现场直播，有一个新闻发布会即将开始。就在这时，我的手机响了，麦克拉伦带来了悲伤的消息：路德的十字韧带有严重的问题。我立即与球队医生麦克·斯通通了电话，还有外科专家乔纳森·诺贝尔，他们都告诉我说，不能通过球员的体检。这真是令人震惊的消息，我立即想到了路德这个小伙子。我多么希望这时候我能在他身边陪着他。在跟他通电话的时候，我尽量地保持乐观，并且告诉他也许我们有别的办法来帮他渡过这个难关。我们的医疗人员建议他做一个关节镜检查，但他拒绝了。我可以理解，因为他想要参加 2000 年欧洲杯，而这种检查可能会对他的入选机会造成影响。

在我们深入地讨论了接下来该怎么办之后，我们双方都决定路德应该返回荷兰进行治疗。很快，我们听说他回到荷兰之后情绪非常低落，担心自己会因为十字韧带而一蹶不振。我感觉自己必须去荷兰与他会面，向他表达我的同情和慰问。本来他在世界的顶端，憧憬着自己和曼联共创辉煌，而就在一周之内，却发现自己遭受了足球运动员最害怕的伤病。俱乐部自然也很失望，但远远不及路德的伤心。于是在与热刺的纪念赛之前，我飞去了埃因霍温，与他的经纪人林瑟见面。在我们一起去路德家里的路上，他向我说了路德的近况，还有他可以做手术的时间和地点。那次会面让我坚信，路德有着强大的心脏，可以战胜这次厄运，再次回到自己的巅峰。我也用基恩和马特乌斯的例子激励他。在马特乌斯从伤病中恢复的时候，他每天早晨 4 点就起床，进行 2 个小时的恢复性训练，然后再睡 2 个小时，接着就奔赴拜仁慕尼黑的训练场。这个故事深深地鼓励了路德，我希望这让他鼓起勇气，挽回自己的职业生涯。我衷心地祝愿他早日恢复。

相比路德转会的一波三折，几周后法比安·巴特兹从摩纳哥来到曼联的交易则顺利得多。签下法国人补强了我们的门将位置，他 1998 年的世界杯奖牌证明他可以在最高的舞台上出场。他有一颗大心脏，而队友们和球迷也肯定会喜欢他活泼、坚强的性格。巴特兹喜欢大舞台，而老特拉福德就是最大的舞台。

2000 年 5 月 6 日，英超冠军的颁奖典礼日，老特拉福德是世界上最幸福的地方。3：1 击败热刺之后，我们得到了梦寐以求的奖杯。球场内满溢的幸福与温暖让我们觉得之前几个月所有的汗水和劳累都是值得的。当球员们的孩子也被带进球场绕场一周的时候，气氛变得更加温馨。这向所有人展示了，一个家庭般的俱乐部应该是怎样的。这么多年来，我总是很乐意让球员把自己的孩子带到训练场来，因为足球运动员也是人，他们因为工作而经常无法与家人团聚，尤其是在周末的时候，所以我很愿意让他们把孩子带来。这些孩子们，只要给他们一个足球他们就开心得不得了。那些当父亲的也是如此，只不过他们只有获得冠军奖杯的时候才会真正满足。

8 年内六夺英超冠军确实是了不起的成就，尤其对吉格斯来说，因为他拥有全部 6 块冠军奖牌。当然丹尼斯·埃尔文也有 6 块，但他已经 34 岁了。所以我总是拿吉格斯来激励其他球员。两年前我对球员们说："当你可以像别人炫耀你的 4 块英超冠军奖牌的时候，你肯定是一个曼联球员。"上赛季我把那个数字改成了 5 块，而现在，我又可以修改这个数字了。你知道的，这个习惯我愿意一直保持下去。

附录一　生涯记录

职业球员生涯

1958—1960 年　女王公园

1960—1964 年　圣约翰斯通

1964—1967 年　邓弗姆林竞技

1967 年 3 月 15 日，在汉普顿公园球场代表苏格兰联赛全明星队迎战英格兰联赛全明星队，以 0：3 告负。

1967 年 5 月 13 日—6 月 15 日代表苏格兰队出战夏季热身赛，7 场比赛打入 10 个进球，对手是以色列队、中国香港选拔队、澳大利亚队（3 场比赛）、奥克兰地区队和温哥华全明星队。

1967—1969 年　格拉斯哥流浪者

1967 年 9 月 6 日，代表苏格兰联赛全明星队在贝尔法斯特与爱尔兰联赛全明星队交手，取得一个进球并帮助球队以 2：0 获胜。

1969—1973 年　福尔柯克

1973—1974 年　艾尔联

执教生涯

1974 年 6—10 月　东斯特林

1974 年 10 月—1978 年 5 月　圣米伦

1975—1976 赛季甲级联赛第 4 名；1976—1977 赛季甲级联赛冠军；1977—1978 赛季超级联赛第 8 名。

1978—1986 年　阿伯丁

1979 年　超级联赛排名：第 4 名

　　　　苏格兰杯：半决赛

　　　　苏格兰联赛杯：亚军

1980 年　超级联赛排名：冠军

　　　　苏格兰杯：半决赛

　　　　苏格兰联赛杯：亚军

1981 年　超级联赛排名：亚军

　　　　德莱堡杯：冠军

1982 年　超级联赛排名：亚军

　　　　苏格兰杯：冠军

1983 年　超级联赛排名：第 3 名

　　　　苏格兰杯：冠军

　　　　欧洲优胜者杯：冠军

1984 年　超级联赛排名：冠军

　　　　苏格兰杯：冠军

　　　　苏格兰联赛杯：半决赛

　　　　欧洲优胜者杯：半决赛

　　　　欧洲超级杯：冠军

1985 年　超级联赛排名：冠军

　　　　苏格兰杯：半决赛

1986 年　超级联赛排名：第 4 名

　　　　苏格兰杯：冠军

　　　　苏格兰联赛杯：冠军

　　　　欧洲冠军杯：1/4 决赛

1978—1979 赛季

	场次	胜场	平局	负场	进球	失球	分数
联赛	36	13	14	9	59	36	40
苏格兰杯	5	3	1	1	12	6	
苏格兰联赛杯	8	6	1	1	25	7	
欧洲优胜者杯	4	2	0	2	7	6	
友谊赛	9	7	1	1	23	6	
总计	62	31	17	14	126	61	

重要事件：司职门将的国际球员博比·克拉克在赛季前的一场友谊赛中，代表阿伯丁一线队出场达到 600 次。3 名一线队球员通过转会或解约离开球队。

1979—1980 赛季

	场次	胜场	平局	负场	进球	失球	分数
联赛	36	19	10	7	68	36	48
苏格兰杯	5	3	1	1	16	3	
苏格兰联赛杯	11	7	2	2	23	11	
欧洲联盟杯	2	0	1	1	1	2	
德莱堡杯	1	0	0	1	0	1	
友谊赛	11	9	1	1	32	10	
总计	66	38	15	13	140	63	

重要事件：3 名一线队球员转会去其他苏格兰俱乐部。

1980—1981 赛季

	场次	胜场	平局	负场	进球	失球	分数
联赛	36	19	11	6	61	26	49
苏格兰杯	2	1	0	1	2	2	
苏格兰联赛杯	6	3	1	2	15	4	
欧洲冠军杯	4	1	1	2	1	5	

	场次	胜场	平局	负场	进球	失球	分数
德莱堡杯	3	3	0	0	10	4	
友谊赛	7	6	0	1	31	11	
总计	58	33	13	12	120	52	

重要事件：在德莱堡杯决赛中以 2 ∶ 1 战胜前东家圣米伦队捧杯。

1981—1982 赛季

	场次	胜场	平局	负场	进球	失球	分数
联赛	36	23	7	6	71	29	53
苏格兰杯	6	5	1	0	14	6	
苏格兰联赛杯	10	7	1	2	21	4	
欧洲联盟杯	6	3	2	1	13	9	
友谊赛	8	5	2	1	18	6	
总计	66	43	13	10	137	54	

重要事件：1982 年 4 月 17 日，威利·米勒在和莫顿队的一场联赛中第 500 次为阿伯丁一线队出场。

1982—1983 赛季

	场次	胜场	平局	负场	进球	失球	分数
联赛	36	25	5	6	76	24	55
苏格兰杯	5	5	0	0	9	2	
苏格兰联赛杯	8	4	2	2	19	11	
欧洲优胜者杯	11	8	2	1	25	6	
友谊赛	4	3	0	1	14	1	
总计	64	45	9	10	143	44	

重要事件：在哥德堡经过加时鏖战以 2 ∶ 1 战胜皇家马德里夺得欧洲优胜者杯之后，仅仅过了 10 天，阿伯丁在汉普顿公园球场又一次经过加时赛以 1 ∶ 0 战胜格拉斯哥流浪者，从而捧起苏格兰杯。

1983—1984 赛季

	场次	胜场	平局	负场	进球	失球	分数
联赛	36	25	7	4	78	21	57
苏格兰杯	7	5	2	0	11	3	
苏格兰联赛杯	10	7	2	1	23	3	
欧洲优胜者杯	8	3	2	3	10	7	
欧洲超级杯	2	1	1	0	2	0	
友谊赛	12	4	3	5	19	17	
总计	75	45	17	13	143	51	

重要事件：57 个联赛积分夺冠创造了苏格兰超级联赛的纪录。赛季前从圣米伦签下比利·斯塔克，斯图尔特·麦克吉米以 9 万英镑从邓迪队转会而来。在欧洲优胜者杯第二轮对阵贝弗伦皇家体育的比赛中，戈登·斯特罗恩的第二个进球是阿伯丁队在欧战中的第 100 个进球。马克·麦吉打进了阿伯丁在苏格兰联赛杯中的第 100 球。彼得·威尔则打入了阿伯丁在苏格兰杯中的第 600 球。

1984—1985 赛季

	场次	胜场	平局	负场	进球	失球	分数
联赛	36	27	5	4	89	26	59
苏格兰杯	6	3	2	1	10	4	
苏格兰联赛杯	1	0	0	1	1	3	
欧洲冠军杯	2	1	0	1	7	8	
友谊赛	9	5	2	2	14	9	
总计	54	36	9	9	121	50	

重要事件：阿伯丁以刷新自己纪录的 59 个积分卫冕联赛冠军。吉姆·莱顿在 1985 年 1 月 5 日对阵希伯尼安的比赛中，中断了自己连续为阿伯丁出场 100 次的纪录。威利·米勒在半决赛与邓迪联的比赛中完成苏格兰杯的个人第 50 次出场。

1985—1986 赛季

	场次	胜场	平局	负场	进球	失球	分数
联赛	36	16	12	8	62	31	44
苏格兰杯	6	5	1	0	15	4	
苏格兰联赛杯	6	6	0	0	13	0	
欧洲冠军杯	6	3	3	0	10	4	
友谊赛	11	6	2	3	29	11	
总计	65	36	18	11	129	50	

重要事件：以连续 6 场不失球的战绩夺得苏格兰联赛杯，打入欧洲冠军杯 1/4 决赛，因为客场进球少而被淘汰。1986 年 1 月 18 日以 0：1 负于哈茨队的比赛是连续 26 个主场比赛（其中 19 场联赛）的首次告负。威利·米勒突破个人的第 700 次一线队出场大关。从冰岛签回了出国踢球一段时间的吉姆·贝特，道格·贝尔以 11.5 万英镑的身价转会格拉斯哥流浪者。

1986—1987 赛季（1986 年 8 月—11 月 1 日）

	场次	胜场	平局	负场	进球	失球
联赛	15	7	5	3	25	14
苏格兰联赛杯	3	2	0	1	8	2
欧洲优胜者杯	2	1	0	1	2	4
友谊赛	6	2	3	1	11	6
总计	26	12	8	6	46	26

重要事件：用 20 万英镑从纳沙泰尔签下大卫·多兹，弗兰克·麦克杜格尔遵照医嘱从足球赛场退役，将伊恩·安格斯交易到邓迪队换取罗伯特·康纳，以 10 万英镑从诺维奇签来布莱恩·冈恩。

小结

	场次	胜场	平局	负场	进球	失球
联赛	303	174	76	53	589	243
苏格兰杯	42	30	8	4	89	30

	场次	胜场	平局	负场	进球	失球
苏格兰联赛杯	63	42	9	12	148	45
欧洲赛事	47	23	12	12	78	51
德莱堡杯	4	3	0	1	10	5
友谊赛	77	47	14	16	191	77
总计	536	319	119	98	1105	451

弗格森治下阿伯丁的欧战记录

1978—1979 赛季欧洲优胜者杯

第 1 轮对阵马历克（保加利亚）（客）2：3，（主）3：0，总比分：5：3

第 2 轮对阵杜塞尔多夫（联邦德国）（客）0：3，（主）2：0，总比分：2：3

场次	胜场	平局	负场	进球	失球
4	2	0	2	7	6

1979—1980 赛季欧洲联盟杯

第 1 轮对阵法兰克福（联邦德国）（主）1：1，（客）0：1，总比分：1：2

场次	胜场	平局	负场	进球	失球
2	0	1	1	1	2

1980—1981 赛季欧洲冠军杯

第 1 轮对阵维也纳（奥地利）（主）1：0，（客）0：0，总比分：1：0

第 2 轮对阵利物浦（英格兰）（主）0：1，（客）0：4，总比分：0：5

场次	胜场	平局	负场	进球	失球
4	1	1	2	1	5

1981—1982 赛季欧洲联盟杯

第 1 轮对阵伊普斯维奇（英格兰）（客）1∶1，（主）3∶1，总比分：4∶2

第 2 轮对阵皮特什蒂（罗马尼亚）（主）3∶0，（客）2∶2，总比分：5∶2

第 3 轮对阵汉堡（联邦德国）（主）3∶2，（客）1∶3，总比分：4∶5

场次	胜场	平局	负场	进球	失球
6	3	2	1	13	9

1982—1983 赛季欧洲优胜者杯

预赛对阵锡永（瑞士）（主）7∶0，（客）4∶1，总比分：11∶1

第 1 轮对阵地拉纳迪纳摩（阿尔巴尼亚）（主）1∶0，（客）0∶0，总比分：1∶0

第 2 轮对阵波兹南莱克（波兰）（主）2∶0，（客）1∶0，总比分：3∶0

1/4 决赛对阵拜仁慕尼黑（联邦德国）（客）0∶0，（主）3∶2，总比分：3∶2

半决赛对阵沃特斯奇（比利时）（主）5∶1，（客）0∶1，总比分：5∶2

决赛（在瑞典哥德堡）对阵皇家马德里（西班牙）2∶1（加时）

场次	胜场	平局	负场	进球	失球
11	8	2	1	25	6

1983—1984 赛季欧洲超级杯

对阵汉堡（联邦德国）（客）0∶0，（主）2∶0，总比分：2∶0

欧洲优胜者杯

第 1 轮对阵阿克拉内斯（冰岛）（客）2∶1，（主）1∶1，总比分：3∶2

第 2 轮对阵贝弗伦皇家体育（比利时）（客）0∶0，（主）4∶1，总比分：4∶1

1/4 决赛对阵乌伊佩思特（匈牙利）（客）0∶2，（主）3∶0（加时），总比分：3∶2

半决赛对阵波尔图（葡萄牙）（客）0∶1，（主）0∶1，总比分：0∶2

场次	胜场	平局	负场	进球	失球
10	4	3	3	12	7

1984—1985 赛季欧洲冠军杯

第 1 轮对阵柏林迪纳摩（民主德国）（主）2：1，（客）1：2，总比分：3：3（点球 4：5 被淘汰）

场次	胜场	平局	负场	进球	失球
2	1	0	1	7	8

1985—1986 赛季欧洲冠军杯

第 1 轮对阵阿克拉内斯（冰岛）（客）3：1，（主）4：1，总比分:7：2

第 2 轮对阵塞尔维特（瑞士）（客）0：0，（主）1：0，总比分：1：0

1/4 决赛对阵哥德堡（瑞典）（主）2：2，（客）0：0，总比分：2：2（依客场进球规则被淘汰）

场次	胜场	平局	负场	进球	失球
6	3	3	0	10	4

1986—1987 赛季欧洲优胜者杯

第 1 轮对阵锡永（瑞士）（主）2：1，（客）0：3，总比分：2：4

场次	胜场	平局	负场	进球	失球
2	1	0	1	2	4

小结

场次	胜场	平局	负场	进球	失球
47	23	12	12	78	51

1985 年 10 月—1986 年 6 月执教苏格兰国家队

国家队战绩

	场次	胜场	平局	负场	进球	失球
主场	3	2	1	0	5	0
客场	7	1	3	3	3	5
总计	10	3	4	3	8	5

比分

1985 年 10 月	民主德国（友谊赛，主场）0：0
1985 年 11 月	澳大利亚（世界杯附加赛，主场）2：0
1985 年 12 月	澳大利亚（世界杯附加赛，客场）0：0
1986 年 1 月	以色列（友谊赛，客场）1：0
1986 年 3 月	罗马尼亚（友谊赛，主场）3：0
1986 年 4 月	英格兰（劳斯杯，主场）1：2
1986 年 4 月	荷兰（友谊赛，客场）0：0
1986 年 6 月	丹麦（世界杯，墨西哥城）0：1
1986 年 6 月	联邦德国（世界杯，克雷塔罗）1：2
1986 年 6 月	乌拉圭（世界杯，墨西哥城）0：0

1986 年至现在（成书之日）曼联

1986—1987 赛季
英格兰足球甲级联赛
弗格森上任前曼联战绩

	场次	胜场	平局	负场	进球	失球	积分
主场	7	3	1	3	12	8	10
客场	6	0	3	3	4	8	3
总计	13	3	4	6	16	16	13

联赛杯：第 3 轮

弗格森上任后曼联战绩

	场次	胜场	平局	负场	进球	失球	积分
主场	14	10	2	2	26	10	32
客场	15	1	8	6	10	19	11
总计	29	11	10	8	36	29	43
赛季总计	42	14	14	14	52	45	56

联赛排名：第 11 名

足总杯：第 4 轮

1987—1988 赛季

英格兰足球甲级联赛

	场次	胜场	平局	负场	进球	失球	积分
主场	20	14	5	1	41	17	47
客场	20	9	7	4	30	21	34
总计	40	23	12	5	71	38	81

联赛排名：亚军

足总杯：第 5 轮

联赛杯：第 5 轮

1988—1989 赛季

英格兰足球甲级联赛

	场次	胜场	平局	负场	进球	失球	积分
主场	19	10	5	4	27	13	35
客场	19	3	7	9	18	22	16
总计	38	13	12	13	45	35	51

联赛排名：第 11 名

足总杯：第 6 轮

联赛杯：第 3 轮

1989—1990 赛季

英格兰足球甲级联赛

	场次	胜场	平局	负场	进球	失球	积分
主场	19	8	6	5	26	14	30
客场	19	5	3	11	20	33	18
总计	38	13	9	16	46	47	48

联赛排名：第 13 名

足总杯：冠军

联赛杯：第 3 轮

1990—1991 赛季

英格兰足球甲级联赛

	场次	胜场	平局	负场	进球	失球	积分
主场	19	11	4	4	34	17	37
客场	19	5	8	6	24	28	23
总计	38	16	12	10	58	45	59*

* 被扣除 1 分

联赛排名：第 6 名

足总杯：第 5 轮

联赛杯：亚军

欧洲优胜者杯：冠军

慈善盾：并列冠军

1991—1992 赛季

英格兰足球甲级联赛

	场次	胜场	平局	负场	进球	失球	积分
主场	21	12	7	2	34	13	43
客场	21	9	8	4	29	20	35
总计	42	21	15	6	63	33	78

联赛排名：亚军

足总杯：第 4 轮

联赛杯：冠军

欧洲优胜者杯：第 2 轮

欧洲超级杯：冠军

1992—1993 赛季

英格兰足球超级联赛

	场次	胜场	平局	负场	进球	失球	积分
主场	21	14	5	2	39	14	47
客场	21	10	7	4	28	17	37
总计	42	24	12	6	67	31	84

联赛排名：冠军

足总杯：第 5 轮

联赛杯：第 3 轮

欧洲联盟杯：第 1 轮

1993—1994 赛季

英格兰足球超级联赛

	场次	胜场	平局	负场	进球	失球	积分
主场	21	14	6	1	39	13	48
客场	21	13	5	3	41	25	44
总计	42	27	11	4	80	38	92

联赛排名：冠军

足总杯：冠军

联赛杯：亚军

欧洲冠军杯：第 2 轮

慈善盾：冠军

1994—1995 赛季

英格兰足球超级联赛

	场次	胜场	平局	负场	进球	失球	积分
主场	21	16	4	1	42	4	52
客场	21	10	6	5	35	24	36
总计	42	26	10	6	77	28	88

联赛排名：亚军

足总杯：亚军

联赛杯：第 3 轮

欧冠联赛：第一阶段小组赛

慈善盾：冠军

1995—1996 赛季

英格兰足球超级联赛

	场次	胜场	平局	负场	进球	失球	积分
主场	19	15	4	0	36	9	49
客场	19	10	3	6	37	26	33
总计	38	25	7	6	73	35	82

联赛排名：冠军

足总杯：冠军

联赛杯：第 2 轮

欧洲联盟杯：第 1 轮

1996—1997 赛季

英格兰足球超级联赛

	场次	胜场	平局	负场	进球	失球	积分
主场	19	12	5	2	38	17	41
客场	19	9	7	3	38	27	34
总计	38	21	12	5	76	44	75

联赛排名：冠军

足总杯：第 4 轮

联赛杯：第 4 轮

欧冠联赛：半决赛

慈善盾：冠军

1997—1998 赛季

英格兰足球超级联赛

	场次	胜场	平局	负场	进球	失球	积分
主场	19	13	4	2	42	9	43
客场	19	10	4	5	31	17	34
总计	38	23	8	7	73	26	77

联赛排名：亚军

足总杯：第 5 轮

联赛杯：第 3 轮

欧冠联赛：1/4 决赛

慈善盾：冠军

1998—1999 赛季

英格兰足球超级联赛

	场次	胜场	平局	负场	进球	失球	积分
主场	19	14	4	1	45	18	46
客场	19	8	9	2	35	19	33
总计	38	22	13	3	80	37	79

联赛排名：冠军

足总杯：冠军

联赛杯：第 5 轮

欧冠联赛：冠军

1999—2000 赛季
英格兰足球超级联赛

	场次	胜场	平局	负场	进球	失球	积分
主场	19	15	4	0	59	16	49
客场	19	13	3	3	38	29	42
总计	38	28	7	3	97	45	91

联赛排名：冠军

足总杯：未参赛

联赛杯：第 3 轮

欧冠联赛：1/4 决赛

洲际杯：冠军

小结

主场	场次	胜场	平局	负场	进球	失球	分数
联赛	270	178	65	27	528	184	599
足总杯	28	20	6	2	53	17	
欧洲赛事	35	19	12	4	70	31	
联赛杯	24	20	2	2	53	20	
超级杯	1	1	0	0	1	0	
总计	358	238	85	35	705	252	

客场	场次	胜场	平局	负场	进球	失球	分数
联赛	271	115	85	71	414	327	430
足总杯	37	23	8	6	66	34	
欧洲赛事	37	16	13	8	48	34	
联赛杯	28	13	4	11	38	36	
世俱杯	3	1	1	1	4	4	
洲际杯	1	1	0	0	1	0	
超级杯	1	0	0	1	0	1	
慈善盾	7	2	3	2	10	9	
总计	385	171	114	100	581	445	
主客场合计	743	409	199	135	1286	697	

世俱杯：全名为国际足联世界俱乐部杯

洲际杯：全名为世界俱乐部冠军杯，亦称丰田杯

超级杯：全名欧洲超级杯

荣誉

欧洲冠军杯（欧洲冠军联赛）

冠军：1999

欧洲优胜者杯

冠军：1991

英格兰足球超级联赛

冠军：1993、1994、1996、1997、1999、2000

亚军：1995，1998

英格兰足总杯

冠军：1990、1994、1996、1999

亚军：1995

英格兰联赛杯

冠军：1992

亚军：1991、1994

洲际杯

冠军：1999

欧洲超级杯

冠军：1991

英格兰慈善盾

冠军：1993、1994、1996、1997

并列冠军（和利物浦）：1990

附录二　弗格森治下的曼联球员

以下所列为截止到1999—2000赛季结束时，曾在亚历克斯·弗格森治下代表曼联出战成年队比赛的所有球员的姓名。

亚瑟·阿尔比斯顿

维夫·安德森

迈克尔·艾普顿

加里·拜利

彼得·巴恩斯

罗素·比尔德莫尔

大卫·贝克汉姆

亨宁·伯格

克莱顿·布莱克摩尔

杰斯普·布隆姆奎斯特

马克·博斯尼奇

德里克·布莱西

韦斯利·布朗

史蒂夫·布鲁斯

尼基·巴特

埃里克·坎通纳

克里斯·卡斯珀

卢克·查德威克

迈克尔·克莱格

安迪·科尔

特里·库克

约尔迪·克鲁伊夫

尼克·库尔金

约翰·柯蒂斯

彼得·达文波特

西蒙·戴维斯

梅尔·多纳吉

戴恩·达布林

迈克·达克斯伯里

达伦·弗格森

昆顿·福琼

比利·嘉顿

科林·吉布森

特里·吉布森

瑞恩·吉格斯

托尼·吉尔

基斯·吉莱斯皮

雷蒙德·范德胡

丹尼尔·格拉汉姆

乔纳森·格里宁

大卫·希利

丹尼·希金博瑟姆

格雷姆·霍格

马克·休斯

保罗·因斯

丹尼斯·埃尔文

罗尼·约翰森

安德烈·坎切尔斯基

罗伊·基恩

吉姆·莱顿

布莱恩·麦克莱尔

帕特里克·麦吉本

保罗·麦克格拉斯

柯林·麦基

李·马丁

吉列诺·迈拉纳

大卫·梅

拉尔夫·米尔恩

凯文·莫兰

雷米·摩西

菲利普·穆利尼

加里·内维尔

菲尔·内维尔

埃里克·内夫兰德

亚历克斯·诺特曼

利亚姆·奥布莱恩

约翰·奥凯恩

约翰·奥谢

贾思帕·奥尔森

加里·帕里斯特

保罗·帕克

迈克·费兰

凯文·皮尔金顿

卡雷尔·波博斯基

威廉·普鲁尼尔

保罗·拉楚布卡

马克·罗宾斯

布莱恩·罗布森

彼得·舒梅切尔

保罗·斯科尔斯

莱斯·西利

李·夏普

泰迪·谢林汉姆

米卡埃尔·西尔维斯特

约翰·西维贝克

奥莱·冈纳尔·索尔斯克亚

雅普·斯塔姆

弗兰克·史塔波顿

戈登·斯特罗恩

马西莫·泰比

本·索恩利

格里莫·汤姆林森

克里斯·特纳

迈克尔·特威斯

丹尼·华莱士

罗尼·沃尔沃克

加里·沃尔什

尼尔·韦伯

理查德·维尔伦斯

诺曼·怀特塞德

尼尔·威特沃斯

伊安·威尔金森

大卫·威尔逊

马克·威尔逊

尼基·伍德

保罗·拉腾

德怀特·约克

主要转会记录

转入

球员	身价（英镑）	原球队	时间
德怀特·约克	1260 万	阿斯顿维拉	1998 年 8 月
雅普·斯塔姆	1060 万	埃因霍温	1998 年 7 月
法比安·巴特兹	780 万	摩纳哥	2000 年 5 月
安迪·科尔	625 万	纽卡斯尔	1995 年 1 月
亨宁·伯格	500 万	布莱克本	1997 年 8 月
杰斯普·布隆姆奎斯特	440 万	帕尔马	1998 年 7 月
马西莫·泰比	440 万	威尼斯	1999 年 8 月
米卡埃尔·西尔维斯特	400 万	国际米兰	1999 年 9 月
罗伊·基恩	375 万	诺丁汉森林	1993 年 7 月
卡雷尔·波博斯基	350 万	布拉格斯拉夫人	1997 年 7 月
泰迪·谢林汉姆	350 万	托特纳姆热刺	1997 年 6 月
保罗·因斯	240 万	西汉姆联	1989 年 9 月
加里·帕里斯特	230 万	米德尔斯堡	1989 年 8 月
马克·休斯	180 万	巴塞罗那	1988 年 7 月
保罗·帕克	170 万	女王公园巡游者	1991 年 8 月
罗尼·约翰森	150 万	贝西克塔斯	1996 年 7 月
奥莱·冈纳尔·索尔斯克亚	150 万	莫尔德	1996 年 7 月
尼尔·韦伯	150 万	诺丁汉森林	1989 年 7 月
昆顿·福琼	150 万	马德里竞技	1999 年 8 月
丹尼·华莱士	130 万	南安普敦	1989 年 9 月
埃里克·坎通纳	120 万	利兹联	1992 年 12 月
大卫·梅	120 万	布莱克本	1994 年 7 月
戴恩·达布林	100 万	剑桥联	1992 年 8 月
安德烈·坎切尔斯基	100 万	顿涅茨克矿工	1991 年 5 月
布莱恩·麦克莱尔	85 万	凯尔特人	1987 年 7 月

球员	身价（英镑）	原球队	时间
史蒂夫·布鲁斯	82.5 万	诺维奇	1987 年 12 月
迈克·费兰	75 万	诺维奇	1989 年 7 月
梅尔·多纳吉	65 万	卢顿	1988 年 10 月
丹尼斯·埃尔文	62.5 万	奥德汉姆竞技	1990 年 6 月
彼得·舒梅切尔	50 万	布隆德比	1991 年 8 月

转出

球员	身价（英镑）	转入球队	时间
保罗·因斯	600 万	国际米兰	1995 年 7 月
安德烈·坎切尔斯基	500 万	埃弗顿	1995 年 8 月
李·夏普	450 万	利兹联	1996 年 8 月
卡雷尔·波博斯基	300 万	本菲卡	1997 年 12 月
加里·帕里斯特	250 万	米德尔斯堡	1998 年 7 月
戴恩·达布林	200 万	考文垂	1994 年 9 月
马克·休斯	150 万	切尔西	1995 年 7 月
约翰·柯蒂斯	150 万	布莱克本	2000 年 5 月
马克·罗宾斯	80 万	诺维奇	1992 年 8 月
彼得·达文波特	75 万	米德尔斯堡	1988 年 11 月
诺曼·怀特塞德	75 万	埃弗顿	1989 年 7 月
特里·库克	60 万	曼城	1999 年 4 月
迈克尔·艾普顿	50 万	普雷斯顿	1997 年 8 月
菲利普·穆利尼	50 万	诺维奇	1999 年 3 月
加里·沃尔什	50 万	米德尔斯堡	1995 年 8 月
保罗·麦克格拉斯	45 万	阿斯顿维拉	1989 年 8 月

附录三 俱乐部列表

苏格兰联赛俱乐部

按俱乐部英文名称排名	按球场英文名称排名
3 阿伯丁（皮特德里球场）☆	22 阿蒙维尔球场（利文斯顿）
34 艾尔德里人（布鲁姆菲尔德公园/希艾伯里埃克塞尔西奥球场）	16 湾景球场（东法夫）
33 阿尔比恩流浪者（克利夫顿希尔球场）	17 藻煤球场（邓巴顿，后与克莱德班克共用）
14 艾洛亚（游乐公园球场）	29 布罗德伍德球场（克莱德）
7 阿布洛斯（盖菲尔德公园球场）	30 布洛克威尔球场（福尔柯克）★
32 艾尔联（索莫塞特公园球场）★	34 布鲁姆菲尔德公园/希艾伯里埃克塞尔西奥球场（艾尔德里人）
25 贝维克流浪者（希尔菲尔德公园球场）	2 卡莱多尼安球场（因弗内斯）
4 布里金城（格勒贝公园球场）	20 卡皮洛克球场（格里诺克莫顿）
35 凯尔特人（凯尔特公园球场）	39 卡斯金公园球场——现已废止（第三拉纳克）
29 克莱德（布罗德伍德球场）	35 凯尔特公园球场（凯尔特人）
18 克莱德班克（基尔鲍伊公园球场，后共用藻煤球场）	15 中央公园球场（考登比斯）
15 考登比斯（中央公园球场）	33 克利夫顿希尔球场（阿尔比恩流浪者）
17 邓巴顿（烟煤球场）	8 丹斯公园球场（邓迪）
8 邓迪（丹斯公园球场）	28 道格拉斯公园球场（汉密尔顿学院）
9 邓迪联（坦纳迪斯球场）	11 城东公园球场（邓弗姆林竞技）★
11 邓弗姆林竞技（城东公园球场）★	24 复活节路球场（希伯尼安）
16 东法夫（湾景球场）	36 菲希尔球场（帕尔蒂克西斯尔，后与汉密尔顿学院共用）

按俱乐部英文名称排名	按球场英文名称排名
31 东斯特林郡（菲尔斯公园球场）☆	27 菲尔公园球场（马瑟韦尔）
30 福尔柯克（布洛克威尔球场）★	31 菲尔斯公园球场（东斯特林郡）☆
6 福弗尔竞技（车站公园球场）	13 福斯河岸球场（斯特林阿尔比恩）
20 格里诺克莫顿（卡皮洛克球场）	7 盖菲尔德公园球场（阿布洛斯）
28 汉密尔顿学院（道格拉斯公园球场，后共用菲希尔球场）	4 格勒贝公园球场（布里金城）
23 哈茨（泰因河城堡球场）	37 汉普顿公园球场（女王公园）★
24 希伯尼安（复活节路球场）	38 埃布罗克斯球场（格拉斯哥流浪者）★
2 因弗内斯（卡莱多尼安球场）	18 基尔鲍伊公园球场（克莱德班克）
26 基尔马诺克（拉戈比公园球场）	5 林克斯公园球场（蒙特罗斯）
22 利文斯顿（阿蒙维尔球场）	21 劳芙街球场（圣米伦）☆
5 蒙特罗斯（林克斯公园球场）	10 缪尔顿公园/迈克蒂安米德公园球场（圣约翰斯通）★
27 马瑟韦尔（菲尔公园球场）	12 奥克尔景观公园球场（斯坦豪斯摩尔）
36 帕尔蒂克西斯尔（菲希尔球场）	40 帕默斯顿球场（南部皇后）
40 南部皇后（帕默斯顿球场）	3 皮特德里球场（阿伯丁）☆
37 女王公园（汉普顿公园球场）★	14 游乐公园球场（艾洛亚）
19 雷斯流浪者（斯塔克公园球场）	26 拉戈比公园球场（基尔马诺克）
38 格拉斯哥流浪者（埃布罗克斯球场）★	25 希尔菲尔德公园球场（贝维克流浪者）
1 罗斯郡（维多利亚公园球场）	32 索莫塞特公园球场（艾尔联）★
10 圣约翰斯通（缪尔顿公园/迈克蒂安米德公园球场）★	41 斯泰尔公园球场（斯特兰拉尔）
21 圣米伦（劳芙街球场）☆	19 斯塔克公园球场（雷斯流浪者）
12 斯坦豪斯摩尔（奥克尔景观公园球场）	6 车站公园球场（福弗尔竞技）
13 斯特林阿尔比恩（福斯河岸球场）	9 坦纳迪斯球场（邓迪联）
41 斯特兰拉尔（斯泰尔公园球场）	23 泰因河城堡球场（哈茨）
39 第三拉纳克（卡斯金公园球场——现已废止）	1 维多利亚公园球场（罗斯郡）

★为亚历克斯·弗格森在球员时代曾效力过的球队

☆为亚历克斯·弗格森执教过的球队

球场信息为1998—1999赛季结束时更新